국제법을
통한
세상 읽기

정인섭 지음

국제법을 통한 세상 읽기

일조각

머리말

일반인에게 현실에서 국제법이 잘 지켜진다고 생각하느냐는 질문을 던지면 어떤 반응을 보일까? 아마 적지 않은 사람은 평소 그런 질문을 상상해 본 일조차 없어 당황할 듯싶다. 국제관계에 관심 있는 사람 가운데 일부는 러시아의 우크라이나 침공이나 가자 지구에서 이스라엘의 행동을 떠올리며 국제법은 교과서 속에나 존재하는 허상에 불과하다고 답할지 모른다. 국제법은 주로 강대국 논리에 좌우되며 강대국 이익에 봉사하고 우리는 지난 시대 주로 피해자에 해당하지 않았냐는 냉소 어린 반문을 던지는 회의론자도 있을 수 있다. 아주 틀린 소리는 아니다.

국제법은 규칙 기반의 국제질서 구축을 통한 더 나은 인류 미래 건설을 목표로 한다. 요즘 국제법이 효용과 가치 면에서 위기의 시대를 맞고 있다는 소리가 도처에서 들려온다. 우크라이나전쟁은 국제사회가 새로운 무질서의 시대로 빠져드는 신호탄 아니냐는 우려를 낳고 있다. 인류 최대의 위기일 수 있는 기후변화에 국제사회는 아직 확실한 법적 대응책을 마련하지 못하고 있다. 전후 국제질서 중심축의 하나였던 유엔은 창설 80년이 지난 현재 전례 없는 도전과 곤경에 직면하고 있다. 국가원수가 한밤중에 관저에서 외국 특공대에 의해 납치되는 일마저 벌어졌다. 힘의 현실 정치가 국제사회의 새 질서로 자리 잡지 않냐는 근심도 깊어진다. 이 모두 국제법이 제 역할을 다하지 못하는 증거로 보인다. 국제법은 멀리서나 아련히 보이다가 가까이 가면 사라지는 신기루 같은 존재인가? 국제법은 현실에 발붙이지 못한 이상주의자가 좇는 환상 속 무지개에 불과한가?

대부분 사람이 아마 자신은 국제법과 관계없는 생활을 하고 있다고 생각할 듯싶다. 실제로 보통 사람이 일상생활에서 국제법 지식이 직접 필요한 경우는 극히 드물다. 대기업조차 기업활동에 국제법 지식을 본격 활용할 기회가 많지 않다. 국제법은 대중의 일상생활과는 관계없는 소수 전공자의 호사품에 불과한가?

국제법은 주로 정부를 중심으로 한 공공 분야에서의 활용과 적용을 통해 그 혜택이 사회 구성원에게 간접적으로 돌아가도록 하는 학문이다. 처음에는 전쟁, 영토 취득, 해양 질서 등 현실 권력작용을 중심으로 발달했기 때문에 보통 사람이 자신과는 상관없는 저 하늘 꼭대기에서 벌어지는 일로 치부해도 이상하지 않다. 그러나 실제 현실 세계에서 국제법은 우리가 모르는 사이 인류 일상생활 곳곳에 깊숙이 침투해 활발히 작용하고 있다. 국제법은 일반인이 알아채지 못하는 가운데 배후에서 우리 일상생활을 편리하게 만들어 주고, 우리 일상생활을 풍요롭게 해 주고, 우리 일상생활을 안전하게 지켜 준다. 국제사회에서 국제법 작동이 일순 멈춰 버린다면 우리는 갑자기 낡은 흑백사진 속 과거로 떨어진 듯 혼돈에 빠지게 된다. 이제 국제법이 없는 세상은 상상할 수 없을 정도로 불편하고, 불안하고, 불안정하고, 위험하고, 혼란스러워진다. 국제법이 제시하는 정신은 앞으로도 인류 문명이 더 평화롭고 안전하게 발전하는 데 기여하리라 믿는다.

대학에서 40여 년간 국제법을 강의해 온 필자는 이 책을 통해 우리가 얼마나 국제법의 다양한 영향 아래 생활을 하고 있고, 우리 사회가 왜 국제법을 필요로 하는지를 말하고 싶었다. 이를 전문가나 알 수 있는 어려운 이론을 내세우기보다는, 주변에서 벌어진 사례나 다들 잘 알고 있는 우리 근현대 역사를 통해 설명하고자 한다. 일종의 국제법과 대중 친숙해지기 프로젝트이다.

필자는 2012년 일조각을 통해 『생활 속의 국제법 읽기』라는 비슷한 목적의 교양서를 간행했다. 작고 변변치 않은 책자였지만 의외로 독자의 호응을 받아 최근까지도 꾸준히 찾는 이가 있다. 국제법이 도대체 무엇이고 무슨 일을 하는지 궁금해하는 일반인을 위해 이를 개편한 새로운 책자를 만들려는 계획을 오래전부터 갖고 있었으나, 주변 잡사에 휩쓸려 살다 보니 차일피일 뜻을 이루지 못하다가 드디어 작업을 마치게 되었다. 이 책은 전체가 하나의 일관된 체계와 순서 아래 이야기를 전개하는 학술서가 아니므로, 독자는 차례를 살펴보고 관심 가는 아무 페이지부터 펼쳐 읽어도 무방하다. 국제법을 좀 더 체계적으로 이해하고 싶은 독자에게는 필자가 제작한 K-Mooc 영상강의「국제법 길라잡이」를 권한다. 이는 일반인에게 국제법 기본 내용을 소개하는 강의로 'http://www.kmooc.kr'을 통해 누구나 무료로 시청할 수 있다.

이 책을 만드는 과정에 여러분에게 신세를 졌다. 일조각은 필자가 책을 간행해 본 출판사 중 가장 꼼꼼하게 작업을 하기로 정평이 있다. 특히 편집을 담당한 황인아 차장은 세심한 교정을 통해 적지 않은 잘못을 잡아 주었다. 지면을 통해 황 차장을 비롯한 일조각 담당자 여러분께 감사를 표한다.

2026년 1월
정인섭

차례

머리말 5

I. 불행한 짝사랑 – 조선과 국제법의 첫 만남

1. 희망과 좌절의 국제법 15
2. 근대 일본에서의 국제법: 두 가지 일화 30
3. 한국인 최초 국제법 박사 이승만 36
4. 다시 희망 찾기: 해군 함정에서 창설된 대한국제법학회 45

국제법은 우리 생활을 어떻게 바꾸었는가

1 1m의 길이는 세계 어디서나 동일하다 – 도량형의 통일 54
2 세계 어디로도 편지를 보낼 수 있다 56
3 세계 어디로나 국제전화를 걸 수 있다 58

II. 국제법이 무엇이지

1. 국제법의 아주 짧은 역사 61
2. 국제법은 무엇으로 구성되는가 70
3. 각국은 왜 국제법을 준수하는가 79

국제법은 우리 생활을 어떻게 바꾸었는가

4 담배가 상점 일반 진열대에서 사라졌다 86

5 부정한 약물이 운동선수를 망치지 못하게 막는다 88

III. 국제법을 통한 뉴스 읽기

1. 남북한 관계에서 벌어진 일 91

(1) 북한 무인기 침입에 대응한 한국군 무인기 파북이 정전협정 위반인가 91

(2) 천안함 폭침에 자위권을 행사할 수 없었는가 96

(3) 자위권 행사에는 한계가 없나 99

2. 국가 영역 102

(4) 녹둔도를 되찾을 수 없나 102

(5) 간도협약 100년 시효설 109

(6) 방공식별구역이란 무엇인가 114

(7) 영토 없는 국가가 있을 수 있나 118

(8) 그린란드는 어떻게 덴마크 땅이 되었는가 122

(9) 지브롤터는 왜 영국 땅이 되었나 126

3. 국토의 최동단: 독도 129

(10) 독도-문제인가 분쟁인가 129

(11) 독도라는 명칭 133

(12) 독도와 고지도 139

(13) 독도 부근 해저탐사 일본 선박을 나포할 수 있나 142

(14) 독도와 동해 해양 경계 151

4. 바다에서 벌어진 사건들 160

(15) 이어도는 섬인가 160

(16) 돈스코이호 보물 찾기 164
(17) 금양호 침몰 범인을 왜 처벌할 수 없나 168
(18) 울산대첩을 아시나요 172
(19) 중국의 서해 연어 양식 구조물 179
(20) 남중국해 분쟁이란 무엇인가 188
5. 외교관 이야기 197
(21) 외교관 신체의 불가침은 어디까지 보장되나 197
(22) 외교관도 음주운전 단속에 응해야 하나 201
(23) 외교관의 면책특권 204
(24) 외교관 가족의 범위 211
(25) 해외 외교공관은 법적으로 한국 영토인가 214
6. 조약 217
(26) 웨스트팔리아조약은 무슨 내용인가 217
(27) 유엔은 을사조약을 무효로 확인했나 222
(28) 조약은 누가 비준하는가 227
7. 다양한 국제문제 231
(29) 국제형사재판소는 푸틴 대통령을 처벌할 수 있을까 231
(30) 중국발 미세먼지에 대해 책임을 물을 수 있나 237
(31) 중국에 COVID-19 확산 책임을 추궁할 수 있나 241
(32) 외국인은 COVID-19 검사를 받아라 244
(33) 유엔 본부는 왜 맨해튼에 자리 잡았나 249
(34) 역사의식과 법률가의 고민 253
국제법은 우리 생활을 어떻게 바꾸었는가
6 비자 없이도 외국을 방문할 수 있다 260
7 외국을 방문해 자동차를 운전할 수 있다 262
8 외국에서도 같은 교통표지판을 만나게 된다 264
9 외국에서 체포되면 영사의 도움을 받을 수 있다 266

IV. 대한민국은 어떻게 출범했는가

1. 대한민국 정부 수립과 유엔의 승인 270
(1) 정부 수립으로의 길 270
(2) 대한민국 정부는 National Government인가 276
(3) 유엔 총회의 승인 결의 283
(4) 유일 합법정부의 의미 293
(5) 이후의 전개 298
2. 국가 영역의 획정: 한반도와 부속도서 302
(1) 제헌헌법 영토 조항 302
(2) 영역의 내용 304
(3) 대마도 반환론 주장 318
3. 국민의 출발 328
(1) 1948년 국적법 제정 328
(2) 최초 국민의 판단기준 330
(3) 1948년 국적법 이전 조선인 판단기준 331
(4) 평가 343
4. 국가 법률 체제의 시작 346
(1) 제헌헌법 제100조: 구 법령의 수용 346
(2) 구 법령의 내용 347
(3) 구 법령의 법적 성격 351
(4) 구 법령의 청산 352

국제법은 우리 생활을 어떻게 바꾸었는가
10 당신의 인권이 침해되면 국제기구에 구제를 호소할 수 있다 354
11 구속영장 실질심사제가 정착되었다 356
12 본국의 박해를 피해 온 자는 난민으로 보호된다 358

V. 대한민국의 국제법적 도전

1. 평화선 선언 361
(1) 평화선 추진배경 361
(2) 평화선 준비작업 364
(3) 평화선 설정 366
(4) 평화선의 집행 370
(5) 평화선 선언 이후 해양법의 발전 373
(6) 한일 국교 정상화와 평화선 377
(7) 평가 380
2. 반공포로 석방 385
(1) 이승만-세계를 경악시키다 385
(2) 제네바협약 포로 송환 조항 386
(3) 6·25전쟁 포로 상황 389
(4) 포로 송환 협상 392
(5) 반공포로 석방 단행 395
(6) 포로 송환의 진행 397
(7) 6·25전쟁 포로 처리방식의 의의 400
3. 제7광구 대륙붕 선언 403
(1) 대륙붕 개념의 발달 405
(2) 북해대륙붕사건 판결 408
(3) 한국의 대륙붕 선언 410
(4) 각국의 대륙붕 탐사 시도 414
(5) 한일 대륙붕 공동개발협정 416
(6) 평가 418

국제법은 우리 생활을 어떻게 바꾸었는가
13 동해에서 고래 떼를 다시 만나게 되었다 426
14 순천만 갯벌이 국제적 보호를 받는다 428
15 오존층을 보존해 자외선으로부터 지구를 보호한다 430

VI. 국제법이 대한민국에 중요한 이유

1. 한국의 지정학적 위치 434
2. 유럽의 강소국들 437
3. 네덜란드 헌법 440
4. 한국에서 국제법의 의미 444
5. 한국의 대외전략 449

국제법은 우리 생활을 어떻게 바꾸었는가

16 세계 어느 곳이라도 현재 날씨를 알 수 있다 456
17 심각한 국제범죄를 저지르면 국제형사재판에 회부된다 458
18 외국으로 도망간 범죄인을 인도받을 수 있다 460

VII. 정동 구한말 외교가 산책

정동 외국공관 거리 463
정동이란 지명 465
정동 외교가 역사 산책 467
청국 공사관 503

국제법은 우리 생활을 어떻게 바꾸었는가

19 저작권이 국제적으로 보호된다 508
20 인류 문화유산을 보다 잘 보전하게 되었다 510

I

불행한 짝사랑

조선과 국제법의 첫 만남

1
희망과 좌절의 국제법

새로운 국제질서의 도래

19세기 중반까지 조선은 세계사의 주류에서 볼 때 가장 멀리 떨어진 오지에 자리 잡고 있었다. 당시 서유럽이 세계의 중심이었다고 전제할 때, 조선은 이들이 인도양을 넘어오나 대서양과 태평양을 건너오나 거리가 가장 먼 곳이었다. 거리상 멀리 떨어졌다는 점은 단순히 중심의 문물이 도착하는 데 시간이 오래 걸린다는 사실만을 의미하지 않는다. 외부 세계와 교류가 적은 오지지역은 상대적으로 외부 영향을 덜 받아 전통 개념에 대한 집착이 강하다. 새로이 도래하는 외래 개념에 대한 저항이 크다. 신개념을 사실대로 바로 이해하지 못하고 오해나 왜곡이 이루어질 위험이 높다.[1] 과거를 향한 집착은 강하고 개방에는 적대적이다. 중국이나 일본과의 제한된 교류 외에는 쇄국으로 일관하던 19세기 중엽 조선이 서구 열강과 만나고 새로운 세계질서에 편입되는 과정에서도 이 같은 오지 현상의 발생은 예외가 아니었다.

1 김용구, 『만국공법』(소화, 2008), 18쪽.

동아시아의 전통 국제질서는 중국식 천하관에 입각하고 있었다. 이는 중국 천자를 정점으로 하는 수직적 질서였다. 주변국과 수직적 관계였기 때문에 중국은 대외관계를 명회전明會典이나 청회전淸會典과 같은 국내법으로 처리할 수 있었다. 중국은 대외관계를 자신의 의도대로 다루었으며, 자신도 같은 규제를 받아야 하는 별도의 법질서를 알지 못했다. 이는 교황을 정점으로 삼았던 중세 유럽과 유사한 상황으로 대등한 주권국가를 전제로 하는 국제법 질서가 발달될 수 없었다. 유럽에서도 근대 국제법 발달은 교황 중심 체제가 무너지고 국민국가가 등장한 이후부터 시작될 수 있었다.

중국은 초기에 도래했던 서양인에게는 이러한 자기 중심의 수직 질서를 강요할 수 있었으나, 19세기 중엽부터는 더 이상 이러한 질서를 유지할 힘이 없었다. 포함gunboat을 타고 동아시아에 도착한 서양 세력은 한 손에는 대포를 들고 다른 손으로는 국제법을 들이대며 몰아닥친 신종 괴물이었다. 그들은 이해하기 어려운 법규칙을 강요하며, 이에 응하지 않으면 대포를 쏘아댔다. 중국도 서양인들이 주장하는 새로운 국제법 질서를 마냥 무시할 수 없었다. 그들의 주장을 알아야 했다. 임칙서林則徐가 영국인의 아편무역을 규제하기 위해 참고한 책도 스위스인 바텔Vattel이 지은 국제법서였다. 중국은 자국 내 외국인 행동을 더 이상 국내법만으로 규제할 수 없었다.

중국에서의 서양 국제법서 번역

도대체 서양인들이 주장하는 국제법이란 무엇일까? 동아시아에서 국제법은 마틴W. Martin이라는 미국인이 휘튼Wheaton의 *Elements of International Law*를 1864년 베이징 동문관에서 '만국공법萬國公法'이라는 제목으로 한역漢譯 출판하면서 본격적으로 보급되기 시작했다. 이

책이 청에서 출간된 경위도 흥미롭다. 원래 마틴은 개인 차원에서 이 책 번역을 시작했다. 번역 과정에서 청조 관리들과 연결되자, 마틴은 작성 중인 원고를 보여 주며 번역을 위한 청국의 조력과 출판비 지원을 요청했다. 당초 청 정부는 지원을 주저했다. 마침 1864년 유럽에서 프로이센과 덴마크 간 전쟁이 발발했는데, 톈진항 인근에 덴마크 선박 3척이 정박 중이었다. 청 주재 프로이센 공사 레퓌스Rehfüs는 근처 자국 군함에 이를 나포하라고 명령했다. 그러자 청 정부는 마틴의 만국공법 번역 원고 속 중립국 권리를 인용하며 프로이센이 중국 연안에서 덴마크 선박을 나포할 수 없다고 항의했다. 그러자 프로이센 공사는 자신의 잘못을 인정하며 나포를 해제하고 배상금 1,500달러까지 지불했다.

제국주의 시대 비서구 국가들은 국제법 질서를 강요받는 타자他者에 불과했지만, 국제법이 타자를 위한 신통력을 발휘한 셈이다. 뜻하지 않게 만국공법의 효용성을 경험한 청 정부는 이 책 출간을 결정했다. 외교관과 번역가 양성기관인 동문관에서 초판 300부가 발간되었다.

마틴의 『만국공법』은 동아시아에서 서양 국제법 개념을 보급시키는 기폭제가 되었다. 당시 주청 프랑스 대리공사 클레스코프스키Klecskowsky는 만국공법 번역으로 중국인들이 국제법을 알게 되면 다루기 힘들어진다며 마틴의 작업을 비난하기도 했다.[2]

이후에도 마틴은 여러 권의 국제법서를 중국어로 번역했다. 마르텐스C. de Martens의 *Guide Diplomatique*를 1876년 '성초지장星軺指掌'이란 제목으로, 미국 울시Woolsey의 *Introduction to the Study of*

2 이한기, 「한국 국제법학 30년의 회고」, (서울대학교) 『법학』 제19권 제1호(1978), 152쪽.

*International Law*를 1877년 '공법편람公法便覽'이란 제목으로 번역했다. 이어 블룬칠리Bluntschli의 국제법서를 1880년 『공법회통公法會通』으로 번역했다.[3] 마지막으로 영국인 헐W. Hall의 *A Treatise on International Law*를 1902년 『공법신편公法新編』으로 번역했다.[4] 이 외에도 청에서는 몇 가지 서양 국제법서가 더 번역되었다.

국제법에 대한 일본의 관심

서양 국제법서는 마틴에 의해 중국에서 먼저 소개되었지만, 이는 일본 지식인의 관심을 더욱 끌었다. 청에서 『만국공법』이 발간되자 일본에서는 오늘날로 치면 불법복제품이라고 할 수 있는 복각본이 이듬해 1865년 가이세이쇼開成所에서 발간될 정도로 수요가 많았다. 그러나 단순한 복각이 아니라 마틴의 번역을 좀 더 이해하기 쉽도록 니시 아마네西周가 구독훈점을 붙여 발간했다. 일본 막부는 1862년 유학생 15명을 유럽으로 파견했다. 그중 에노모토 다케아키榎本武揚, 츠다 마미치津田眞道, 니시 아마네 등에게는 네덜란드에서 국제법을 공부해 오라고 지시했다. 이들은 귀국 후 모두 요직에 발탁되었으며, 일본에서 국제법 보급에 일익을 담당했다.

일반인들은 마틴의 한역漢譯 『만국공법』을 이해하기 어려웠기 때문에 이 책은 다시 일어로 재번역되어 출판되었다. 1868년 츠츠미 고시시堤穀士志가 『만국공법 역의』로 출간했으며, 1870년에는 시게노 야스츠구重野安繹가 『화역 만국공법』을 출간했다. 마틴의 『만국공법』 외에

3 Bluntschli, *Das Moderne Völkerrecht der civilisierten Staaten als Rechtbuch dargestellt*.

4 마틴(Martin)의 생애와 국제법 번역서에 관한 상세한 사항은 김효전, 『근대한국의 국가사상』(철학과 현실사, 2000), 411-493쪽 참조.

도 니시 아마네와 츠다 마미치가 네덜란드 라이덴대학교에서 피세링Simon Vissering 교수(1818~1888년)의 국제법 강의를 들으며 필기한 내용이 1868년 『만국공법』으로 출간되었다.[5] 이렇듯 1875년 강화도사건이 발발하기까지 일본에서는 이미 서양 국제법서가 10여 종 번역 발간되었다.

마틴 번역의 영향으로 동양에서는 'International Law'를 가리키는 용어로 처음에는 '만국공법'이 널리 사용되었다. 그런데 미츠쿠리 린쇼箕作麟祥(1846~1897년)라는 일본 학자가 1873년 울시의 *Introduction to the Study of International Law*를 번역하며 제목을 '국제법 일명 만국공법'이라고 붙였다. 그는 책 서문에서 주의 깊게 내용을 읽어 보면 만국공법이란 명칭보다 국제법이란 용어가 본래 의미에 더 가깝다고 설명했다. 난학자蘭學者 집안 출신 수재로 알려진 미츠쿠리 린쇼는 1867년 쇼군 막부의 명에 의해 파리 만국박람회의 참관단 일원으로 파견되었고, 이후에도 1년여를 유럽에 더 체류하며 프랑스어를 배우고 서양문물도 공부한 후 귀국했다. 1868년 귀국 후 그에게 부여된 과제는 프랑스 법전 번역이었다. 그는 형법, 민법, 상법, 민사소송법, 치죄법(형사소송법), 헌법을 번역하고, 그 전체를 '프랑스 법률서'라는 제목을 출간했다. 이는 일본에서 근대적 육법전서의 효시였다. 일본이 이렇듯 서양법 학습에 노력한 이유는 서양 열강과 체결한 불평등조약을 개정하려면 먼저 일본법을 정비하라는 요구를 받고 있었기 때문이었다.

미츠쿠리의 번역 이후 일본에서는 차츰 국제법이란 용어가 설득력

---

5 마루야마 마사오·가토 슈이치(임성모 역), 『번역과 일본의 근대』(이산, 2000), 114-116쪽. 이는 마틴의 『만국공법』과 제목은 같으나 다른 내용이다.

을 얻었다. 도쿄대학교의 전신인 도쿄 가이세이학교에서는 당초 열국교제법列國交際法이란 과목을 개설했는데, 1881년 국제법학과를 설치해 국제법이란 용어가 학문적으로 자리 잡는 계기가 되었다.[6] 물론 이미 사용되기 시작한 만국공법이란 용어도 쉽사리 사라지지 않았다. 일본에서는 1896년까지도 만국공법이란 제목으로 새 책이 발간되는 등(예: 鳩山和夫, 『萬國公法』, 東京專門學校, 1896년) 상당 기간 두 용어는 같이 사용되었다.

19세기 말엽부터 일본에서는 국제법 관련 전문서적이 다수 출간되었고, 이는 중국으로도 수출되었다. 일본 국제법서에서 사용된 한자 용어는 중국 관리와 학계에 적지 않은 영향을 주어 중국에서도 점차 국제법이 만국공법을 대신하게 되었다. 일본 국제법서는 후일 조선에서도 번역되거나 번안되어 소개되었고, 자연 일본식 국제법 용어가 조선에 정착되는 계기가 되었다. 그 결과 한자 문화권인 동아시아에서는 'International Law'를 가리키는 용어로 '국제법'이 정착되어 오늘에 이른다. 한자 문화권의 종주국은 중국이나, 일본의 발달된 학문은 중국에서 널리 사용되던 한자어마저도 일본식 용어로 바꾸게 만들었다.

서양 지식에 대한 일본의 발 빠른 초기 대응은 단순히 국제법에 대한 이해의 폭에 국한되지 않고 조선과 국력 격차를 급속히 증폭시키는 데까지 영향을 미쳤다.

국제법의 조선 전래

역사 이래 한반도 주변 천하를 호령하던 중국이 종이호랑이로 전락

6 김용구, 『세계관 충돌의 국제정치학: 동양의 예와 서양의 공법』(나남출판, 1997), 184-185쪽; Han, Sang-hee, *The Circulation of International Legal Terms in East Asia*(Asian Law Institute Working Paper Series No.014, 2010), pp.16-17.

했으나, 조선은 새로운 세계를 자신의 눈으로 볼 능력을 갖추고 있지 못했다. 중국이 아편전쟁 결과 1842년 「난징조약」을 강요당하고, 애로Arrow호 사건 결과 1860년 「베이징조약」을 강요당하는 굴욕을 목도하고도 세상이 변한 줄 모르고 있었다. 1866년 병인양요와 1871년 신미양요 이후 조선 위정자들은 서양 오랑캐를 물리쳤다고 생각하며 전국에 척화비斥和碑를 세웠다.[7] 당시 조선 집권층은 세계 정세를 직시하지 못하고 쇄국을 통한 일종의 자기만족에 빠져 있었다. 기존 고정관념에 세뇌되어 새로운 지식에 대한 접근과 욕구가 억제당하고 있었다. 내부적으로 국력은 피폐해 갔으나 실용론자들은 등용되지 못했다. 대외관계에 있어서도 조선은 이제 국제법이라는 새로운 절차와 방법을 통해 외국과 통교를 하고 중국이나 일본과의 기존 교류질서도 변해야 된다는 사실을 미처 깨닫지 못했다.

조선은 구체적으로 언제 서양 국제법서를 접하게 되었는가? 직접적인 기록으로 「조·일수호조규」(강화도조약) 이후 1877년 조선에 온 일본 관리 하나부사 요시모토花房義質가 『만국공법』과 『성초지장』을 예조판서 조영하에게 기증했다는 기사가 있다. 하나부사는 국제법서에 나와 있는 바와 같이 조선도 수도에 일본 외교사절 상주를 허용하라고 설득하기 위해 이를 주었다고 한다. 그러나 「조·일수호조규」 조선 측 협상대표 신헌이 남긴 협상록 『심행일기沁行日記』 1876년 2월 12일 자에 이미 '만국공법'이란 단어가 등장한다.[8] 주일 영국공사 파크스H. Parkes

7 1871년 세워진 척화비의 주문은 "洋夷侵犯 非戰則和 主和賣國(서양 오랑캐가 침입하는데 싸우지 않으면 화해할 수밖에 없고, 화해를 주장하면 나라를 팔아먹는 일이다.)"이었다. 척화비는 1882년 임오군란 이후 흥선 대원군이 청으로 납치된 다음 철거되기 시작했다.

8 신헌(김종학 역), 『심행일기』(푸른역사, 2010), 129쪽 참조.

의 본국 정부 보고에서 역시 「조·일수호조규」 협상 시 조선 대표가 청과 서양이 체결한 조약 사본과 마틴 번역의 『만국공법』을 갖고 있었다는 일본 관리 모리야마의 말을 전하고 있다.[9] 다만 서양 국제법서를 접하게 된 조선 집권층이 처음에 이를 어떻게 생각했는지는 잘 알려져 있지 않다.

조선은 사대교린이란 전통 질서 속에 위치하던 일본과 1876년 새로운 수호조규를 체결했는데, 제1조에 "조선은 자주국"이라는 표현이 들어간 의미를 정확히 이해하지 못했다. 일본은 왜 조선이 자주국이기를 원했을까? 조선이 청의 속국이 아니라야 일본은 조선을 자신의 먹잇감으로 노릴 수 있기 때문이었다. 이는 같은 의도에서 프랑스가 베트남과 체결한 1874년 「사이공조약」을 일본이 모방한 결과이다.[10] 청일전쟁 결과 체결된 1895년 「시모노세키조약」 제1조 역시 "조선은 완전무결한 독립 자주국임을 확인하고" "조선으로부터 청국에 대한 공·헌상 및 전례 등은 영원히 폐지한다"라는 조항을 담고 있었다. 청일전쟁을 처리하는 조약 제1조가 제3국인 조선의 법적 지위를 서술하는 내용이었다는 사실 역시 이후 전개될 비극의 예고편이었다. 당시 이 조항의 국제법적 함의를 이해하지 못하고 일본에 감사한 조선의 선각자들도 있었다.[11]

1876년 조선과 일본은 수호조규를 체결했으나, 조선은 개항에 소극적이었고 일본 외교사절 상주를 허용하지 않았다. 이후 6년 동안 조선은 다른 국가들과 더 이상 수호조약을 체결하지도 않았다. 그러나 개

9 신헌(위의 주) 각주 149 부분.

10 조세현, 「만국공법과 청말의 해양분쟁」, 『중국사연구』 제78집(2012), 62-63쪽.

11 주진오, 「근대 한일관계와 한국병합」, 동북아역사재단 주최 한일강제병합 100년 재조명 국제학술회의 발표자료집 『일본의 한국강제병합 과정』(2010. 8. 24.), 149-150쪽.

화파들은 국제질서의 판이 바뀌었음을 인식하기 시작했다. 발달된 서양 국가들과 접촉하는 방법과 절차는 새로운 국제법에 따라야 함을 알게 되었다. 1879년 개화파인 김옥균, 박영효 등은 이동인을 일본으로 파견했는데, 주요 목적 하나가 만국공법 학습이었다. 이러한 임무를 숨기기 위해 이동인은 일본인 벙어리 행색을 하며 은밀히 일본으로 갔다.[12] 일본에서 이동인은 영국 공사관에 근무하는 사토우Ernest Mason Satow(1843~1929년)를 여러 차례 만나기도 했는데, 사토우는 오늘날까지도 개정판이 발간되고 있는 *A Guide to Diplomatic Practice*라는 저명한 국제법서를 집필한 사람이다.[13]

그러나 서양 국제법 질서를 수용하려는 노력은 조선에서 심상치 않은 저항을 불러일으켰다. 1880년 일본을 방문한 김홍집은 중국 외교관 황준헌黃遵憲으로부터 『조선책략朝鮮策略』이라는 소책자를 받아 왔다. 황준헌은 조선에 미국과 수교조약을 체결하라고 권고했다.

"태서의 공법은 남의 나라를 완전히 멸망시키지 못하게 되어 있다. 그러나 만일 조약을 맺은 나라가 아니면 전쟁이 일어나도 참여하지 못하므로 이것이 서양 제국이 조선과 맹약을 맺으려 하는 까닭이다. 조선과 맹약을 맺으려는 것은 러시아 혼자서 차지하려는 세력을 빼앗아서 천하와 더불어 상호균형을 유지하려는 것이다. 조선을 보전하는 것이 곧 그들 스스로를 보전하는 길이니, 이는 그 자신만의 독선을 누리려는

---

12 김용구(앞의 주 1), 102-104쪽.

13 1917년 Longmans, Green & Co. 발간(London & New York). 이 책 최신판은 2023년 Sir I. Roberts ed., *Satow's Diplomatic Practice* 8th ed.(Oxford University Press)로 발간되었다.

것이 아니다."[14]

즉 조선이 국제 조약질서에 편입되어야 세력균형 속에서 스스로를 보전하기 용이하다는 설명이었다. 『조선책략』의 내용이 전해지자 보수 유생들은 전국적인 위정척사운동을 전개했다. 요사스러운 내용의 『만국공법』과 같은 책은 모두 찾아 불태우라는 상소가 잇달았다.[15] 일본의 발전상을 견학하고자 조선 정부가 1881년 파견한 시찰단(신사유람단)도 왜양일체론倭洋一體論을 주장하는 척사파의 눈을 피하기 위해 먼저 동래부 암행어사로 발령해 출발지인 부산에 비밀리 집결시킨 다음에야 출국시킬 정도였다.

국제법-희망과 좌절의 상징

19세기 말 20세기 초 조선에 국제법은 희망과 좌절을 모두 의미했다. 우선 국제법은 타율과 속박의 상징이었다. 열강은 자신들 요구를 국제법의 이름으로 강요했다. 당시 조선이 체결한 모든 수호조약에서는 조선에 주재하는 외국 영사의 영사재판권이 인정되었다.[16] 영사재판제도는 서구 열강이 해외로 진출하며 현지국 재판관할권을 부인하는 제도로서 주권평등원칙에 어긋나는 대표적인 불평등 조항이었

14 황준헌(조일문 역), 『조선책략』(한국방송사업단, 1982), 23쪽.

15 『조선책략』에 대해 유생들이 반발한 가장 큰 이유는 주자(朱子)와 육상산(陸象山)을 천주교와 기독교의 관계에 비유했다는 점이었으나, 위정척사파는 러시아, 미국, 일본은 결국 모두 같은 오랑캐라고 주장했다(영남만인소, 위 같은 책, 137쪽). 『만국공법』을 분서하라는 홍시중, 홍재학 등의 상소에 대해서는 김세민, 「위정척사파의 만국공법 인식」, 『강원사학』 제17·18합집(2002), 233쪽 참조.

16 1876년 「조·일수호조규」 제10관, 1882년 「조·미수호통상조약」 제4조, 1883년 「조·영수호통상조약」 제3조, 1883년 「조·독수호통상조약」 제3조, 1884년 「조·이수호통상조약」 제3조, 1884년 「조·러수호통상조약」 제3조 등.

다.[17] 관세 자주권도 억제당했다.

그런 속에서도 선각자들은 국제법의 힘을 빌려 조선의 자주와 독립을 보전하려는 희망을 품었다. 임오군란(1882년) 이후 서울에 청국군이 주둔하며 조선 정치에 관여하게 되자 당시 개화파는 청과 조공관계를 청산해야만 조선이 자주적으로 발전할 수 있겠다고 생각했다. 갑신정변이 성공하면 만국공법에 따라 청에 대한 조공을 폐지하고 전권대사를 파견하는 등 관계를 재정립하려고 기대했다.[18]

1885년 5월 영국군이 거문도를 점령하고 이 사실을 조선 정부에 알리자 김윤식은 즉각 "이 섬은 우리나라의 지방으로 타국이 점유할 수 없다. 만국공법에도 원래 이러한 이치는 없어 놀랍고 의심스러워 뭐라 말하기 곤란하다. …… 귀국과 같이 우의에 돈독하고 공법에 밝은 나라가 이런 의외의 일을 하리라 어찌 알았겠는가?"라며 만국공법을 근거로 한 항의를 제기했다.[19]

조선의 미약한 힘을 국제법이 보완해 주기를 희망하던 선각자들은 국제법 지식 보급을 위해 구한말 발간된 애국계몽 잡지에 많은 국제법 논설을 게재했다. 그보다 앞서 1883년부터 발간된 「한성순보」에도 만국공법을 소개하는 논설이 적지 않게 수록되었다. 국가, 주권, 조약, 중립 등 새로운 법개념을 소개하는 글들이었다.

청일전쟁 이후 일본의 압박이 더욱 심해지자 당초 만국공법을 거부하던 유생들조차 차츰 이에 기대를 걸었다. 일본이 명성황후를 시

---

17 일본도 개국에 즈음해 1854년 이후 모두 18개국에 영사재판권을 인정했으나, 1871년부터 영사재판권 폐지 및 관세 자주권 확립을 위한 조약 개정운동을 시작했다. 정인섭, 『국제법의 이해』(홍문사, 1996), 315-327쪽.

18 김용구(앞의 주 1), 135-136쪽.

19 이에 대한 상세는 김용구(앞의 주 1), 137-143쪽 참조.

해한 을미사변(1895년)이 발생하자 최익현, 이시우, 김익로, 박인환 등 여러 유생도 공법公法에 기해 일본의 책임을 물어야 한다고 주장했다.[20] 여기서의 공公이란 "한 국가가 제멋대로 할 수 없다"라는 유교 관념에서 나온 개념으로, 공법이란 모든 국가에 마땅히 적용될 법이라는 의미였다.[21] 당시 공법이라 함은 국제법을 가리켰다.

일제 강박에 의한 「을사조약」이 체결(1905년)되자 박제황은 명쾌한 국제법 이론에 바탕을 둔 다음과 같은 상소를 올렸다. 즉 조약은 서명만으로 이행할 의무가 없고 군왕이 비준해야 이행하는데, 조약이 아직 비준되지 않았을 경우 이를 폐기시키느냐 성립시키느냐는 그 나라의 편리함에 따른다. 따라서 비록 군주가 친필로 서명했다 해도 핍박을 받아 자유롭지 못한 행위였다면 그 조약은 역시 폐지함이 마땅하다고 주장했다.[22] 최익현, 유인석, 이승희, 기수만 등 유생들도 공법에 따라 「을사조약」의 부당성을 성토했다.[23] 의병장들조차 국제법에 의한 일본의 단죄를 주장했으며,[24] 안중근 또한 거사 이후 자신은 국제법상 포로로 대우받아야 한다고 주장했다.[25] 1907년 헤이그 만국평화회의에 파견된 조선 대표 3인의 행동 역시 예외가 아니었다. 1910년 강제합병이 발표되자 유인석은 일본의 한국 침범은 공법에 어긋나고 정의를 모멸한 행위니, 각국은 일본의 한국합방 선언을 승인하지 말라고

---

20 김세민(앞의 주 15), 225쪽 및 김용구(앞의 주 6), 269-272쪽 참조.

21 우치다 타카시(정종휴 역), 『법학의 탄생』(박영사, 2022), 24쪽.

22 김용구(앞의 주 6), 276-278쪽.

23 김세민의 앞의 주 15의 글에는 당시 공법에 따라 을사조약의 부당성을 주장한 예로 최익현(226쪽), 유인석(228쪽), 이승희(230쪽), 기수만(231쪽)의 주장이 소개되어 있다.

24 예를 들어 1907년 13도 창의대장 이인영의 통문, 호남의병장 이석용의 포고만국문(布告萬國文). 김세민(앞의 주 15), 234-235쪽.

25 안중근, 제1회 공판(1910. 2. 7.). 안중근, 『재판장 마음대로 하시오』(역민사, 1993), 194쪽.

요청했다.[26] 이는 모두 주권을 상실해 가는 과정에서 부족한 현실적 능력에도 불구하고 국제법의 힘을 빌려 독립을 지켜 보려는 애처로운 노력이었다.

구한말 가중되는 일본의 압박으로부터 벗어나기 위한 방책으로 조선 정부는 미국 정부에 여러 차례 구애를 했다. 「조·미수호통상조약」 제1조에는 만약 어느 한 국가가 제3국에 의해 부당하거나 억압적인 취급을 받게 되면 원만히 타결될 수 있도록 주선good offices한다는 내용이 담겨 있었다. 그런데 「조·미수호통상조약」 영문본의 'exert their good offices'가 한역본에는 반드시 서로 돕는다는 의미의 '필수상조必須相助'로 번역되어 있었다. 고종은 이 구절에 희망을 걸고 헐버트H. Hurbert와 이승만 등에게 밀지를 주어 미국 정부의 지원을 요청했는지도 모른다.[27] 그러나 good이라는 그럴듯한 수식어와는 관계없이 국제법상 '주선'이란 누구 편도 들지 않고 단지 분쟁 당사국들이 스스로 분쟁을 해결하도록 알선한다는 의미에 불과하다. 필수상조는 오역이었다. 이 구절은 결코 미국이 조선을 지원하겠다는 의미가 아니었다.

조선의 희망은 열강에 의해 철저히 무시당했다. 청일전쟁과 러일전쟁 이후 조선의 운명은 강대국 세력정치에 의해 이미 결판나 있었다. 일본은 치밀하게 조선 식민지화 작업을 추진했고, 그 과정에서 국제법을 십분 활용했다. 일본은 『만국전시공법萬國戰時公法』, 『육전법규陸戰法規』 같은 책자를 미리 간행하며 전쟁에 대비했다. 청일전쟁 후 아리가 나가오有賀長雄의 『일청전역국제법론日淸戰役國際法論』(1896년)이 발간되고, 저자는 이를 불어판 *La guerre sino-japonaise au point de vue de*

26 김세민(앞의 주 15), 228쪽의 주 22.

27 서현섭, 『지금도 일본은 있다』(고려원북스, 2004), 263쪽.

droit international(Paris, 1896년)으로도 간행해 일본이 국제법을 준수하는 문명국임을 과시했다. 러일전쟁 후에는 엔도 겐로쿠遠藤源六의 『일로전역국제법론日露戰役國際法論』(1908년)과 시노다 지사쿠篠田治策의 『일로전역국제공법日露戰役國際公法』(1911년)이 간행되어 자국 행위가 국제법적으로 정당함을 옹호했다. 이러한 준비작업에 따라 진행된 병합조약이었기 때문에 아직까지 유럽의 저명한 국제법 교과서에서는 일제의 조선 식민지화를 자발적 합방의 예로 설명하기도 한다.[28]

그 결과 조선은 일본에 '평화적으로' 합방되었고, 식민지배를 받던 기간 동안 국제사회에서 조선의 행위능력은 국제법에 의해 완전히 부인당했다. 국제법에 입각한 우리의 대외 주장은 먹혀들지 않은 반면, 우리에게 피해를 주었던 역사들은 국제법에 의해 합리화되고 승인되었다. 그런 의미에서 구한말 국제법은 조선인에게 좌절만을 안겨 주었다.

100여 년 전 조선이 단지 국제법 지식만 부족해 일본의 식민지로 전락하지는 않았다. 신개념인 국제법을 수용하고 활용하는 일 역시 그 국가의 종합적 역량이 바탕이 되어야 한다. 그 무렵 국제법은 기본적으로 제국주의의 법이었다. 당시 국제법은 무력 사용을 통제하지 못하고, 세력정치의 결과를 합리화시키는 내용을 갖고 있었기 때문에, 일단 조선이 국제정치의 세력 다툼에서 밀려났다면 국제법을 통한 주권 수호에는 한계가 있을 수밖에 없었다. 후쿠자와 유키치福澤諭吉는 1878년 『통속국권론通俗國權論』에서 100권의 『만국공법』이 대포 1문만 못하다고 풍자했다.[29]

---

28 Jennnings & Watts, *Oppenheim's International Law* 9th ed.(Longman, 1992), p.210.

29 서현섭(앞의 주 27), 216쪽.

그러나 조선이 19세기 중엽부터 좀 더 적극적으로 국제법을 학습하고 활용했다면, 일본이 그렇게 일사불란하게 조선을 식민지화하기는 어려웠고, 조선에 또 다른 기회가 있었을지도 모른다. 적어도 100여 년 전 사건이 자발적 합방이었다는 설명은 등장하지 않았으리라. 일본이 오늘날 독도 영유권을 주장하기 쉽지 않을 것임은 물론, 녹둔도가 그렇게 허술하게 러시아령으로 되지도 않았으리라.

2
근대 일본에서의 국제법: 두 가지 일화

막부 말기 일본에서 서양 국제법서인 『만국공법』은 후쿠자와 유키치의 『서양사정』과 함께 양대 베스트셀러였다고 할 정도로 국제법에 대한 사회적 관심이 높았다.[30] 당시 일본 지식인들은 본래 일본에 존재하지 않던 국제법 개념을 번역해 소개하느라 눈물겨운 노력을 기울이기도 했다. 이를 바탕으로 일본은 앞서 설명한 바와 같이 서양 국제법을 대외관계에 적극 활용했다. 오늘날 일본이 세계 8위권의 방대한 배타적 경제수역을 주장할 수 있게 된 배경에는 1876년 오가사와라小笠原제도를 필두로 메이지 시대에 태평양 작은 도서들을 일본 영토로 편입한 일련의 국제법 조치가 자리 잡고 있다.[31] 일본의 1905년 시마네현島根縣 '죽도竹島' 편입 조치는 현재까지 우리의 독도 영유권 주장에 대한 부분적 위협 요소가 되고 있다. 이 모두 한발 앞서 국제법 지식을 습득하고 대외관계에서 국제법 조치의 중요성을 인식한 일

30 마루야마 마사오·가토 슈이치(앞의 주 5), 114쪽.

31 당시 일본의 영토 편입조치에 관한 상세는 허영란, 「명치기 일본의 영토경계 확정과 독도」, 『서울국제법연구』 제10권 1호(2003), 1쪽 이하 참조.

본 선각자들이 취한 행동이 오늘까지 그 영향을 미치고 있는 사례들이다.

다음 두 사람의 이야기 역시 19세기 후반 국제법에 대한 일본 사회의 태도를 잘 보여 주는 일화이다. 아울러 구한말 왜 우리는 이러한 일화를 만들지 못했는가 안타까울 따름이다.

사카모토 료마

2008년 일본의 기쿠스이菊水라는 양조회사는 새로운 술을 발매하며 이름을 료마주라고 붙였다. 이른바 유명인사 활용 마케팅이다. 그런데 이 회사는 술의 고급화 정도에 따라 '칼 레벨'–'Smith & Wessen[피스톨(총) 회사 이름] 레벨'–'만국공법 레벨'이라는 독특한 이름을 붙였다.[32] 영국 위스키 조니워커가 레드 레벨, 블랙 레벨, 블루 레벨 순으로 고급술이 되고 비싸지는 모습과 같은 방식이다. 어째서 국제법을 뜻하는 만국공법이 가장 고급술 이름이 되었는가? 이에는 일본인이 좋아하는 영웅 사카모토 료마라는 인물이 관련되어 있다.

사카모토 료마坂本龍馬(1836~1867년)는 일본이 쇼군 중심의 막부幕府체제를 종료시키고 권력을 천황 중심의 조정으로 되돌린, 이른바 1867년 대정봉환大政奉還을[33] 성사시키는 데 크게 기여한 인물이다. 그 전해인 1866년에는 앙숙관계였던 사쓰마薩摩번과 조슈長州번 사이를 오가며 중재해 삿초동맹薩長同盟이라는 정치군사동맹을 성사시켜 대정봉환의 토대를 마련했다. 대정봉환과 메이지유신(1868년) 이후 일본은 근대국가로 본격적인 발전의 길을 걸을 수 있었다. 하급 무사 가문 출신

---

32 https://konjiru.com/item-detail/104340(2025. 10. 1. 확인).

33 일본을 실질적으로 지배하던 도쿠가와 가문의 에도막부(江戶幕府)가 1867년 천황에게 국가 통치권을 돌려준 사건.

에 불과한 그가 일본의 명운을 바꾼 대정봉환의 핵심 인물이 되고, 그로부터 1달 뒤 32살이라는 젊은 나이에 암살로 생을 마감한 극적 요소까지 겹쳐, 료마는 근대 일본사에서 가장 유명한 풍운아가 되었다. 료마에 관한 사전만도 여러 종 간행되었을 정도이다. 그의 생애는 일본에서 이미 20세기 초부터 수십 회 이상 영화로 만들어졌다. 특히 시바 료타로司馬遼太郎가 1960년대 발표한 「료마가 간다」라는 소설은 료마를 오늘날 일본 사회에서 인기 있는 대중적 영웅으로 각인시키는 배경이 되었다.

무사 가문 출신 료마는 20대 초반까지 검술훈련을 받았다. 후일 해운에 종사했고, 해군 훈련소 책임자가 되기도 했다. 어느 날 료마가 고향인 도사土佐번 출신 무사 하가키 세이지檜垣清治(1839~1894년)라는 옛 동료를 만났다. 친구는 사무라이들이 보통 많이 갖고 다니는 장검을 차고 있었다. 료마는 친구에게 실전에서는 단검이 다루기가 더 좋다고 조언했다. 그도 그렇겠다고 생각한 친구는 다음부터 단검을 갖고 다녔다. 단검을 찬 친구를 보자 이번에는 료마가 품속에서 총을 꺼내며 총 앞에서 칼은 아무 소용없다고 말했다. 그 총이 미국회사 스미스 & 웨슨Smith & Wessen 제품이었다. 이 말을 듣고 친구도 바로 총을 샀다. 세 번째 만나 친구의 총을 본 료마는 이제부터는 세계를 알아야 한다며 『만국공법』 책을 보여 주었다고 한다.

이는 새로운 문물에 개방적이고 진취적인 료마의 성품을 보여 주는 일화로 유명하다. 무사 출신인 료마가 제시한 최후의 무기는 국제법 책이었다. 이 일화는 메이지유신 이전부터 일본 지식인들이 얼마나 큰 관심을 갖고 국제법을 공부했는가를 잘 보여 준다. 한편 료마의 친구는 1862년 살인죄로 투옥되어 메이지유신 이후 사면될 때까지 옥중에 있어 료마를 더 이상 만나지 못했다.

에노모토 다케아키

에노모토 다케아키榎本武揚(1836~1908년)는 메이지 시대 일본 근대화 주역 중 1명이다. 그는 해군장관, 외무장관, 체신장관, 농상무장관, 문교장관, 초대 러시아 공사 등을 역임한 군인이요, 정치가요, 관료였다. 원래 막부 진영 장군 출신으로 메이지유신을 이끈 세력에서 보면 반란군 수괴라고 할 수 있었지만, 후일 메이지 천황 정부에서 온갖 요직을 거쳤다.

에노모토는 1836년 도쿄의 막부 가신 집안에서 태어났다. 어려서 유학, 한학과 함께 영어와 네덜란드어를 배웠다. 20살인 1856년 일본 막부가 신설한 나가사키 해군전습소에 입교해 국제정세, 난학蘭學, 항해술, 화학 등을 공부했다. 26세인 1862년 막부의 네덜란드 유학생으로 선발되어 1867년까지 라이덴대학교에서 수학했다. 그곳에서 에노모토는 영어와 네덜란드어를 익히는 한편, 국제법, 조선, 해군학 등을 주로 공부했다. 막부 정부가 네덜란드에 발주한 군함 가이요마루開陽丸를 타고 귀국해 31살 나이에 막부 해군 부총재로 임명되었다. 그는 일본 근대 해군을 건설한 핵심 인물이었다.

1868년 메이지유신이 단행되고, 이에 대항하는 도쿠가와 막부와 최후의 결전인 보신전쟁戊辰戰爭이 벌어졌을 때, 에노모토는 그때까지 자신을 키워 준 막부군 편에 남았다. 막부 본거지인 도쿄가 함락되자 에노모토는 당시 일본 해군의 주력선이던 군함 8척을 이끌고 홋카이도 하코다테로 탈출했다. 막부군은 1869년 1월 그곳에서 미국을 모델로 한 에조공화국蝦夷共和国을 선포하고 에노모토가 총재(대통령)로 취임했다. 메이지 정부군이 미국으로부터 최신 철갑선 CSS Stone Wall호를 구입해 막부파를 다시 공격했고, 목선으로 구성된 에노모토 함대는 하코다테만 해전에서 완전 괴멸되었다. 에노모토는 1869년 6월 26일 포로가 되었다. 에조공화국은 다음 날 항복해 막부는 일본 역사에서 완전히 사라지게 되었다. 에조공화국은 일본에서 공화국을 표방한 유일한 사례이다.

에노모토는 홋카이도에 에조공화국을 설립해 저항하는 과정에서 국제법 지식을 십분 발휘한 사실로 유명하다. 그는 현지에 탐색차 온 열강 정부 관계자들로부터 에조공화국이 '사실상 정부'에 해당한다는 각서를 받아 두었다. 이 각서는 외교관들의 본국 정부도 모르는 사이에 발급되기는 했으나, 에노모토 측으로서는 국제법상 승인제도에 관한 지식을 활용해 국제적 입지를 공고히 하려던 전략이었다. 이어 각국에 자신을 교전단체로 승인하고 중립을 준수하라고 요청했다. 영국과 프랑스가 승인을 거부하는 공동 각서를 발표해 별다른 성과는 없었지만, 이는 당시 일본 정부는 상상하기 어려운 기발한 외교수법이었다.

메이지 정부군이 철갑선을 도입해 에노모토 함대의 주축인 목선 가이요마루로는 대적하기 어렵다고 판단되자, 에노모토는 적함을 기습·탈취하려는 계획을 세웠다. 에노모토 함대는 3척의 군함에 우선 제3국 국기를 게양해 접근하고 가까이 가서 자신의 깃발로 바꾼 다음 배를 접해 적선을 탈취하려는 작전을 세웠다(기계奇計). 이러한 작전이 현대 국제법에서는 금지되어 있으나, 당시 해전법에서는 허용되는 방식이었다. 그러나 궂은 날씨와 기관 고장으로 3척 중 단 1척만이 접근에 성공할 수 있었고 기습·탈취는 실패했다.

에조공화국 함대가 괴멸되어 전세가 완전히 기울었다고 판단한 에노모토는 항복 직전 자신이 네덜란드 유학 중 필사해 온 프랑스 오르톨랑Ortolan이 지은 해상국제법 책(일본명 만국해율전서萬國海律全書)의 네덜란드어 번역본을 적장 구로다 기요타카黑田淸隆 중장에게 전달했다. 이 필사본에는 에노모토가 공부하며 틈틈이 적어 놓은 수많은 노트 필기도 포함되어 있었다. 그리고 자신이 죽더라도 일본에 단 1권밖에 없는 이 책만큼은 부디 전화에 소실되지 않도록 잘 보관했다가 국가를 위해 활용하라고 적장에게 부탁했다. 정부군은 이에 답례로 술 5병과 안주를 선물로 보냈다.

에노모토의 애국심과 비범함에 감동한 약관 26살의 구로다 장군은 체포된 그를 살려 국가발전에 참여시켜야 되겠다고 생각했다. 구로다는 에노모토로부터 받은 책을 당대의 석학 후쿠자와 유키치에게 보내 평가를 부탁했다. 후쿠자와는 그 책을 보더니 전문용어가 많아 자신은 평가할 수 없다고 손을 놓았다. 원래 후쿠자와는 에노모토에 비판적이었으나, 이제는 그 역시 에노모토의 식견과 애국심에 감복했다. 구로다와 후쿠자와는 에노모토가 국가 건설에 꼭 필요한 인재라며 적극적인 구명운동을 벌였다. 남북전쟁에서 승리한 북군은 남군 장군을 다 석방했는데, 야만국 일본은 아직도 인재를 옥에 가두고 있다고 주장했다. 그 덕에 에노모토는 3년 만에 특사로 석방되어 구로다 휘하에서 홋카이도 개척에 참여했다.

에노모토는 1874년 해군 중장 겸 초대 러시아 특명전권공사로 발탁되었고, 이후 메이지 정부에서 승승장구했다. 국제법 책으로 목숨을 건진 에노모토는 근대 일본 국가 발전에 큰 공헌을 했으며, 후일 메이지 시대 최고의 관료라는 찬사를 받았다. 초대 주한 일본 공사로 활약한 하나부사는 러시아 공사관에서 에노모토로부터 외교 실무를 배운 사람으로 에노모토 추천을 받아 조선에 오게 되었다.

체포된 반역수괴는 사형당함이 상식적인 귀결이겠지만, 1권의 국제법 책과 그 책에 대한 애정이 에노모토의 생명을 구했다. 또한 당대 일본 엘리트들이 국제법 지식의 소중함을 알았기 때문에 적장의 충정을 이해할 수 있었다.

3
한국인 최초 국제법 박사 이승만

1950년대를 살았던 사람들은 당시 우남雩南 이승만李承晩 대통령을 '이 대통령'이라는 호칭 외에도 흔히 '이 박사'라고 불렀다. 요즘같이 박사가 흔하지 않던 시절이라 할지라도 왜 대통령을 단순히 박사라고 불렀을까? 이승만 대통령은 도대체 무슨 박사였는가? 필자는 대학에서 한국의 서양법 도입사를 배우면서 비로소 이승만 대통령이 1910년 미국 프린스턴대학교에서 국제법상 전시중립을 주제로 박사학위를 받았다는 사실을 알았다.

사실 이승만 대통령의 생애와 업적에 대해서는 그간 극단적인 평가가 엇갈려 왔다. 건국의 아버지라 추앙하기도 하고, 분단을 기정사실화시킨 책임자라고 비난하기도 한다. 독재와 권력의 화신이라고도 하고, 그 같은 대통령을 갖고 있었기 때문에 한국이 정부 수립 초기 혼란을 이겨냈고 6·25전쟁의 위기에서 국가를 보존했다고 칭송한다. 외교에는 귀신이었으나 내치에는 등신이었다고 대비시키기도 한다. 이승만 대통령에 대한 평가는 해방 정국에서 그의 정치적 라이벌이었던 백범 김구 선생의 비극적 최후에 대한 안타까움으로 인해, 또한 4·19

혁명으로 상징되는 그의 말년으로 인해 생전 업적마저 실제보다 폄하되어 왔다고 생각된다. 하여간 이승만 대통령은 그에 대한 정치적 평가와는 관계없이 한국 최초의 국제법 박사라는 점에서 우리 근대 학술사 출발점에서 빼놓을 수 없는 인물이다.

성장

이승만은 1875년 3월 26일 황해도 평산군 마산면 대경리 능내동 시골 마을에서 태종의 장남 양녕대군 후손인 부친 이경선李敬善(1839~1912년)과 모친 김해金海 김씨(1833~1896년) 사이에서 태어났다. 두 형이 일찍이 사망해 사실상 집안의 장손으로 컸다. 모친이 용꿈을 꾸고 잉태해 태어난 아이가 이승만이었다. 용꿈을 꾸고 임신했다고 해 어릴 때 이름은 승룡承龍으로 불렀다. 승룡이 3살 때인 1877년 집안이 한양으로 올라왔다. 상경 후 1879년 4월부터 승룡은 이건하의 낙동서당에 입교해 한학을 배웠고, 1885년부터는 이근수가 운영하는 도동서당에서 수학했다. 13세 때 이름을 승만으로 개명하고 우남이라는 호도 얻었다.

이승만은 1895년 신학문을 배우러 배재학당에 입학했다. 배재학당은 1885년 선교사 아펜젤러Appenzeller가 세운 국내 최초의 근대식 교육기관이다. 그때 만난 서재필은 이승만에게 미국 유학을 권했다. 배재학당 2년 수학 후 졸업식에서 이승만은 영어연설을 했을 정도로 영어를 빨리 배웠다.

이승만은 20대 초반부터 국내 정계에서 주목받던 청년이었다. 그는 「매일신문」, 「제국신문」 등의 창간 주역으로 주필이나 사장을 맡으며 상당한 숫자의 논설을 발표했다. 이승만은 독립협회 활동에도 열심히 참여했다. 독립협회와 만민공동회가 해산당하고 이승만은 1899년 체포되었다. 그는 탈옥을 시도하다 실패해 종신형을 언도받고 한성감옥에 수감되었다.

감옥생활 초기에는 목에 칼을 차고 지내는 등 힘든 시간을 보냈으나, 그를 아끼는 사람들의 도움으로 차츰 여유 있는 감옥생활을 하며 많은 양의 독서와 집필을 할 수 있었다. 이승만은 감옥에서 영어사전을 제작하기도 하고, 훗날 유명해진 『독립정신』을 저술했다. 청일전쟁의 교훈과 중국의 개혁 필요성을 다룬 알렌Y. Allen의 『중동전기본말中東戰紀本末』(1896년)도 번역했다. 한성감옥 내 당시 아마 국내 최대였을 민간 도서관을 개설하기도 했다. 러일전쟁이 발발하자 이승만은 1904년 8월 9일 황제의 특사로 5년 7개월 수형생활을 마치고 석방되었다.

당시 이승만은 국제질서를 제국주의적 약육강식의 세계라기보다는 만국공법이 지배하는 이상적 문명사회로 전제했다. 만국공법이 강대국 횡포로부터 약소국을 지켜 주는 현실적 수단이 되리라고 기대했다. 20대의 이승만은 어쩌면 비현실적일 정도로 만국공법에 대한 신뢰와 기대를 갖고 있었다.[34]

> "우리가 먼저 공법의 뜻을 어기지 말고 공평 정대하게 행세하며 다른 나라들과 친밀히 지내며 우의를 두텁게 해야 한다. 그렇게 되면 다른 나라들이 우리나라를 의리상 친구로 간주하여 언제든지 우리나라가 다른 나라에게 억울한 일을 당할 때는 도리에 맞게 힘껏 도와줄 것이다. 이는 우리가 요청하지 않아도 스스로 우리를 도와주는 나라들이 많이 생기는 셈이다. 이것이 곧 잔약한 나라들이 강한 나라들 사이에서 나라

34 이승만이 만국공법에 관한 기대를 표명하고 있는 논설에 대해서는 정인섭, 「이승만의 박사논문 '미국의 영향을 받은 중립'」, 『서울국제법연구』 제27권 2호(2020), 119-123쪽 참조.

를 보존하는 근본이다."[35]

이승만은 관리들이 국제법을 알아야 백성을 보호할 수 있으니 "지금 제일 급한 것이 『공법회통』과 『통상약장』을 국문으로 번역하여 여러 만 질 발간해 각 도 각 군에 대소를 가려 분배해 내리고 그 관계를 고시해 관원들을 권면해 간절히 공부하게" 하라고 호소했다.[36]

유학생활

감옥에서 나온 이승만은 미국 유학을 결심하고 기독교 선교사들 후원으로 1904년 11월 인천항에서 미국 선박 오하이오호를 타고 장도에 올랐다. 선교사들은 이승만이 유학 후 귀국해 유능한 교회 지도자로 성장하기를 기대했다. 일본에서 미국 선박 시베리아호로 바꿔 탄 이승만은 하와이를 거쳐 12월 6일 샌프란시스코항에 도달했다. 대륙 횡단 기차를 타고 12월 31일 목적지인 워싱턴 D.C.에 도착했다. 이승만이 도미한 숨은 목적의 하나는 미국 정부에 조선 사정을 직접 알리고 일본의 병탐 야욕을 억제시켜 달라고 호소하는 일이었다. 그러나 미국은 이미 조선에 대한 일본의 우선권을 인정하기로 결정한 다음이었으므로 별다른 효과를 거둘 수 없었다.

이승만은 워싱턴 D.C.에 소재한 조지워싱턴대학교 니드햄C. Needham 총장과 윌버W. Wilber 학장을 면담하고 1905년 2월부터 2학년 장학생으로 등록했다. 별다른 서양식 대학교육은 받은 바 없었으나, 배재학당 2년 교육을 감안해 2학년 편입을 허가받았다. 배재학당은

35 이승만(오영섭 역주), 『독립정신』(연세대학교 대학출판문화원, 2019), 384–385쪽.
36 "국권을 보호할 방책", 「제국신문」, 1903. 1. 19., 이승만의 익명 논설.

당시 영문 표기로 College를 사용했다. 이로 인해 미국의 대학 수준 교육기관으로 인정된 듯하다.

조지워싱턴대학교에서 이승만은 신학, 논리학, 영어, 미국사, 프랑스어, 철학, 경제학, 사회학, 서양사 등 다양한 기초과목을 수강했다. 장학생으로 학비는 면제받았으나 생활비는 스스로 벌어야 했다. 1907년 6월 5일 조지워싱턴대학교를 졸업하고 학사학위를 받게 되자, 이승만은 장래 진로를 심각하게 고민했다. 후원처인 감리교단은 바로 귀국해 조선에서 선교활동을 하기 원했다. 이승만은 「을사조약」이 체결된 상황에서 조국으로 돌아가도 활발한 활동을 하기 어렵겠다고 판단해 미국에 좀 더 남아 공부를 계속하기로 결심했다. 이승만은 1907년 9월 하버드대학교 석사 과정에 입학했다. 여기서 그는 국제법, 외교정책, 미국사, 유럽사 등의 과목을 수학했다. 하버드 생활을 마치고 진로 문제로 다시 한번 고민한 그는 미국에서 박사학위를 받을 수 있는 길을 모색하기로 했다.

이승만은 뉴욕에서 조선에서부터 알던 홀Hall 목사를 만났다. 그는 이승만에게 프린스턴신학교로 가서 신학을 공부하라고 권했다. 홀 목사의 도움으로 1908년 가을 학기부터 프린스턴대학교 박사 과정에 입학했다. 프린스턴신학교에서 신학 강좌도 일부 들었으나 주 관심사는 국제관계였다. 이승만은 프린스턴 시절을 가장 즐거운 학창 시절로 기억했다. 이승만은 국제법, 외교론, 역사과목 등을 주로 수강하고 1910년 6월 프린스턴대학교 졸업식에서 박사학위를 받았다. 당시 프린스턴대학교 총장은 후일 대통령이 되어 민족자결주의를 제창한 윌슨Wilson으로 그해가 그가 정계로 투신하기 직전 마지막 졸업식이었다. 이승만은 윌슨 총장 집으로 초대받을 정도로 가족과도 친밀했다. 이승만의 논문은 1912년 프린스턴대학교 출판부에서 단행본으로 출간되었다.

독립운동

이승만은 1910년 귀국해 YMCA 등지에서 활동하다가 하와이에서 활약하던 박용만의 초청을 받아 1912년 다시 미국으로 갔다. 하와이에서 박용만은 항일무장투쟁을 강조했으나 이승만은 인재양성과 외교활동을 중시해 서로 간에 반목이 커졌다.

1919년 3·1운동을 계기로 상하이에 대한민국 임시정부가 수립되었고, 미국에 있던 이승만이 초대 대통령으로 선출되었다. 그 이전에도 국내외에 수립된 여러 임시정부에 의해 이승만은 집정관, 국무총리 등 직책에 추대된 바 있다. 이미 당시 국내외에서 이승만의 명망을 따를 사람이 없었기 때문이다. 일제는 엄청난 액수의 현상금을 걸고 그를 잡으려 했다. 이승만은 관 속의 시체로 위장하고 상하이로 잠입해 대통령에 취임했다. 그러나 국제연맹에 조선의 위임통치를 청원한 건과 관련해 이승만은 상하이 임시정부 내 다른 독립운동가들과 갈등을 겪었고, 1921년 이후에는 상하이로 돌아가지 않았다. 결국 1925년 상하이 임시의정원은 대통령 이승만을 탄핵·면직시켰다.

이후 이승만은 미국에 체류하며 구미외교위원부를 중심으로 외교를 통한 독립운동에 주력했다. 그는 평생 무장 독립운동보다 외교를 중심으로 한 독립운동을 지향했다. 이승만이 첫 번째 부인과 헤어진 후 오스트리아 출신 프란체스카 여사를 만난 일도 국제연맹에 조선 독립을 청원을 하기 위해 제네바를 방문하던 중 우연히 일어난 사건이었다. 혼잡한 식당에서 마침 합석한 프란체스카는 조선 독립을 위해 애쓰는 이승만에 호감을 가졌다. 프란체스카는 바로 이승만의 청원서 작성 일을 돕기 시작했고, 집안의 격렬한 반대를 무릅쓰고 결혼까지 하게 되었다.

이승만은 1941년 일본의 진주만 공격 약 반년 전 *Japan Inside Out*

이란 책을 미국에서 발간했다. 이 책에서 그는 일본 제국주의의 실상을 비판하며, 일본의 미국 침략 가능성을 경고했다. 예언이 실현되어 태평양전쟁이 실제로 발발했다. 이승만은 상하이 임시정부에 대한 미국의 승인을 얻기 위해 빈번히 노력하며, 대일 참전을 위한 무기지원을 요청했다. 또한 장차 소련이 한반도 점령을 노린다고 경고했다. 이승만은 줄기차게 소련이 한국 독립의 방해자가 된다며 반소전선 결성을 주장했다. 그러나 소련과 전시연합이 중요한 미국으로서는 이승만의 주장에 귀 기울이지 않았다. 이승만은 1942년 8월 29일부터 미국의 소리방송VOA을 통해 한반도로 보내는 단파 라디오 방송 송출을 실현시켰다. 1945년 8월 15일 일본이 무조건 항복을 하자, 이승만은 1945년 10월 16일 미국 국무부의 갖은 반대를 이기고 귀국했다. 이후 그는 해방 정국의 소용돌이 속 중심인물이 되었고, 대한민국 초대 대통령으로 선출되었다.

박사학위논문

이승만의 박사학위논문 제목은 「미국의 영향을 받은 중립Neutrality as Influenced by the United States」이다.[37] 논문 주제는 국제법상 전시중립으로, 중립제도의 역사적 변천 과정을 시간적 순서에 따라 설명했다. 제1장은 1776년 이전, 제2장은 1776년부터 1793년까지, 제3장은 1793년부터 1818년까지, 제4장은 1818년부터 1861년까지, 제5장은 1861년부터 1872년까지의 시기를 다루었고 마지막 제6장은 요약 및 결론이다. 학위논문 마지막 페이지에서 이승만은 1776년 미국 독립 이전

37 이는 국내에서 2000년 이승만(정인섭 역), 『이승만의 전시중립론 – 미국의 영향을 받은 중립』(나남)으로 번역되었고, 2020년 정인섭 역주·해제, 『미국의 영향을 받은 중립』(연세대학교 대학출판문화원)으로 재번역 출간되었다.

과 비교할 때 중립제도는 국제법의 다른 어떤 분야보다도 커다란 발전을 했으며, 이에는 미국의 공헌이 절대적이었다고 결론 내렸다. 전쟁 중 중립국 통상의 자유를 확대시킨 결과는 인류에 대한 축복이라고 평가하고, 유럽 해양 강국의 반대에도 불구하고 미국에 의해 이러한 성과가 달성되었다고 분석했다.

전쟁 중 교전국과 중립국의 이해는 크게 상반된다. 교전국은 전쟁 상대국이 중립국과의 거래를 통해 이득을 얻지 못하도록 노력한다. 반면 중립국은 가급적 교전국 쌍방과 교역을 지속해 더 많은 이득을 얻기 원한다. 결국 전시중립제도는 이러한 교전국과 중립국의 이해가 타협을 이룰 수 있는 교차점에서 성립한다. 이에 근대 국제법에서 전시중립제도는 크게 두 가지 방향을 통해 발전했다. 하나는 유럽 대륙국가들 간 전쟁 중 중립국으로서의 권리를 주장하는 영국의 입장이었다. 다른 하나는 유럽 국가들 간 전쟁 중 중립국 교역의 권리를 주장하는 미국의 입장이었다. 이승만의 논문은 후자의 영향을 분석했다.

이승만이 어떠한 동기로 전시중립을 학위논문 주제로 잡았는지는 잘 모른다. 다만 한말 우리 의지와 관계없이 청일전쟁과 러일전쟁이 이 땅에서 펼쳐졌고, 대한제국의 국외중립 선언이 무참히 짓밟히는 현실을 목도한 그가 국제법상 전시중립의 실체와 역사는 무엇인가에 당연히 관심을 가졌으리라고 추측해 볼 수는 있다. 그러나 논문 내용의 전개 무대는 유럽 국가와 미주 대륙뿐이며, 그것도 해상에서의 중립을 중심으로 한 내용이다. 동양, 특히 조선의 현실은 전혀 언급되고 있지 않다.[38]

---

38 이승만의 유학시절과 박사학위논문 내용에 관한 좀 더 상세한 소개는 정인섭(앞의 주 34), 124-137쪽 참조.

이승만의 학위논문은 내용의 현재적 가치나 함의 이상으로 이 땅의 법학이나 정치학 전공자에게는 역사적 의의를 지닌 문서이다. 이승만은 조선인으로 서양 대학에서 정식 교육을 받고 박사학위를 취득한 첫 번째 인물이다. 그의 논문은 서양 대학출판사에서 출간된 최초의 조선인 저술이다. 국내와 사정이 다른 미국에서는 대학출판부에서 출간된 책이 학문적으로 가장 인정받는다. 또한 우리 법학계가 이만한 수준의 논문을 다시 쓸 수 있기까지에는 그로부터 한 세대 이상의 세월을 필요로 했다. 특히 국내에서 이만한 수준의 논문이 나오기까지는 광복 이후에도 상당한 시간이 걸렸다. 18~19세기 전시 중립법 발전에 관한 한 아직도 이승만의 논문 이상 자세한 글이 국내에서는 발표된 바 없다.

8·15 종전 직후 주한 미군정청은 한국에서 좀 더 고분고분한 지도자를 원했고 이승만에게 별 호감을 갖고 있지 않았음은 잘 알려져 있다. 그러나 당시 남북한을 통틀어 그의 명망에 필적할 인물이 없었기 때문에 군정청으로서도 어쩔 수 없었다. 그의 명망은 오랜 독립운동 경력에 미국대학 박사라는 학문적 성취가 더해져 만들어졌으며, 대통령이 된 다음에도 많은 사람이 그를 이 박사라고 즐겨 불렀다.

이승만은 국제법상 전시중립을 연구해 박사학위를 받았지만, 이후 그가 학문적 활동을 한 흔적은 알려진 바 없다. 그는 연구자가 아닌 현실 정치인으로 생애를 살았다. 그러나 이승만 대통령의 재임 시절 유엔 총회에 의한 대한민국 정부 승인, 평화선 선포, 반공포로 석방, 한미상호방위조약 체결 등과 같이 국가 운영에서 주목할 만한 국제법적 조치가 실현되었음은 우연이 아닐지도 모른다.

4 다시 희망 찾기: 해군 함정에서 창설된 대한국제법학회

창립 배경

1948년 대한민국 정부가 출범하게 되자 자연 다양한 국제법 문제에 부딪쳤다. 일본과 식민지배 관계 청산 문제가 우선 대두되었고, 곧이어 6·25전쟁 발발과 유엔군 참전으로 유엔과 관련된 국제법 지식 수요가 높았다. 「샌프란시스코 대일평화조약」이 1951년 9월 서명되고 미국의 일본 점령은 1952년 4월 종료가 예정되었다. 한국은 1951년 10월부터 일본과 한일회담 예비회담을 시작했으나, 초반부터 견해차가 커 회의 진행이 순탄치 않았다.

「샌프란시스코 대일평화조약」이 발효된 후 한반도 주변으로 밀려들 일본 어선을 규제하기 위해 한국 정부는 1952년 1월 18일 「인접 해양에 대한 주권에 관한 선언」, 즉 평화선을 선포했다. 일본은 평화선이 공해 자유 원칙에 반하는 불법조치라고 맹렬한 비난을 퍼부었다. 3해리 영해 바깥에서는 공해어업 자유를 인정함이 국제사회 다수설이던 시절 한국 정부는 역경 속에서도 평화선 방어를 위해 갖은 노력을 다했다.

6·25전쟁 동안 한국 정부는 부산을 임시 수도로 삼아 피난을 갔다.

전쟁 속에서 외무부는 평화선과 한일회담 대응을 위해 정부 관련 부처 인사와 국제법 전문가를 초청해 가칭 국제법연구회라는 간담회를 열었다. 부산 임시 국무회의실에서 1953년 2월 11일 열린 이 모임에는 조정환 외무차관, 최문경 외무부 정무국장, 홍진기 법무부 법무국장, 장경근 변호사, 임철호 경무대 비서관, 이한기, 이건호, 박관숙, 박재섭 교수 등이 참석했다. 이들은 2월 25일 다시 모여 제2차 연구회를 개최했다. 이 모임을 계기로 참석자들은 한국이 당면한 국제법 문제에 좀 더 조직적으로 대처하기 위해 학술단체를 결성하기로 의견을 모았다.

당시 국내 국제법 전공학자는 모두 합해 10명에도 훨씬 못 미쳤다. 일제강점기에 법학을 공부한 사람 중 공법을 전공한 숫자는 미미했다. 공법학은 1차적으로 지배자의 학문으로 조선인에게는 별 소용이 없는 분야였다. 공법 중 특히 국제법 전공자는 그야말로 희귀했다. 조선인이 일제의 대외관계 분야에서 활약하기는 너무나 어려웠기 때문이었다. 그 무렵 국내 대학에서 국제법을 강의한 교수 대부분은 광복 이후 본격적으로 국제법을 공부한 사람이었다. 6·25전쟁으로 사회는 풍비박산 나고 연구 여건은 열악했다. 산적한 국제법적 과제에 좀 더 슬기롭게 대처하기 위해 적은 인력이라도 조직화할 필요가 있었다. 이것이 대한국제법학회 창설이 논의된 배경이다.

최문경 외무부 정무국장이 학회 조직 관련 실무를 지휘했다. 정무국 김영주 사무관이 미국과 일본 국제법학회와 국제조직인 세계국제법협회International Law Association(1873년 창립) 및 IDIInstitut de Droit International(1873년 창립) 정관을 참고해 학회 규약 초안을 만들었다. 훗날 이한기 교수는 이 두 사람의 "발의와 창의에 의하여 학회의 설립이 진행"되었고 이들이야말로 학회 탄생에서 "산파역을 맡아 주신 공로

자"라고 회고했다.[39] 김영주 사무관이 학회 창설을 마무리 짓지 못하고 해외 파견을 나가게 되자, 정무국 전정표 과장이 작업을 이어받았다. 이들 외무부 직원과 장경근, 황성수, 이한기, 박관숙, 배정현 등이 주로 부산 경남도청에 자리 잡은 임시정부청사 앞 황록다방 안집에서 학회 설립을 의논했다. 정무국 문철순 사무관이 설립취지서 초안을 마련했다. 1953년 5월 6일 발기인회 초청장이 발송되었다.

창립 발기인 26명의 명단은 다음과 같다. 고재필, 김용식, 노용호, 민복기, 박관숙, 박성대, 박일경, 박재섭, 배정현, 이건호, 이용희, 이태영, 이한기, 임송본, 임철호, 유진오, 장경근, 장기영, 전예용, 최문경, 최병해, 한복, 한환진, 홍진기, 황산덕, 황성수. 발기인 명단을 보면 훗날까지 국제법을 계속 연구했거나 직무상 국제법 지식을 필요로 했던 인사는 몇 사람 되지 않는다. 법조계는 물론 정관계와 경제계 전반의 내로라하는 인물들이 망라되어 나중에 대법관, 장관, 국회의원, 금융기관장 등을 역임한 사회 저명인사가 적지 않다.

다음은 '대한국제법학회 설립취지서'이다. 다소 길더라도 전문을 수록한다.

"개인이 사회에서 고립하여 생존할 수 없는 것과 같이, 국가도 국제사회에서 고립하여 생존할 수 없다. 일 국가가 엄연한 법질서에 의하여 유지 발전되는 것과 같이 국제사회도 확립된 법질서에 의하여 유지 발전되어야 할 것이다. 금일의 국제사회는 그 법질서가 비교적 미발달의 상태에 있으나, 법과 정의에 입각한 완전한 국제사회의 실현이야말로 전 인류에게 공통한 염원이 아닐 수 없다. 따라서 국제법 학도의 사명

39 이한기, 「대한국제법학회 10년 약사」, 『국제법학회논총』 제7권 제1호(1962), 232쪽.

은 실로 중차대한 바가 있는 것이다.

세계 선진 국가에는 이미 국제법학회가 조직되어 국내적·국제적으로 활발한 활동을 전개하고 있음은 주지의 사실인바, 어찌 이 나라의 국제법 학도만이 홀로 상아탑 속에서 고고독선孤高獨善을 자랑할 수 있으랴! 더구나 아국은 국제사회의 일원으로 탄생한 지 일천하지마는, 아국을 중심으로 하여 냉철한 법적 고찰을 요구하는 국제법상의 난難문제가 착잡하고 있음은 췌언을 요치 않는다. 이에 대한국제법학회를 조직하여 국제법 질서의 확립이라는 시대적 요청에 응應코자 하는 바이며, 본 학회는 첫째로 대한민국에 있어서 국제법상의 제반문제를 연구 토의하는 중심이 될 것이며, 둘째로 외국의 유사단체와의 긴밀한 연계하에 법과 정의에 입각한 국제관계의 수립과 유지에 기여할 것이며, 셋째로 국민 일반에게 국제법상의 양식良識을 제공함으로써 아국의 국제사회에 있어서의 지위를 정확히 인식시키기에 기여할 것이며, 넷째로 이 나라의 국제법 학도의 핵심적 결합체로서 상호 친목과 편달을 통하여 아국의 학적 수준을 향상시키기에 기여할 것을 자기自期하는 바이다. 국제법 학도는 물론 국제법에 관심을 가진 모든 인사의 적극적인 지원과 협력이 있기를 바라마지 않는다."

3차례 발기인 회의를 거쳐 드디어 1953년 6월 16일(화) 해군구락부에서 학회 창립 총회가 개최되었다. 창립 총회에는 80여 명이 참석했다. 창립 임원으로 회장에 유진오 고려대학교 총장, 부회장에 황성수 국회 외무위원장과 장경근 변호사가 선임되고, 배정현 변호사, 이건호 고려대학교 교수, 이한기 서울대학교 교수, 전예용 변호사, 최병해 해군 법무관(중령), 한환진 판사, 황산덕 서울대학교 교수, 홍진기 법무부 법무국장 등 8인이 이사로 선출되었다. 최문경 외무부 정무국장이 간사장으로 보임되고, 외무부 정무국 전정표 과장과 최운상 과장은 간사로 임명되었다. 준비 실무작업은 외무부 정무국 제1과에서 담당했다.

당시 해군구락부는 부산 부두에 정박하고 있던 해군 LCI 함정 내에 있었다. 학회 창설에 적극적이던 최병해 해군 중령의 주선으로 해군구락부를 창립 회의장으로 사용할 수 있었다. 총회에 이어 해군구락부 측 호의로 성대한 잔치가 베풀어졌고, 기록에 의하면 61명이 창립 기념 식사를 했다. 참석자들은 총회를 마친 후 준비된 해군 선박을 타고 "유쾌한 부산의 해상 구경이 있었다." 평화선(바다) 문제에 대한 대응 필요 등으로 출범하게 된 "대한국제법학회는 문자 그대로 배에서 탄생한 셈"이었다.[40]

유진오 초대 회장

널리 알려진 바와 같이 유진오는 「제헌헌법」 기초에 중심 역할을 한 헌법학자로 유명한데 어떻게 대한국제법학회 초대 회장으로 추대되었을까?

유진오는 1952년 9월부터 약 1년간 미국 하버드대학교에서 방문 연수 중이었는데, 그곳에서 학회장 추대 소식을 들었다. 후일 유진오는 자신이 비록 국제법 전문가는 아니었으나, 보성전문학교에서 10여 년간 국제법을 강의한 경험이 있고 한일회담의 법적 뒷받침을 주로 자신이 해왔기 때문에 "넓은 의미에서 국제법 관계자를 찾는다면 나도 그 중 한 사람임이 틀림없었고, 그중에서는 내가 비교적 senior이었기 때문"에 자신의 회장 선출은 어찌 보면 "죄송스럽기 짝이 없었으나 나로

40 최문경, 「대한국제법학회 탄생기」, 『국제법학회논총』 제1호(1956), 161쪽.

서는 그대로 수락하는 수밖에 없었다."고 술회했다.[41]

유진오는 경성제국대학 예과 제1회(1924년)에 수석 입학하고 본과(법률학과)도 수석 졸업한 수재였다. 「김강사와 T교수」, 「창랑정기」 같은 소설로도 유명하다. 대학 졸업 후 대부분의 동료와 달리 고등문관시험을 통한 법조인의 길을 가지 않고, 1929년 4월부터 경성제국대학 하나무라 미키花村美樹 교수의 형법 연구실 조수로 남았다. 형법 조수로 2년을 근무한 후 1931년 4월에는 오다카 도모오尾高朝雄 교수의 법리학(법철학) 연구실 조수로 자리를 옮겼다. 유진오는 학자의 길을 가고 싶어 했으나, 당시 조선인은 제국대학 교수가 되기 어려웠다. 결국 유진오는 송진우의 소개로 김성수가 인수한 보성전문학교에서 1932년 4월부터 강의를 시작했다. 이듬해인 1933년 4월 전임강사로 발령받았다. 그는 형법 강의를 원했으나, 보성전문학교에는 이미 일본인 형법 교수가 있었다. 대신 유진오는 공법 계통인 헌법과 행정법을 맡았고, 추가로 국제법과 영어원서 강독 강의를 담당했다.[42] 유진오는 광복 전 국내에서 국제법을 가장 많이 강의한 교수였다.

광복 후 한국 국제법학계의 실질적 1세대 학자라고 할 수 있는 이한기(서울대학교), 박관숙(서울대학교, 이화여자대학교, 연세대학교), 박재섭(고려대학교) 교수 등은 학회가 창설될 무렵 모두 30대 중반 전후의 나이였다. 이들의 국제법 강의 경력은 아직 일천했다. 1906년생으로 40대 후반인 유진오는 이들보다 약 10살 연상이었고, 광복 후 법제처장을 역임했고 고려대학교 현직 총장이라는 탄탄한 사회적 지위를 갖고 있었다. 또한 당시 한국이 당면한 최대의 대외문제인 한일 국교정상

41 유진오, 「격려사」, 『국제법학회논총』 제18권 제1호(1973), 7쪽.
42 이영록, 『유진오 헌법사상의 형성과 전개』(한국학술정보, 2006), 47쪽.

화 회담에서 한국 측 대표단을 사실상 지휘하기도 했다. 제1차 회담 시 한국 측 수석대표는 양유찬 대사였으나, 의사 출신인 그는 법률 문제를 잘 몰랐다. 법률 문제에 관해서는 유진오와 법무부 홍진기가 한국 측 핵심 브레인이었다. 일제강점기 국제법을 전공한 조선인은 희귀했기 때문에 학회 창설 무렵 유진오의 연배 이상에서 그보다 더한 국제법 전문가는 찾기 어려웠다. 자연스럽게 유진오가 대한국제법학회 초대 회장으로 추대되었다. 유진오는 1968년 7월 6일까지 무려 15년 이상 대한국제법학회 회장으로 재직했다.

사막에서 물을 찾듯 국제법 지식을 갈구

대한국제법학회는 1953년 6월 6·25전쟁의 포연이 아직도 한국 사회를 메우고 있던 시절 피난지 부산 임시 수도에서 창립되었다. 1903년 열혈 청년 이승만이 20대 시절 한성감옥에서 국제법을 알아야 백성을 보호할 수 있으니, 한문으로 된『공법회통』을 국문으로 번역해 전국으로 보급하고 "관원들을 권면해 간절히 공부"하게 하라고 호소했던 때로부터 딱 50년 뒤,[43] 바로 이승만이 대통령인 시절 국제법 연구와 전파를 위한 학회가 이 땅에 설립되었다. 이는 국내 법학 관련 최초 학회이다.

창립 회원들의 면면을 보면 대한국제법학회는 국제법 전공자의 학술모임이라기보다 한국의 대외관계에 관심이 있는 국내 학계 및 법조계, 정관계, 언론계 유력 인물들이 망라된 단체였다. 전공도 국제법 외에 외교사, 국제정치, 국제사법 등 다양했다. 이들 중 상당수가 후일 한국 사회를 각계에서 풍미한 유명 인물들이다. 이는 대한국제법

43 앞의 주 36 및 관련 본문 참조.

학회가 국내에서 법학 전공학회로는 최초로 결성되었기 때문에 법조계는 물론 사회 각 분야의 주목을 받으며 회원을 확보할 수 있었고, 다른 한편 한일회담, 평화선 공방, 6·25전쟁 등 당시 한국이 직면한 국제법 문제가 그만큼 국가적 관심사였음을 나타내는 증거이기도 하다. 당시 한국 사회에는 각종 국제법 문제가 산적했고 국제법 지식에 대한 수요는 높았으나 전문가는 희귀했다. 이것이 바로 1950년대 초반 궁핍한 사회 여건 속에서도 대한민국이 대한국제법학회의 창설을 필요로 했던 이유이다.

후일 유진오는 대한국제법학회가 "미증유의 국난을 당하여 정부 법조계 민간인 할 것 없이 힘을 합쳐 국난에 대처하기 위해" 탄생했으며,[44] "우리나라가 처해 있던 당시의 국제, 국내 제 정세가 이를 필연必然케 하였던 것"이라고 술회했다.[45] 학회가 해군 함정 위에서 창설되었다는 사실은 특히 상징적이다. 당시 한국 사회는 "사막에서 물을 찾듯이 국제법 지식을 갈구"했으며, 국제법, 국제정치에 관한 지식은 "학문적 흥미를 초월하여 생활의 필요로서 누구에게나 절실히 요구"되는 상황이었기 때문에 대한국제법학회가 다양한 인물의 참여 속에 창설되었다.[46] 국가 존망을 다투는 전쟁의 와중에서 어찌 보면 한가롭게 보일 수도 있는 학술단체의 결성은 한국 사회에서 국제법을 통한 새로운 희망 찾기 여정의 시작이었다.

44 유진오, 「대한국제법학회 성립의 전후」, 『국제법학회논총』 제28권 제2호(1983), 10쪽.
45 유진오, 「권두언」, 『국제법학회논총』 제7권 제1호(1962), 4쪽.
46 유진오(위의 주), 4-5쪽.

1 1m의 길이는 세계 어디서나 동일하다 – 도량형의 통일

오늘날 길이를 표시하는 단위로는 cm, m, km 등이 사용된다. 한국에서 1m 길이는 이탈리아에서도 동일하다. 나라마다 1cm나 1m 길이가 조금씩 다르면 얼마나 불편할까? 아예 나라마다 서로 다른 측정 단위를 사용하면 얼마나 혼란스러울까? 이런 단위가 맞지 않으면 공산품을 외국에 주문할 때마다 엄청난 혼선이 우려된다.

길이는 미터m, 무게는 킬로그램kg, 부피는 리터l를 단위로 십진법을 적용해 사물을 측정하는 방법을 미터법이라고 한다. 이는 1791년 파리 과학아카데미가 프랑스 의회의 의뢰를 받아 만든 측정단위이다. 당시 과학아카데미는 길이의 경우 북극에서 파리를 지나 적도에 이르는 거리의 1,000만분의 1을 1m로 정의했다.

프랑스가 새로운 측정단위를 제정하게 된 배경도 흥미롭다. 프랑스 혁명 이전 영주들은 표준 도량형 제도가 없는 점을 악용해 농민들을 수탈했다. 걷을 때는 더 많이 받아내고 내줄 때는 적게 주었다. 이에 평민들은 길이와 무게의 통일을 요구했다. 혁명 주역들은 봉건적 구체제 타파의 상징으로 도량형 제도 통일을 시도했다. 프랑스의 새 도량형 제도는 나폴레옹전쟁과 함께 유럽 대륙으로 퍼지게 되었다.

산업화와 국제교류가 진전함에 따라 나라별로 다른 측정단위를 국제적으로 통일하자는 운동이 일어났다. 1875년 파리에 모인 17개국 대표들은 「미터협약」에 합의했다(1875 Convention of the Metre). 이 조약은 프랑스식 측정단위를 국제표준으로 채택하고 이 업무를 담당할 국제도량형기구를 창설했다. 「미터협약」은 후일 부분적으로 개정되기도 했으나, 오늘날까지도 도량형의 국제적 통일을 실현하는 기본조약으로 작동하고 있다. 「미터협약」이 있기에 우리는 한국에서 1m 길이나 1kg 무게가 태국에서도 동일하다고 믿을 수 있다. 현재 1m 길이는 더욱 정확히 표현하기 위해 "빛이 진공 상태에서 1/299,792,458초 동안 나아가는 거리"로 정의된다. 미국 등 단 3개국을 제외하면 전 세계 모든 국가가 미터법을 공식 측정단위로 사용하고 있다.

다음은 미터법을 사용하지 않는 미국의 실수 사례이다. 1999년 9월 23일 미국 무인 탐사선이 화성권에 도착해 궤도진입을 시도했다. 그러나 탐사선은 원래 예정된 화성 상공 140~150km 궤도가 아닌 57km 궤도로 잘못 진입했고, 이로 인한 압력을 견디지 못해 폭발해 버렸다. 그 원인은 참으로 어처구니없었다. 탐사선의 데이터가 국제표준인 미터법에 따라 보고되어야 하는데, 실무진의 타성과 실수로 미국식 인치inch로 보고되었다. 잘못된 데이터로 인해 탐사선 자세 제어용 추력이 잘못 계산되었고, 궤도 진입에서 오류가 발생했다. 발사 후 9개월 항해 끝에 화성에 도착한 탐사선의 허무한 종말이었다.

한국도 1959년 「미터협약」에 가입한 후 1961년부터는 이 협약 내용을 법정 계량단위로 채택했다. 지금은 「국가표준기본법」에 의해 「미터협약」에서 정한 내용만 기본 측정단위로 인정되고 다른 측정단위는 사용이 금지되어 있다. 현재 아파트 광고에서 크기를 나타낼 때 '평'이 아니라 'm^2'만 사용되는 이유이다.

우리가 사용하는 계량단위가 다른 나라에서도 같은 의미로 사용되리라고 믿을 수 있는 배경에는 바로 국제조약이 작동하고 있다. 도량형의 표준화 없이는 오늘날과 같은 국제교류를 상상하기 어렵다.

세계 어디로도 편지를 보낼 수 있다 2

인터넷 발달로 요즘 편지 사용이 줄었다고 하지만, 아직도 간단한 서류나 물건을 외국으로 보낼 때는 국제우편이 널리 활용된다. 몇백 원짜리 우표만 붙이면 직접 내 손으로 쓴 편지를 전 세계 어느 곳에라도 보낼 수 있으니 얼마나 편리한가? 어째서 그리스나 멕시코 우체부가 한국 우표만 붙은 편지를 자기 나라에서 배달해 주는가? 이런 일이 가능한 이유는 눈에 보이지 않는 배후에 국제법이 작동하고 있기 때문이다. 「만국우편협약Universal Postal Convention」에 의해 탄생한 만국우편연합이라는 국제기구가 그 주역이다.

우편제도는 고대 이집트에서도 운영되었다. 근대 초기까지 유럽에서는 편지를 받는 사람이 요금을 냈다고 한다. 일종의 착불 택배인 셈이었다. 1840년 영국의 롤랜드 힐Rowland Hill이 오늘날과 같은 우편제도를 창안했다. 편지는 보내는 사람이 요금을 부담하고, 거리와 상관없이 동일한 요금을 내고, 미리 만들어진 우표를 사서 이를 붙여 발송하도록 했다. 이에 따라 빅토리아 여왕을 모델로 한 세계 최초의 우표가 1840년 영국에서 발매되었다. 이 제도는 영국 국내용으로 창안되었으나, 곧 국제우편으로 확대되었다.

당시 유럽 국가들은 각기 양자조약을 체결해 국제우편을 규율했다. 19세기 산업화 진전과 국제교역 급증으로 국제우편이 급격히 늘어났다. 국제적 통일성을 기할 수 없는 양자조약으로는 이러한 수요에 도저히 부응할 수 없었다. 이에 1863년 파리에 15개국 대표가 모여 국제우편에 관한 통일기준을 협의했다. 이어 독일의 하인리히 폰 슈테판Heinlich von Stephen은 국제우편을 총괄하는 국제기구 창설을 제안했다. 이에 따라 1874년 스위스 베른에서 22개국 대표가 참가한 국제회의가 소집되었다. 이때 일반우편연합General Postal Union을 창설하는 「베른조약」이 채택되었다.

이듬해 발효한 「베른조약」은 현대적 국제우편제도를 가능하게 만든 최초의 조약이다. 통일된 요금으로 각국에 편지를 발송할 수 있도록 하고, 각국은 어떤 국가의 우표가 붙은 우편물이라도 동등하게 취급하기로 약속했다. 당시는 우표를 판매한 발송국이 국제우편요금을 모두 갖는 방식이었다.

1878년에는 「베른조약」을 개정하는 「만국우편협약」을 새로 채택하고, 기구 명칭도 만국우편연합Universal Postal Union으로 변경했다. 만국우편연합은 현존하는 범세계적 국제기구로는 두 번째로 오래된 기구로 1948년 유엔 전문기구로 등록되었다. 현재 회원국이 192개국이니, 실질적으로 전 세계 모든 국가가 가입되어 있는 셈이다.

만국우편연합은 150년 가까운 역사 속에서 국제우편에 관한 모든 사항을 조율해 왔다. 처음에는 편지만으로 출발했으나, 점차 소포와 우편환까지 취급했다. 그사이 기본조약도 여러 차례 개정되었다. 오늘날 작은 우표를 붙인 편지가 며칠 만에 전 세계 어느 곳으로나 전달되는 일은 만국우편연합이 국제우편에 관한 통일된 규칙을 만들어 범세계적으로 시행하기 때문에 가능해졌다.

한국은 대한제국 시절인 1900년 1월 1일 만국우편연합에 가입했다. 일제강점기를 거친 후 1949년 다시 회원국 자격을 회복해 오늘에 이르고 있다. 각국은 「베른조약」이 채택된 10월 9일을 '세계 우편의 날'로 기념하고 있다.

세계 어디로나 국제전화를 걸 수 있다 3

통신혁명은 현대 문명의 큰 특징 중 하나이다. 오늘날 우리는 부산 길거리를 걸으면서 세계 어느 곳으로나 바로 전화를 걸 수 있다. 이제는 하늘을 나는 비행기 안에서 집으로 전화를 걸 수 있고, 공해상을 항해 중인 선박으로 전화를 걸어 가족의 목소리를 직접 들을 수 있다. 이러한 통신혁명은 과학기술 발달로 가능해졌지만, 그 같은 과학기술의 진보를 국제적으로 질서 있게 실용화할 수 있는 배후에는 역시 국제법이 자리 잡고 있다.

우리가 미국으로 국제전화를 하려면 맨 앞에 국가번호 1을 누르고 그다음 현지 전화번호를 누른다. 반대로 해외에서 한국으로 전화를 하려면 국가번호 82를 먼저 누른다. 이 번호는 전 세계 어디서 전화할 때나 공통으로 사용된다. 모든 나라가 자기 번호로 1번을 사용하고 싶지 않았을까? 이러한 국가번호 조정은 어떻게 이루어졌을까?

외국에서 걸려온 전화를 집에서 바로 받을 수 있으려면 전화 시스템 운영에 관한 수많은 기계와 운영기술 규격이 국제적으로 통일되어 있어야 한다. 삼성과 애플 전화기가 서로 통화할 수 있게 만든 표준화는 어떻게 이루어졌을까? 오늘날 국제전화는 주로 통신위성을 통한다. 그렇다면 우주궤도 위 통신위성의 자리는 누가 정하는가? 각국이 서로 더 좋은 자리를 차지하려는 다툼이 벌어질 수도 있을 텐데 이러한 이해조정은 누가 하는가? 이러한 사항에 대한 국제적 합의가 이루어지지 않는다면 오늘날 우리가 국제전화를 이렇게 편리하게 사용할 수 없을 것이다.

일찍이 전보가 발명되었을 때부터 국제통신에 관한 표준화 필요성이 제기되었다. 이에 국제전보를 편리하게 이용하려는 목적으로 1865년 파리에서 「국제전신연합협정International Telegraph Union Convention」이 체결되어 국제전신연합이라는 국제기구를 창설하게 되었다. 이 기구는 현존하는 범세계적 국제기구 중 가장 오랜 역사를 자랑한다.

국제통신의 발달은 전보에서 그치지 않았다. 곧 전화가 보급되었다. 국제전신연합은 관장 범위를 확대하고 1934년 이름을 국제전기통신연합International Telecommunication Union으로 바꾸었다. 현재 회원국이 194개국으로, 사실상 전 세계 모든 국가가 가입하고 있다. 국제전기통신연합은 유엔 전문기구의 하나로, 전파 주파수의 국제적 할당, 통신위성 궤도의 할당, 통신에 관한 국제표준 제정 등과 같은 일을 한다. 과학기술 발달에 따라 업무 영역은 더욱 넓어져 현재는 디지털 방송, 3D TV, 휴대전화와 인터넷 업무도 관장하고 있다. 국제전화를 위한 국가별 번호도 이 기구에서 합의되었다.

오늘날 이와는 별도 조약으로 「국제이동위성기구협약」도 국제통신에서 중요한 역할을 담당한다. 이 협약을 통해 운영되는 통신 서비스는 태평양, 인도양, 대서양의 적도 상공 3만 5,800km 정지궤도상에 떠 있는 통신위성을 통해 전 세계 육상, 해상, 공중에서 국제 자동전화와 텔렉스, 조난 통신 등을 중계하고 있다.

한국은 「국제전기통신연합헌장」에 1952년 가입했으며, 「국제이동위성기구협약」은 1985년 가입했다. 오늘날 많은 국가에서 전화 업무가 민영화되었지만, 민간전화 회사들이 국제적으로 원활하게 연결되는 배경에는 이러한 국가 간 합의인 조약들이 작동하고 있다.

II

국제법이 무엇이지

1

국제법의 아주 짧은 역사

근대 국제법의 출발

현대 국제법은 유럽 국가들 간의 법질서에서 기원한다. 근대 유럽 국가관계를 규율하던 법질서가 유럽 세력의 범세계적 확장과 더불어 전 지구로 확산되었고, 이것이 오늘날 국제법의 바탕을 이루고 있다. 이에 국제법 역사를 살피려면 어쩔 수 없이 근대 유럽 역사 속에서 국제법이 어떻게 발달했는가부터 찾아야 한다. 이는 대부분의 법 분야에서 공통된 현실이다.

국제법은 주로 국가 간 관계를 규율하는 법규칙이므로 역사적으로 국가의 등장과 더불어 시작되었다고 할 수 있다. 기원전 중국이나 인도 또는 그리스 도시국가들은 문화적 동질성을 바탕으로 어느 정도 예측 가능하고 표준적인 역내 행동규칙을 발달시켰다. 다만 당시의 국제교류 규칙이 종합적인 국제법 체계를 이룰 수준에는 이르지 못했고, 이를 지켜야 한다는 규범의식도 약했다. 이러한 고대 국가 간 법질서도 유럽에서 중세를 거치는 동안 단절되었고 근대 국제법으로 직접 연결되지 못했다.

유럽의 중세는 현대적 의미의 독립 주권국가로 구성되었다고 할 수 없었으므로, 주권국가 사이의 법인 국제법이 발달될 토양 자체가 제대로 성숙되지 않았다. 각국 군주는 대외적으로 교황이나 신성로마제국 황제에 충성의무를 지는 한편, 대내적으로 자국 영역 통제권을 영주와 공유하고 있었다. 한 나라의 군주가 동시에 타국의 신하가 되기도 했다. 대체로 중세 유럽의 국가관계는 가톨릭 종교에 바탕을 둔 느슨한 형태의 통일사회를 형성하고 있었다.

국제법이란 대등한 다수의 주권국가를 전제로 성립되므로, 국제법은 유럽에서 근대 국민국가 출현과 함께 본격적으로 발전하기 시작했다. 종교개혁, 콜럼버스의 아메리카 대륙 진출과 같은 사건은 국제법이 발달하게 된 시대적 배경을 이룬다. 종교개혁은 교황을 정점으로 하던 보편 질서로부터 유럽을 해방시켰다. 상급자였던 교황과 신성로마제국 황제의 권위가 추락하자 주권국가 관계가 평등하게 되었으며, 이들 상호 간 관계를 규율할 규범이 필요하게 되었다. 근대 국제법은 이를 위한 법질서로 등장했다. 콜럼버스의 항해는 유럽 국가의 국제법이 전 지구로 확대되는 출발점이 되었다.

특히 1648년 「웨스트팔리아조약」은 유럽에서 새로운 정치 질서를 수립하는 결정적 계기가 되었다. 교황의 권위 아래에 있지 않은 신교국이 정식 국가로 승인을 받았다. 이제 국가보다 상위에 군림하는 세속적 권위는 없어졌다. 대등한 관계인 이들 국가는 상호작용을 통해 유럽 국가 간의 공법, 즉 국제법을 본격적으로 발전시키기 시작했다.

국제법이 한두 사람의 연구나 노력만으로 성립하지는 않았으나, 오늘날 많은 사람이 네덜란드 그로티우스Grotius(1583~1645년)를 국제법학의 아버지라고 부른다. 그가 프랑스 망명 중인 1625년 간행한 『전쟁과 평화의 법』은 국제법의 학문적 토대를 제시했다. 그로티우스는 국가의 평등, 영토주권 존중, 국가의 독립성 등을 지지했고, 이 같은 개념들은 「웨스트팔리아조약」 이후 근대 유럽 정치질서의 바탕이 되었다. 그로티우스가 국제법을 창안하지는 않았으나, 포괄적인 국제법 체제를 고안해 냈으며, 그의 책은 유럽 각국에서 널리 보급되었다.

유럽 국가들은 인종적·문화적·종교적·역사적으로 많은 공통점을 갖고 있었기 때문에 초기 유럽 국가 사이에서는 국제적 규칙의 합의와 적용이 비교적 쉬웠다. 유럽 국가의 왕실은 혈연적으로도 서로 긴밀한 관계를 맺고 있었다. 이런 이유에서 당시 유럽 국가들을 국가가족family of nations이라고도 불렀다. 이를 배경으로 유럽 국가 간 관습은 근대 국제법의 토대가 되었다.

유럽 국제법의 확산

유럽 국가 간의 법으로 출발한 국제법은 유럽 세력의 대외 진출과 더불어 적용 범위를 전 세계로 넓히게 된다. 산업혁명 진전에 따른 생산력 증가는 서유럽 국가의 영향력을 전 지구로 확산시켰다. 유럽 국가들은 상대적으로 우월한 무력을 바탕으로 유럽 밖 지역을 식민지화했으며, 그 과정에서 이중적 기준에서 자신의 법을 강요했다. 유럽의 국제법은 그들 상호 간에만 대등하게 적용되었다. 유럽 국가 간의 공법은 문명국가의 법으로 둔갑했다. 비유럽 지역은 유럽 국가들이 만든 규칙에 지배당할 뿐이었다. 문명국 여부는 서구적 기준에 의해서만 판단되었다. 국제법 보급이란 서구 문명에 의한 비서구 문명 억압의 확산일 뿐이었다.

당시 국제법은 주로 몇몇 유럽 강대국을 중심으로 형성되었다. 국제법은 일차적으로 이들 국가의 이익에 봉사하도록 만들어졌다. 즉 국제법은 필요에 따른 무력 사용을 국가의 고유한 권리로 인정했다. 자국민이 외국에서 피해를 입으면 이를 본국의 손해로 간주하고 본국 개입을 허용했다. 중앙집권적으로 조직화되지 않은 부족이 거주하던 지역은 국제법상 무주지로 간주되어, 어떤 국가라도 선착순으로 차지할 수 있다고 인정했다. 이러한 국제법상 권리들은 오직 강대국만이 충분히 활용할 수 있었다. 결과적으로 국제법은 유럽 국가의 제국주의적 식민지 쟁탈의 성과를 합리화시켜 주는 이론적 도구가 되었다. 승인이론은 비유럽 지역의 식민지화를 이론적으로 정당화시켜 주었다. 영토 취득에 관한 이론 중 특히 선점이론은 유럽 국가 간 식민지 쟁탈 경쟁에 합리적 규칙을 제공하고 그들의 전과를 합법화시켜 주었다.

1776년 독립한 미국이 유럽 외 국가로는 최초로 국제법 주체로서 국가가족의 일원으로 인정받게 되었다. 19세기 중엽 일부 중남미 국가들이 뒤를 따랐다. 그러나 이들 국가는 아직 변방의 주변국들이었다. 중국, 일본 등 아시아 국가들은 유럽 국가와 조약을 체결해도 대등한 위치에 서지 못했고, 일방적으로 불리한 불평등조약이 강요되었다.

그 결과 19세기까지의 국제법은 유럽이라는 지리적 기초 위에 성립되어(유럽의 법), 기독교라는 종교의 영향을 받으며(기독교도의 법), 경제적 동기(중상주의적 법)와 대외팽창적 목적(제국주의적 법)을 가진 일련의 법규칙이었다고 평가할 수 있다.

19세기 중엽 이후 국제법은 내용적으로 비정치적 분야, 즉 행정적·경제적·과학적 분야에서 국제협력과 국제거래를 조정하는 기술적 규범을 급속히 발전시켰다. 이러한 현상은 국제법이 국제협력을 효과적으로 달성하기 위해 다자조약과 국제기구를 발전시키는 바탕이 되었다. 국가 간 국경 장벽은 더욱 낮아졌고, 세계는 경제적으로 좀 더 통합되었으며, 사람과 자본의 국제 이동이 활발해졌다. 국제화 시대가 본격화되었다. 이러한 현상들은 다음 세기 국제법이 새로운 도약을 할 수 있게 만든 디딤돌이었다.

현대 국제법의 전개

국제법은 제1차 세계대전을 계기로 새로운 변화의 시대로 접어든다. 유럽의 역동적 팽창과 낙관의 시대는 종언을 고했다. 전쟁이 종료되었을 때 서유럽 국가들은 더 이상 국제사회를 좌지우지하는 중심 세력이 아니었다. 신흥 강국인 미국의 동의 없이는 새로운 국제규범이 만들어질 수 없었고, 공산국가인 소련의 출현은 국제규범의 이행과 형성에서 새로운 형태의 분열과 갈등을 의미했다. 유럽 이외 지역에서 독립국가의 증가는 국가 간 동질적 요소를 차츰 희석시켰다. 국가 간 동질성 약화는 국제법에서 가장 중요한 법원이던 관습국제법이 발달하기 어려워짐을 의미했다. 결국 국제법에서 조약의 중요성이 날로 증대되었다.

흔히 제1차 세계대전 이전 국제법을 고전기 국제법이라 부르고, 이후의 국제법을 현대 국제법으로 분류한다. 고전기 국제법은 주권국가만을 유일한 국제법 주체로 인정하고, 최고의 권한을 가진 주권국가의 전쟁 수행권은 국제법도 통제할 수 없었다. 반면 20세기 들어서는 국제법 구조에 본격적인 변화가 일어났다. 주권국가 외에 국제기구도 국제법 주체로 등장했다. 국가주권 절대의 원칙은 약화되었고 국가의 무력 사용에 대한 규제가 시작되었다.

제1차 세계대전을 계기로 국제연맹이 탄생했다. 제1차 세계대전은 국제 문제에 일정한 발언권을 갖는 지구상 주요 국가가 모두 참여한 전쟁이었다. 인류는 세력균형을 통한 평화가 얼마나 취약한지를 깨닫고, 국제평화를 위한 전 지구적 차원의 제도적 협력이 필요함을 실감했다. 그 결과 탄생한 국제연맹은 인류가 최초로 창설한 세계적 성격의 국제정치기구이다.

국제연맹은 안전보장, 군비축소, 국제행정에 커다란 영향을 미쳤다. 특히 연맹 규약은 주권국가가 전쟁을 수행할 권리에 절차적 통제를 시도했다. 국가가 분쟁 해결을 위해 곧바로 전쟁에 돌입하는 행위가 금지되고, 최소한 3개월의 냉각기를 갖도록 요구했다. 국제적 판정이 내려진 경우 이에 승복하는 국가를 상대로는 전쟁을 개시할 수 없었다(연맹 규약 제13조 이하). 국제연맹은 또한 상설국제사법재판소를 탄생시킴으로써 국제재판제도를 비약적으로 발전시켰다.

국제사회가 국가의 전쟁 수행권을 통제하기 시작했다는 사실은 국제법의 본질적 변화를 의미했다. 일방 국가가 무력사용을 통해 타국에 자신의 의사를 강요하거나 심지어 강제병합까지 서슴지 않는 행동을 국제법이 통제할 수 없다면, 국제법은 세력정치의 시녀가 될 수밖에 없다. 국제법이 국가의 전쟁 수행권을 통제하지 못하는 상태에서는 1905년 「을사조약」이 강박조약으로 무효라는 주장이나, 1910년 병합조약에 의한 일제의 조선 식민지화가 체결 절차상 흠결이 있는 조약이라는 주장은, 교과서 속에서나 존재할 수 있을 뿐 국제사회의 현실정치는 이러한 목소리에 귀를 기울이지 않았다.

국제연맹은 제2차 세계대전의 발발을 막지 못하고 비교적 단명으로 사라졌으나, 향후 국제질서 형성에 유용한 기초를 제공했다. 국제연맹 탄생은 이후 국제기구 시대가 열리는 개막식이었다. 국제법의 구조변화는 제2차 세계대전 발발과 유엔 탄생으로 가속화된다. 제2차 세계대전을 통해 인류는 전쟁의 참혹성을 다시 한번 절감했고, 국제법이 국가 주권을 더욱 통제할 필요가 있다고 판단했다. 진정한 의미의 범세계적·포괄적 국제기구로 유엔이 창설되었다. 유엔은 새로운 국제질서 도래의 상징이었다.

유엔은 원칙적으로 자위self-defence를 목적으로 한 경우 외에는 무력 행사를 위법화시켰으며, 국제평화의 위협과 파괴에 대한 집단적 대처 기능을 강화했다. 국제사회에서 무력을 행사하겠다는 위협조차 금지시켰으며, 개별 국가의 고유한 권리인 자위권에 대해서도 행사 기준을 설정했다. 이러한 강화된 임무를 담당하기 위한 기관으로 강대국을 중심으로 한 안전보장이사회가 설치되었다. 인권의 국제적 보호가 유엔의 주요 임무 중 하나로 선언되었고, 이의 구현을 위한 조직적 활동이 전개되었다. 인류 생활의 거의 모든 분야에서 수많은 국제협력이 유엔 무대를 통해 진전되었다.

새로운 도전

유엔 시대에 접어들면서 국제법은 두 종류의 새로운 도전 세력을 맞았다. 첫째는 제2차 세계대전 후 본격적인 블록을 형성한 공산국가들이었다. 이들은 기존 국제법을 서구 국가 간에나 통용되던 법에 불과하다고 평가절하하고, 공산국가의 이익 옹호를 위한 새로운 국제법 질서를 주장했다. 둘째는 제3세계였다. 이들은 비동맹이란 기치 아래 기존 국제법은 서구 국가들의 억압과 착취를 정당화시켜 주는 도구에 불과하다고 비판했다. 자결권, 인종차별금지, 천연자원에 대한 영구주권 같은 개념이 국제법의 일반원칙으로 자리 잡기까지에는 이들의 기여가 컸다. 공산국가와 제3세계 국가들은 때로 연대하며 유엔 총회 같이 1국 1표가 적용되는 무대에서 쉽게 수적 우위를 장악하기도 했다. 그러나 1980년대 진행된 동구권 체제 변혁 이후 국제질서의 변화는 이들의 도전을 희석시키고 있다.

20세기 후반 국제사회의 변화에 따라 국제법 역시 다양한 분야로 발전의 지평을 확대했다. 국제인권법이 급격히 발달해 인권의 국제적 보호라는 개념은 이제 개인의 일상생활에까지 파고들고 있다. 자국에 의해 인권 침해를 당한 개인이 이의 구제를 국제사회에 호소할 수 있는 제도적 장치가 발달했다. 국제법의 중대한 침해자를 처벌하기 위한 국제형사재판소도 설립되었다. 오늘날에는 인권의 존중 없이 국제평화의 달성도 어렵다는 인식이 보편화되었다. 한편 국제통화기구IMF, 세계무역기구WTO로 상징되듯 범세계적 국제경제 질서 구축도 일반화되었다. 20세기 후반 환경 문제에 관심이 높아지면서 국제환경법이 국제법에서 중요한 자리를 차지하게 되었다.

이러한 새로운 분야의 국제법들은 처음에는 독자적으로 발전하기 시작했지만, 점차 국제법 전반에 대한 영향력을 높여 가고 있다. 국제통상법, 국제인권법, 국제환경법 등 새로운 분야 역시 내용에서 상호 영향을 주고 있으며, 자신의 법규칙을 이행함에 있어 다른 분야에 의존하기도 한다. 이는 국제법 속 다양한 가치가 더욱 널리 확산되고 있음을 의미하며, 국제사회가 과거에 비해 더욱 통합적인 방향으로 발전하고 있음을 보여 주는 증거이기도 하다.

국제사회에는 아직 범세계적 관할권을 갖는 입법기관이나 집행기관, 사법기관이 없다. 국내법에 비해 무엇이 법인지 상대적으로 불분명한 경우도 많다. 국제법 위반국에 대한 즉각적인 제재 역시 쉽지 않다. 이에 눈앞의 국익에만 매몰되어 있는 현실주의자들은 국제법의 존재를 무시하고 싶은 유혹에 빠지기도 한다. 국제법이 이러한 국제정치 현실로부터 크게 영향을 받는다는 사실은 부인할 수 없다. 2022년 2월 시작된 우크라이나전쟁은 국제사회가 새로운 무질서의 시대로 들어가는 신호탄이 아닌가 하는 우려를 불러일으켰다. 인류 문명에 최대 위협일지 모르는 기후변화에 대해서도 국제법은 아직 확실한 대책을 제시하지 못하고 있다. 국제법에 대한 회의론이 나오는 현실도 이해가 간다.

그러나 지난 역사를 돌이켜 보면 '국제법의 위기'가 거론되지 않았던 시절이 오히려 드물었다. 국제사회가 병렬적 주권국가 체제를 전제로 하는 한 국제법 위기론은 피할 수 없는 속성일지 모른다. 그럼에도 제2차 세계대전이 끝나던 80년 전, 양차 세계대전 사이였던 100년 전, 제1차 세계대전 전인 120년 전 과거를 회고해 보면, 국제법이 이전보다 더욱 강력히 작동하고 있음을 발견하게 된다. 일시적인 부침은 있었지만, 역사를 거듭할수록 국제사회에서 총성은 줄었고 분쟁의 평화적·사법적 해결 사례는 급증했다. 국제사회에서 분쟁과 갈등을 관리하는 제도는 비약적으로 발전했다. 인류 일상생활 속으로 국제법은 계속해서 스며들고 있다. 우크라이나전쟁 같은 개별적 사태에 좌절하지 말고 규칙 기반의 국제질서 달성에 노력하면 국제법이 인류에게 더 많은 희망을 가져다주리라 생각한다.

2
국제법은 무엇으로 구성되는가

우리는 무엇을 국제법이라 하는가? 달리 말하면 국제법은 어떠한 내용으로 구성되는가? 우리는 국제법을 어디서 어떻게 확인할 수 있는가?

법률 전문가가 아니라도 현재 유효한 '국내법'이 무엇인가를 확인하기는 그다지 어렵지 않다. 한국과 같은 성문법 국가에서는 판례법 국가인 영미법계 국가보다 현행 국내법을 확인하기가 더욱 쉽다. 대법전 하나만 봐도 현재 적용되고 있는 중요한 국내 법령의 상당 부분이 수록되어 있다. 좀 더 자세히 살피려면 법제처나 국회 홈페이지 등에서 모든 현행 법령을 당장 확인할 수 있다. 각 법령이 언제부터 적용되기 시작했는지는 물론, 과거의 법령은 언제부터 적용되다 언제 수명을 다했는지도 정확히 알 수 있다.

국제법은 사정이 사뭇 다르다. 국제법은 누구에 의해 언제 어떻게 만들어지는지가 국내법만큼 명확하지 않다. 국제법에서는 아직 범세계적 관할권을 갖는 입법기관이 없기 때문이다. 그 결과 어디서 어떻게 국제법을 확인할 수 있느냐에 관해 종종 어려움에 부딪힌다. 이 점은 분쟁의 모습에도 영향을 미친다. 국내법 관련 분쟁의 경우 법규의 존재 자체를 다투는 사례는 비교적 드물다. 기존 법령의 해석에 관한 다툼이 대부분이다. 그러나 국제법 분쟁에서는 그러한 국제법 규칙이 존재하느냐부터 다투는 경우가 많다. 이에 국제법 연구에서는 법적 구속력을 가진 국제법이 어떻게 만들어지고 이를 어떻게 확인할 수 있느냐에 관한 논의가 매우 중요하다.

국제법은 국내법에서의 입법부와 같은 법창설 기관을 갖고 있지 못하지만, 국제법 규범이 어떻게 만들어지느냐에 대해서는 오늘날 일반적으로 널리 인정받는 몇 가지 방법이 있다. 이를 국제법의 법원이라 한다. 오늘날 대부분의 국제법서는 국제법의 법원을 설명할 때 「국제사법재판소규정」 제38조 제1항을 출발점으로 삼는다. 그 내용은 다음과 같다.

> "재판소는 자신에게 회부된 분쟁에 대해 국제법에 따라 결정하는 것을 임무로 하며, 다음을 적용한다.
> 가. 분쟁국이 명시적으로 인정하는 규칙을 확립하고 있는 일반적인 또는 특별한 국제협약
> 나. 법으로 수락된 일반 관행의 증거로서의 국제관습
> 다. 문명국이 인정하는 법의 일반원칙
> 라. 제59조의 규정을 따른다는 조건으로, 법칙 결정의 보조수단으로서의 사법판결과 각국의 가장 우수한 학자의 학설"

이 조항이 국제법의 법원을 정의 내리기 위해 만들어지지는 않았다. 국제사법재판소라는 기관이 자신에게 회부된 사건을 판단하기 위한 재판 준칙을 공지한 내용이다. 유엔의 주요 사법기관으로서 "국제법

에 따라 결정하는 것을 임무로" 하는 국제사법재판소가 재판의 준칙으로 삼는 기준은 무엇이 국제법인가를 찾는 과정에서 일차적인 주목 대상이 된다. 이 조항의 의미를 간단히 요약하면, 국제법이란 ① 조약, ② 관습국제법, ③ 법의 일반원칙을 중심으로 구성된다는 이야기다. 국제사회에서 구속력을 갖는 규범이 반드시 이에 한정되지는 않지만, 일단 이 정도만 이해하면 국제법이 무엇으로 구성되어 있는지를 파악할 수 있다. 이 조항은 현대 국제법의 내용이 무엇인가를 설명하는 데 편리한 디딤돌을 제공해 준다.

조약

조약이란 국제법 주체들이 일정한 법률효과를 발생시키기 위해 체결한 국제법의 규율을 받는 국제적 합의이다. 조약은 국제관계를 규율하는 유용하고 효과적인 수단의 하나이다. 조약은 법적 구속력을 갖기 때문에 일단 발효되면 조약 당사자가 합의를 일방적으로 파기할 수 없다. 따라서 국제사회에서의 여러 유형의 합의 중 이행 여부에 관해 조약은 가장 높은 기대와 신뢰를 받는다.

조약은 국제법 주체에 의해 체결되며, 체결 당사자 사이에서만 적용된다. 즉 조약은 제3자에는 그의 동의 없이 의무나 권리를 부여하지 못한다. 조약을 체결하는 주체로는 국가가 가장 일반적이다. 그 밖에 국제기구도 조약을 체결할 수 있으며, 예외적으로는 국가의 기관, 연방국가의 지방(주), 교전단체 등에 조약 체결 능력이 인정되기도 한다. 개인은 조약 체결 능력이 없다.

조약은 국제법의 지배를 받는다governed by international law. 국제사회에서 어떤 합의가 조약이냐 아니냐에 관해 논란이 제기되었을 때, 중요한 판단기준의 하나는 그 합의가 "국제법의 지배"를 받느냐 여부이다. 국제법의 지배를 받는 합의는 국제법상의 권리·의무를 창설한다. 반면 국제법 주체 간 합의라도 국제법이 아닌 국내법의 지배를 받는 합의는 조약이 아니다. 예를 들어, A국이 B국에 대사관을 설치하기 위해 B국 수도 소재 정부건물을 임차하기로 합의하고, B국법을 이 합의의 준거법으로 삼기로 했다고 가정하자. 이 경우는 국가 간 합의라도 국제법상 조약은 아니다. 단지 A국과 B국 간 계약일 뿐이다.

합의가 국제법의 지배를 받느냐는 어떻게 결정되는가? 이는 당사자의 의도에 따른다. 당사자가 국제법상 권리·의무를 창설하기로 의도한 합의는 조약이 되며, 그러한 의도가 없는 합의는 조약이 아니다. 예를 들어, 국가 간 정상회담을 한 다음 합의된 내용을 공동성명으로 발표하는 모습을 자주 본다. 대체로 이러한 공동성명은 법적 구속력을 부여할 의도가 없는 정치적 합의에 불과하다. 조약으로 합의되었다면 이후 각국이 조약번호 부여, 국회 동의 등과 같은 국내 절차를 밟기 때문에 이런 경우는 의도가 쉽게 파악된다. 그러나 국제사회에서는 종종 특정한 합의가 조약을 체결할 의도에서 작성되었냐에 관해 나중에 다툼이 벌어지기도 한다.

조약은 보통 문서 형식으로 체결된다in written form. 구체적으로 어떠한 형태인가는 중요하지 않다. 합의 내용을 읽을 수 있는 모습으로 되어 있으면 모두 문서의 일종이라고 할 수 있다. 전통적인 의미의 서면 조약 외에 오늘날에는 전보, 텔렉스, 팩스 문서, 이메일 등도 조약을 구성하는 문서가 될 수 있다. 그렇다고 하여 구두조약이 불가능하지는 않다. 다만 현실에서 구두조약은 사례를 찾기 쉽지 않다.

조약은 명칭이 무엇인가는 상관없다. 조약이라면 조약, 협약, 협정, 규정, 헌장, 규약, 의정서, 교환공문 등 명칭에 따라 법적 효력이 달라지지 않는다. 조약의 성격이나 명칭에 따라 현실적 무게감에서 차이가 있기는 하나, 조약은 모두 당사국에 법적 구속력을 지닌다는 점에서는 동일하다. 조약의 법적 구속력은 유무有無로만 판단되지, 강약强弱으로는 평가되지 않는다.

이렇게 체결된 조약은 발효되면 장래를 향해서만 적용된다(불소급 원칙). 따라서 조약은 발효 이전에 발생한 행위나 사실 또는 이미 종료된 상황에 관해서는 구속력을 발휘하지 못한다. 만약 소급 적용을 해야 한다면 그러한 의사가 조약에 표시되거나 달리 확인되어야 한다.

관습국제법

근대 국제법은 유럽 국가 간 관행을 바탕으로 발전해 왔으며, 그런 의미에서 관습국제법은 국제법의 제1차적 법원이었다. 당사국에만 적용됨이 원칙인 조약과 달리 관습국제법은 모든 국가에 적용된다. 관습국제법은 국제관계 속에서 자연적으로 형성되므로 비교적 일반적인 내용이 많고, 역사적으로도 오랜 기원을 갖는 예가 많다. 적어도 19세기 중반까지의 국제사회는 주로 관습국제법에 의해 규율되었다고 해도 과언이 아니다.

통일적 입법기관이 없는 국제사회에서 관습국제법은 강대국의 행동이나 주장에서 기원하는 경우가 많다. 강대국의 '힘'은 초기 성립의 배경이 된다. 특히 기존 관습국제법을 변경시키는 새로운 관습의 성립 여부는 주장국이 국제사회에서 지니는 영향력에 크게 좌우된다. 예를 들어, 해양법에는 과거 영국의 실행에서 출발한 내용이 많으며, 중립법은 유럽 국가 간 전쟁에서 중립을 고수하려는 미국 주장의 산물인 부분이 많다.

관습국제법은 어떻게 성립하는가? 관습국제법은 국가 행동을 기초로 발달하지만, 국가가 처음부터 새로운 국제규범을 만들려는 목적에서 행동하는 경우는 드물다. 대체로 국가는 1차적으로 자신의 정치적·군사적 또는 경제적 필요나 이익을 확보하기 위한 목적에서 행동한다. 그런데 당초 취지와 관계없이 일정한 행동 유형이 국제사회에서 관행을 형성하고, 이것이 점차 다른 국가들에 의해 일반적으로 수락되거나 묵인된다면 관습국제법으로 발전하게 된다.

관습국제법이 성립하기 위해서는 '일반적 관행general practice'과 '법적 확신*opinio juris*' 두 가지 요건이 필요하다는 점에 국제사회 의견이 대체로 일치한다. 즉 국가의 실행이 통일적이고 일관되고 일반성을 갖추고, 또한 각국의 그러한 실행이 단지 의례적이거나 습관적인 행동에 그치지 않고 그렇게 함이 법적으로 요구되거나 금지되거나 또는 허용된다는 확신이 수반되면 이를 관습국제법이라고 부른다. 좀 더 단순하게 표현하면 '관행'과 '법적 확신'의 결합이 관습법을 성립시킨다. 법적 확신이 없는 단순히 반복된 행동은 아직 관습법이 아니다. 외국 정상이 국빈 방문을 하면 통상 21발의 예포를 발사해 축하한다. 21발의 예포는 국제적으로 공통적인 숫자이다. 어느 국가가 15발만 발사했다고 해서 이를 위법하다고는 할 수 없다. 단지 상대방을 불쾌하게 만들거나 의아하게 만들 뿐이다. 그런 의미에서 21발의 예포는 관습법이 아닌 국제사회의 관행이다. 그런데 어떤 국제적 관행이 이를 법적으로 따라야 한다는 생각에까지 이르면 그 관행은 관습국제법으로 변화된다.

오늘날 국제법 법원으로서 관습국제법의 역할은 과거에 비해 많이 축소되었다. 과거 동질적 유럽 국가 중심의 국제질서 속에서는 관습국제법의 형성과 발전이 상대적으로 쉬웠으나, 이제는 문화적·역사적·종교적·인종적으로 다양한 배경을 지닌 주권국가가 늘어남에 따라 따라 관습국제법 형성을 위한 공통 기반이 퇴조했기 때문이다. 또한 관습국제법 형성에는 어느 정도 시간이 필요한데, 국제교류가 급증하고 그 대상 범위가 급속히 확장되는 현대에는 새로운 관습국제법이 만들어지기를 기다릴 시간 여유가 없는 경우가 많기도 하다. 오늘날 새로운 분야에서의 국제법은 거의 예외 없이 조약으로 성립한다(예: 우주법, 국제환경법).

새로운 국제규범 형성에서 역할이 축소되었다고는 해도, 아직 관습국제법의 기능이 수명을 다하지는 않았다. 오늘날에는 특히 유엔과 같은 국제기구의 등장으로 관습국제법의 형성과 확인이 보다 편해진 측면도 있다. 유엔 총회는 일부 국가의 반대가 있을지라도 다수결을 통해 국제사회의 일반적 의사를 확인하고 결집시키기에 편리한 무대이기 때문이다. 또한 국가 간 의견대립이 커서 협상에 많은 시간이 걸리는 주제라면 조약보다 관습국제법이 더 빨리 형성되는 경우도 있다. 예를 들어, 영해 12해리 원칙이나 배타적 경제수역 제도는 1982년 「유엔해양법협약」에 의해 처음으로 조약화되었으나, 1994년 협약이 발효되기 전에 이미 관습국제법화되었다고 평가된다.

관습국제법 형성은 자발적 행동을 통해 법이 창조되는 역동적 과정을 반영한다. 관습국제법은 모든 나라에 적용되는 보편성을 가진다는 장점이 있다. 때로 조약은 각국의 실행과 충돌하거나 불일치할 수 있는 반면, 관습국제법은 그 자체로 국제사회에서 각국의 실제 행동이 반영된 결과라는 특징을 갖는다. 세계정부가 없는 상황에서는 앞으로도 관습국제법이 끊임없이 만들어지고 적용되리라고 예상된다.

법의 일반원칙

어느 법체제 속에서나 재판에 회부된 사건을 판결하는 데 적용시킬 정확한 법규가 없는 상황이 있을 수 있다. 이런 경우 판사는 보통 기존 법규로부터의 유추나 해당 법체제 속 지도원리 등에서 판단기준이 될 법리를 추출해 활용한다. 국내법에서 법률도 관습법도 없으면 조리에 의해 판단하는 경우와 마찬가지이다(민법 제1조). 이러한 상황은 국내법보다 체계적 발달이 미흡한 국제법 질서에서 더욱 자주 만나게 된다. 이것이 「국제사법재판소규정」 제38조 제1항 다호에 재판준칙의 하나로 법의 일반원칙이 삽입된 이유이다.

법의 일반원칙은 어디서 찾는가? 통상 각국 국내법의 공통된 내용에서 그 속에 담긴 법논리를 국제관계에 맞게 변화시켜 활용한다. 예를 들어, 위법행위에는 배상의무가 당연히 뒤따른다, 누구도 자신의 위법행위를 근거로 이득을 얻을 수 없다 등의 원칙이 이에 해당한다.

다만 법의 일반원칙은 필요성에도 불구하고 관습국제법과의 차이가 불분명하며 국제재판에서 자주 원용되지는 못하는 등 역할이 제한적이다. 활용되는 경우에도 법의 일반원칙에만 근거해 판결이 내려지기보다는 이미 다른 근거를 통해 확인된 결론을 보완하는 논거로 제시되는 경우가 더 많다. 유엔 시대 국제사법재판소는 국제연맹 시절 상설국제사법재판소에 비해 법의 일반원칙을 덜 원용하고 있는데, 이는 그동안 국제법이 더욱 체계적으로 발달해 이에 의지할 필요가 적어졌음을 보여 준다.

법원의 상호 관계

조약과 관습국제법은 각각 별도 경로를 통해 형성되는 별개의 법원이지만, 양자의 성립과 적용은 서로 밀접한 관계에 있다. 이미 존재하는 관습국제법의 내용을 명문화하려는 목적으로 조약이 탄생하는 경우도 있고, 형성 중이던 관습국제법이 조약의 성립을 계기로 결정적으로 확립되기도 한다. 관습국제법은 조약 해석을 위한 지침을 제공하고, 조약은 관습국제법의 증거가 되기도 한다. 조약은 당사국에 대해서만 구속력을 지니지만 조약 내용이 국제사회에서 광범위한 호응을 얻는다면 관습국제법으로 발전해 비당사국에도 구속력을 지니게 된다. 특히 범세계적 적용을 목적으로 하는 다자조약은 기존 관습국제법에 기초를 두지 않을 경우 폭넓은 호응을 얻기 어렵고 원활한 운영도 쉽지 않다.

조약과 관습국제법의 내용이 서로 다르면 무엇이 우선적으로 적용되는가? 국가 간 명시적 합의인 조약은 관습국제법보다 항상 우월한 효력을 갖는가? 조약과 관습국제법 간에는 그런 관계가 적용되지 않는다. 조약과 관습국제법은 형성, 존립, 종료 등 모든 면에서 어느 한 편이 다른 편에 의존하지 않는다. 양자는 각자 독자성을 가지며 상대방의 존립에 서로 영향을 미칠 수 있다. 그런 의미에서 양자의 법적 구속력은 대등하다. 상호 모순이 발생하는 경우 특별법 우선, 후법 우선이라는 법해석의 일반원칙이 적용된다.

기존 관습국제법과 다른 내용의 조약이 성립된 경우, 조약 당사국 사이에서는 조약이 특별법 또는 후법의 자격으로 우선 적용될 가능성이 높다. 조약은 당사국 사이에서만 적용되므로 나머지 국가들 관계는 여전히 관습국제법의 지배를 받는다. 반면 기존 조약과 다른 내용의 새로운 관습국제법이 성립된 경우, 관습국제법이 후법으로 우선 적용될 수도 있고 조약에 따라서는 기존 조약이 특별법으로 여전히 당사국 사이에 유지될 수도 있다. 이런 문제는 해당 조약과 관습국제법의 내용을 분석해 판단해야 한다.

법의 일반원칙은 조약이나 관습국제법이 없는 경우에만 적용되는 법원이기에 내용 충돌 문제가 발생하지 않는다.

3
각국은 왜 국제법을 준수하는가

일반인에게 국제사회에서 국제법이 잘 준수된다고 생각하느냐는 질문을 던지면 과연 어떻게 대답할까? 상당수 사람은 국제법이 정말로 법이냐고 반문할지도 모른다. 국제법이 진정한 의미의 법이냐는 논란은 근대 국제법 역사만큼이나 오래되었다.

대부분 사람이 국제법보다 국내법을 먼저 알게 된다. 사람들은 국내법에 관한 인식을 바탕으로, 법이란 입법기관에 의해 정립되고, 행정기관에 의해 집행되며, 위반자는 사법기관의 제재를 받는다고 통상 생각한다. 그러나 국제법은 아직 이러한 시스템을 제대로 갖추지 못하고 있다. 국제법을 위반해도 바로 제재가 가해지기 쉽지 않다. 특히 강대국이 국제법을 위반하는 경우 약소국으로서는 즉각적인 대응책이 마땅치 않다. 따라서 국제법은 진정한 의미의 법이 아니라고 생각하는 사람이 적지 않다International law is not really law. 그렇다면 국제법은 이상주의자들이나 마음속에 품고 있는 무지개 같은 존재인가?

분명 국제법은 법으로서의 실효성이나 강제성이라는 면에서 국내법보다 낮은 수준에 머무르고 있다. 따라서 눈앞의 국익 추구에만 정신이 빠져 있는 현실주의자들은 국제법의 존재를 무시하고 싶은 유혹에 쉽게 넘어가게 된다. 이들은 권력정치의 필요에 따라 국제법이 언제든지 휴지 조각으로 될 수 있다고 생각한다. 국제법은 법이라기보다 국가의 관행적 행동 규칙이거나 여론에 의해 설정된 도덕 기준 정도에 불과하다고 생각하기도 한다.

현실적 강제력이 미약한 국제법이 과연 국제사회에서 잘 준수되고 있을까? 언뜻 불완전하게만 보이는 국제법을 우리는 존중할 필요가 있는가? 그러나 국제법은 일반인의 막연한 생각보다는 현실 세계에서 훨씬 더 존중되고 있다. 각국이 국제법을 준수하고 있다면 그 이유는 무엇일까?

첫째, 국제법은 국제사회의 공통 이익을 보장해 주기 때문에 준수된다. 예를 들어 각국은 지구환경 보호라는 공통의 이해를 갖는다. 이는 몇몇 국가만의 공해방지 노력으로 달성될 수 없다. 전 세계 모든 국가의 협력이 필요하다. 국제환경법은 각국이 일정한 양보를 함으로써 지구환경 보호라는 공통 이익을 달성하기 위한 제도이다. 즉 국제법은 국가 간 원활한 국제협력이 필요한 경우 각국의 이해를 조정해 이를 실현시켜 주는 제도적 장치이다. 이러한 국제법의 준수는 각국 모두에 이익이 되므로, 국가는 되도록 국제법을 지키려 한다.

둘째, 국제법은 각국의 합의와 관행을 바탕으로 성립했기 때문에 잘 준수된다. 통일적 입법기구가 없다는 사실이 국제법의 약점으로 지적되기도 하나, 역설적으로 바로 그 점이 국제법의 준수를 확보하는 요인이 되기도 한다. 국제법의 주요 법원인 조약은 당사국의 동의를 통해 정립된다. 즉 국가는 자신이 원하는 법–조약–에만 동의해 자신이 원하는 국제법을 정립시킬 수 있다. 원하지 않는 조약에 동의하지 않으면 이에 구속되지 않는다. 결과적으로 각국은 자신이 원하고 필요로 하는 법을 만드는 셈이므로 국가는 그 법을 준수하게 된다. 국제법의 또 다른 한 축을 이루는 관습국제법 역시 마찬가지이다. 관습국제법은 각국의 실행을 바탕으로 발달한다. 각국은 자신의 기존 관행에 입각한 관습국제법을 잘 준수하리라고 예상된다.

셋째, 상호주의가 국제법의 준수를 확보해 준다. 오늘날의 국제관계는 무수한 상호주의의 연결망이다. 예를 들어 국가는 외교사절을 서로 교환한다. 한 국가가 자국 내 특정 국가 외교사절을 부당하게 대우하면, 곧바로 상대국에 체류하는 자국 외교관의 지위가 위태롭게 된다. 국가가 고립된 생활을 각오하지 않는 한 자국의 위법행위는 바로 동일한 불이익으로 되돌아온다는 사실을 무시할 수 없다. 중앙집권적 공권력이 확립되지 않은 국제사회에서 상호주의는 국제법 준수를 확보하는 기본 바탕의 하나다.

넷째, 국제사회에서 신뢰는 국가의 중요한 자산이기 때문에 각국은 되도록 국제법을 준수하려고 노력한다. 오늘날 국가는 고립되어 살기 힘들며 거의 모든 방면에서 상호의존적이다. 각국은 자국 경제를 활성화시키기 위해 국제교역을 필요로 하며, 자국 문화를 증진시키기 위해서도 국제교류가 긴요하다. 타국과 빈번한 교류를 통해 이득을 얻기 원하는 국가일수록 국제사회에서 자신이 신뢰할 수 있는 상대, 즉 국제법을 잘 준수하는 국가라는 명성을 얻을 필요가 있다. 국제사회에서 빈번한 범법자라는 악명은 곧 해당 국가에 대한 여러 가지 현실적 불이익이 되어 부메랑으로 돌아온다. 각국은 약속이나 기존 규칙을 잘 지키지 않는 국가와는 거래를 피하려 할 테니, 그러한 국가는 거래 성사를 위해 남보다 더 큰 비용을 감수해야 한다. 그래도 약소국만 국제법을 지켜야 되지 않느냐고 의문을 제기할지 모른다. 그러나 어떠한 강대국도 국제법으로부터 완전히 자유롭지 못하다. 국제사회에서의 신뢰 획득은 강대국 외교에서도 중요한 자산이므로 강대국 역시 국제법 위반을 삼가게 된다. 특히 오늘날은 인터넷을 통한 국제적 NGO 활동이 활발해지면서 한 국가의 국제법 위반이 순식간에 커다란 국제적 비난 대상이 되기도 하므로 각국으로서는 신중하게 행동할 수밖에 없다.

다섯째, 국제법에서도 제한적이지만 여러 가지 제재 시스템이 적용되는 사실 또한 무시할 수 없다. 유엔 안전보장이사회는 범세계적 강제제재를 결정할 수 있는 대표적 기관이다. 국제테러에 대해서는 다양한 조약이 체결되어 금융제재 등을 적용할 수 있다. 중대한 국제범죄를 저지른 개인에 대해서는 국제형사재판도 실현되기 시작했다.

국제법이 국내법에 비해 여러 가지 약점을 지닌 것은 사실이다. 국내법의 집행방식에만 익숙한 사람들은 막연히 강대국은 자신의 국익과 일치할 때만 국제법을 지키고 국익과 충돌할 때는 무시하리라고 생각한다. 그러나 국제법은 현대 사회에서 일반인이 생각하는 수준보다 훨씬 잘 준수되고 있다.

예를 들어, 한 세기 전 상황과 비교하면 강대국이 일방적 무력행사로 자신의 입장을 관철시키려는 시도가 크게 줄지 않았는가? 인류 역사상 처음으로 제2차 세계대전 후 근 80년간 특정 국가가 타국에 의해 무력으로 병합된 사례가 단 한 건도 없었다. 오늘날 국가 간 조약 체결 건수는 비약적으로 증가하고 있다. 관습국제법의 법전화 작업도 활발히 추진되고 있다. 국제정치 상황에 따른 일시적 부침은 있겠지만, 이는 국제법이 과거 어느 시기보다 잘 작동하고 있음을 보여 준다.

물론 모든 국가가 항상 국제법에 따라 행동한다고 단언하기는 어렵다. 상황에 따라서 국가가 국제법의 규제로부터 이탈하면 당장의 국익에 도움이 되는 경우도 있다. 그러나 오늘 국제법을 위반한 국가는 훗날 상대방이나 제3국에 의해 동일한 법 위반 행위가 자신에게도 적용될 수 있음을 각오해야 한다. 국가는 목전의 이익만을 위해 기존 국제법으로부터 이탈하는 데 신중할 수밖에 없으며, 당장은 불이익을 초래하는 국제법도 위반을 자제하게 된다.

국제법은 국제관계에서 국가 행동의 기본 바탕을 형성한다. 어떠한 이유에서 국제법을 위반하는 국가라도 행동에 앞서 국제법을 준수하는 경우와 위반하는 경우를 면밀히 비교해 득실을 검토할 것이다. 각국은 합법적 행동 방향을 우선 모색하리라 생각된다. 따라서 국가 간 분쟁이 발생하는 경우 국제법은 서로 상대방이 어떠한 주장이나 행동을 전개할지 예측하는 출발점을 제공한다. 국제법 규범이 발전할수록 국제사회는 더욱 예측 가능해지고 힘의 현실정치는 퇴조하게 된다. 국제관계가 존재하는 한 국제법의 역할은 부인될 수 없다. 국제법은 통역을 필요로 하지 않는 국제사회의 공통 언어common language in international relation이다.

국제법이 항상 현실의 권력정치에만 관련되지는 않는다. 국제법은 우리가 미처 깨닫지 못하는 사이 주변 일상생활이 원활히 진행되도록 돕고 있다. 여권만 있으면 전 세계 대부분의 나라를 바로 방문할 수 있는 사실, 해외직구로 원하는 물건을 더 싸게 살 수 있는 사실, 처음 가보는 나라에서도 공항에 도착해 바로 렌터카를 빌려 현지에서 운전을 할 수 있는 사실, 외국에서 체포되면 자기 나라 영사의 도움을 받을 수 있는 사실, 외국으로 도망간 범죄인을 다시 인도받을 수 있는 사실, OTT 서비스를 통해 전 세계 영화를 어디서나 즐길 수 있는 사실, 1m 길이라고 하면 서울이나 파리나 산티아고에서나 모두 같은 길이를 의미한다는 사실, 편지봉투에 한국 우표만 붙였는데 해외 친지에게 배달된다는 사실, 이 모두가 그 배후에는 각국 정부의 합의를 통한 국제법이 작동하고 있기 때문에 가능한 일이다.

일반인은 이러한 일들이 국제법을 통해서만 가능해진다는 사실을 미처 알지 못하고 생활한다. 그러면서 막연히 국제법이 과연 진정한 법이냐고 의문을 제기할지 모른다. 그러나 일반인의 상상 이상으로 국제법은 우리의 일상생활을 폭넓게 규율하며, 국제사회가 원활히 작동하도록 도움을 주고 있다. 공기 중에 산소가 없다면 우리는 살아갈 수 없다. 그럼에도 우리는 산소를 당연한 존재로 생각하고 산소의 고마움을 모르고 산다. 국제관계에서 국제법의 역할은 마치 공기 중 산소와 같다. 국제법이 없다면 현대 사회의 많은 일상생활이 제대로 돌아갈 수 없다. 국제사회에서 국제법의 작동이 일순간 멈춰 버린다면 우리는 갑자기 낡은 흑백사진의 세계로 들어간 듯 불편한 과거로 회귀하게 된다. 이제 국제법이 없는 세상은 상상할 수 없을 정도로 불편하고 불안하고 불안정하고 위험하고 혼란스러울 것이다.

4 담배가 상점 일반 진열대에서 사라졌다

담배 포장지에는 "실명으로 가는 길," "니코틴 중독, 발암물질 노출"과 같은 문구와 이를 상징하는 끔찍한 사진이 들어 있다. 담배 포장지에 해골 그림을 그려 넣는 국가도 있다. 미성년자는 담배를 살 수 없고, 버스나 지하철 같은 대중교통수단, 특히 실내 작업장이나 공공장소는 예외 없이 금연구역으로 지정되어 있다. 서울의 강남대로, 잠실 네거리 같은 일반 도로나 공원도 금연구역으로 지정되고 있다. 과거에는 흡연자가 담배를 피울 권리를 주장하기도 했지만, 이제는 담배에 대한 차가운 사회적 시선에 저항하기 어려울 정도이다. 식사를 함께한 흡연자가 슬그머니 혼자 밖으로 나가 담배를 피우는 광경이 언제부터인가 전혀 새롭지 않다.

편의점은 매출의 상당 부분을 담배 판매로 올린다고 하니, 여전히 국내 흡연자가 적지 않은 모양이다. 편의점을 가 보면 담배가 누구나 쉽게 집을 수 있는 일반 진열대에 있지 않고 점원 뒤 별도 선반에 놓여 있다. 그 이유를 생각해 본 사람이 있는가? 담배가 작고 고가라 절도를 걱정해서일까? 사실 편의점 진열대에는 담배 말고도 주머니에 슬쩍 넣을 만한 물건이 적지 않은데, 유독 담배만 따로 취급되고 있다. 이 같은 담배 진열 제한도 국제법상 의무로 실시된다는 사실을 아는 사람은 많지 않을 듯하다.

인류의 건강증진을 담당하는 세계보건기구WHO는 오래전부터 담배 추방 운동을 벌여 왔다. 1980년대와 1990년대에는 개별국가가 국내법을 통해 담배를 규제하도록 권장했다. WHO는 담배를 아예 국제법으로 규제할 필요가 있다고 판단하고 2003년 총회에서 「담배규제에 관한 WHO 기본협약WHO Framework Convention on Tobacco Control」을 채택했다. 이 협약은 2005년 발효했으며 한국도 2005년 가입했다. 미국 등 소수의 국가만 외면해 현재 당사국이 183개국이다.

담배규제협약은 당사국에 담배의 생산, 판매, 배포, 광고, 과세 등에 관한 규제를 포괄적으로 실시할 의무를 부과하고 있다. 협약은 담배 포장지에 유해경고문 수록, 금연장소 지정, 담배성분, 특히 독성성분 공개, 광고 제한, 미성년자에 판매 금지, 판촉활동 금지 등 각종 규제를 요구하고 있다. 미성년자가 직접 접촉하지 못하도록 담배를 상점 일반 진열대에 둘 수 없는 점도 협약상 의무이다.

국내에서 실시되는 담배에 대한 각종 규제는 국민건강을 위해 자발적으로 실시되기도 하지만, 그 배후에는 이 같은 규제 실시가 대한민국의 국제법상 의무라는 사실이 자리 잡고 있다.

부정한 약물이 운동선수를 망치지 못하게 막는다 5

2016년 리우 하계올림픽 개막을 앞두고 세계반도핑기구World Anti-Doping Agency는 러시아가 국가 차원에서 도핑을 진행했다고 발표해 세계를 놀라게 했다. 러시아는 역도와 육상 종목 리우 올림픽 참가를 금지당했다. 이 외에도 도핑과 관련된 사건은 적지 않다. 2022년 베이징 동계올림픽 여자 피겨 단체종목에 참가한 러시아 카밀라 발리예바가 금지약물을 복용했음이 밝혀져 금메달이 박탈되었다. 2008년 베이징 하계올림픽에서 한국인 최초로 수영 부문 금메달을 딴 박태환도 후일 금지약물 처치로 인해 2014년 아시안 게임에서 받은 6개의 메달을 박탈당한 바 있다. 박태환은 여러 종목의 단체전에 참가했기 때문에 그와 함께 팀을 이루었던 다른 한국 선수의 메달도 함께 박탈당했다. 좀 더 오래된 사건으로 미국의 매리언 존스는 2000년 시드니 하계올림픽에서 금메달 3개를 획득한 단거리 육상의 스타였으나, 나중에 금지약물을 복용한 사실이 밝혀져 메달을 모두 박탈당했다. 그리고 약물복용에 관한 위증으로 6개월 징역을 살기도 했다.

도핑이란 운동선수가 일시적인 경기력 향상을 위해 금지된 약물을 복용하거나 주사하는 행위를 말한다. 경기력을 잠시 향상시키는 효과가 있으나 인체에 부작용이 우려되는 약물은 복용이나 처치가 금지되어 있다. 금지약물은 근육 강화제, 성장 촉진제, 체중 감량제, 흥분제나 마약류, 스테로이드 등 종류가 매우 다양하다. 운동선수에게 이러한 약물 사용을 금지하는 이유는 이것이 일시적으로 경기력을 향상시킬지라도, 장기적으로는 선수의 생명과 건강을 위협하기 때문이다.

또한 일부 선수가 약물에 의한 일시적인 경기력 증강상태에서 시합을 한다면 공정한 경쟁이 아니기 때문이다.

이미 1928년부터 국제육상연맹은 선수들이 특정 약물을 복용하지 말도록 금지했다. 당시는 복용을 확인할 기술이 부족했기 때문에 실제로 이를 잡아내기가 거의 불가능했다. 조사는 주로 증언에 의존할 수밖에 없었다. 1968년 멕시코 하계올림픽과 프랑스 그르노블 동계올림픽에서부터 본격적인 도핑 테스트가 적용되었다. 금지된 약물을 복용하면 고의와 과실을 구분하지 않고 제재를 받는다.

금지약물을 탐지하는 기술이 발달했지만 동시에 검사를 피하는 약물도 발전해 도핑을 잡기가 쉽지 않다. 앞서 예로 든 매리언 존스도 시드니 하계올림픽 당시 도핑 테스트에서는 발각되지 않았으나, 후일 다른 경로로 금지약물을 복용한 사실이 밝혀졌다. 국제올림픽위원회는 1999년 세계반도핑기구를 설립했고, 2004년에는 「세계 반도핑 규범World Anti-Doping Code」이 제정되었다. 세계 600개가 넘는 경기단체가 이의 준수를 약속했으나, 이는 어디까지나 경기단체의 자발적 협력에 불과했다. 마침내 유네스코 후원으로 2005년 「스포츠 반도핑 국제협약International Convention against Doping in Sport」이 채택되었다. 현재 192개국이 당사국으로 한국을 포함 세계 스포츠 강국들은 모두 가입되어 있다.

이제 운동선수가 일시적인 성적 향상을 위해 부정한 약물을 복용하는 행위는 국제법에 의해 금지되고 있다. 일시적인 효과가 있으나 장기적으로 유해한 약물의 복용을 방치한다면, 당장의 승리를 위해 운동선수가 스스로 약물을 복용하거나, 코치 등에 의해 복용을 강요당할 가능성이 높다. 이러한 약물복용을 금지하는 국제규범이 작동함으로써 운동선수도 보호받고 우리는 보다 공정한 경기를 즐기게 되었다.

III

국제법을 통한 뉴스 읽기

1
남북한 관계에서 벌어진 일

(1) 북한 무인기 침입에 대응한 한국군 무인기 파북이 정전협정 위반인가

2022년 12월 26일 북한군 무인정찰기(드론, 이하 '무인기') 5대가 강화, 김포 상공을 지나 서울 용산 대통령실 인근까지 침투했다 돌아간 사건이 발생했다. 약 5시간이나 한국 영공을 휘저은 북한 무인기를 추적하는 데 실패하고 1대도 격추하지 못하자 군 당국은 여론의 질타를 받았다.[1] 과거에도 북한 무인기가 한국 상공으로 침투한 일이 여러 번 있었다. 2014년 3월과 4월 경기도 파주와 백령도, 강원도 삼척 등지에서 국내로 침투했던 북한 무인기가 추락해 잔해가 발견되었다. 2017년 6월 성주 사드기지를 촬영하고 복귀하던 북한 무인기가 강원도 인제에서 추락해 발각되기도 했다.[2] 그 밖에 원자력발전소 인근 상공에서 정체불명의 비행체가 목격되어 북한 무인기라는 의심이 일었

---

1 「조선일보」, 2022. 12. 27., A1면.
2 「조선일보」, 2017. 6. 14., A3면.

던 적이 여러 차례 있었다.

한국군은 북한 무인기의 서울 상공 침투에 대한 대응으로 그다음 날인 12월 27일 북한 상공으로 무인기 2대를 침투시켜 비슷한 거리만큼 작전을 전개하고 귀환시켰다고 발표했다.[3] 이는 한국군이 무인정찰기를 북한으로 침투시켰음을 최초로 확인한 사건이다. 윤석열 대통령은 이후 관련 회의에서 북한 무인기가 1대 넘어오면 우리는 2대, 3대를 북한으로 올려 보낼 수 있도록 조치하라고 지시했다.[4]

국내 일각에서 북한 상공으로 한국군 무인기를 침투시킨 행위의 합법성에 의문이 제기되었다. 그러나 국방부는 “북한이 먼저 도발함으로써 우리가 자위권 차원의 상응조치를 취한 것은 정전협정 위반이 아니며, 위반 여부를 따지는 것 자체가 부적절”하다고 발표했다.[5] 그런데 주한 유엔군 사령부에서 약 한 달간의 검토 끝에 북한 무인기의 한국 영공 침입이 정전협정 위반committed a violation이라고 발표하고, 한국군 무인기의 북한 상공 진입 역시 정전협정 위반에 해당한다고constitute a violation 지적했다.[6] 정전협정 위반에 관한 표현에는 약간 차이를 두었어도, 결론적으로 양측 다 위반했다는 판단이었다. 이에 대해 한국 국방부는 “유엔사가 본연의 임무인 정전협정의 관리 측면에서 판단한 것”이라고 보지만, “우리 군이 MDL 이북으로 무인기를 운영한 것은 북한의 무인기 침범에 대한 자위권 차원의 조치”라며, 이는

---

3 「조선일보」, 2022. 12. 27., A2면.

4 「조선일보」, 2022. 12. 29., A1면.

5 대한민국 국방부, “북 무인기 침범에 대한 우리 군의 군사행동에 관련 국방부 입장”(2023. 1. 13.).

6 United Nations Command Press Release(Jan. 26, 2023), United Nations Command Military Armistice Commission Special Investigation of the 26 December 2022 Incident.

"정전협정에 의해 제한되는 것이 아니다."라고 논평했다.[7]

이 사건은 국제법적으로 어떻게 평가해야 하나? 한국 국방부는 무인기 파북 조치가 "자위권 차원의 (상응)조치"라며, 자위권은 「유엔헌장」 제51조에 각국의 고유한 권리로 규정되어 있음을 강조했다. 즉 국제법상 정당한 활동이라는 주장이다. 그러면 국방부가 무인기 파북 조치를 "자위권 행사"라고 좀 더 간명하게 표현하지 않고, 왜 "자위권 차원의 (상응)조치"라는 조금은 애매한 표현을 사용했을까? 이는 자위권 행사와는 어떠한 차이가 있는가?

자위권이란 타국의 무력공격armed attack을 받은 국가가 이를 격퇴하기 위해 무력을 사용할 수 있는 권리이다. 이는 개별국가 고유의 권리이다. 다만 자위권이 무력공격 내용에 비례하고 또한 대응에 필요한 범위 내에서만 행사되어야 국제법상 정당성을 인정받는다.[8] 즉 필요성과 비례성 원칙의 제한을 받는다. '필요성necessity'이란 현재의 무력공격을 격퇴하기 위해 무력사용이 불가피한 상황에서만 자위권 행사가 인정된다는 제한이다. '비례성proportionality'이란 자위권 행사라 할지라도 상대 공격의 격퇴라는 목적을 달성하기 위해 필요한 범위 내에서만 무력을 사용할 수 있다는 의미이다. 또한 개별국가의 자위권 행사 내용은 즉시 유엔 안전보장이사회에 보고되어야 한다. 자위권 행사에 이러한 제한이 가해지는 이유는 자위권 행사라는 명목으로 무력행사가 남용되는 사태를 막기 위함이다.

7 대한민국 국방부, "유엔군사령부 군사정전위원회 특별조사 결과 발표 관련 국방부 입장"(2023. 1. 26.).

8 Military and Paramilitary Activities in and against Nicaragua(merits), 1986 ICJ Reports 14, para.176; Legality of the Threat or Use of Nuclear Weapons(Advisory Opinion), 1996 ICJ Reports 226, para.41; Oil platforms(merits), 2003 ICJ Reports 161, para.43.

이러한 기준에서 한국군 대응을 평가해 본다. 당초 북한 무인기가 군사분계선을 넘어 한국 상공으로 진입했을 때 100여 발의 사격을 가하며 격추를 시도했으나 성공하지 못했다. 무인기가 인구 밀집 지역으로 진입한 다음에는 민간인 피해를 우려해 더 이상 추적사격을 하지 못했다고 한다. 유엔군 사령부도 이러한 초기 대응은 정당한 무력행사라고 평가했다. 그러나 북한 무인기가 북으로 귀환하고 하루가 지난 다음 한국군이 무인기를 북한 상공으로 진입시켜 비슷한 거리만큼 정찰활동을 한 조치도 자위권 행사에 해당하는가?

자위권은 현실의 무력공격을 격퇴하기 위해 인정되는 권리이다. 북한이 군사용 무인기를 한국 영공으로 침투시킨 행위는 비록 저강도이기는 하나 무력행사의 일종이다. 한국은 당연히 이를 저지·격추할 권리가 있다. 단 자위권은 무력공격이 진행되는 동안(또는 직후) 바로 행사되어야 한다. 이는 필요성 판단의 시간적 측면이다. 하루 뒤라면 북한의 침입행위는 이미 종료된 다음이다. 무인기 침범이 계속되리라는 징후 역시 없었다. 그런 의미에서 이튿날 한국군이 북한으로 무인기를 진입시켰을 때는 현실의 무력공격을 저지하기 위한 자위권 행사가 필요한 상황이 아니었다. 한국군의 조치를 자위권 행사로서 유엔 안전보장이사회에 보고하지도 않았다. 한국 국방부도 이러한 문제점을 인식했기 때문에 무인기 파북을 자위권 행사라고 표현하지 않고 자위권 차원의 조치라고 설명했다고 이해된다.

"자위권 차원의 조치"가 무슨 의미인지는 사실 모호하다. 국제법상 타국의 위법행위로 피해를 입은 국가는 위반국을 대상으로 상응하는 수준의 국제의무 불이행으로 대응할 수 있다. 의무 불이행 자체는 위법하더라도 상대방의 위법행위에 대응해 취해진 조치인 경우, 그 범위 내에서는 위법성이 면제된다. 이를 국제법상 대응조치countermeasures

라고 한다. 자위권 차원의 조치란 북한군의 위법행위가 먼저 있었기 때문에 설사 한국군 대응에 위법성이 있다고 해도 위법하다는 판단을 피할 수 있다는 계산이 담긴 표현으로 보인다. 그런데 문제는 군용 무인기 침투와 같이 군사력을 사용한 대응조치는 국제법상 허용되지 않는다는 점이다. 비군사적 수단을 통한 대응조치만이 합법성을 인정받을 수 있다. 국방부는 개별국가의 독자적 무력사용이 가능한 자위권을 이에 결합시켜 "자위권 차원의 조치"라는 표현을 만들어 낸 듯하다. 무력을 사용할 수 있는 자위권과 무력을 사용할 수 없는 대응조치를 결합시킨 기묘한 결과가 되었다. 그러나 이 사건에 대한 법리적 평가는 유엔군 사령부 판단이 더 정확했다고 생각된다.

무인기 침투와는 다른 종류이나 법률적으로는 유사한 상황이 전에도 벌어졌었다. 2020년 5월 3일 비무장지대 북쪽 북한 초소로부터 남쪽 한국군 초소로 소형화기 탄환 4발이 발사되었다. 고의성 여부는 확인되지 않았으며 한국 측 인명 피해는 없었다. 한국군은 이에 대응해 32분 뒤 사격 및 2회의 경고방송을 실시했다. 이 사건에 관해 유엔군 사령부는 북한군의 행위는 물론 한국군 대응사격도 정전협정 위반이라고 판단했다.[9] 한국군 대응사격을 정전협정 위반이라고 평가한 이유는, 북한군 사격의 고의성 여부가 확인되지 않았고 한국군 피해도 없었고 더 이상 공격 징후가 없었으므로 일단 상황이 종료된 상태인데, 한국군이 뒤늦게 응사를 했기 때문이었다. 이런 경우는 군사정전위원회 등을 통해 사실조사와 평가, 책임 소재 추궁으로 진행될 상황으로 판단한 듯하다. 만약 북한군 탄환에 대해 비례 원칙 속에서 즉시 응사했다면 한국군의 행위는 정당한 무력대응으로 평가되었을 것이다.

9 United Nations Command Press Release(May 27, 2020).

(2) 천안함 폭침에 자위권을 행사할 수 없었는가

2010년 3월 26일 밤 한국 해군 제2함대 소속 초계함인 1,200톤급 PCC-772 천안함이 서해 백령도 인근에서 피격 침몰해 46명의 아까운 청춘이 사망했다. 침몰 원인이 현장에서 바로 밝혀지지는 않았다. 이에 한국 정부는 국내 전문가를 비롯해 미국, 영국, 오스트레일리아, 스웨덴 등 5개국 전문가로 국제합동조사단을 구성해 사고 원인을 조사했다. 약 2개월간 조사 끝에 국제합동조사단은 천안함 침몰 원인이 북한 측 어뢰공격이었다고 발표했다. 이 사건과 관련해 여러 논의가 있었는데, 그중 하나는 조사결과 발표 후 피해국인 한국이 북한을 상대로 자위권을 행사할 수 있느냐 여부였다. 한국 정부가 군사력을 사용한 자위권 행사를 구체적으로 검토했다기보다는 이론적 차원에서 논의된 수준이었다.

이 같은 논의가 제기된 배경은 다음과 같다. 「유엔헌장」은 국제사회에서 개별국가의 무력사용을 일반적으로 금지하고, 각국이 독자적으로 무력을 행사할 수 있는 근거로는 오직 자위권만 인정하고 있다. 헌장 제51조는 자위권은 무력공격이 발생한 경우에 행사될 수 있으며, 그것도 안전보장이사회가 국제 평화와 안보를 유지하기 위해 필요한 조치를 취할 때까지만 행사될 수 있으며, 행사 내용은 즉각 안전보장이사회에 보고되어야 한다고 규정하고 있다. 이는 과거 역사에서 침략행위를 하고도 자위권 행사라고 주장하는 등 남용 사례가 많았던 경험에서 비롯되었다.

천안함 사건은 국제법적으로 어떻게 해석해야 하는가? 1,200톤급 대형 함정을 어뢰로 공격해 침몰시키고 46명의 사망자를 발생시킨 행위가 무력공격이라는 평가에는 이견이 있을 수 없다. 한국군이 현장에서 공격 주체를 확인할 수 있었으면 바로 자위권을 행사할 수 있는 권리가 인정된다. 사건이 발생하자 북한이 책임자로 의심은 되었으나, 한국 정부는 공식 대응을 자제했다. 이 사건의 공격 책임자는 약 2개월 후 국제합동조사단에 의해 확인되었다. 그럼 그 순간부터 한국은 북한을 상대로 자위권을 행사할 수 있는가? 당시 국내 일각에서는 천안함 사건과 같은 경우에는 2개월이 지났을지라도 한국이 자위권 행사를 할 수 있다는 주장이 제기되었다. 그 근거는 대체로 두 가지였다.[10]

첫째, 천안함 사건처럼 원인을 바로 알 수 없는 경우 공격 주체 확인을 위해 필요한 시간은 "정당화될 수 있는 지연"으로 볼 수 있으며, 피격 원인이 밝혀진 시점에 자위권 행사가 가능하다는 주장이다.

그러나 자위권은 성격상 적의 공격이 진행 중이거나 공격 직후 행사되어야 한다. 유엔 체제가 국제사회에서의 무력사용에 관한 전반적 통제권을 안전보장이사회에 부여하면서도 개별국가의 자위권을 고유의 권리로 인정한 이유는, 자위권은 공격을 받은 국가가 현장에서 판단해 즉각 행사해야 하기 때문이다. 적국의 무력공격이 지속되고 있다든가 적국이 자국 영토를 계속 점령하고 있다면 모를까, 이미 2개월 전 종료된 공격에 대해 피해국이 자위권을 행사할 수는 없다. 자위권의 목적은 공격격퇴이지, 공격자에 대한 징벌이 아니다. 과거 유엔 체제 이전에는 그 같은 사후징벌적 대응이 무력복구reprisal라는 이름으로 합리화되었지만, 오늘날에는 무력복구가 금지되어 있다. 북한 측 단발 공격이 이미 종료된 천안함 사건에서 2개월 후라면 피해국이 독자적인 자위권을 행사할 긴급성이 일단 사라진 상황이다. 이러한 경

10 천안함 사건 보고서 발표 이전에 제시되었지만 대체로 이창위, "'천안함' 대응조치 국제법적 문제들", 「조선일보」, 2010. 4. 9., A38면; 이창위, "천안함 침몰 제재방안 국제법적 논쟁", 「조선일보」, 2010. 4. 20., A33면; 김찬규, "천안함 사건의 국제법적 해석", 「국민일보」, 2010. 4. 22. 23면 등이 이러한 기조에 입각한다.

우「유엔헌장」은 사태를 안전보장이사회에 회부해 해결책을 모색하라는 취지이다.

둘째, 과거 북한 측이 저지른 무수한 소규모 위법행위(무장공비 파견, KAL기 폭파, 아웅산 테러 등)를 누적적으로 종합할 때, 천안함 사건을 계기로 한국이 무력행사를 할 수 있다는 주장이다. 책임자를 즉각 규명하기 어려운 테러 행위와 같은 경우, 단발성 공격이 여러 차례 반복되어도 피해국의 즉각적인 자위권 발동이 용이하지 않다는 점에서 이러한 해석이 현실적으로 필요한 측면도 있다. 그러나 누적사건 이론은 아직 국제법상 확립된 주장이라고 할 수 없다. 이러한 이론을 긍정한다면 역사적으로 갈등을 많이 겪은 국가 간에는 과거사를 이유로 언제라도 무력행사가 가능하다는 위험한 결론이 나올 수 있다. 이 역시 「유엔헌장」 취지와는 동떨어진 해석이 된다.

국제합동조사단 발표 직후 한국 정부는 천안함 사건을 유엔 안전보장이사회에 회부했다. 안전보장이사회는 2010년 7월 9일 채택한 의장성명을 통해 "천안함 침몰을 초래한 공격을 규탄"했으나, 그 공격 주체가 북한임을 명시하지는 않았다. 그리고 "한국이 자제를 발휘한 점을 환영하고, 한반도와 동북아 전체에서 평화와 안정 유지가 중요"하다고 강조했다.

한국이 천안함 사건에 대한 자위권 행사를 이유로 후일 어느 시점에 유사한 규모의 북한 해군함정 1척을 격침시키는 공격을 감행했다면 이 사건은 국제법적으로 어떻게 평가되었을까? 천안함 피격과 한국의 반격행위가 함께 국제재판소에 회부되고, 그곳에서도 여전히 천안함 공격의 책임자는 북한이었다는 결론이 난다고 전제하더라도, 판결에서는 북한과 한국 양측이 모두 국제법을 위반했다는 판정이 나오리라 예상된다. 천안함 공격이 북한의 국제법상 위법한 공격행위임이 명백하더라도, 한국의 뒤늦은 반격 역시 자위권 행사 범위에는 속하지 않기 때문이다.

(3) 자위권 행사에는 한계가 없나

윤석열 대통령은 2023년 국방부 업무보고 자리에서 북한의 공격에 대비한 한국형 "3축 체계에서 제일 중요한 것은 대량응징보복"이라며, "우리가 공격을 당하면 100배, 1,000배로 때릴 수 있는 대량응징보복 능력을 확고하게 구축하는 게 공격을 막는 가장 중요한 방법"이라고 강조했다.[11] 북한이 도발하면 압도적 차원으로 대응해 도발 의지를 꺾어야 한다는 언급은 윤석열 대통령이 처음 한 이야기는 아니다. 북한의 연평도 포격 사건 이후 국방 수장이 된 김관진 장관도 "적의 도발 의지가 꺾일 때까지가 자위권 행사 범위"이며, 자위권에는 "교전 규칙의 필요성과 비례성 원칙이 적용되지 않는다."고 주장했다.[12]

북한의 핵위협에 재래식 무기로 맞서야 하는 한국 입장에서 이 같은 강력한 보복 의지를 나타냄으로써 북한이 공격의사를 갖지 못하도록 하겠다는 국가 안보 수뇌부의 고충은 충분히 이해가 간다. 서로를 몇 번이나 파괴시킬 정도의 핵무기를 갖고 있는 미·소(러시아) 간에 평화가 유지되는 이유도 '상호확증파괴,' 즉 공격자 역시 승리하지 못하고 서로 감당할 수 없는 피해를 입을 뿐이라는 현실이 배경이다. 그러나 대통령이나 국방부장관 같은 최고위 직책자는 확고한 결의를 발표할 때에도 국제법적으로 정제된 표현을 사용할 필요가 있다.

위와 같은 대통령이나 국방부장관의 발언에 한국이 먼저 북한을 공

11 「조선일보」, 2023. 1. 12., A1면.
12 「매일경제」, 2010. 12. 6., 3면.

격하겠다는 의미는 담겨 있지 않다. 북한이 한국을 공격하면 그에 대한 자위권 차원의 대응방법을 설명하고 있을 뿐이다.

국가가 전쟁을 할 수 있는 권리를 국제법이 통제하지 못하던 시절에는 자위권 개념이 그다지 중요하지 않았다. 주로 자국 무력행사의 정치적 정당성을 옹호하려고 자위권이 주장되었다. 유엔 체제 아래서는 국제관계에서 무력사용이 일반적으로 금지되어 있으며, 개별국가가 독자적으로 무력행사를 할 수 있는 경우로는 자위권만 인정되고 있다. 국제법이 타국의 위법한 무력행사로부터 주권국가를 완벽하게 보호할 수 없다면 자위를 위한 무력행사까지 금지할 수 없기 때문이다. 유엔 체제에서는 개별국가의 무력행사가 자위권에 의해 지지받지 못하면 위법행위가 되기 때문에 오늘날에는 자위권이 법적으로 매우 중요한 개념으로 부각되었다.

과거 국제사회는 침략을 자위권 행사로 위장하는 자위권의 남용을 여러 차례 경험했다. 이에 앞서 설명과 같이 「유엔헌장」은 자위권을 각국의 고유한 권리로 인정하면서도 발동요건을 엄격히 제한하고 있다. 또한 자위권 행사에서는 필요성과 비례성이 요구된다. 자위권은 현재의 공격을 격퇴하기 위해 무력사용이 불가피한 상황에서만 행사가 인정되며, 상대 공격 격퇴라는 목적을 달성하기에 필요한 범위 내에서만 행사될 수 있다. 이는 관습국제법 원칙으로 인정된다.[13]

이러한 국제기준에 따라 위 발언 내용을 다시 한번 되짚어 본다. 대통령은 한국이 공격을 당하면 100배, 1,000배 보복할 수 있는 능력을 갖추라는 지시를 다르게 표현하는 편이 좋았다. 물론 그런 능력을 갖추라는 요구이지, 그런 보복을 실행하라는 직접적인 지시는 아니었

---

13 앞의 주 8 참조.

다. 그러나 전반적인 분위기는 유사시 자위권을 행사하게 되면 비례성 원칙을 무시해도 좋다는 의미로 들린다. 굳이 100, 1,000이란 숫자까지 들며 이런 발언을 할 필요가 있었나? 이는 자위권 남용을 상징하는 숫자가 된다. 이 같은 군사적 준비가 현실적으로 실현 가능한가? 국민이 이런 발언을 믿고 이후 안심하고 자게 될까? 이런 과장된 표현은 별다른 실효적 의미를 지니기 어렵다. 대통령은 단호한 반격 의지를 나타낼 다른 표현을 사용함이 현명하다.

김관진 장관의 "적의 도발 의지가 꺾일 때까지가 자위권 행사 범위"라는 발언도 좀 더 신중할 필요가 있었다. 자위권의 목적은 적 공격의 격퇴이지, 공격자에 대한 징벌이 아니다.[14] 그 이상의 무력사용은 자위권 남용이 된다. 자위권에는 "교전규칙의 필요성과 비례성 원칙이 적용되지 않는다."는 주장도 근거 없는 소리이다. 국제판례가 반복적으로 지적한 바와 같이 자위권 행사는 필요성과 비례성의 범위 내에서 행사되어야 합법성을 인정받는다. 공격을 받으면 단호하게 자위권을 행사하겠다는 의지를 나타내는 정도가 적당하다.

위와 같은 발언들은 북한을 포함한 외부로부터 한국 국가 수뇌부가 국제법을 무시한다는 비난의 표적이 될 수 있다. 현실성 없는 과장된 표현으로 공연히 꼬투리 잡힐 필요는 없지 않은가?

14 J. Klabbers, *International Law* 4th ed.(Cambridge UP, 2024), p.208.

2
국가 영역

(4) 녹둔도를 되찾을 수 없나

남북통일이 되면 북쪽 국경선이 어떻게 될까는 전 국민의 지대한 관심사이다. 현재 북한은 중국 및 러시아와 압록강과 두만강을 경계로 삼고 있다. 일부 국민 사이에서 통일 후 두만강 넘어 간도 지역을 회복해야 한다는 주장이 제기되고 있음은 널리 알려져 있다. 간도만큼 유명하지는 않아도 또 다른 영토 문제로 지금은 러시아에 속한 두만강 건너의 녹둔도鹿屯島가 본래 우리 땅이라는 주장이 국내 언론에 종종 등장한다.[15]

녹둔도는 조선 초기부터 우리 영토로 관리되던 두만강 하류 속 섬이었다. 녹둔도 역사를 간단히 살펴본다. 조선은 15세기 육진 개척

---

15 다음은 지난 몇 년 동안 국내 일간지(종이 신문 한정) 검색 결과 녹둔도가 본래 조선 땅이라는 내용을 담은 기사의 일부이다. 「조선일보」, 2019. 12. 9., A12면; 「경향신문」, 2019. 12. 10., A30면; 「동아일보」, 2021. 4. 16., A31면; 「강원일보」, 2022. 1. 7., 13면; 「부산일보」, 2024. 6. 19., 22면; 「조선일보」, 2024. 6. 21., A30면; 「대전일보」, 2025. 1. 23., 19면 등.

을 계기로 세력권을 두만강 유역까지 넓혔다. 이후 두만강 안 녹둔도로 조선인들이 진출해 농사를 지었다. 『세종실록지리지』에는 이 섬에서 5리를 더 내려가면 바다에 이른다고 기록되어 있으니 그 위치가 짐작된다. 이순신 장군이 한때 이곳을 관할하는 조산만호造山萬戶로 근무했다. 영화 「한산: 용의 출현」(2022년)에도 당시 이순신 장군의 모습이 잠깐 나온다. 조선 중기까지는 녹둔도가 사서에 종종 등장했다.

녹둔도는 본래 섬이었으나, 조선 후기 어느 시점에 두만강 수로 변경으로 인해 강 건너 연해주 쪽으로 연륙되었다. 더 이상 섬이 아니게 되었다. 녹둔도가 두만강 너머의 땅이 된 다음에도 조선 정부는 본래 섬 지역만큼은 계속 조선령으로 관리했다. 조선 말 기록에 의하면 이 지역에 113호 822명의 조선인이 거주했다고 하니 녹둔도 면적이 꽤 컸음을 추측할 수 있다.

그런데 녹둔도는 조선도 모르는 사이 엉뚱한 사건을 계기로 러시아 땅으로 되어 버렸다. 서양 세력 공세에 시달리던 청은 1860년 11월 러시아와 「베이징조약」을 체결하고, 우수리강 동편 연해주를 러시아령으로 인정했다. 또 동해에 인접한 부분은 두만강 하류까지 러시아령으로 인정했다. 이로써 러시아 영토가 두만강에 이르렀고, 조선과 러시아는 국경을 접하게 되었다. 「베이징조약」 체결을 담당한 청과 러시아 관리들은 연해주 쪽에 붙어 있는 녹둔도가 본래 하중도로서 예로부터 조선 땅으로 당시에도 조선 정부가 관리한다는 사실을 아마 모르고 두만강을 국경으로 정했으리라 생각된다. 조선 정부는 이러한 사실을 까맣게 몰랐다. 이후 1861년 러시아와 청은 우수리강 합류점에서 두만강 하구까지 새로운 러시아 국경선을 명확히 하는 경계비를 공동으로 설치했다. 1861년 9월 녹둔도 지역에 러시아령 경계비가 설치되는 모습을 조선의 국경 관리가 목격하고 이를 상부에 보고했다. 조선 정부는 자신도 모르는 사이에 녹둔도가 러시아령으로 편입된 사실을 비로소 알게 되었다.

청과 러시아가 조선의 동의 없이 조선 영토를 제 마음대로 주고받을 수는 없으므로, 녹둔도 지역을 러시아령으로 인정한 부분에 관한 한 「베이징조약」은 국제법적으로 무효이다. 당시 조선 정부가 청과 러시아에 기민하게 항의를 제기했다면 녹둔도 문제는 바로잡을 수 있었을지 모른다. 고종과 조선 정부가 녹둔도 회복에 지대한 관심은 가졌으나, 유감스럽게도 당시 별다른 구체적 행동을 취하지 않았다. 처음 조선 정부는 러시아와 수교할 때 이 문제를 바로잡으면 된다고 생각했지만, 정작 1884년 러시아와 수호조약을 체결하는 과정에서 녹둔도 문제를 제기하지 않았다. 후일 조선은 「베이징조약」 당사국인 청에 녹둔도 문제를 해결해 달라고 요청했지만, 청은 조선을 위해 별달리 나서지 않았다. 1910년 조선은 일제의 식민지로 전락했고, 녹둔도 상실 문제는 세인의 관심에서 잊혔다.

1970년 초 국사학자 유영박은 조선 말 녹둔도가 부당하게 러시아령으로 편입되었음을 발견하고 이 사실을 알리는 논문을 여러 편 발표했다. 이후 국내에서는 녹둔도가 언젠가는 돌려받아야 할 땅이라는 생각이 퍼지게 되었다. 이런 사실은 북한에도 알려졌을 것이다. 그러나 1985년 북한과 구 소련(이어 '러시아'로 표기)은 두만강 중심 수류의 중간선을 경계로 하는 국경선 협정을 체결했다. 연해주 지역에 연륙된 녹둔도 지역은 자연히 러시아령으로 다시 확인되었다.

그간 국내 사학자들과 언론은 녹둔도는 조선 500년 역사 내내 우리 영토로 관리되어 왔는데, 청과 러시아의 착오로 인해 러시아령으로 위법 부당하게 편입되었으니, 이제라도 정당하게 반환받아야 한다는 주장을 자주 피력해 왔다. 녹둔도가 현재 북한과 러시아 사이에 있으므로 한국 정부가 직접 이 문제를 제기하기는 어려운 실정이나, 통일이 되면 러시아와 이 문제를 다시 협의해 바로잡자고 주장하기도 한다. 그러기 위해 「베이징조약」이 체결된 1860년까지 녹둔도가 조선의 오랜 영토였음을 증명하기 위한 연구가 활발히 진행되었다.

녹둔도가 역사적으로 조선 영토였으며 19세기 후반 위법하게 러시아령으로 편입되었다는 사실만 증명할 수 있다면, 통일 후 우리는 이를 돌려받을 수 있을까? 러시아가 자발적으로 녹둔도 지역을 반환한다면 더 말할 나위도 없겠지만, 그런 기대는 비현실적이다. 만약 이 문제가 제3자의 법적 판정에 맡겨진다면 결과는 어떻게 될까?

국가 간 영토 분쟁이 국제재판에 회부된다면, 이는 과거 누가 그 지역을 더 오래 지배했는가에 대한 역사적 연고권을 판단받는 일이 아니다. 어느 국가가 현재 그 지역을 보유할 국제법상 정당한 권원을 갖고 있는가를 판정받는 것이다. 과거의 역사적 연고는 현재의 국제법적 권리를 직접 뒷받침할 수 있는 한도 내에서만 의미가 있다. 따라서 영유권 다툼을 판정하기 위해서는 현재의 국경 수립 근거가 된 가장 최근 사실이 법적으로 정당했는지부터 분석을 시작한다. 비근한 예를 들어보자. 500년 된 집안 보물이라도 소유자가 이를 최근에 다른 사람에게 매각하거나 증여한 경우, 그 매매나 증여가 정당한 과정을 거쳐 이루어졌다면 이제 새로운 사람이 소유자가 된다. 나중에 500년 역사를 들먹이며 그 물건은 원래 우리 집안 소유라고 주장해도 소용없다.

녹둔도 영유권 역시 마찬가지이다. 이를 국제적으로 인정받기 위해 조선 500년 역사 속에서 녹둔도 지배 사실을 증명하고, 1860년 「베이징조약」 체결 시에도 여전히 녹둔도는 조선령이었다는 역사적 사실을 증명하는 일이 급선무는 아니다. 통일한국이 녹둔도를 정당하게 반환받을 권리가 있는가를 연구하려면, 러시아가 녹둔도 영유권을 인정받게 된 최근의 사실부터 시간적으로 거꾸로 분석해 올라가야 한다. 당연히 그 출발점은 1985년 북한과 러시아 간 국경선 협정이다. 이 협정이 북한과 러시아 사이의 국경을 두만강 중심 수류의 중간선으로 정해 결과적으로 녹둔도를 러시아령으로 확인하고 있기 때문이다. 1985년 국경선 협정은 러시아가 북한을 특별히 강박해 억지로 체결된 조약이 아니며, 국제법 기준에서 볼 때 전반적으로 합리적인 내용을 담고 있다. 이 조약이 국제법적으로 유효하다고 인정되는 한 러시아의 녹둔도 영유권은 누구도 이의를 제기하기 어렵다.

1985년 협정은 북한과 러시아 간 합의에 불과한데, 통일한국도 이 조약을 지켜야 하는가? 북한이 붕괴해 대한민국에 흡수되는 형식으로 통일이 이루어져도 북한이 체결한 조약이 여전히 통일한국에 구속력을 갖는가? 특히 우리 「헌법」상 대한민국의 규범적 영역은 한반도 전역이며 북한은 여전히 반국가단체의 일종이므로, 통일한국이 북한의 국경조약 효력을 인정할 의무는 없지 않나? 반국가단체인 북한이 우리 영토를 마음대로 처분할 권한은 없다고 봐야 하지 않은가? 그러나 유감스럽게도 이러한 주장이 국제사회에서 받아들여질 가능성은 전혀 없다. 현재 북한은 한국과 마찬가지로 국가만이 가입할 수 있는 유엔의 회원국이며, 전 세계 절대다수 국가로부터 주권 국가로 승인받고 있다. 당연히 국경조약을 체결할 국제법상 권한이 있다. 우리 「헌법」을 들먹이며 북한의 국경조약 체결은 무효라고 주장해도, 이것이 국제법적으로 받아들여질 리 없다.

그러면 통일한국은 북한이 체결한 조약을 무조건 수용해야 된다는 말인가? 그렇지는 않다. 특히 대한민국에 의해 흡수통일이 된다면, 아마도 북한이 체결한 양자조약은 거의 대부분 실효되리라 예상된다. 그러나 예외가 있으니 바로 국경조약이다.

일정 영역에 대한 국제관계상의 책임 주체가 다른 국가로 대체되는 현상을 국제법상 국가승계State Succession라고 한다. 북한이 남한이 중심이 된 통일한국으로 흡수되는 현상도 국가승계의 일종이다. 그간 국제사회는 국가승계 시 기존 조약의 처리에 관해 여러 가지 법 원칙을 발전시켜 왔다. 당사국이 그다지 많지는 않으나 이 문제를 다루기 위해 유엔 주도로 채택된 조약도 있다.[16] 이 조약에서는 물론 관습국제법으로도 인정되는 원칙 중 하나가 국가승계가 발생해도 기존 국경조약은 영향을 받지 않고 효력을 지속한다는 점이다. 다시 말해 흡수통일에 의해 북한 지역에 대한 주권자가 바뀌어도 통일한국은 북한이 체결한 기존 국경조약만큼은 존중해야 한다는 이야기다. 이러한 원칙은 기존 질서 유지를 원하는 기득권 국가에 유리한 내용이기는 하나, 국제사회의 평화와 안정을 확보하기 위해 불가피한 고육책이라는 점을 부인할 수 없다. 국경조약의 계속성 원칙은 국제사법재판소의 여러 판결에서도 반복적으로 인정되었다.[17] 결국 나중에 통일한국과 러시아가 녹둔도 영유권에 관해 제3자의 판정을 받을 경우, 1985년 북한과 러시아가 체결한 국경선 협정으로 인해 한국이 녹둔도를 회복할 가능성은 없다고 판단된다.

설사 1985년 협정이 법적으로 무효라고 해도 통일한국이 녹둔도를 회복하려면 여전히 장애가 많다. 우선 국제법에서의 시효 문제이다. 비록 착오에서 출발했다고 할지라도 러시아는 1860년부터 녹둔도

16 1978년 채택된 「조약의 국가승계에 관한 비엔나협약(Vienna Convention on Succession of States in respect of State Treaties)」. 남북한은 이 협약 당사국이 아니다.

17 예를 들어, 국제사법재판소에서의 리비아/차드 영토 분쟁 사건(1994), 헝가리/슬로바키아 가비치코보-나기마로스 사건(1997), 카메룬-나이지리아 육상 및 해상 경계 사건(2002) 판결 등.

를 자국 땅으로 생각하고 영유해 왔고, 그 세월이 현재 165년에 이르고 있다. 조선은 이미 1861년에 녹둔도 영유권이 잘못 처리되었음을 알고도 아무런 항의조차 하지 않았다. 국내 「민법」(제245조)에 따르면, 부동산도 20년간 소유의 의사로 평온하게 점유해 등기하면 시효 취득이 인정된다. 국제법상 어느 정도의 기간이 흘러야 시효가 완성된다는 명확한 규칙은 없으나, '165년'은 통일한국이 극복하기 어려운 매우 긴 기간이라고 판단된다.

더욱이 지리적으로 녹둔도는 이미 오래전에 두만강 건너편으로 연륙되었고, 이제는 과거 조선이 지배하던 녹둔도 지역이 어느 범위에 해당하는지 경계조차 정확히 알기 어렵다. 반환을 요청할 대상이 객관적으로 명확하지 않은 셈이다. 더 이상 한국계 주민이 거주하고 있지도 않다. 두만강이 한·러 국경을 이루는 현실 속에서 유독 강 건너 녹둔도 지역만 통일한국의 영토라고 인정받기 매우 어려운 상황이다. 이런 정도의 상황이라면 1985년 국경선 협정이 없었다고 가정할지라도 국제재판을 통한 통일한국의 녹둔도 회복은 기대하기 힘든 실정이다.

역사학자들은 이런 판단이 역사의식이 없는 자들의 협량한 결론이라고 비판한다. 이런 경우 국내 여론은 대개 역사학자들의 편이 된다. 사실 역사적 관점에서 보면 녹둔도는 당연히 우리 땅이 되어야 한다. 그러나 국제법적 관점에서는 이를 회복할 방법이 없다. 우리 민족이 녹둔도를 상실하지 않았으려면 조선 정부가 「베이징조약」 내용을 알자마자 적극적인 항의와 환수 조치를 취했어야 했다. 북한 역시 국경선 협정에서 녹둔도의 러시아령을 인정하지 말았어야 한다. 국제법 관점에서 본다면 우리는 이미 너무 많은 점에서 기회를 잃어버렸다.[18]

18 이 문제에 관한 상세한 내용은 정인섭, 「통일후 한러 국경의 획정」, 『서울국제법연구』

(5) 간도협약 100년 시효설

"지금 우리가 발붙이고 있는 이 땅, 간도도 아득한 옛날에는 우리 땅이었었고 근자에 와서도 우리 부모들이 피땀 흘리며 이 땅을 일구었건만 이미 이곳은, 우리 땅 아닌 이 고장에서 청국 사람들로부터 가지가지 헤일 수 없이 받은 핍박의 역사도 여러분은 잘 기억하고 있을 것입니다. 변발을 하고 다브잔스를 입고 청국인으로 귀화하기만 하면 피땀 흘려 일군 땅을 내 땅으로 할 수도 있으련만, 그러나 우리 부모님들은 변발도 아니했고, 다브잔스도 아니 입었고, 귀화도 하지 않았습니다. 왜? 그것은 어떤 핍박, 어떤 설움보다도 조선인이 아니라는 설움이 더 컸기 때문입니다."

—박경리, 『토지』 제2부에서—

일제강점기 간도는 독립운동의 요람 같은 곳이었기 때문에 우리가 특히 애틋한 민족감정을 느끼는 대상이다. 조선이 간도를 완전히 잃은 이유는 1909년 일제가 청과 「간도협약」을 체결했기 때문이라고 생각하는 사람이 많다. 1948년 제헌국회에서도 우리 영토를 "한반도와 그 부속 도서"로 표현하면 두만강 넘어 간도를 포용할 수 없으니 한반도라는 용어를 사용하지 말자는 수정안이 제기되었으나, 현실론에 입각한 반론에 부딪쳐 채택되지 못했다.[19] 지금은 중국 땅으로 되어 있는 간도를 통일이 되면 되찾아야 한다고 생각하는 사람들이 적지 않다.

한민족의 영역이 압록강, 두만강을 경계로 하는 한반도라는 관념이 일반화된 시기는 대체로 조선 초기 사군 육진을 개척한 이후이다. 당

제14권 1호(2007. 6.), 55-88쪽 참조.

19 제1회 국회속기록 제22호(1948. 7. 1.), 13-14쪽.

시 중국에는 명明이 있었지만 양국 간 국경선이 구체적으로 합의된 적은 없었다. 명을 이은 청淸은 17세기 후반 중국 서부 지역의 국경조약을 체결하는 한편, 조선과도 경계를 명확히 하기 원했다. 청은 목극등穆克登을 파견해 조선과 경계협상을 하도록 했다. 그 결과 1712년 백두산정계비가 설립되었다. 정계비는 백두산 천지보다 조선 쪽으로 조금 남쪽 산기슭에 세워졌으며, 조선과 청의 국경을 "서쪽은 압록강, 동쪽은 토문강西爲鴨綠 東爲土門"으로 한다고 기록했다.

조선 중엽까지는 조선인들이 압록강과 두만강 변까지 본격적으로 진출해 살지는 않았다고 알려져 있다. 조선의 방어진지도 대체로 두 강에서 5, 6일 남쪽으로 걸어 내려와야 하는 위치에 설치되어 있었다. 숙종 시절 정계비 협상을 시작할 때 조선은 압록강·두만강 선을 국경으로 확보하려는 입장으로 임했으며, 만약 청이 실제 조선의 방어선을 국경으로 하자고 주장하면 어떻게 하나 걱정했다고 한다. 그러나 청은 조선의 제안대로 선선히 압록강·두만강 선에 동의하고 정계비 문구에 합의했다.[20]

19세기 중엽부터 함경도 주민이 대거 두만강을 넘어 간도 지역으로 진출하기 시작했다. 청은 중국 대륙을 지배하던 시절 오랫동안 간도 지역을 관리하지 않았다. 1867년에야 청은 만주 지역에 대한 봉금정책을 해제하고 주민 이주를 장려하기 시작했다. 당시 간도 주민 대부분이 조선인들이라 자연 이 지역 관리권이 문제되었다. 조선과 청은 1885년과 1887년 2차례 감계회담을 열었는데, 백두산정계비 해석에 관해 합의를 보지 못했다. 정계비 속 토문강이 곧 두만강을 가리킨다는 청의 입장과 쑹화강 지류인 토문강이 별도로 있다는 조선의 주장

20 강석화, 『조선 후기 함경도와 북방영토의식』(경세원, 2000), 53-57쪽 참조.

이 엇갈렸기 때문이었다. 이후 「을사조약」으로 조선의 외교권을 확보한 일제가 1909년 청과 「간도협약」을 체결하면서 간도를 청의 영역으로 인정했다. 곧바로 조선은 일제의 식민지로 전락했기 때문에 이 문제는 더 이상 불거지지 않았다.

광복 이후 국내에서는 「간도협약」이 당사자인 조선의 의사를 무시하고 일제가 멋대로 우리 영토를 포기한 무효의 조약이라는 주장이 대두되었다. 「간도협약」의 무효를 선언하고 간도를 회복해야 한다는 주장이다. 이를 추진하는 민간단체도 여럿이다. 다만 간도는 북한 인접 지역이라 분단 상태에서 한국이 실제로 할 수 있는 일이 많지 않다. 이에 통일 이전이라도 정부가 간도는 우리 땅이라는 입장을 공식적으로 표명하라는 운동이 전개되었다. 「간도협약」이 무효임을 선언하는 국회 결의를 채택하자는 움직임도 몇 차례 있었다.

2009년은 「간도협약」 100주년이었는데, 그 얼마 전부터 국내에서는 「간도협약」 100년 시효설이 나돌았다. 즉 아무리 간도가 우리 땅이라 해도 중국령으로 된 지 100년을 넘으면 국제법상 우리는 더 이상 간도 영유권을 회복할 수 없다는 주장이었다. 이러한 주장은 과거에도 간혹 제기되었지만, 실제 협약 100주년이 다가오자 국내 언론에 보도기사나 시론, 독자투고 등 다양한 형식으로 빈번히 등장했다.[21] 이들은 2009년 9월 4일 「간도협약」 100주년이 되기 전에 최소한 공식적인 영유권 주장을 하라고 정부에 요구했다. 한 민간단체는 각계의 서명을 받아 헤이그 국제사법재판소에 「간도협약」이 무효라는 소송을 제기하

21 예를 들어 「조선일보」, 2004. 9. 13., A23면; 「조선일보」, 2004. 10. 14., A4면; 「조선일보」, 2004. 10. 16., A29면; 「동아일보」, 2008. 8. 22., 29면; 「문화일보」, 2008. 10. 24., 34면; 「한겨레신문」, 2009. 1. 31., 23면; 「조선일보」, 2009. 8. 13., A30면; 「서울신문」, 2009. 8. 31., 30면 등.

려고 했다. 그러나 국제사법재판소에서는 국가만이 소송 당사자가 될 수 있기 때문에 정식 소송서류는 접수시킬 수 없었고, 대신 탄원서로 제출했다고 주장했다.[22] 이 역시 국제법상 시효 완성을 막기 위한 노력으로 설명했다. 「간도협약」이 체결된 지 116년이 된 오늘날에도 100년 시효설이 때로 뉴스거리로 등장한다.

그러면 100년 시효설은 근거가 있는 주장인가? 「간도협약」이 체결된 지 100년을 넘었기 때문에 간도를 영영 잃어버렸나? 결론부터 말해 국제법상 100년이면 영토에 관해 시효가 완성된다는 주장은 특별한 근거가 없다.

시효에 의해 영토를 취득할 수 있다는 이론은 근대 국제법 초기부터 인정되었다. 국내 사법상의 취득시효와 마찬가지로, 국제관계에서 국가가 오랫동안 평화적이고 공개적으로 중단 없이 영토를 지배해 왔으면, 비록 점유 개시의 권원이 불분명하거나 설사 위법한 경우라 할지라도 영유권을 취득한다는 이론이 시효론이다. 이는 권원 출발 시의 정당성을 묻지 않고 현재 사실 자체를 정당화시켜 주는 이론이다. 따라서 시효를 중단시키려면 정당한 권리자가 이를 묵인하지 말고 적극적인 방법으로 이의를 제기해야 한다.

그러나 어느 정도의 시간이 지나면 시효가 완성되는가에 대해 국제법상 확립된 기간은 없다. 과거 미국과 멕시코 간 차미잘Chamizal 지역 중재재판(1911년), 미국과 네덜란드 간 팔마스Palmas섬 중재재판(1928년), 나미비아와 보츠와나 간 카시킬리/세두두섬Kasikili/Sedudu Island 국제사법재판소 판결(1999년) 등에서 일방 당사국이 시효 취득을 권원의 하나로 주장했으나, 재판부는 받아들이지 않았다. 시효기간을 일반적

22 「문화일보」, 2009. 9. 4., 8면.

으로 규정한 조약도 없다.

오늘날 영토분쟁을 다루는 국제법정은 어느 국가가 특정한 방법에 의해 영토 권원을 취득했다는 결론을 삼가고 있다. 대신 장기간에 걸친 다양한 국가 활동의 상대적 가치를 비교해 어느 편이 좀 더 실효적이고 공식적인 증거를 제출했느냐에 따라 판정을 내리는 경향이다. 따라서 어느 정도의 시간이 흐르면 영토에 관한 시효 취득이 완성되느냐를 일률적으로 말하기는 매우 어렵다. 적어도 100년 시효설은 국제법적 선례나 근거가 없다. 물론 100년은 매우 긴 기간으로 보인다.

시효 100년설과 관계없이 간도 영유권 문제는 어떻게 이해해야 하는가? 「간도협약」이 무효라는 판정과 간도가 통일한국의 영토가 될 수 있느냐는 전혀 다른 문제이다.

1962년 북한과 중국은 압록강과 두만강을 국경으로 하는 국경조약을 체결한 바 있다. 두만강 건너편 간도는 자연 중국 땅으로 인정되었다. 이를 통해 백두산 천지가 양분되었다는 사실도 잘 알려져 있다. 원래 숙종 때 세워진 정계비에 따르면 백두산 천지는 중국에 속한 지역이었다. 북한은 김일성이 저우언라이周恩來와의 회담을 통해 백두산의 절반을 회복한 점을 외교적 성과로 자랑했다. 간도 지역에 관한 현재의 직접 당사국인 북한과 중국이 국경조약을 체결했다면 통일한국이라도 국제법상 그 결과에 구속된다. 이는 통일의 형태가 대한민국에 의한 흡수통일이든 합의통일이든 마찬가지이다. 결국 간도 영유권 확보의 최대 장애물은 일제가 체결한 「간도협약」이 아니라, 북한이 중국과 체결한 1962년 국경조약이다. 이 조약의 유효성이 인정되는 한 100여 년 전 「간도협약」의 무효를 아무리 증명해도 소용없는 일이다. 더구나 중국 연변 지역에서는 조선족이 이제 소수자에 불과하다. 주민 자결 원칙을 적용해도 간도 회복은 현실적으로 어렵게 되었다.

국민 사이에는 간도가 원래 우리 땅이라는 생각이 상식처럼 퍼져 있지만, 역사적으로 정계비상 토문강이 두만강이 아닌 쑹화강 지류인 토문강을 가리키는지는 확실하지 않다. 정계비 협상 시 조선과 청 모두 두만강을 국경으로 삼겠다는 생각은 기록상 분명한 사실로 보인다. 조선 역시 두만강과 토문강을 같은 강으로 생각하고 명칭을 혼용해 사용한 기록이 적지 않다. 조·청 국경이 '동위토문'이 된 이후에도, 조선 정부가 간도 지역에 공식 행정구역을 설치하거나 관아를 설립해 이곳을 실제 지배한 사실이 없다. 거의 비어 있던 땅에 조선 말 생계를 위해 민간인들이 대거 건너가 살게 되었지만 민간 활동만을 근거로 국제법상 영유권이 결정되지 않는다.

국내에서는 이러한 의견을 피력하면 인기도 없고 역사의식이 부족하다는 공격을 받기 쉽다. 여하튼 간도는 우리 조상이 땀 흘려 일군 땅이며 「간도협약」 체결 당시 주민 대다수가 조선인이었음을 강조하며 회복의 당위성을 주장해야 박수를 받고 애국자라는 소리를 듣는다. 물론 무슨 이유에서든 중국이 대가 없이 선선히 양보한다면 더 말할 나위 없이 좋다. 그럴 가능성이 과연 1퍼센트라도 있을까? 우리끼리의 역사의식에 충실하기 위해 국제사회에서는 통용되지 않을 주장에 마냥 박수칠 수는 없다. 결국 국제법학자가 할 일의 하나는 양국 간에 합의가 되지 않아 국제 법정으로 간다면 어느 정도의 승산이 있는가를 정확히 알려 주는 일이라고 생각한다. 외교 전략도 이를 바탕으로 짜야 한다. 그것이 진정한 애국이다.

(6) 방공식별구역이란 무엇인가

국내 언론에는 중국과 러시아 공군이 합동훈련 목적으로 중국 방향에서 출격해 남해 상공을 거쳐 동해로 진입하는 과정에서 사전통고 없이 한국 방공식별구역을 통과했다는 소식이 종종 전해진다.[23] 이런 경우 한국 공군 전투기가 긴급히 대응 출격해 감시비행을 하며, 이들에 한국 측 구역으로부터 퇴거하라는 경고신호를 보낸다. 상황 종료 후에는 외교경로를 통해 상대국에 항의하고 재발방지를 촉구한다. 중국과 러시아 군용기는 2019년 이래 연 1~2회 합동훈련을 하며 한국 방공식별구역을 통과한다고 알려져 있다. 이와 별도로 중국과 러시아 공군기가 최근 연 100회 이상 한국 방공식별구역을 무단 진입하고 있다.

방공식별구역Air Defence Identification Zone이란 무엇인가? 방공식별구역에 무단 진입한 외국 군용기에 고작 나가라는 경고밖에 할 수 없나? 좀 더 강력한 대응을 할 수 없는가? 방공식별구역은 영공과 무슨 차이가 있나? 방공식별구역 수호를 위해 할 수 있는 일은 무엇인가?

방공식별구역이란 국가안전보장 목적상 항공기의 용이한 식별, 위치 확인, 통제 등을 위해 영공 바깥에 설정되는 공역air space이다.[24] 6·25전쟁 발발 직후인 1950년 12월 미국 정부는 대서양과 태평양 연안 공해 상공에 폭 250~350해리에 달하는 방공식별구역을 선포했다. 미국은 제2차 세계대전 중에도 유사한 제도를 운영했다. 미국은 이 구역을 통해 자국 영공으로 진입하려는 모든 비행기는 사전에 목적지, 경로, 비행기에 관한 정보를 통지하고 미국 지상관제소 통제에 따르라고 요구했다. 이는 주로 안보 목적으로 실시되었다.

동북아시아의 방공식별구역은 1951년 3월 22일 미국 태평양 공군사령부가 한국, 일본, 타이완 상공에 설정하면서 시작된다. 이는 6·25전쟁 도중인 당시 미국 태평양 공군의 방위책임구역을 분배하는 형식

23 「조선일보」, 2023. 6. 7., A8면; 「조선일보」, 2023. 12. 15., A6면; 「조선일보」, 2024. 11. 30., A6면 등.

24 「군용항공기 운용 등에 관한 법률」 제2조 제3호.

으로 설정되었는데, 휴전 성립 이후에도 한국에서는 별다른 국내법 마련 없이 그대로 유지되었다.[25] 한국은 2007년 「군용항공기 운영 등에 관한 법률」을 제정함으로써 비로소 이에 관한 법적 근거를 만들었다.

그런데 2008년 한국이 처음으로 자체 고시한 방공식별구역은 과거 미 공군이 작전 구획용으로 설정한 선을 그대로 이어받았기 때문에, 마라도 영공조차 완전히 포함하지 못했고 이어도 상공도 배제되어 있었다. 이들 상공은 이전부터 일본 방공식별구역에 속해 있었다. 그때까지만 해도 방공식별구역이 세간의 주목을 받는 일이 흔치 않았으며, 한국 영공 일부가 방공식별구역에서 빠져 있다는 사실도 일반인들은 잘 모르고 있었다.

2013년 11월 23일 중국이 처음으로 방공식별구역을 선포했다. 중국 측 구역은 한국의 기존 남부 구역 일부를 포함했고 일본 측 구역과는 광범위하게 겹쳤다. 이어도와 센카쿠 상공도 포함되었다. 이를 계기로 한국도 방공식별구역을 합리적으로 재조정하자는 여론이 비등했다. 결국 한국 정부는 방공식별구역 남부 지역을 국제민간항공기구ICAO의 인천 비행정보구역에 맞춰 확대하기로 결정하고, 2013년 12월 15일부터 이를 적용했다. 이에 따라 일본과는 약 83,565km^2, 중국과는 약 65,211km^{2}의 중첩 구역이 발생했다.

방공식별구역은 국제법상 어떻게 평가될 수 있는가? 영해 상공인 영공과 달리 방공식별구역에는 연안국의 주권이 미치지 않는다. 그럼 외국 항공기가 무단으로 침입한 경우 연안국은 어떠한 대응을 할 수 있는가? 방공식별구역은 주로 상공 비행의 자유가 인정되는 공해상에

25 서영득, 「한국 방공식별구역(KADIZ)의 법적 지위와 문제점」, 『저스티스』 제86호 (2005. 8.), 176-177쪽.

설치되므로 이를 강제할 국제법적 근거가 없다는 주장부터 장기간의 실행과 묵인을 통해 이제는 일종의 관습국제법으로 성립되었다는 주장까지 상반된 평가를 받고 있다. 이러한 법적 근거에 대한 논란과 별도로 민간 항공기 운항에 관한 한 방공식별구역은 별다른 말썽 없이 준수되고 있다.

방공식별구역이 등장한 이유는 오늘날 항공기의 속도와 무기의 파괴력을 감안할 때 연안 12해리까지의 영공만으로는 국방을 확실히 보장하기 힘들기 때문이다. 그보다 더 먼 위치에서부터 외국 항공기의 접근을 파악하고 이를 관리·통제할 필요가 있다는 점에는 공감이 간다. 그러나 아직 방공식별구역에 관해서는 국제사회의 폭넓은 합의가 있다고 보기 어렵다. 방공식별구역을 명시적으로 인정하는 다자조약은 아직 없다. 현재 방공식별구역을 운영하는 국가는 미국, 캐나다, 일본, 필리핀, 인도, 영국 등 30여 개국에 불과하다. 설정 폭이나 운영 내용도 일관되지 않는다. 그런 의미에서 관습국제법 성립에 필요한 일관된 관행이 확보되었는가는 의문이다. 연안국이 국가안보 목적으로 영해 바깥 바다에 군사수역을 설치하려는 시도가 해양법상 허용되고 있지 않은데, 같은 기준에서 본다면 방공식별구역 선포를 통해 공해 상공 비행의 자유를 규제할 근거 또한 없다고 판단된다. 현재 각국의 방공식별구역 운영은 상대국의 자발적 협조에 근거하고 있으며, 이 구역으로 외국 항공기가 무단진입을 했다고 영공 침범과 같은 방식으로 제재나 대응은 할 수 없다. 이 같은 국제법 현실이 중국의 방공식별구역에 대해 처음에는 반발하던 한국, 미국, 일본 3국이 일단 수용과 묵인의 태도를 보인 이유이다.

한국 국내법 역시 방공식별구역 무단진입 등에 대한 별다른 제재나 벌칙 조항을 마련하고 있지 않으며, 위반국에 외교적 항의를 하는 수준에서 운영되고 있다. 한국이 중국과 러시아 군용기의 무단진입에 대해 항의하면, 중국은 방공식별구역이 영공이 아니며 각국은 국제법에 따라 자유롭게 비행할 수 있다고 반박한다.[26] 러시아 역시 자신들은 국제법을 준수했으며 타국 영공을 침범하지 않았다고 응수한다. 2023년 8월부터 중국 군용기가 한국 방공식별구역을 무단 진입하면 한국 공군기도 중국 방공식별구역을 비슷한 수준에서 진입하는 훈련을 하고 있다. 단 한국은 이럴 경우 중국에 사전 통고를 한다.[27] 이 같은 한국의 행동에 중국은 별다른 반응을 보이지 않는다고 한다.

한편 한국 방공식별구역 확대의 기준선이 된 비행정보구역Flight Information Region이란 무엇인가? 이는 민간항공 운항의 안전과 효율을 도모하기 위해 ICAO가 합의를 바탕으로 할당하는 공역이다. ICAO는 전 세계 하늘을 세분해 각 구역마다 책임 당국을 지정하고, 이들에 항공기 운항에 필요한 관제 정보를 통신으로 제공하라고 요구한다. 작은 국가의 경우 여러 나라 영공이 통합되어 하나의 비행정보구역으로 지정되기도 하고, 면적이 큰 국가는 여러 개의 비행정보구역으로 나뉘기도 한다. 이는 영공 주권 인정과 직접 관계가 없다. 한국은 인천 비행정보구역에 의해 커버된다. 구역을 책임진 국가는 항공관제 서비스를 제공할 의무를 지지만, 이에 대한 금전적 대가도 받는다. 항공기 사고가 나면 구조와 수색의 1차적 책임을 진다.

(7) 영토 없는 국가가 있을 수 있나

국제사회에서 독립된 주권국가가 되기 위해 갖추어야 할 요건은 무

26 「조선일보」, 2019. 7. 25., A4면.
27 「동아일보」, 2023. 12. 30., A6면.

엇인가? 일찍이 옐리네크Jellinek는 국민, 영토, 정부를 근대 국가의 3요소로 제시했다. 1933년 「몬테비데오협약」 제1조도 국제법의 주체로서 국가는 국민, 영토, 정부를 갖추어야 한다고 규정했다.[28] 오늘날이 3요소를 국제법상 국가의 성립요건으로 보는 데 큰 이견이 없다.

그런데 이 요건 중 일부, 즉 영토가 없어도 국가로서 존속할 수 있는가? 얼마 전까지만 해도 영토 없는 국가는 상상할 수 없었다. 영토가 없으면 그 땅에 살 국민이 없고 그 땅을 통치할 정부도 기능할 수 없기 때문이다. 그러나 21세기의 국제법은 영토 없는 국가를 생각해야 할 새로운 도전에 부딪치고 있다.

지구 온난화와 이로 인한 기후변화, 해수면 상승 등은 현재 지구사회가 맞닥뜨리고 있는 큰 위기 중 하나이다. 세계기상기구WMO는 2024년이 산업화 이전 대비 지구 평균온도 상승폭이 1.5도를 초과한 첫해가 되었다고 발표했다. 즉 2024년은 지난 175년간의 지구 관측 사상 최고 평균온도를 기록했으며, 이는 산업화 이전인 1850~1900년보다 1.55도가 높아진 수치라고 한다. 국제사회는 2015년 「파리협정」을 통해 산업화 이전 대비 지구 기온 상승 폭을 2도 이내로 유지하며 1.5도 이하로 제한하기 위해 노력한다고 합의했는데, 1차 저지선이 불과 9년 만에 뚫렸다. 남극과 북극의 해빙은 최근 매년 최저치를 갱신하고 있다. 해수면은 2015년부터 2024년까지 10년 동안 연평균 4.7mm씩 높아졌는데, 이는 그 이전 20년 동안보다 두 배 이상 빨라진 속도이다.[29]

태평양 도서국가 투발루의 외교장관은 2021년 무릎 깊이의 바닷물

28 이 협약은 타국과 관계를 맺을 능력을 국가의 요건으로 하나 더 추가하고 있다.
29 「조선일보」, 2025. 3. 20., A12면.

속에서 정장 차림으로 "지금 서 있는 이곳도 한때는 육지였다."로 시작하는 연설을 통해 기후변화의 심각성을 전 세계에 알렸다.[30] 인도양의 몰디브는 국토 평균 높이가 1.5m 남짓이며 최고 높이가 2.4m에 불과하다. 태평양이나 인도양 작은 도서국가들에는 해수면 상승으로 영토가 사라질지 모른다는 현실이 점점 눈앞으로 다가오고 있다. 국토가 완전 수몰되지는 않아도, 대부분이 침수되어 인간이 정상적으로 거주하기 어려워지는 상황은 더 빨리 닥칠 수 있다. 그런 나라 국민들도 거주할 땅을 잃어버리기는 마찬가지이다. 이렇게 국토가 수몰되면 그 국가는 국제법상 국가로서의 지위를 유지할 수 있는가? 만약 전 영토를 상실하면 국가성을 상실하는가? 그러면 어떠한 일이 벌어지는가?

이후 발생할 사태는 국제사회와 국제법이 이제까지 경험해 보지 못한 새로운 일들이다. 수몰 국가 국민의 국적은 어떻게 되는가? 영토가 없어졌으니 국가도 없어지고 무국적자로 되는가? 그들은 어디로 가서 살아야 하는가? 인접 국가로 이주할 권리가 있는가? 수몰 국가의 정부는 마치 망명정부와 같이 다른 국가로 이사해 제한된 기능이라도 발휘할 수 있는가? 수몰 국가의 영해나 배타적 경제수역EEZ은 이후 어느 나라에도 소속되지 않은 공해로 되는가? 인근에 다른 국가가 있으면 수몰 국가의 관할 수역은 다른 나라로 소속이 바뀌는가? 비록 수몰되더라도 그 위에 인공 구조물을 건설해 생활하며 기존 국가를 유지할 수 있는가? 섬은 항상 해수면 위로 돌출해 있어야 국제법상 섬으로 인정되는데, 수몰 국가가 바닷속 과거 영토에 설립한 해상 구조물이 육지와 같은 지위를 인정받을 수 있는가? 이렇게 국가를 유지하면 수몰 국가는 기존의 배타적 경제수역에서 외국 선박으로부터 입어료를 계속

30 「조선일보」, 2023. 6. 1., A34면.

받을 수 있는가? 상상해 보면 끝없는 문제가 제기된다.

해수면 상승은 수몰 위험을 겪는 소규모 도서국가만의 문제는 아니다. 해안선을 가진 모든 국가에 새로운 국제법 문제를 제기한다. 해수면이 상승해 해안선이 육지 쪽으로 후퇴하면 연안국의 관할 수역을 측정하는 기선도 같이 후퇴해야 하는가? 그러면 영해는 물론 배타적 경제수역이나 대륙붕의 한계도 함께 축소되는가? 기존 해안선을 기준으로 인접국과 중간선·등거리선 원칙에 의해 해양경계를 합의한 경우, 새로운 해양 경계선을 그려야 하는가? 일단 합의된 경계선은 변경되지 않는다고 봐야 하는가? 자신의 배타적 경제수역을 갖는 섬이 해수면 상승으로 영해만 가질 수 있는 암석rock으로 지위가 변경되기도 하는가? 자신의 영해를 가진 작은 섬이 해수면 상승으로 섬의 지위를 상실하고 간출지low-tide elevation로 격하될 수 있는가? 이러한 쟁점들은 해수면 상승이 해양법 분야에서 야기할 골치 아픈 문제 중 일부에 불과하다.

지구 온난화와 그에 따른 해수면 상승은 주로 북반구에 소재하며 일찍부터 산업화를 이룬 국가들의 경제활동이 누적된 결과이다. 태평양이나 인도양에서 수몰 위험에 처한 국가는 피해자일 뿐이다. 따라서 국제사회는 이들 국가가 부딪칠 어려움에 공동의 책임을 져야 한다. 「몬테비데오협약」 등이 제시한 국가 성립 요건은 새로운 국가가 탄생했는가에 대한 판단기준으로는 상대적으로 엄격히 적용되지만, 기존 국가에 대해서는 상황에 따라 유연하게 적용된다. 일시적으로 영토에 대한 통제력을 잃거나 일시적으로 실효적 정부가 존재하지 않아도 국가성이 상실되지 않고 그 국가의 법적 존속이 인정된다. 그런 의미에서 기존 국가가 자신은 전혀 책임이 없는 사유로 국가 요소의 일부(영토)를 상실해도 일단 국가의 계속성은 추정되어야 한다는 입장이 현재 국제사회에서 상당한 지지를 받고 있다. 국제사법재판소도 2025년 제시한 권고적 의견에서 해수면 상승으로 작은 도서 국가에 중대한 위협을 제기하는 상황에도 불구하고 "일단 수립된 국가는 그 구성 요소 중 하나가 소멸된다 해도 반드시 국가성을 상실하지 않는다"고 판단했다.[31] 다만 국제사회가 수몰 국가의 국제법상 법인격을 일단 인정한다 해도 이의 영구적 유지가 가능할까에는 의문도 제기된다.

기후변화에 따른 해수면 상승은 일찍이 인류가 경험해 보지 못한 전례 없는 도전이다. 당연히 이에 적용될 국제법 규칙도 마련되어 있지 않다. 인류가 이제부터 새로운 적용 규칙을 만들어야 한다. 유엔 국제법위원회에서도 이 문제를 논의 중이다.

(8) 그린란드는 어떻게 덴마크 땅이 되었는가

그린란드는 세계에서 가장 큰 섬으로 면적 216만 6천km^2에 달한다. 나라로 치면 세계에서 12번째 크기에 해당한다. 그럼에도 인구는 6만 명에도 못 미쳐 인구밀도가 가장 낮은 지역이다. 주민 대부분은 이누이트 원주민 계열이다(85~90%). 그린란드는 현재 덴마크 땅이다. 덴마크 면적이 42,952km^2이므로 그린란드는 50배 크기이다. 그린란드는 어떻게 대서양 너머 작은 나라 덴마크 땅이 되었는가?

그린란드 역사를 간단히 알아본다. 그린란드에는 기원전 2500년경부터 북극권 원주민인 이누이트들이 살기 시작했다. 기후가 워낙 추워 많은 사람이 살지 못했으며 문화적으로도 번성하지 못했다. 그린란드에는 서기 986년 처음으로 유럽인이 도착했다. 아이슬란드 전설

31 Obligations of States in respect of Climate Change(Advisory Opinion), 2025 ICJ Reports, para.363.

에 따르면, 노르웨이인 Erik the Red(붉은 수염의 에리크)가 살인 혐의로 아버지와 함께 추방되자, 그의 일가는 14척의 배를 타고 986년 그린란드로 건너왔다. 다른 사람들도 희망을 품고 이곳에 올 수 있도록 땅 이름을 '푸른 땅'으로 지었다. 차츰 노르웨이와 아이슬란드에서 그린란드로 넘어오는 사람들이 생겼다. 800년부터 1300년까지 약 500년간은 북반구 기후가 전반적으로 온화해 그린란드 남부 해안에는 나무와 풀이 자랐으며 보리농사도 가능했다고 한다. 북구 바이킹계 주민들 정착지는 약 400년 가까이 유지되었다. 그린란드 정착민들은 1261년 노르웨이 왕의 지배에 복종하기로 서약했다.

소 빙하기가 도래하자 기후가 급변했다. 기원 이후 지구 기온이 가장 낮은 수준으로 떨어졌다. 점차 그린란드에서의 생활이 어려워졌다. 대서양 유빙의 증가와 험한 날씨 탓에 유럽과의 왕래가 힘들어졌고, 특히 유럽에 페스트가 번창하자 교류는 완전히 끊겼다. 결국 그린란드의 북구인 정착지는 14세기 후반 또는 15세기 초엽 소멸했다.

북구인 정착지가 사라진 이후 그린란드 전체는 이누이트의 땅이 되었으나, 이곳이 유럽인의 기억에서 사라지지는 않았다. 1500년 포르투갈 왕 마누엘 1세는 아시아로 가는 북서항로를 개척하기 위해 가스파르 코르테-레알Gasper Corte-Real을 그린란드 지역으로 파견했다. 당초 목적한 성과는 거두지 못했으나, 유럽인들에게 그린란드에 관한 더 많은 지식을 제공해 주었다.

덴마크와 노르웨이는 1380년 동군연합(같은 왕을 모시는 국가)을 결성했다. 덴마크-노르웨이 왕 크리스티안 4세는 1605~1607년 그린란드에 일련의 탐험대를 보내 과거 정착지를 조사하고 이 지역에 대한 주권을 확립하려 했으나, 뚜렷한 실적은 남기지 못했다. 1721년에는 덴마크-노르웨이 루터교 선교사 겸 탐험가인 한스 에게데Hans Egede 일행이 그린란드 탐사를 했다. 에게데는 그린란드에서 15년간 생활하고 덴마크로 귀환했다. 그린란드는 덴마크 식민지로 선언되었고 덴마크군 요새도 건설되었다. 나폴레옹전쟁에서 프랑스 편에 섰던 덴마크는 전쟁에서 패배했다. 그 결과 1814년 「킬Kiel조약」을 통해 덴마크-노르웨이의 동군연합이 해체되었고, 노르웨이는 스웨덴에 할양되었다. 다만 과거 노르웨이령이던 그린란드, 아이슬란드, 페로 제도는 덴마크령으로 남았다. 이상이 그린란드가 덴마크 땅이 된 역사적 경과이다.

노르웨이도 그린란드에 대한 기억을 잊지 않았다. 1905년 노르웨이가 스웨덴으로부터 분리 독립하자 대부분 지역이 여전히 빈 얼음 땅인 그린란드를 탐사하고 임시 무선국을 설치했다. 이에 덴마크가 항의했다. 제1차 세계대전 후 덴마크는 그린란드에 대한 주권을 공고화하려는 노력을 계속했고 노르웨이와의 갈등이 커졌다. 노르웨이는 1931년 당시 거주민이 없던 그린란드 동부 지역을 국제법상 무주지라며 자국령으로 편입시키는 칙령을 발표했다. 노르웨이는 그때까지 덴마크의 주권은 그린란드 전역이 아니라 서남부 지역을 중심으로 행사되었으며 동부 지역은 여전히 무주지로 남아 있다고 주장했다. 이에 대해 덴마크는 1721년 이래 전체 그린란드가 덴마크령이었으며, 그 이후 계속 그린란드에 대해 평화적이고 지속적인 주권 행사를 해 왔다고 반박했다.

덴마크는 1931년 이 분쟁을 상설국제사법재판소에 제소했다. 1933년 내려진 판결에서 재판소는 다음과 같은 이유에서 12 대 2의 판결로 그린란드 전체가 덴마크령이라고 선언했다. 즉 1921년 이전에는 그린란드에 대한 덴마크의 주권 주장에 어떤 국가도 이의를 제기하지 않았다. 실효적 지배권 행사에 있어서는 그린란드와 같이 거주 인구가 매우 적은 극지 지역의 특성이 고려되어야 한다. 과거 덴마크의 여러 국내 법령과 조약에 비추어 볼 때 그린란드가 항상 덴마크령으로 전제되어 왔다. 만약 '덴마크의 그린란드'가 전체가 아닌 일부 지역만을 가리키는 특별한 의미라면, 그에 대한 증명 책임은 노르웨이에 있는데 노르웨이가 이 점을 증명하지 못했다. 이에 비록 덴마크가 그린란드 모두를 세세히 통제하지 못했다고 해도 그 전체가 덴마크에 속한다고 결론 내렸다.

한편 제1차 세계대전 직후인 1919년 7월 14일 노르웨이 주재 덴마크 공사는 일렌Ihlen 노르웨이 외교장관을 방문해, 그린란드 전체에 대한 덴마크의 영유권 주장을 노르웨이가 반대하지 않는다면 파리 평화회담에서 스피츠베르겐에 대한 노르웨이의 영유권 주장에 덴마크가 반대하지 않겠다고 제안했다. 일렌 장관이 그 자리에서는 생각해 보겠다고만 답했지만, 7월 22일 덴마크 공사에게 구두로 이 문제 해결에서 노르웨이 정부는 어떠한 어려움도 일으키지 않겠다고 알렸다. 덴마크 측이 이 발언 내용을 문서로 통지해 달라고 요청했으나, 노르웨이 정부는 응하지 않았다. 재판 과정에서 덴마크는 일렌 장관의 발언이 노르웨이에 구속력을 갖는다고 주장했다. 재판소도 이에 동의해 7월 22일 자 노르웨이 외교장관 발언에 의해 노르웨이는 그린란드 전체에 관한 덴마크의 영유권을 다투지 않을 의무를 지게 되었다고 판단했다. 상설국제사법재판소 판결 결과 덴마크의 그린란드 영유권은 누구도 더 이상 다툴 수 없게 되었다.

제2차 세계대전 중 덴마크가 독일에 점령당하자 1940년 4월 이후 그린란드와 덴마크 사이 연락은 차단되었다. 대신 미국이 1941년 4월 8일 그린란드에 군대를 파견해 점령했다. 전쟁 중 미국은 그린란드에 공군기지를 여러 곳 건설해 운영했다. 전쟁이 끝나자 그린란드는 덴마크에 반환되었다. 1946년 미국 트루먼Truman 대통령이 덴마크에 그린란드를 1억 달러에 사겠다고 제의했으나 거절당했다. 대신 미국은 공군기지 건설을 제안해 수락을 받았다.

1953년 그린란드는 식민지로서의 지위를 끝내고 주의 자격으로 덴마크에 통합되었다. 그린란드인은 덴마크인과 동등한 시민권을 취득했다. 그린란드는 주민투표를 통해 1979년부터 제한된 자치권을 행사하기 시작했다. 2008년에는 새로운 자치정부법이 통과되어, 더 많은 권한이 현지 주민 정부로 이양되었다. 이제 덴마크 정부는 국적, 통화정책, 외교 안보를 담당하고, 나머지 내부 문제는 자치 정부 권한에 속한다. 국가원수는 덴마크 왕이다.

2019년부터 트럼프Trump 미국 대통령은 그린란드를 미국이 통제해야 한다고 주장했다. 2025년 트럼프가 두 번째 임기를 시작하면서 더 강한 어조로 미국이 그린란드를 가져야 한다고 주장하나, 현지 주민의 여론은 부정적이다. 덴마크 정부 역시 그린란드를 팔 의사가 없음을 누차 밝혔다.

(9) 지브롤터는 왜 영국 땅이 되었나

유럽 지도를 보면 스페인 최남단 끝에 조그만 점으로 표시되는 지브롤터라는 곳이 있다. 여기는 특이하게도 스페인이 아니라 영국 땅이다. 공용어도 영어이다. 그래서 관광객이 몰리기도 한다. 스페인을 여행할 때 가본 사람도 적지 않으리라 생각한다. 누구나 한 번쯤은 스페인의 한 귀퉁이인 이곳이 왜 영국령이 되었나를 궁금해 할 듯싶다.

지브롤터는 스페인 남단의 매우 작은 반도 지역으로 면적은 6.7km², 인구는 4만 명 정도이다. 지브롤터는 이베리아반도 해변에서 갑자기 약 400m 높이로 솟은 바위산 모습으로 스페인과는 좁은 모래사장으로 연결되어 있다. 남쪽 건너편은 아프리카 모로코이다. 그리스 전설에 의하면, 원래 이곳은 아틀라스산맥과 연륙되어 있었는데, 헤라클레스가 산맥을 부수어 틈을 만들었다. 이에 대서양과 지중해가 연결되는 물길이 만들어졌고, 지브롤터 바위산은 헤라클레스의 기둥이라고 불렸다. 고대 유럽에서는 이곳을 세상의 끝으로 생각했다.

지브롤터는 지중해에서 대서양으로 나가는 관문 같은 위치에 있어 누가 보아도 전략적 요충임을 알 수 있다. 지브롤터해협은 폭이 가장 좁은 곳은 14km 정도로 인천대교 길이의 4분의 3 정도에 불과하다. 오래전부터 이곳에 다리나 터널을 건설해 유럽과 아프리카 대륙을 연결하자는 구상이 제안되었고, 심지어 양쪽을 잇는 댐을 건설하고 지중해 물을 빼 토지로 활용하자는 거대한(?) 제안까지 있었다.

지브롤터는 711년 이슬람 왕조에 의해 정복되어 사람이 정착하기 시작했다. 그때 지휘자가 타리크 이븐 지야드Tarik ibn Ziyad였으며, 지브롤터라는 지명은 그의 이름을 스페인식으로 부른 데서 기원한다. 그 의미는 '타리크의 바위'라는 뜻이다. 그 후 약 750년 동안 이곳의 지배자는 여러 차례 바뀌었으며, 1462년 이슬람 세력이 이베리아반도에서 완전 퇴각한 이후에는 스페인 왕조의 지배를 받았다.

스페인 계승전쟁(1702~1713년) 중이던 1704년 지브롤터는 영국·네덜란드 연합군에 점령되었다. 1710년 영국 토리당이 집권하자 프랑스 루이 14세는 스페인 문제에 관해 비밀협상을 시작했다. 수년 간 협상 끝에 지브롤터에 대한 영국의 권리가 인정되었고, 이는 1713년 7월 13일 「위트레흐트조약」에 의해 확인되었다. 당시 지브롤터 점령군은 장기간 계속된 스페인·프랑스 연합군의 포위망을 견디고 있었다.

지브롤터에 관한 「위트레흐트조약」 제10조는 서명과 거의 동시에 해석에 관해 다툼이 벌어졌다. 스페인은 이 조항이 지브롤터에 대한 영국의 완전한 주권을 인정하는 의미가 아니라며, 이에 포함된 스페인의 우선 회복권을 근거로 자신의 영유권이 확인되어야 한다고 해석했다. 영국은 이런 주장에 동의하지 않았고, 조약상의 지브롤터 지역보다 반 마일 정도 스페인 땅을 더 점령했다. 이후 스페인은 지브롤터를 회복하기 위해 몇 차례 공격을 시도했으나 성공하지 못했다. 영국은 1830년 이곳을 식민지로 선언했다.

제2차 세계대전 후 유엔이 탄생하고 식민지 자결권이 강조되자 지브롤터 문제가 새롭게 조명을 받았다. 스페인은 지브롤터가 원래 자신의 고유 영토라며 영토적 일체성을 강조하며 이의 회복을 주장했다. 유엔은 1960년대 중반 양국 간 직접 협상을 권고했다. 영국은 1966년 이 문제를 국제사법재판소에 회부하자고 제안했으나 스페인이 거부했다.

1967년 주민투표를 실시하자 99.1%의 주민이 스페인과의 통합에 반대했다. 이는 스페인계 주민조차 스페인과의 통합에 반대하고 영국령 잔류를 원했다는 의미이다. 2002년에 다시 실시된 주민투표에서도 98.4%가 스페인과의 통합에 반대했다. 스페인은 공동 통치라도 하자고 제안했으나, 영국은 주민들 의사를 근거로 수락할 수 없다는 입장이다. 스페인이 지브롤터에 수도와 전기를 연결해 주지 않아 지브롤터 지역은 바닷물 담수화로 식수를 충당하고 자체 발전기로 전력을 생산한다.

영국 내에서 지브롤터의 공식적 지위는 식민지가 아니고 해외 속령이다. 이에 상징적인 총독이 부임해 있으나, 실제 지역 운영에서는 고도의 자치권을 누리고 있다. 2024년 영국 정부가 인도양 차고스군도를 모리셔스로 넘겨주기로 결정하면서도 포클랜드와 지브롤터는 협상 대상이 되지 않는다고 언명한 바 있다. 영국과 스페인은 지브롤터에 관한 한 날카로운 대립을 계속하고 있다.

3
국토의 최동단: 독도

(10) 독도-문제인가 분쟁인가

일본 외무성 홈페이지에는 "다케시마 문제에 관한 10개의 포인트: 왜 일본 영토인가 확실히 알 수 있다"라는 제목의 소책자가 각국어 판으로 게시되어 있다. 한글판도 있다.[32] 여기서 다케시마竹島가 독도를 가리키는 말이라는 사실은 국내에도 잘 알려져 있다. 일본 정부는 1954년 9월에는 문서로, 1962년 3월에는 외교장관이 구두로 독도문제를 국제사법재판소에 회부해 사법적 판단을 받자고 한국 정부에 제안했다. 이명박 대통령의 독도 방문을 계기로 2012년 8월 일본 정부는 다시 이 문제를 국제사법재판소에 회부하자는 외교공한을 보내 왔다. 물론 한국 정부는 이에 일절 응하지 않았다. 한국 외교부는 '독도에 대한 정부의 기본입장'이라는 제목 아래 "독도는 역사적, 지리적, 국제법적으로 명백한 우리 고유의 영토입니다. 독도에 대한 영유권

32 https://www.kr.emb-japan.go.jp/territory/takeshima/pdfs/takeshima_point.pdf (2025. 7. 11. 확인).

분쟁은 존재하지 않으며, 독도는 외교 교섭이나 사법적 해결의 대상이 될 수 없습니다."라고 설명하고 있다.[33]

국내에서는 독도문제를 '독도분쟁'으로 표기하지 말아야 한다는 인식이 널리 퍼져 있다. 일본 정부가 독도를 국제분쟁 지역화해 궁극적으로 국제재판에 회부하려는 전략을 추진 중이므로, 한국이 이에 말려들지 않으려면 '독도분쟁'이라는 용어조차 쓰지 말아야 한다는 논리이다. 누가 독도분쟁이라는 용어를 사용하면 생각 없이 일본 측 전략에 걸려들고 있다고 비아냥거리기도 한다. 2023년 국방부 정신전력교육 기본교재에서 독도가 영토분쟁 지역으로 표시되자 국내에서는 적지 않은 파문이 일었고, 대통령은 이미 인쇄된 교재 2만 부를 수거해 폐기하라고 지시했다. 국방부는 이 소동에 대해 사과했다.[34]

그러면 현재 독도 영유권에 관한 한일 간 갈등은 독도문제인가 독도분쟁인가? 독도는 명백한 우리 고유의 영토이므로 이에 관한 '분쟁'은 존재하지 않는다는 주장이 설득력 있는가? 특히 우리가 독도분쟁이라는 용어를 무심코 사용하다 보면 일본의 책략대로 이 문제가 자칫 국제사법재판소에 회부될 우려가 있는가?

국제분쟁이란 법률이나 사실에 관한 국가 간 의사의 불일치, 즉 법적 견해나 이해관계의 충돌로, 한 당사국의 주장이 다른 당사국의 적극적인 반대에 부딪히면 그것으로 분쟁이 성립한다.[35] 한 국가가 단순히 분쟁이 있다고 주장한다고 하여 분쟁이 바로 성립되지는 않으며, 다른 국가가 분쟁의 존재를 단지 부인한다고 하여 분쟁이 없다고 말하

33 https://dokdo.mofa.go.kr/kor/dokdo/government_position.jsp(2025. 7. 11. 확인).
34 「조선일보」, 2023. 12. 29., A6면.
35 South West Africa cases(Preliminary Objections), 1962 ICJ Reports 319, 328. 이러한 입장은 국제사법재판소에 의해 여러 차례 반복되었다.

지도 않는다. 분쟁의 존재 여부는 당사자의 주장을 떠나 객관적으로 결정될 문제이다.[36] 결국 일본이 독도 영유권을 주장하며 반환을 요구하고 한국이 이를 근거 없는 주장이라고 반박하는 입장 대립이 지속된다면 객관적으로 독도문제에 관한 국제분쟁은 존재하게 된다.

그러면 일본이 독도 영유권을 주장해도 한국 정부가 터무니없는 소리라며 이를 일체 무시하고 아무런 대꾸도 하지 않으면 양국 간 분쟁은 존재하지 않게 되는가? 주장에 대해 적극적 반론을 제기하지 않으면 분쟁은 성립되지 않는가? 일방 당사자가 국제법상 자신의 입장을 정당화하기 위한 아무런 주장을 하지 않을지라도 당사자들이 대립된 태도를 보인다면 국제분쟁의 발생을 막을 수 없다.[37] 비록 한국이 적극적으로 일본 측 주장에 반박하지 않더라도 한국 정부가 독도를 계속 실효적으로 지배하며 일본에 넘겨주지 않는 한 국제분쟁은 객관적으로 존재하게 된다.

결국 우리가 독도분쟁이라는 용어를 사용하지 않고 독도문제라고 부르느냐는 한일 간 독도분쟁의 객관적 성립과는 아무런 관계가 없다. 제3자의 입장에서 보면 한일 간에는 이미 오래전부터 – 아무리 늦추어도 한국이 1952년 평화선을 선언해 독도를 이 수역 내에 포함시키고 일본이 즉각 반박하기 시작한 시점부터 – 독도분쟁이 발생해 오늘날까지 계속되고 있다. 이를 독도문제라고 부른다고 해 분쟁의 존재를 부인할 수 있다거나 독도에 관한 한국의 입장이 강화되지 않는다. 또한 독도분쟁으로 부른다 해서 한국 측 입장이 더 곤란해지지도

36 Interpretation of Peace Treaty with Bulgaria, Hungary and Romania(First Phase), 1950 ICJ Reports 65, p.74.

37 Application of the Obligation to Arbitrate Under Section 21 of the United Nations headquarters Agreement of 26 June 1947, 1988 ICJ Reports 12, para.38.

않는다. 한국이 국내에서 독도문제를 '분쟁'으로 부르든 '문제'로 부르든 국제사회는 아무런 신경도 쓰지 않는다. 어차피 서양 언론에서는 독도문제를 통상 '영토분쟁territorial dispute'이라고 표현한다.

독도 영유권 문제가 '독도분쟁'으로 되면 국제사법재판소에 회부될 가능성이 높아지는가? 국제사법재판소는 회부된 분쟁disputes을 국제법에 따라 재판함을 임무로 한다. 단 국제사법재판소는 분쟁 당사국 모두가 재판소의 관할권 행사에 어떤 방법으로든 동의하는 사건만을 재판할 수 있다. 일본이 재판 회부를 제안해도 한국이 응하지 않으면 재판소의 관할권 행사는 불가능하다. 독도 영유권 문제를 어떠한 용어로 부르는지와 국제사법재판소로 재판을 회부하는 문제는 별개 사항이다.

독도와 관련해서 한국이 보다 유의해야 할 포인트는 '문제'냐 '분쟁'이냐 하는 국내적 용어 사용이 아니라, 국제사회가 독도에 관심을 가질 행동을 삼가야 한다는 점이다. 일반적으로 국제사회는 개별국가 간 영토분쟁에 잘 개입하려 하지 않는다. 당사국들의 문제로만 생각하고, 당사국들이 알아서 처리하기만 기대한다. 그러나 독도에 관해 한일 양국 정부나 국민 간 마찰이 자주 발생하고 혹시라도 물리적 충돌까지 발생한다면 국제사회는 점차 독도문제를 심각한 분쟁으로 인식하게 된다. 그러면 한일 양국에 평화적 해결책을 모색하라는 압력이 들어올지도 모른다. 독도문제에 관한 한일 양국의 대립이 심각한 충돌 상황에까지 이르게 된다면 유엔 안전보장이사회가 이 문제를 국제사법재판소에 회부하라고 요청할 수도 있다(유엔헌장 제33조 및 제36조 제3항 참조). 이는 한국으로서 최악의 시나리오가 된다. 결국 한국으로서는 독도에 관한 갈등이 외부로 표출되지 않도록 조용히 관리하며 현재의 평화적 지배상태를 지속하는 데 신경을 집중해야 한다.

(11) 독도라는 명칭

독도獨島를 모르는 한국인이 과연 얼마나 있을까? 우리나라 섬 중 아는 이름 5개를 대라면 한국인 대부분이 독도를 그중 하나로 꼽으리라 생각된다. 한국인에게 독도가 원래부터 어느 나라 땅이냐고 물으면 거의 100% 한국령이라고 답한다. 국토의 동쪽 끝 독도는 이렇듯 우리에게 친숙한 섬이다. 그런데 '독도'라는 이름이 언제부터 불리었는가를 아는 사람은 많지 않다. 독도라는 명칭의 기록상 등장은 의외로 역사가 짧다. 20세기 들어서야 처음으로 나타난다.

1904년 일본 군함 신고호新高號가 동해 일대를 탐사하며 남긴 항해일지에 한인韓人들은 이 섬을 독도獨島라고 한다는 설명이 나온다. 이것이 독도라는 명칭의 최초 등장이다. 한인들이 이렇게 부른다고 서술한 점으로 보아 현지 어민 사이에서는 그 전부터 사용되던 명칭으로 짐작된다.

독도라는 명칭이 일본 기록을 통해 처음으로 나타난다는 사실에 의아해하는 사람도 있을 듯싶다. 우리 고유의 영토라며? 그런데 국내 기록은 없었어? 일본은 1905년 시마네현島根縣 고시를 통해 독도의 영토 편입을 발표했다. 이듬해인 1906년 일본 시찰단이 독도를 방문하고 이어 울릉도에도 들렀다. 이들은 울릉군수에게 독도 편입 사실을 알렸다. 울릉군수 심흥택은 옛부터 울릉군에 속한 섬 독도를 일본인들이 자기네 땅이라 주장하고 있으니 조치를 취해 달라는 보고서를 강원도 관찰사에게 올렸다. 심흥택 군수 보고서가 국내에서 발견된 문서로는 독도라는 명칭을 최초로 사용한 사례이다.

독도에 관한 설명이 국내 문헌에 처음 등장하는 예는 『세종실록지리지』 강원도 울진현조이다(권153권, 1454년 간). "우산于山과 무릉武陵 2섬이 현 정동 해중에 있다. 2섬이 서로 거리가 멀지 아니하여, 날씨가 맑으면 가히 바라볼 수 있다于山, 武陵二島在縣正東海中. 二島相去不遠, 風日淸明,

則可望見." 여기서 우산이 독도라는 해석이다. 무릉은 울릉도의 별칭인데, 위 설명 내용에 부합하는 동해 내 또 다른 섬은 독도밖에 없기 때문이다. 신라 시대에는 우산이 울릉도를 가리키는 이름이었으나, 조선 시대 문헌과 지도에서는 현재의 독도를 가리키는 명칭으로 우산이 가장 널리 사용되었다.

그런데 조선 시대에도 독도가 우산도로만 일관되게 불리지는 않았다. 우산于山과 한자가 비슷한 우산牛山이나 자산子山이란 이름이 붙은 경우도 있고, 삼봉도三峯島(『성종실록』 권72) 또는 가지도可支島(『정조실록』 권40)와 같이 전혀 다른 이름으로 불린 경우도 있다. 고종 칙령 제41호(1900년)에서는 울릉군수 관할을 울릉 전역과 죽도竹島와 석도石島로 한다고 발표했는데(제2조), 여기의 석도도 독도라는 해석이 한국 정부의 입장이다.

그럼 독도獨島라는 이름은 어떻게 나타났는가? 정확한 배경은 알 수 없다. 이 섬이 동해 한가운데 홀로獨 서 있기 때문에 독도獨島가 되었다는 주장도 있으나, 가장 유력한 추정은 다음과 같다. 독도 부근으로 출어하던 어민들은 이 섬을 주로 돌로 된 섬, 즉 돌섬이라고 불렀는데, 이들은 사투리상 'ㄹ' 받침 발음을 잘하지 못했다. 그래서 실제 발음상으로는 '독섬'이라고 불렀다. 독섬을 한자로 음독한 표현이 독도獨島가 되었고, 돌섬을 한자어로 훈독한 이름이 고종 칙령의 석도石島가 되었다는 추정이다. 국내에서 '돌'이 들어간 지명을 한자어로 표기할 때 '석石'으로 바뀐 경우가 흔하다.

한국은 독도가 우리 땅이라고 주장하며 여러 고문헌과 고지도를 증거로 제시한다. 『세종실록지리지』도 그중 하나이다. 독도 문제가 국제재판소에 회부되면 이런 문헌들은 어떻게 평가될까? 독도가 조선 시대 문헌에서 동일한 이름으로 일관되게 호칭되지 못한 점은 한국의 독도 영유권 주장에 불리하게 작용할 가능성이 있다. 최소한 조선의 문헌들이 유리한 증거로 작용할 가능성을 낮추어 준다. 이 섬에 대한 지리적 인식이 명확하지 못했다는 증표가 될 수 있기 때문이다. 강화도는 고려 시대에도 강화도였고, 조선 시대에도 강화도였으며, 현재도 강화도이다. 강화도는 섬이 크고 주민도 많이 살았으므로 섬에 대한 지리적 지견이 흔들리지 않았고 같은 명칭이 유지되었다. 독도가 여러 명칭으로 불리게 된 이유는 조선 시대 거의 대부분의 기간 동안 울릉도에 주민 거주가 금지되었기 때문이다. 울릉도보다 더 멀리 떨어진 무인고도 독도에 대한 사람들의 지식이 흐려질 수밖에 없었고, 기록자나 시대에 따라 이런저런 여러 이름이 붙었다.

국제재판에서는 고기록과 고지도의 가치가 그다지 중요시되지 않는다. 고문헌은 오늘날의 기준에서 본다면 대부분 정확성이 결여되어 있다. 여러 가지 추정을 통해 의미를 해석해야만 한다. 국제재판소는 이러한 고문헌의 결함이 간접적 추정을 통해 보충될 수 없다고 본다. 국제재판소에서는 문제가 되고 있는 영토와 직접적으로 관련된 증거만을 중요시한다.[38] 그런데 조선 시대 우산도에 관한 기록 중 독도의 위치나 형상을 구체적으로 묘사해 누가 봐도 바로 독도를 가리킨다는 사실을 명확히 보여 주는 기록이 없다. 『세종실록지리지』의 짧은 설명이 그나마 자세한 기록이다. 조선 중기까지의 지도에는 우산도의 위치와 크기가 엉뚱하게 그려졌다. 사정이 그러니 우산도가 오늘의 독도임을 주장하려면 여러 추정을 거쳐야만 한다. 고종 칙령 역시 석도가 울릉군 소속이라는 점만 명시했지 어디에 위치하는가에 대한 설명

38 Minquiers and Ecrehos, 1953 ICJ Reports 47, p.57; Western Sahara, 1975 ICJ Repoerts 12, para.93.

은 없다. 돌섬을 한자어로 훈독한 이름이 석도石島가 되었고 돌섬을 현지인들은 주로 독섬이라고 발음해 이를 한자로 음독한 표현이 독도獨島가 되었다는 추정을 통해서만 석도와 독도가 동일한 섬이라는 결론을 내릴 수 있다. 한국인이라면 이러한 추정을 쉽게 수긍할 수 있겠지만 국제재판소를 설득할 수 있을지는 솔직히 미지수이다.

독도라는 명칭이 오늘날과 같이 국민 모두에게 널리 알려진 일은 광복 이후부터이다. 그때까지 현지 어민 외에 일반인들은 독도를 거의 알지 못했다. 일제강점기에 발행된 「동아일보」와 「조선일보」에 '독도'라는 명칭은 한 번도 등장하지 않는다. 세간의 화제가 될 만한 사건이 없었기 때문이다. 당시 독도라고 하면 오늘날 서울 '뚝섬'의 한자어 표현(纛島)으로만 알려져 있었다.

미군정기 발생한 다음 2건의 사건은 독도에 대한 한국인의 인식을 확립시킨 계기가 되었다.

1947년 4월 울릉도 어선 1척이 독도 인근으로 출어를 나갔다가 일본인들로부터 총격을 받았다. 이 사실은 울릉군청을 통해 경북도지사에게 보고되었고, 6월 19일 사건 전말이 중앙 당국에 보고되었다. 이 사건은 「대구시보」라는 지방지 보도를 통해 처음 알려지게 되었는데, 이 기사는 독도에 대한 구체적 정보도 담고 있었다. 독도는 울릉도에서 동남방 49해리 지점에 소재하며, 좌도와 우도 2개의 작은 섬으로 구성되어 있으며, 구한말 국정이 피폐한 틈을 타 일본인들이 이 섬을 차지하려고 1906년 시마네현 대표단이 울릉도를 방문한 바 있고, 당시 울릉도사는 그러한 사실을 보고하며 선처를 요청한 문서가 여전히 남아 있다고 전했다.[39] 이는 『세종실록지리지』 이후 당시까지 국내 간

39 「대구시보」, 1947. 6. 20., 2면. 기사 원문은 국립중앙도서관 대한민국 신문 아카이

행물에서 독도를 소개한 가장 구체적인 정보이다. 이 총격 사건은 독도가 일본과 갈등 대상임을 공개적으로 부각시킨 첫 사례였다.

이 사건은 약 1달 후 중앙지인「동아일보」보도를 통해 좀 더 널리 알려졌다.[40]「동아일보」내용은「대구시보」와 대동소이하다. 그러자 미군정 시절 과도정부가 매우 신속하게 대응했다. 이 문제를 중시해 안재홍 민정장관을 위원장으로 하는 수색위원회를 구성했다. 수색위원회라는 명칭을 사용한 점을 보면 중앙에서는 아직 독도의 위치나 역사적 배경을 정확히 알지 못하고 있지 않았나 싶다.

곧바로 독도에 조사단이 파견되었다. 조사단은 신석호 국사관장, 추인봉 외무처 일본과장, 이봉수 문교부 편수사, 한기준 수산국 기술사 등으로 구성되었고, 여기에 조선산악회 울릉도·독도 학술조사대가 합류했다. 조사단은 1947년 8월 18일 포항을 출발해, 8월 20일 독도에 상륙해 조사활동을 하고, 8월 26일 포항으로 귀항했다. 이때 울릉군청에서 구한말 울릉군수 심흥택 보고서를 발견한 신석호 국사관장이 후일 학술지『사해史海』에 발표한 논문을 통해 그 전문을 소개한 사실은 잘 알려져 있다.[41] 이들의 활동은 당시 여러 국내 언론에 보도되었으며,[42] 독도에 관한 지식을 보급하는 데 큰 역할을 했다. 이후 국내 언론에는 독도 영유권을 확인하는 후속기사가 이어졌다.[43]

브 항목을 통해 확인할 수 있다.

40「동아일보」, 1947. 7. 23., 2면.

41 신석호,「독도 소속에 대하여」,『史海』창간호(1948), 89쪽 이하.

42「영남일보」, 1947. 8. 17., 3면;「대구시보」, 1947. 8. 17., 2면;「독립신문」, 1947. 8. 21., 2면;「대구시보」, 1947. 8. 22., 2면;「조선일보」, 1947. 8. 23., 2면;「영남일보」, 1947. 8. 23., 2면;「한성일보」, 1947. 9. 21., 2면;「한성일보」, 1947. 9. 24., 2면 등.

43「대동신문」, 1947. 10. 15., 2면;「공업신문」, 1947. 10. 15., 2면;「수산경제신문」, 1947. 10. 16., 2면;「동아일보」, 1947. 10. 22., 2면;「독립신문」, 1947. 11. 5.,

일반인에게 독도를 한층 더 뚜렷하게 각인시킨 또 하나의 사건은 미 공군의 독도 폭격사고였다. 1948년 6월 8일 정오경 일단의 비행기 편대가 독도 인근에서 작업 중이던 어민들 머리 위로 포탄을 투하했다. 이로 인해 사망 14명, 부상 10여 명, 그리고 여러 척의 어선이 파손되는 피해가 발생했다.[44] 미 극동공군사령부 소속 비행기가 독도 해역에서 폭격 훈련을 했기 때문이었다. 미군 측은 독도 폭격 사실을 인정하고, 고공이라 어선을 암석으로 오인했다고 발표했다.[45] 이는 주일 미군사령부 내 각 부대 간 소통이 원활하지 못해 발생한 사고였다. 이 사건은 피해 규모가 컸기 때문에 세간의 관심이 집중되었다. 국내 언론에 연일 크게 보도되었고, 동시에 독도가 한국령이라는 점이 지적되었다.[46]

이 비극적 사건은 「제헌헌법」을 심의 중이던 국회의원들은 물론 일반인들 뇌리에 독도 영유권이 확실히 자리 잡는 계기가 되었다. 한 사학자는 "독도 폭격 사건은 불행한 참사였지만, 결국 독도가 한국령임을 숨진 이들의 핏값을 통해 각인시키는 계기가 되었다."라고 평가했다.[47] 이후 독도라는 이름은 현지 어민을 넘어 일반 한국인들에게도 확실히 자리 잡았고, 독도가 우리 땅이라는 인식 역시 확고해졌다.

한편 외국에서는 독도를 무엇이라 불렀는가? 일본이 독도를 다케시

2면 등.

44 「조선일보」, 1948. 6. 11., 2면; 「동아일보」, 1948. 6. 12., 2면.

45 「조선일보」, 1948. 6. 18., 2면.

46 "독도가 문헌상으로 보나 기타 지리적 조건으로 우리 영토에 속함이 분명한데도 해방 후 한때 일본정부가 자기들 것이라고 억지를 부려 말썽이 되었던 것이다."(「조선일보」, 1948. 6. 12., 2면) 독도 영유권을 주장한 기타 기사로 「조선일보」, 1947. 6. 20., 2면; 「조선일보」, 1948. 6. 17., 1면 사설 등.

47 정병준, 『독도 1947』(돌베개, 2010), 249쪽.

마竹島라 한다는 사실은 널리 알려져 있다. 그러나 일본도 19세기 중엽 이전에는 울릉도를 다케시마라 부르고 독도는 마쓰시마松島라고 했다. 1849년에는 프랑스 포경선 리앙쿠르Liancourt호가 동해에서 독도를 발견하고 리앙쿠르암이라고 명명했다. 이후 1854년 러시아 군함 팔라다Pallada호가 독도를 발견하고 메넬라이 올리부차Menallai & Olivutsa암이라는 명칭을 붙였다. 1855년 영국 군함 호넷Hornet호는 이를 호넷암이라고 명명했다. 서양에서는 그중 가장 먼저 붙여진 리앙쿠르암이라는 이름이 널리 사용되었다.

(12) 독도와 고지도

문재인 대통령이 2021년 스페인을 국빈 방문했을 때 스페인 측에서 상원 도서관에 소장 중인 독도가 조선령으로 표기된 서양 지도를 보여 주며 환대했다는 보도가 있었다.[48] 이는 프랑스인 장 바티스트 부르기뇽 당빌d'Anville이 1737년 제작한 '조선왕국전도'로 서양에서 제작된 가장 오래된 조선 지도로 알려져 있다. 문 대통령은 반가워하며 독도가 한국 영토임을 보여 주는 아주 소중한 자료라고 평가했다.

국내 언론을 보면 독도가 조선령이라고 표시된 고지도가 발견되었다는 뉴스가 종종 나온다. 그리고 수백 년 전 지도에도 독도가 조선령이라고 표기되었으니 이제 일본은 독도가 자신의 고유 영토라고 더 이상 주장할 수 없게 되었다는 설명이 첨부되곤 한다. 일반인들은 그때마다 독도는 역사적으로 우리 고유의 영토라는 생각을 더욱 단단히 하리라 생각된다. 그러나 여기에는 제대로 보도되지 않는 약점이 있다.

조선 시대에 독도獨島를 가리키는 일반적인 명칭은 우산도于山島였다.

48 「조선일보」, 2021. 6. 21., A16면.

『세종실록지리지』는 "우산과 무릉이 거리가 멀지 아니하여, 날씨가 맑으면 가히 바라볼 수 있다."라고 설명하고 있는데, 여기의 우산이 독도라는 해석이다. 우산도는 조선 전기 지도에서부터 등장한다. 그런데 문제는 우산도의 위치와 크기이다. 실제 독도는 울릉도 동남동 방향 약 90km에 조금 못 미치는 위치에 있는 축구장 몇 개 크기 정도의 작은 섬이다. 그런데 조선 전반기의 지도에는 우산도가 울릉도와 강원도 중간 정도에 울릉도와 거의 같은 크기의 섬으로 등장한다. 지리적 사실을 바탕으로 한다면 당시 지도의 우산도를 오늘날의 독도라고 보기 어렵다. 문재인 대통령이 열람한 당빌 지도에도 우산도가 울릉도보다 한반도에 더 가까이 그려져 있었다. 당빌은 중국으로부터 입수한 조선 지도를 바탕으로 이를 제작했다고 한다.

우산도가 한반도를 기준으로 울릉도 바깥에 그려진 지도로는 정상기(1678~1752년)의 '동국지도東國地圖'가 처음이라고 한다. 그것도 울릉도 바로 인근 외곽으로 나갔을 뿐, 실제 위치와는 거리가 멀다. 이후 조선 지도에서는 우산도가 울릉도 북쪽으로 가기도 하고 동쪽으로 가기도 하다가 조선 말기로 올수록 정확한 위치에 그려진다. 크기도 실제와 가깝게 차츰 작아진다. 정상기의 '동국지도' 이전 제작된 모든 조선 지도에는 예외 없이 우산도(독도)가 울릉도와 강원도 사이에 자리잡고 있다. 일본 측에서는 이를 보고 당시 조선이 알고 있던 섬은 울릉도 하나뿐이며, 우산도는 울릉도의 별칭이었다고 주장한다. 『삼국사기』에도 울릉도가 우산국으로 설명되어 있지 않느냐고 지적한다.

18세기 중엽까지 제작된 조선 지도 속에 우산도의 위치와 크기가 엉뚱하게 표시된 사실은 한국 측으로서도 매우 곤혹스러운 난제이다. 본토에서 울릉도로 가는 도중에 독도를 만나는지, 울릉도를 더 지나야 독도에 도착할 수 있는지조차 혼동을 일으켰다니! 동양에서 나침판이 사용된 지가 언제인데 18세기가 되도록 여전히 동서를 구별하지 못했다는 말인가? 일부의 예외도 아니고 어찌 모든 지도가 동일한 오류를 범하고 있었을까? 제3국 사람들은 이 사실을 과연 어떻게 받아들일까? 여하간 근 300년 가까이 조선 지도에서 우산도가 울릉도와 강원도 사이에 자리 잡고 있었던 이유는 알 수 없다.

답답한 마음에 국내의 어느 학자는 조선이 독도를 너무나 사랑했기에 바로 곁에 두고 싶은 심정에서 울릉도보다 본토에 가깝게 그려 넣었다고 설명하기도 했다. 솔직히 코미디 수준의 설명에 불과하다. 국제사회에서 그런 주장이 먹힐 리 있겠는가? 조선 후기에는 독도를 더 이상 사랑하지 않아서 울릉도 밖 일본 쪽에 그려 넣었다는 말인가?

따라서 18세기 중엽 이전 조선 고지도들은 국제사회에서 독도 영유권 주장을 공고히 하는 유리한 증거라기보다 오히려 독도에 대한 당시 조선의 부정확한 인식을 보여 주는 불리한 증거로 작용할 가능성이 더 높다. 이러한 점에 대한 고려 없이 우리 언론에서는 지도에 우산도가 표시만 되어 있으면 무조건 독도가 한국령이라는 사실을 입증하는 지도가 발견되었다고 보도한다. 일반인들은 자그마한 지도 사진 속에 우산도가 제대로 자리 잡고 있는지 구분할 리 없다. 우산도의 위치가 잘못되었다는 사실을 지적하면 고지도를 읽을 줄 몰라서 하는 소리라고 주장한다. 견강부회적 해석에 불과하다.

하나 더 추가할 사항은 조선 시대에 제작된 지도 속에 독도가 제대로만 그려져 있으면 독도에 대한 우리의 영유권이 증명되느냐는 점이다. 지도는 제작주체, 제작목적, 제작연도, 내용의 정확성, 제작기법의 과학성 등 여러 요소에 따라 가치가 크게 달라진다. 과거에는 지리적 정보가 부족하고 제작기법도 발달하지 못해 정확한 지도를 만들기 어려웠다. 조선 중기까지의 지도에 우산도가 엉뚱한 위치에 그려진 이유는 주로 한양에 위치한 제작자가 초기의 잘못된 지도를 현장 확인 없이 계속 베꼈기 때문이다.

국제소송에서 대부분의 지도는 본질적으로 전문 증거이며 성격상 2차 증거에 불과하다. 직접 증거가 되기 어렵다. 특히 오랜 역사를 지닌 영토분쟁에서는 양측이 제시하는 고지도들이 서로 모순된 내용을 담고 있는 사례가 많다. 국제재판소는 어느 지도가 정확한 지도인가를 판별해 그것에 따라 결론을 내리기보다는 통상 고지도 자체를 결정적 문서로 인정하지 않는다. 과거 영토분쟁 재판에서 제시된 고지도들은 독자적 증명력을 지닌 문서로 수락되지 않았고, 재판 결과에 직접적인 영향을 주지 못했다.[49] 국제재판소는 지도를 평가할 때 다른 증거에 의해 이미 도달된 결론을 확인하거나 지지하는 2차 증거 이상의 가치를 인정하지 않으려 한다. 팔마스Palmas 중재판정(1928년)에서 미국은 이 섬이 자국령이라는 점을 지지하는 고지도를 근 1,000건 제시했으나, 중재재판관은 단 3건의 지도를 제시한 네덜란드의 승소를 선언했다. 고지도는 상대방도 공식 승인한 지도가 아닌 한 영토분쟁 재판에서 별다른 영향력을 발휘하지 못한다. 우리도 독도 관련 고지도가 발견되었다는 소식에 일희일비할 필요는 없다.

(13) 독도 부근 해저탐사 일본 선박을 나포할 수 있나

일본 해상보안청은 2006년 4월 14일부터 6월 30일 사이 독도 인근을 포함한 동해에서 수로측량을 할 예정이며, 이러한 계획을 국제수로기구IHO에도 통보했다고 발표했다. 이 소식이 전해지자 한국 사회

---

49 Frontier Dispute(Burkina Paso/ Mali), 1986 ICJ Reports 554, para.56; Kasikili/ Sedudu Island(Botswana/ Namibia), 1999 ICJ Reports 1045, para.87.

가 발칵 뒤집힐 정도로 격한 반발이 일어났다. 일본이 조사한다는 대상 수역에 한국이 우리 측 배타적 경제수역이라고 생각하는 독도 주변이 포함되어 있기 때문이었다. 한국 사회는 일본의 이러한 행동이 독도 부근에서 문제를 일으켜 독도를 국제분쟁 지역화하고 독도에 대한 일본의 권리주장을 강화하려는 포석의 일환이라고 받아들였다. 또한 한국이 독도 인근 해저지형에 한국식 이름을 붙여 국제기구에 등록하려는 계획에 대한 일종의 맞불 행동이라고 생각했다.

문제의 발단은 해당 수역을 한일 양국이 서로 자국 배타적 경제수역이라고 주장하는 데 있었다. 양국은 모두 1996년 200해리 배타적 경제수역을 선언했는데, 동해에서의 경계는 합의를 보지 못하고 있었다. 그 핵심 근저에 독도 영유권에 관한 이견이 있기 때문이다.

2006년 봄 국내 언론은 일본의 조사계획을 비난하는 기사를 연일 토해냈다. 국내법인 「해양과학조사법」이나 (구) 「배타적 경제수역법」 등에는 허가 없이 외국 선박이 한국 관할수역에서 과학조사를 하면 정선·검색·나포 등을 할 수 있다고 규정하고 있음을 지적하며 강경 대응을 촉구했다. 또한 익명의 정부 관계자 말을 인용하는 방식으로 한국 정부는 일본 조사선이 독도 인근 한국 측 배타적 경제수역에 진입하면 나포를 포함한 실력 저지를 할 태세임을 전했다.[50] 적지 않은 중앙일간지가 사설을 통해 일본 선박이 실제 독도 인근 수역으로 진입하면 정부는 나포를 포함한 단호한 대처를 해야 한다고 촉구했다.[51] 일본에

50 「중앙일보」, 2006. 4. 15., 1면; 「동아일보」, 2006. 4. 15., 3면; 「한겨레신문」, 2006. 4. 15., 1면; 「서울신문」, 2006. 4. 17., 4면; 「동아일보」, 2006. 4. 18., 1면 등.

51 「문화일보」, 2006. 4. 15., 23면 사설; 「중앙일보」, 2006. 4. 17., 30면 사설; 「문화일보」, 2006. 4. 18., 23면 사설; 「서울신문」, 2006. 4. 19., 31면 사설.

대한 항의 표시로 탑골공원에서 할복을 시도하는 사람까지 발생하는 등 적어도 국내 여론은 대일 강경론 일색이었다. 반면 일본 정부는 자신의 수로 조사 행위가 국제법상 아무런 문제가 없으며, 이에 대해 한국 측이 어떠한 조치를 취한다면 용납할 수 없다고 반박했다.

실제로 한국 해양경찰청은 5천 톤급 삼봉호를 비롯해 모두 18척의 함정을 독도 인근 수역에 배치하고, 초계용 항공기도 인근 강릉 공항에 대기시켰다. 일본 선박이 진입하면 헬기와 보트로 특공대를 투입해 나포한다는 계획을 세우고 모의훈련까지 했다. 마치 전쟁 준비를 방불케 했다.

극단으로 치달을 것 같던 양국 대립은 4월 22일 야치 쇼타로谷内正太郎 일본 외무성 차관이 방한해 한국 정부와 마라톤협상을 한 끝에 봉합되었다. 일본은 독도 인근 수역에서의 수로측량계획을 일단 중지하고, 한국도 독도 부근 해저지형의 지명 개정 신청을 적절한 시기까지 연기하기로 합의해 사건은 일단 봉합되었다.

만약 일본 해상보안청 조사선이 독도 인근 수역으로 진입하고 한국이 물리력을 동원해 나포했다면, 이는 국제법적으로 어떻게 평가될까? 몇 가지 논점을 중심으로 분석해 본다. 첫째, 일본이 수로측량을 하려던 수역의 법적 지위는 어떠한가? 둘째, 일본은 이곳에서 수로측량을 할 수 있는가? 셋째, 일본이 수로측량을 강행했다면, 한국이 이 선박을 나포할 수 있는가?

첫째, 문제 수역의 법적 지위는 무엇인가?

지도에서 제시된 측량 대상 수역은 상당히 넓다. 일본에 훨씬 가까운 수역도 있으나, 한국이 특히 문제 삼은 이유는 독도 주변이 이 속에 포함되어 있기 때문이었다. 일본 선박이 독도 12해리 영해 내로는 진입할 계획이 없다고 알려졌으나, 그 바로 바깥 수역은 조사 대상에

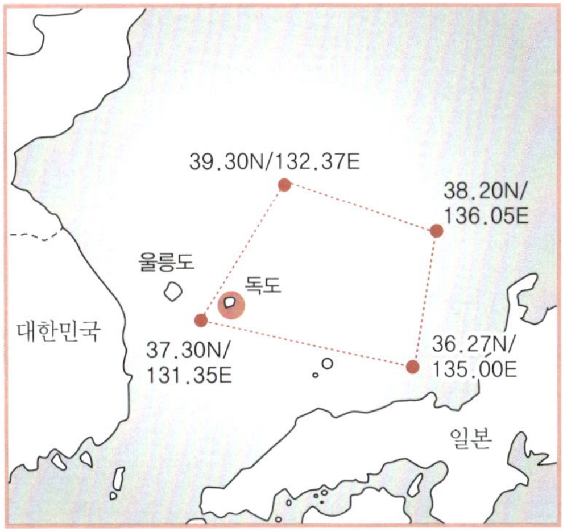

일본의 탐사 예정 구역

포함되었다. 일본은 독도가 자국령이라고 주장하고 있으므로 독도와 울릉도 사이까지 조사 대상으로 삼았다고 판단된다.

동해에서는 한일 간 배타적 경제수역과 대륙붕 경계가 합의되지 않고 있다. 동해 중간 부분은 서로의 주장이 중첩되어 경계를 합의하지 못한 이른바 경계 미획정 수역undelimited maritime areas이다. 「유엔해양법협약」(이하 '해양법협약')은 이런 곳의 경계가 확정되기 전에는 "이해와 상호협력의 정신으로 실질적 잠정약정을 체결할 수 있도록 모든 노력을 다하며, 과도적인 기간 동안 최종 합의에 이르는 것을 위태롭게 하거나 방해하지 아니한다."(협약 제74조 제3항 및 제83조 제3항)라고만 규정하고 있을 뿐, 법적 지위에 관해 구체적 조항을 두고 있지 않다.

경계 미획정 수역에서 각 연안국은 어떠한 행동까지 할 수 있을까? 주로 자원탐사와 관련된 그간의 국제판례를 보면, 경계 미획정 수역에서 연안국은 해양환경에 영구적인 물리적 변화를 초래하는 행위는 할 수 없으나, 그에 해당하지 않는 행위는 허용된다는 입장이다. 예를 들어, 시험 굴착, 석유나 가스 채취는 허용되지 않으나, 탄성파 탐사와 같이 물리적 변경을 초래하지 않는 행위는 가능하다고 해석해 왔다.[52] 그렇다면 한일 양국 주장이 중첩되는 경계 미획정 수역에서 수로측량은 허용되는 행위로 판단된다. 이로 인해 대상 지역에 물리적 변화를 초래하지 않으며, 설사 나중에 그 구역이 상대국 소속으로 확정된다 해도 별다른 피해가 예상되지 않기 때문이다.

둘째, 일본은 이 수역에서 수로측량을 할 수 있는가?

이 질문에 대한 답은 이미 위에 나와 있다. 한국이 일본의 수로측량 계획 전체를 문제 삼지는 않았다. 한국은 자신의 배타적 경제수역임이 명백한 독도 인접 수역까지 일본이 측량을 시도해 강력히 반발했다. 그럼 한국의 배타적 경제수역 내라면 외국은 수로측량을 할 수 없는가?

배타적 경제수역에서의 과학조사는 연안국의 관할권에 속한다(협약 제56조 제1항 b호 ii). 외국은 타국의 배타적 경제수역에서 허가 없이 과학조사를 할 수 없다. 그런데 미국, 영국 등 해양 강국은 항로안전 확보를 목적으로 하는 수로측량은 항해 자유를 위한 활동이며 연안국 관할권에 속하는 해양과학조사와는 별개 사항이라고 주장하고 있다. 즉 배타적 경제수역에서 단순한 수로측량은 연안국의 동의 없이 실시할 수 있다는 입장이다. 일본이 해저지형 조사를 특히 수로측량이라고 이름 붙인 이유가 있는 것이다. 물론 이에 대해서는 반론도 있다. 수로측량과 해양과학조사는 내용상 중복되기 쉬우며 실제 조사 활동을

52 Aegean Sea Continental Shelf(Interim Protection), 1976 ICJ Reports 3; Maritime Delimitation in the Indian Ocean, 2021 ICJ Reports 206; In the Matter of an Arbitration between Guyana and Surinam, Award of Arbitral Tribunal(2007).

직접 살피기 전에는 구별이 쉽지 않다. 다만 한국이 독도 인근 수역이라는 이유만으로 일본 선박의 순수한 수로측량도 무조건 할 수 없다고 주장하면 국제사회에서 호응을 얻기 어려울 수 있다. 특히 바다에서 더 많은 자유를 누리려는 해양 강국들이 한국 입장에 동조하지 않을 것이다.

셋째, 한국 배타적 경제수역 내에서 일본의 수로측량이 해양법협약상 금지된 행위라고 가정하자. 한국은 이를 위반한 일본 선박을 나포할 수 있는가?

해양법협약에 따르면, 연안국은 외국의 군함이나 비상업용 정부 선박이 연안국 영해에서 자국 법령을 위반하는 행위를 할지라도 나포할 수 없다. 오직 시정과 퇴거 요구만이 가능하다(협약 제30조 및 제32조). 이에 따라 국내법인 「영해 및 접속수역법」도 외국의 군함이나 비상업용 정부 선박이 법령을 위반할 경우 시정이나 퇴거를 요구할 수 있을 뿐, 일반 민간 선박과 같이 정선·검색·나포 등의 행위를 할 수 있다는 규정을 두고 있지 않다(제6조 및 제9조). 문제의 해상보안청 조사선은 비상업용 정부 선박이므로 나포 대상에서 제외된다. 영해에서조차 이러하니 연안국의 권리가 더욱 제한되는 배타적 경제수역에서는 더 말할 나위조차 없다.

배타적 경제수역에서 모든 외국 선박은 항해의 자유를 가진다(협약 제58조). 특히 "국가가 소유하거나 운영하는 선박으로서 정부의 비상업적 업무에만 사용되는 선박"은 배타적 경제수역이나 공해에서 "기국 외의 어떠한 국가의 관할권으로부터도 완전히 면제된다"(협약 제58조 제2항 및 제96조). 따라서 일본 해상보안청 선박이 설사 한국의 배타적 경제수역 내에서 국내법을 위반하는 행위를 할지라도 한국은 이를 나포할 수 없으며 시정과 퇴거 요구만 할 수 있다. 위법한 행위로 인해 한국에 손해가 발생하면 이에 대한 손해배상을 요구할 수는 있다. 또 다른 국내법인 (구) 「배타적 경제수역법」과 「해양과학조사법」상 이를 위반한 외국 선박을 정선·검색·나포할 수 있다는 조항 역시 외국 정부의 비상업용 선박에는 적용되지 않는다고 해석해야 한다. 따라서 한국 해경이 일본 정부 조사선을 나포했다면 국제법은 물론 국내법에도 위배된다.

당시 한국 정부 관계자들이 이러한 사항을 몰랐을까? 적어도 외교부 담당자들은 이 점을 익히 잘 알았으리라고 본다. 왜냐하면 이러한 내용은 너무나 명백하고 상식적인 국제법 원리이므로 모를 리가 없기 때문이다. 그러면 정부에서는 왜 그런 소리가 나오지 않았을까? 한국에서는 대일 감정에 관한 한 일반 상식이 통하지 않는 경우가 종종 있다. 때로는 정부 담당자들도 여론에 압도되어 합리적 대응을 포기하기도 한다. 내일 하늘이 두 쪽이 나더라도 오늘은 어쩔 수 없다는 심정이었을지 모른다. 당시 국내에서는 딱 한 신문만이 "아무리 일본이 괘씸하더라도 영해도 아닌 EEZ에서 외국 정부 선박에 물리력을 행사하는 것은 국제법 위반이 될 수 있다. …… 정부와 사회 모두 이쯤에서 냉정한 사리 분별을 촉구하는 국제법 전문가의 고언에 귀 기울이기 바란다."라는 사설을 게재했다.[53]

일본의 동해 수로조사 계획으로 발발된 분쟁은 양국 외무차관 회담을 통해 일단 봉합되었으나, 그 직후 2006년 4월 25일 노무현 대통령은 대일 관계에 관한 강경 담화를 발표했다. 일본에서는 이 담화가 인기가 바닥이던 한국 대통령의 국내용 담화라고 깎아내렸다. 후일 당시 청와대 김병준 정책실장의 회고에 의해 밝혀진 사실이 있다. 노무

53 「한국일보」, 2006. 4. 20., 31면 사설.

현 대통령은 일본 선박이 독도 부근으로 오면 당파(배로 밀어 깨뜨리기) 하라고 지시했다고 한다.[54] 한국 경비함이 일본 조사선을 들이받아 파손시켜 침몰하는 사태가 발생했다면 어떻게 되었을까? 국내 여론은 열광했을지 모르나, 국제사회가 이를 한국이 국가 주권을 지키려는 정당한 몸부림으로 이해했을까? 무장 경비함이 외국의 비무장 과학조사선을 고의로 들이받아 파손시키거나 침몰시키는 행위는 「유엔헌장」에서 금지하고 있는 무력사용에 해당한다. 이는 심각한 국제법 위반 행위임은 물론, 독도문제와 관련해 국제사회에서 일본에 천하에 없는 호기를 제공하는 한국 측 자해행위가 될 수 있었다.

당시 한일 갈등과 관련해 나중에 알려진 또 다른 일화가 있다. 폭로 전문 사이트 위키리크스를 통해 공개된 미국의 비밀 전문이다. 갈등이 한창이던 4월 20일 토머스 시퍼 주일 미국대사는 일본 외무성 차관을 만난 자리에서 "미국 정부는 한국이 (독도와 관련해) 정신 나간 짓something crazy을 하거나 중대한 문제를 일으킬까causing a major problem 우려하고 있다.", "일본은 국제법에 맞게 권리를 행사하고 있지만 한국은 비이성적으로 행동하고 있다."고 발언했다고 한다.[55] 국내 신문들은 이 기사를 보도하면서 시퍼 대사가 일본 전문가가 아님에도 부시 대통령의 선거를 지원한 공로로 임명된 자라며 은근히 그를 깎아내리는 설명을 곁들였다. 물론 일본 주재 대사로 가급적 일본 입장에서 문제를 바라보았을 가능성이 있다. 그러나 시퍼 대사 발언에는 미국 정부의 시각이 투영되어 있다고 보인다.

한국이 실제로 일본 정부 선박을 나포하거나 당파했다면 국제여론

54 「문화일보」, 2011. 8. 19., 6면.
55 「동아일보」, 2011. 9. 7., 10면.

은 결코 한국 편이 아니었을 듯싶다. 한국이 국제법을 무시한 행동을 했다면 얻을 것은 없고 잃을 것만 많았으리라.

한편 한일 간 갈등이 절정으로 치닫고 있을 때인 4월 18일 한국 정부는 해양법협약 제298조에 의한 분쟁해결제도 적용배제 선언을 했다고 발표했다. 이에 대해 국내 신문들은 "일 선박 나포 국제법적 근거 마련,"[56] "측량선 나포 때 일 제소근거 차단"[57] 등의 제목으로 보도하며 한국이 일본 선박을 나포해도 국제재판에 회부되지 않게 되었다고 보도했다.[58] 한국이 일본 정부 선박을 나포해도 국제법적으로 별 탈이 없게 되는 무슨 묘안이라도 있었는가?

이에 관해 이해하려면 해양법협약 내용을 좀 더 알아야 한다. 방대한 내용의 해양법협약에는 당사국 간 분쟁에 관해 일정한 강제적 해결절차가 도입되어 있다. 당사국은 협약의 해석과 적용에 관한 분쟁이 발생하면, ① 국제해양법재판소, ② 국제사법재판소, ③ 중재재판, ④ 특별중재재판 중 어느 방법을 통해 분쟁을 해결할지 선택할 수 있다. 아무런 선택을 하지 않을 경우 ③의 중재재판을 수락했다고 간주된다. 적어도 중재재판에 회부되는 일은 피할 수 없게 규정되어 있다. 다만 전통적인 국가주권 존중의 원칙에 따라 일정한 분쟁에 대해서는 강제절차의 적용을 완전히 배제하겠다고 선언할 수 있다. 예를 들어 해양 경계 획정, 군사활동, 해양과학조사나 어업에 관한 법집행 활동, 유엔 안전보장이사회의 권한 수행 등과 관련된 분쟁에 관해서는 해양법협약상의 강제적 분쟁해결절차에 복종하지 않겠다고 선언할 수 있다. 해양법에 관한 분쟁이라도 민감한 일부 사항에 관해서는 도

---

56 「한겨레신문」, 2006. 4. 21., 1면.

57 「동아일보」, 2006. 4. 21., 5면.

58 기타 「서울신문」, 2006. 4. 21., 3면 및 「조선일보」, 2006. 4. 21., A3면 등.

피할 수 있는 비상구를 마련해 준 셈이다. 당시 한국 정부는 바로 이에 따른 배제선언을 했다.

이러한 선언은 한국이 해양법협약상의 강제적 분쟁해결절차에 회부될 가능성을 봉쇄하겠다는 취지이지, 이로 인해 일본 정부 선박 나포라는 국제법 위반행위가 합법화된다는 의미는 결코 아니다. 여전히 한국 정부는 국제법 위반이라는 비난과 책임을 회피할 수 없게 된다. 또한 한국 정부가 일본 정부 선박을 나포했을 경우 이 선언으로 해양법협약상의 강제절차를 회피할 수 있는가는 의심스럽다. 주권면제를 향유하는 정부 공선을 나포하는 행위는 단순히 해양과학조사에 관한 분쟁이라고 할 수 없기 때문이다. 이 문제가 해양법협약상 분쟁해결절차에 회부되면, 한국의 나포 행위는 국제법 위반이라는 판정이 내려졌으리라 예상된다.

(14) 독도와 동해 해양 경계

한일 양국은 1996년 해양법협약을 비준하고 200해리 배타적 경제수역을 선포했다. 동해와 남해에서 한일 양국 간 거리는 대부분 400해리 미만이기 때문에 자연 양국 사이 배타적 경제수역 경계 획정이 현안으로 떠올랐다.

한국과 일본은 1996년 8월부터 경계 협상을 시작했다. 회담 초기 한국은 울릉도-오키도隱岐島 중간선을 경계로 하자고 주장했다. 두 섬 사이에는 독도 말고 더 이상의 육지가 없다. 울릉도-오키도 중간선이 경계가 되면 독도는 18해리 정도 한국 측 수역 안쪽에 위치하게 된다. 반면 일본은 독도-울릉도 중간선을 경계로 제시했다. 일본이 독도 영유권을 주장하며 독도를 자국 배타적 경제수역 기점으로 삼는 한 협상 타결은 어려울 수밖에 없다. 경계 협상은 근 30년이 흐른 아직도 교착

상태이다.

한국 정부가 협상 초기 울릉도-오키도 중간선을 양국 배타적 경제수역 경계선으로 제시한 이유로는 대략 다음 두 가지 배경을 상정할 수 있다. 첫째, 독도를 독자적 배타적 경제수역을 가질 수 없는 '암석'으로 판단했을 가능성이다. 둘째, 설사 독도가 자신의 배타적 경제수역을 가진다 해도 동해에서 일본과의 경계 획정에서는 별다른 영향을 미치지 못한다고 판단했을 가능성이다. 각각을 검토해 본다.

첫째, 독도는 자신의 배타적 경제수역을 갖는 섬인가?

해양법협약 제121조는 모든 섬island은 영해와 접속수역을 가지나, 단 "인간이 거주할 수 없거나 독자적인 경제활동을 유지할 수 없는 암석rocks"은 배타적 경제수역이나 대륙붕을 가질 수 없다고 규정하고 있다(제3항). 독도가 규모나 상태로 보아 '암석'에 해당한다면 자신의 배타적 경제수역을 갖지 못한다. 해양법협약에는 섬과 암석의 구별에 관해 더 이상 구체적 설명이 없기 때문에 그 기준 정립은 이후 국제사회 실행에 맡겨진 상황이었다.

해양법협약과 관련해 과거 국내에서는 독도를 국제법상 유인도로 만들어 자신의 배타적 경제수역과 대륙붕을 갖도록 하자는 운동이 활발히 벌어졌다. 독도가 국제법상 유인도로 인정받기 위해서는 주민, 나무(숲), 식수 세 가지 요건을 갖추어야 한다며, 여러 민간단체가 독도 주민 확보 운동, 식목 운동, 식수 확보 운동을 전개했다.

1965년 3월부터 최종덕 씨가 독도 어장 수산물 공동채취권을 얻어 독도에 체류하기 시작했다. 그는 1981년 10월 14일 독도로 주민등록을 옮겨 최초의 독도 주민이 되었다. 최종덕 씨가 1987년 사망하자 사위 조준기 씨 부부가 독도 주민이 되었다. 이들 다음에는 1991년부터 김성도 씨 부부가 독도에 주민등록을 하고 거주했다. 김성도 씨도

2018년 사망해 현재는 부인 김신열 씨가 유일한 독도 주민으로 주민 등록이 되어 있다. 김신열 씨는 건강이 여의치 않음에도 불구하고 힘들게 독도 주민의 지위를 유지하고 있다. 국내에서는 유인도가 되려면 2가구 이상의 주민이 살아야 한다는 주장이 제기되어 독도 주민 한 가구 더 모시기 운동이 벌어졌다. 특히 독도가 속한 경상북도에서는 이곳 주민 확보에 관심이 크다.[59] 다만 독도의 기후 사정상 외부 지원 없이는 민간인이 1년 내내 살기는 힘들다. 주민이 독도에서 생활하는 동안은 주거 보조금이 지급된다. 아직까지 더 이상의 독도 거주민은 확보되지 못했다. 이 밖에도 독도에는 현재 경비대원 20명, 등대관리원 3명, 울릉군청 직원 2명이 교대로 근무하고 있다.[60]

1970년대 초반부터 독도에 나무 심기 운동이 벌어졌다. 처음에는 단순히 독도 녹화사업으로 시작되었으나, 해양법협약이 채택된 이후에는 점차 독도의 국제법상 지위 강화 운동으로 전개되었다. "독도 나무는 독도가 국제적으로 완벽한 섬이 되는 마지막 관문"이라는 보도도 등장했다.[61] 독도는 자연환경상 외부 식수가 거의 살아남지 못하고 대부분의 식목 운동이 실패했다고 알려져 있다.[62]

독도에는 원래 작은 물골 샘이 있으나, 수량이 많지 않고 수질도 좋은 편은 아니다. 현재는 수십 명의 정부 근무자가 지내고 있어 바닷물 담수기로 필요한 식수를 만들어 사용한다. 과거 식수를 확보하기 위해 대형 담수기를 설치하고 이를 운영할 태양열 발전기를 구입하기 위한 민간 모금운동도 전개되었으나, 이제는 울릉군이 필요한 조치를

59 「경북일보」, 2021. 5. 21., 19면 사설.
60 외교부 홈페이지 독도 항목 참조(2025. 7. 11. 확인).
61 「동아일보」, 2007. 6. 21., 31면.
62 「세계일보」, 2008. 9. 8., 10면.

취하고 있다.[63]

이러한 운동은 모두 독도를 해양법협약상 '암석'이 아니라, 자신의 배타적 경제수역과 대륙붕을 가질 수 있는 '섬'으로 만들려는 안타까운 노력의 소산이다. 이러한 행위가 과연 국제법적으로 의미 있는 활동이었을까?

해양법협약에는 '섬'으로 인정받기 위한 '인간의 거주 가능성' 또는 '독자적 경제활동'을 만족시키는 조건에 대해 구체적 설명이 없다. 인간의 거주 가능성이나 독자적 경제활동이란 개념은 매우 상대적이며, 시대에 따라 변할 가능성이 높다. 현재 인간의 거주 가능성을 충족시키기 위해 어느 정도 규모의 주민이 거주해야 하는가에 대해 합의된 국제법 기준은 없다. 다만 해양법협약 내용이 인간의 실제 거주 여부가 아니라 객관적 거주 가능성을 의미한다고 해석하는 점에는 큰 이론이 없다. 상주 인구가 없어도 섬의 규모가 상당하면 거주 가능성이 부인되지 않는다.

과거 국제재판소에서는 섬과 암석의 구분을 위한 제121조 해석을 어느 의미에서 회피했는데, 2016년 남중국해 중재재판부는 처음으로 이 조항의 의미를 본격적으로 분석했다.[64]

이 판정에서 재판부는 '거주'에 해당하기 위해서는 몇몇 사람의 단순한 존재만으로 부족하고, 어느 정도 규모의 사람 집단이나 공동체의 거주를 필요로 하며, 상당 기간 계속적이고 안정적으로 거주할 수 있도록 최소한의 음식·식수·주거 등이 유지될 수 있어야 한다고 보았다. 경제적 목적을 위한 어민의 일시적 체류는 비록 그 활동이 상당

---

63 「한국일보」, 2019. 8. 21., 12면.

64 South China Sea Arbitration(Philippines v. China), PCA Case No.2013-19(2016).

기간 반복되었어도 거주요건을 충족하지 못한다고 평가했다. 재판부는 거주 가능성에 관한 가장 신뢰할 만한 증거는 역사적으로 주민이 그곳에 거주한 실적이 있는가 여부라고 평가했다. 한편 외딴 섬에 군인이나 정부기관 요원이 명령에 의해 근무하는 경우는 '인간의 거주' 개념에 포함되지 않는다고 해석했다. 이들은 모든 생활 수단과 편의를 섬 외부로부터 오는 정부 지원에 의존해 생활하며, 거주한다기보다는 명령에 따른 근무를 하는 데 불과하기 때문이다. 이들의 근무를 독자의 경제활동으로도 간주하지 않았다.

'독자적 경제활동' 요건을 충족시키기 위해서 재판부는 단순히 자원의 존재만으로는 부족하고, 그 자원을 이용·개발·분배하기 위한 일정 수준의 지속적인 현지 인간 활동이 필요하다고 판단했다. 일회적이거나 단기적 개발 활동으로는 충족하지 못하며, 지속적인 외부 자원 투입을 통한 경제활동은 독자성을 만족시키지 못한다고 해석했다. 그리고 '또는or'으로 연결되어 있는 인간의 거주와 독자적 경제활동의 가능성 중 어느 하나의 요건만 충족하면 그 섬은 독자의 배타적 경제수역 등을 가질 수 있다고 판단했다.

이러한 기준에서 중재재판부는 남중국해의 이투아바Itu Aba: 太平島나 티투Thitu: 中業島를 독자적 배타적 경제수역을 갖는 섬이 아니라고 판단했다. 이투아바의 크기는 길이 1.4km, 최대폭 400m, 면적 0.43km^{2}이다. 현재 타이완이 관리하고 있는데 다수의 건물과 활주로·등대·항구시설을 갖추고 있고, 병원과 절까지 있다. 약간의 농작물도 수확한다. 티투의 규모는 길이 710m, 폭 약 570m, 면적 0.41km^{2}이다. 현재 필리핀이 통제하고 있는데, 역시 여러 채의 건물·등대·비포장 활주로 등이 만들어져 있다. 이들 섬 각각의 크기는 동도와 서도를 합한 독도 총면적의 2.2배 내지 2.3배에 이른다. 남중국해 중재재판부는 이들 섬이 모두 해양법협약 제121조 제3항의 '암석'에 해당한다고 판단했다.

독도의 규모나 상황에 비추어 볼 때 남중국해 중재판정에서 제시된 기준을 적용하면 독도가 독자적 배타적 경제수역을 갖는 '섬'으로 평가되기는 힘들다는 점을 쉽게 알 수 있다. 과거 국내 독도 유인화 운동과 같은 수준의 인위적 활동이 변화를 가져오기는 어렵다.

둘째, 한국령 독도가 자신의 배타적 경제수역을 가질 수 있다면 어떻게 될까? 그러면 동해 해양 경계 획정에서 어떠한 의미를 갖는가? 일본과의 배타적 경제수역 경계는 당연히 독도와 오키도 중간선이 되는가? 국내 언론과 여론은 독도-오키도 사이 중간선을 당연한 귀결로 생각하는 듯 보인다. 그러나 현재 국제사회 실행에 비추어 본다면 독도-오키도 중간선이 한일 간 배타적 경제수역 경계로 되기에는 또 다른 국제법적 장애가 있다.

해양법협약은 배타적 경제수역 경계 획정을 "공평한 해결에 이르기 위하여 국제사법재판소규정 제38조에 언급된 국제법을 기초로 하는 합의에 의하여" 달성하라는 막연한 기준만 제시하고 있다. 통상적인 상황에서는 양국 영토 사이 중간선이 가장 공평한 경계에 해당하는 경우가 많다. 그러나 배타적 경제수역이나 대륙붕 경계 획정에 관한 근래 국제실행에 비추어 볼 때, 소규모 섬의 존재로 인해 관할수역 범위가 크게 영향을 받는다면, 그 섬은 아예 고려 사항이 되지 않거나 제한적 효과만 인정되는 경향이 뚜렷하다. 국제재판에 회부되었던 여러 건의 해양 경계 획정 사건을 살펴보아도 육지로부터 멀리 떨어진 작은 도서나 암초의 역할은 종종 무시되었다.

특히 2009년 국제사법재판소의 우크라이나와 루마니아 간 흑해 해양 경계 획정 판결은 우리의 주목을 끈 사건이었다. 이 사건에서는 우크라이나 세르팡섬Serphents Island이 양국 간 해양 경계에서 어떠한 역할을 하느냐가 검토되었다. 이 섬은 독도와 유사성이 많다. 해안에서 20해리 떨어진 이 섬은 크기가 0.17km²이며, 일반 주민은 없고 연구원과 경비대만 100여 명 체류하고 있었다. 국제사법재판소는 세르팡섬이 우크라이나의 해안을 구성하지 않는다고 보고, 이 섬의 존재는 완전히 무시하고 일반 해안선만을 기준으로 등거리선을 획정해 양국 간 배타적 경제수역의 경계로 제시했다. 설사 세르팡섬이 독자의 배타적 경제수역을 갖는 섬에 해당할지라도 배타적 경제수역 경계 획정에서는 무시되어야 한다고 판단했다.[65]

독도는 울릉도에서 47.2해리, 동해안에서 117.1해리 거리이며, 크기는 0.187km²이다. 세르팡섬과 크기는 비슷하나, 인근 한국 영토와 거리에서는 더 불리한 위치에 있다. 다른 환경도 유리한 점은 하나도 없다. 국제사법재판소의 법리를 그대로 적용하면 설사 독도가 자신의 배타적 경제수역을 갖는 섬으로 인정된다 할지라도, 한일 간 해양 경계 획정에서는 그 존재가 무시될 가능성이 매우 농후하다.

국제해양법재판소의 미얀마와 방글라데시 간 벵골만 해양 경계 획정 사건도 독도문제와 관련해 시사점이 크다.[66] 양국 국경 연안에서 남쪽으로 6.5해리 정도 내려간 바다에 방글라데시의 세인트 마틴St. Martin 섬이 있다. 이 섬은 넓이가 약 8km², 인구가 7천 명에 이르니 상당한 규모이다. 그런데 섬의 위치가 독특하다. 바다에서 미얀마 해안과 거의 평행으로 펼쳐져 미얀마 해안을 가로막는 형상이다. 방글라데시는

65 Maritime Delimitation in the Black Sea(Romania v. Ukraine), 2009 ICJ Reports 61.

66 Dispute concerning Delimitation of the Maritime Boundary between Bangladesh and Myanmar in the Bay of Bengal, ITLOS Case No.16(2012).

세인트 마틴섬과 미얀마 해안 간 등거리선이 양국 간 배타적 경제수역 경계가 되어야 한다고 주장했다. 그러면 미얀마 배타적 경제수역은 엄청나게 작아진다. 재판부는 이 섬의 특수한 위치로 인해 양국 간 수역 배분에 부당한 왜곡을 일으킨다고 판단해 배타적 경제수역과 대륙붕 경계 획정에서는 존재를 아예 무시하기로 했다. 세인트 마틴섬이 육지에서 멀리 떨어진 섬이 아니고 규모도 상당했지만, 이 섬 하나로 인해 배타적 경제수역 배분에 큰 영향을 줄 수 없다고 판단했다.

또한 국제재판까지 가지 않고 당사국 간 합의로 해양 경계가 타결된 사례에서도 양측 사이에 위치한 작은 섬들은 독도보다 훨씬 크고 적지 않은 인구를 가진 경우에도 해양 경계 획정에서 그 역할이 무시되거나 매우 제한적인 역할만을 인정받은 예가 많다.[67]

해양 경계 획정 시 양국 간 중간 부근에 위치한 작은 섬이 무시되는 이유는 우연한 위치의 작은 섬으로 인해 전반적인 해양 분배에서 불공평이 초래될 수 있다고 보기 때문이다. 따라서 동해 배타적 경제수역 경계 획정이 제3자적 판단에 맡겨진다면 현재의 국제법 실행에 비추어 볼 때 독도-오키도 중간선으로 결정될 가능성은 사실상 없다고 판단된다.

한일 간 경계협상에서 한국이 처음에는 울릉도-오키도 중간선을 주장하자 국내 일각에서는 적지 않은 반발이 일었다. 일본은 독도를 자국 측 배타적 경제수역의 기점으로 주장하는 데 반해 한국은 울릉도를 배타적 경제수역 기점으로 제시하면, 마치 한국이 독도 영유권을 주장하지 않는 듯한 오해를 살 수 있다고 비판했다. 이후 1998년 일본의

67 이상에 관한 상세한 내용은 정인섭, 「한일간 동해 EEZ 경계획정분쟁에 관한 보도의 국제법적 분석」, 『저스티스』 제126호(2011. 10.), 150-176쪽 참조.

「한일어업협정」 파기와 「신한일어업협정」 체결, 2005년 일본 시마네현 의회에서의 '죽도竹島의 날' 조례 제정, 2006년 일본 선박의 독도 인근 해저지형 탐사 시도 등의 사건을 거치며, 국내 여론은 강경론으로 치달았다. 드디어 2006년부터 한국 정부는 독도-오키도 중간선을 동해 배타적 경제수역 경계로 삼자고 주장했다. 한국 정부가 그 이전에는 독도가 자신의 배타적 경제수역을 갖는 섬인지를 명확히 하지 않았다면, 2006년부터는 독도도 자신의 배타적 경제수역을 갖는 섬으로 주장하기 시작한 셈이다. 정부 담당자가 해양 경계에 관한 국제법 추세를 제대로 모르고 오락가락했을까? 분명히 아니라고 생각한다. 애국심에 불타는 국내 여론 포화에 진 결과이다. 배타적 경제수역 경계 획정은 본질적으로 국제법을 바탕으로 해결될 사안이다. 국제법을 무시한 감정적 접근이나 여론몰이는 헛된 국민적 기대를 불러일으키고 정부 외교의 운신 폭을 좁혀 합리적 타결을 방해할 뿐이다.

4
바다에서 벌어진 사건들

(15) 이어도는 섬인가

"긴긴 세월 동안 섬은 늘 거기 있어 왔다.
그러나 섬을 본 사람은 아무도 없었다.
섬을 본 사람은 모두가 섬으로 가 버렸기 때문이었다.
아무도 다시 섬을 떠나 돌아온 사람은 없었기 때문이다.

해군 함정까지 동원한 파랑도 수색전은 작전 2주일 만에 완전히 끝이 났다. 마라도 한 곳을 제외하고 나면 제주도 남단으로부터 동지나해 일대의 광막한 해역 안에는 섬 비슷한 것 하나도 떠올라 있는 것이 없었다."

—이청준, 「이어도」에서—

위 소설에 등장하는 이어도 또는 파랑도는 국토의 최남단 마라도에서 서남방 약 81해리(약 149km) 지점에 자리 잡고 있는 수중 암초이다. 바다 밑에서 남북으로 2km 정도 펼쳐진 암반으로, 가장 높은 부분도 수심 4.6m의 바닷속에 있기 때문에 수면 위로 드러나지 않는다.

큰 파도가 칠 경우 일시적으로 수중 암초 부분이 노출될 때도 있고 주변에 흰 파도가 모이기 때문에 멀리서 보면 마치 작은 섬이 있는 듯 보이기도 한다. 1900년 영국 상선 소코트라호가 부근을 지나다가 발견하고 자기 이름을 붙여 서양에서는 통상 소코트라암Socotra Rock이라고 부른다.

우리는 흔히 '섬 도島' 자를 붙여 부르지만 이어도가 과연 섬인가? 한국도 당사국인 해양법협약 제121조 제1항은 섬이란 "바닷물로 둘러싸여 있으며, 밀물일 때도 수면 위에 있는, 자연적으로 형성된 육지 지역"이라고 정의한다. 즉 국제법상 섬으로 인정되려면 항상 수면 위로 떠올라 있는 부분이 있어야 한다. 만조 시에는 수면 아래로 내려가나 간조 시에만 수면 위로 돌출하는 간출지low-tide elevation 역시 섬에는 해당하지 않는다. 그렇다면 이어도는 우리가 이름을 어떻게 부르든 국제법상 섬으로 인정될 수 없다. 섬으로 인정되는가 여부의 차이는 무엇인가? 섬은 국가 영토의 일부가 되며 주변에 12해리 영해를 갖는다. 배타적 경제수역과 대륙붕을 가질 수도 있다. 수중 암초인 이어도는 섬이 아니므로 결국 주변 바다에 대해 아무런 권리를 갖지 못한다.

한국 정부는 이어도가 우리 측 배타적 경제수역 안에 위치하고 있다고 판단하고, 2003년 6월 수중 암반 위에 종합해양기지를 건설해 운영 중이다. 해양기지는 수면 위 약 36m 높이의 시설물이다. 수중 암반에 기초를 두고 있어도 수면 위로 해양기지가 건설되어 있다면 이어도가 섬으로 인정될 수는 없는가? 국제법상 섬으로 인정되려면 "자연적으로 형성된 육지 지역"이어야 한다. 바다에 떠 있는 인공섬이나 이어도 기지와 같이 수중 암반 위에 시설물을 설치했다고 해도 섬으로 인정되지는 않는다.

한국이 종합해양과학기지를 건설할 때 중국은 이 일대가 자국 측 수역이라며 한국 정부에 항의했다. 2011년 4월 오리엔탈 호프라는 한국의 석탄 운반선이 이어도 부근 암초에 걸려 좌초했다. 한국 측이 예인선을 동원해 인양 작업을 하자 6월 13일과 7월 2일 및 5일 중국 공선이 잇따라 나타나 그곳이 중국 측 배타적 경제수역에 해당하니 작업을 중단하라는 경고 방송을 했다. 이에 서귀포 해경도 경비함을 급파해 그곳은 우리 측 수역이라고 대응하며 작업을 계속했다. 후일 중국 정부는 외교 경로를 통해 인양 작업 중지를 요구한 점은 잘못되었다며 한국 정부에 유감을 표시했다고 한다.[68]

2012년 3월 3일 류츠구이劉賜貴 중국 국가해양국장은 신화통신과의 인터뷰에서 "중국 관할 해역에 대해 정기적인 권익보호 차원의 순찰"을 하겠으며, "정기 순찰 대상 해역에는 이어도가 포함된다."라고 밝혀 국내 언론에 대서특필된 바 있다.[69] 이는 2011년 이어도 부근에서 한국 선박을 인양하는 행위에 중국이 이의를 제기했다는 소식과 연결되어 중국이 이어도 부근에 대한 권리주장을 본격화하려는 의도로 해석되었다. "건국 이래 처음 '중국의 해양위협' 시작됐다"라는 자극적 제목의 기사도 등장했다.[70] 당시 외교부 김재신 차관보는 주한 중국대사를 불러 한중 간 배타적 경제수역 경계 획정 이전이라도 이어도 수역은 우리 측 관할범위에 속한다고 통고했다.[71]

2013년 11월 중국이 방공식별구역을 발표했는데, 이 속에 이어도 상공도 포함되어 있었다. 한국도 곧바로 한반도 남측 방공식별구역을

---

68 「서울신문」, 2011. 7. 28., 5면; 「동아일보」, 2011. 7. 28., 1면.
69 「조선일보」, 2012. 3. 10., A1면.
70 「조선일보」, 2012. 3. 12., A1면.
71 「조선일보」, 2012. 3. 13., A1면.

이어도 상공을 포함하도록 확대했다.[72] 현재 한·중 양국 모두 이어도 상공을 자국 방공식별구역으로 선포한 결과가 되었다.

국제법상 섬도 아닌 이어도와 관련해 이런 갈등이 발생하는 이유는 한·중 간 아직 배타적 경제수역 경계가 확정되지 않았기 때문이다. 이어도는 위치상 한국 영토 마라도와 가장 근접한 수역에 자리 잡고 있다. 중국 영토 중 제일 가까운 퉁다오童島는 이어도에서 약 133해리(247km)나 떨어져 있어 한국과의 거리에 비하면 3분의 2 정도 더 멀다. 일본 영토인 도리시마鳥島는 이어도로부터 149해리(약 276km) 떨어져 좀 더 멀다. 한·중·일 3국 간 중간선을 그으면 이어도 수역은 당연히 한국 측 배타적 경제수역에 속하게 된다. 그러나 중국은 영토의 크기로 보아 중간선은 오히려 불공평하다며 자국이 더 넓은 수역을 차지해야 한다는 입장이다. 한·중, 한·일 간에는 배타적 경제수역 경계 획정을 위한 회담이 오래전부터 진행 중이나 서로의 입장 차이가 커 타결은 요원한 상황이다.

한편 국내 언론에서는 이어도 영유권이란 표현이 종종 등장한다.[73] 2020년 국립해양조사원이 이어도 주변 해저 퇴적물을 조사하자 이어도가 화산체이며 화산 폭발로 생성된 제주도와 이어도가 서로 연관성이 있다면 한국의 이어도 영유권 주장의 근거로 사용될 수 있다는 보도도 있었다.[74] 이어도에 한국이 해상기지를 건설함으로써 사실상 영유권을 행사하고 있다는 보도도 있었다. 그러나 이어도가 아무리 제주도와 연관되는 화산 활동으로 탄생했다 할지라도 수중 암초에 대한

---

72 정인섭, 『신국제법강의』(제15판)(박영사, 2025), 587-588쪽.

73 예를 들어 「경향신문」, 2009. 10. 19., 14면; 「동아일보」, 2011. 7. 27., 3면; 「서울신문」, 2011. 11. 7., 29면; 「동아일보」, 2012. 1. 26., 10면 등.

74 「조선일보」, 2020. 5. 16., Y04면.

영유권은 성립되지 않는다. 수중 암초는 특정 국가에 소속될 수 없다. 이어도 확보 여부가 한·중·일 배타적 경제수역 경계획정에도 아무런 영향을 주지 못한다. 이어도는 그 주변 수역에 대한 관할권을 확보한 국가에 속하게 될 뿐이다. 한·중 양국 정부는 2006년 12월 이어도가 해저 암초로서 영토 문제의 대상은 아니라는 점을 확인한 바 있다.

(16) 돈스코이호 보물 찾기

2011년 미국의 해저유물 탐사회사인 오디세이 마린Odyssey Marine사는 1941년 독일 잠수함에 의해 격침된 영국 해군 보급선 SS 게어소파Gairsoppa호를 대서양 수심 4,700m 지점에서 발견했다. 오디세이 마린사는 2년간의 탐사로 약 110톤의 은괴를 회수했다. 이 회사는 영국 정부와 계약하고 SS 게어소파호를 수색해 왔으며, 화물 인양에 성공하면 평가액의 80퍼센트까지 받기로 했다고 한다.[75] 오디세이 마린사는 2014년 사우스캐롤라이나 연안에서 1857년 침몰한 센트럴 아메리카Central America호로부터 15,500개의 금화와 은화, 45개의 금괴, 기타 각종 금은 제품을 인양한 바 있다. 외신에는 침몰 선박에서의 보물 탐사 이야기가 종종 나온다.

이러한 해저보물이 남의 이야기만은 아니다. 국내에서도 러·일전쟁 때 울릉도 부근에서 격침된 러시아 해군함정 돈스코이Donskoy호로 추정되는 선체가 지난 2000년 발견되었다는 보도가 나왔다. 침몰 당시 돈스코이호에는 50조 내지 150조 원 상당의 금괴가 실려 있어서 이를 건지면 엄청난 횡재를 한다는 주장이 덧붙여졌다.[76] 이 사업은 동아건

75 「서울신문」, 2011. 9. 28., 17면.
76 「동아일보」, 2000. 12. 5., 30면 및 2000. 12. 18., 45면.

설이 한국해양연구소에 의뢰해 진행 중이었는데, 보물선 발견 소식이 전해지자 법정관리 중으로 불과 315원에 불과하던 동아건설 주가는 1달 만에 10배가 넘는 3,256원으로 폭등했다. 그러나 발견된 선체가 돈스코이호인지는 확인되지 않았고, 동아건설 주가는 다시 폭락했다. 그 후 잊혔던 보물선 소동은 몇 년 뒤 재연되었다. 2003년 한국해양연구원은 다시 울릉도 동쪽 약 2km 해저에서 돈스코이호로 추정되는 침몰선을 발견했다고 발표했다. 이미 상장 폐지된 동아건설의 주가가 이때도 장외시장에서 하루 만에 2배로 뛰었다.[77] 그러나 이 소동도 유야무야 끝났다. 2018년 7월에는 신일그룹이라는 작은 회사가 돈스코이호를 발견했다고 발표했으나 사기 행각으로 밝혀졌다.

러·일전쟁의 승패를 가른 대마도 해전에 관한 책을 출간한 플레샤코프Pleshakov는 한국에서의 보물찾기 소동을 흔히 있는 사기극이라고 단정했다. 러시아 황제 니콜라이Nikolai 2세가 아무리 아둔했을지라도, 전 세계 금 생산량의 약 10분의 1인 14,000톤의 금을 시베리아 횡단철도를 놔두고 낡고 느려 터져 러시아 선원들도 넌더리를 내던 돈스코이호에 싣고, 상트페테르부르크에서 블라디보스토크로 옮기라고 명령했을 리 없다고 추측했다.[78]

돈스코이호가 엄청난 양의 금을 싣고 있었느냐와 관계없이 만약 한국 기업이 이 배를 인양하면 그 소유권은 어떻게 되는가? 돈스코이호가 울릉도 인근 한국 영해 내에서 인양되면 이 배와 화물은 궁극적으로 한국 재산이 되는가?

국내에서 해저 보물선으로 가장 유명한 사례는 1976년 신안 앞바다

77 「한국일보」, 2003. 6. 4., 39면.

78 콘스탄틴 플레샤코프(표완수·황의방 역), 『짜르의 마지막 함대』(중심, 2003), 6쪽.

에서 발견된 무역선이다. 이 배는 1323년 중국(원元) 닝보寧波에서 일본으로 가던 도중 신안 앞바다에서 침몰했는데, 도자기 등 약 3만 점에 가까운 유물과 무게 28톤에 달하는 약 800만 개의 동전을 싣고 있었다. 일부 화물의 화주는 아직도 교토에 있는 도후쿠지東福寺라는 사실도 밝혀졌다. 신안 보물선 유물에 대해서는 일본, 중국 또는 도후쿠지 등 어느 누구도 소유권을 주장하지 않았으며, 고스란히 이를 건진 한국의 국유재산으로 되어 박물관에 전시되고 있다. 그럼 돈스코이호의 경우도 마찬가지일까?

한 가지 차이가 있다. 돈스코이호는 군함이었다. 일반 상선과 달리 군함은 국가기관의 일종으로 외국을 방문할 때도 주권면제를 향유한다. 과거 제국주의 시절 해양 강국 군함들은 5대양 곳곳을 누비었고, 전투 중 격침되거나 날씨 탓에 침몰한 경우도 적지 않았다. 미국, 영국, 스페인 등 전통적 해양 강국들은 국제법상 군함의 경우 비록 침몰되었다고 해도 주권면제를 계속 향유하며, 현재 위치를 불문하고 기국旗國의 명시적 허가 없이는 타국이 이를 인양해 소유할 수 없다는 입장이다. 미국은 이에 입각한 국내법도 제정했다. 이 법은 침몰한 미국 군함에 대한 권리는 항구적으로 미국 정부에 속한다고 규정하고 있다.[79] 1750년과 1802년 미국 버지니아 연안 영해 내에서 침몰했다가 발견된 2척의 스페인 군함에 관해 미국 연방법원은 스페인의 소유권을 인정했다.[80] 1804년 지브롤터 약 100마일 해상에서 영국군에 의해 격침된 스페인 군함 메르세데스호의 화물을 오디세이 마린사가 인양

79 2001. 1. 20. 침몰 군함의 보호에 관한 미국의 정책에 대한 클린턴 대통령 성명 및 Sunken Military Craft Act of 2005.

80 Sea Hunt, Inc. v. Unidentified Shipwreck Vessels and Vessel, 221 F.3d 634(2000); 531 U.S. 1144(2001).

하자 역시 미국 연방법원은 침몰 군함도 주권면제를 향유하며 화물 역시 배와 분리될 수 없다는 이유에서 스페인의 소유권을 인정했다.[81]

반면 침몰 군함이 주권면제를 향유한다는 관습국제법의 존재를 부인하며, 군함이 침몰하면 더 이상 주권면제를 인정할 필요가 없다는 반론도 있다. 과거에는 군함과 민간 상선의 역할 구별이 명확하지 않았으며, 많은 군함이 사실은 무역과 운송에 종사했는데, 침몰된 지 수백 년도 더 지난 오늘날까지 주권면제를 향유한다는 주장은 억지라는 주장이다. 또한 과거 침몰 군함의 주권면제가 인정되지 않은 사례도 많다고 지적한다.[82]

수중 문화재의 국제적 처리에 관해서는 유네스코 주도로 2001년 「수중문화재보호협약」이 채택되었으나,[83] 침몰 군함의 지위 문제는 합의를 보지 못하고 미정으로 남겨 두었다. 그런 의미에서 침몰 군함의 국제법적 지위는 아직 명확하지 않으나, 과거 많은 자국 군함이 침몰했거나 이를 인양할 능력이 있는 해양 강국들이 이에 대한 항구적 권리를 주장하고 있음을 무시하기 쉽지 않다.

돈스코이호 인양조사는 한국 정부로부터 매장물 발굴 승인(1999년 10월 5일)을 받고 진행했다. 한국 정부는 청·일전쟁 때 서해에서 격침된 청군 군함 고승호 등 과거 한반도 주변에서 침몰한 외국 군함의 발굴을 승인했던 경우가 여러 차례 있다. 그러면 과연 한국은 이에 관한 충분한 국제법 검토를 마치고 침몰 군함은 인양국이 소유한다는 확고

81 Odyssey Marine Exploration, Inc. v. Unidentified Shipwreck Vessel, 675 F.Supp. 2d 1126(2009); 657 F.3d 1159(2011); 566 U.S. 1005(2012).

82 이에 관한 논란은 이석용, 「수중문화유산과 침몰 국가선박의 국제법상 지위와 보호에 관한 연구」, 『안암법학』 제34권 하(2011), 977-988쪽 참조.

83 2001 Convention on the Protection of the Underwater Cultural Heritage. 2009년 발효. 한국은 미가입.

한 판단하에 발굴 승인을 했는지 궁금하다. 돈스코이호 이야기가 보도되자 러시아 측 학자들은 인양에 따른 보상비를 제외하고 나머지는 러시아의 권리에 속하며, 인양 작업을 지켜볼 감시단도 파견해야 한다고 주장했다.[84]

일본에서도 비슷한 사례가 있었다. 1980년 일본의 한 회사가 러·일 전쟁 때 대한해협에서 격침된 러시아 군함 나이모프호로 추정되는 선체를 발견해 인양할 계획이라는 발표를 했다. 이 배로부터 건졌다는 금괴 일부도 공개하며, 나이모프호가 발틱함대 회계함이었기 때문에 막대한 양의 금괴를 싣고 있었다고 추정했다. 이 소식을 들은 소련 정부는 이 배와 소장물의 소유권이 자신에게 있다고 주장했다. 그러자 일본 회사는 나이모프호는 침몰 전 이미 일본 해군에 나포되었으므로 이의 처분권은 일본 측에 있던 상태였다고 반박했다. 그런데 그 배가 나이모프호인지 명확히 확인되지 않았고, 공개된 금괴가 실은 선박의 형평을 위해 적재된 주철 덩어리로 판명되며, 논란은 흐지부지되었다.

돈스코이호를 인양해 여기서 막대한 금괴가 쏟아져 나온다면, 비록 이 선박이 한국 영해 내에서 발견되었을지라도 국제 분쟁으로 비화될 사건이었다. 그럴 경우 한국의 입지가 솔직히 안전하지 않다. 미국과 영국 등 전통적 우방 역시 이 문제에 있어서는 러시아의 권리주장을 지지하리라 예상되기 때문이다.

(17) 금양호 침몰 범인을 왜 처벌할 수 없나

2010년 3월 26일 해군 천안함이 침몰한 후 실종자 수색작업에 참여했던 어선 제98 금양호가 4월 2일 밤 서해 대청도 남서방 약 30해리

84 「동아일보」, 2000. 12. 8., 29면.

해상에서 캄보디아 화물선 타이요Taiyo호와 충돌했다. 배는 침몰하고 선원 9명은 전원 사망했다. 그중 2명은 인도네시아인이었다.

당시 금양호는 당국의 요청을 받고 그날 낮 2시 20분경부터 혹시 바다 밑에 가라앉아 있을지 모르는 해군 실종자를 어망으로 훑는 수색에 참여했으나 별다른 성과를 거두지 못한 채 귀환 중이었다. 천안함 사건으로 온 국민이 큰 충격에 빠져 있는 상태에서 실종자 구조에 참여했던 어선이 또 침몰하고 여러 명의 사망자가 발생하자 국민은 재차 안타까움을 느꼈다. 해경은 사고를 일으킨 뒤 중국으로 향하던 캄보디아 선박을 추적해 이를 대청도 항구로 예인해 왔다. 조사를 해보니 이 배 머리 부분에서 금양호와 충돌할 때 묻은 페인트 자국이 발견되었다. 선장은 사고 무렵 약간의 충격을 느꼈지만 별일 아니라고 생각해 항해를 계속했다고 한다.[85]

망망대해에서 소형 어선을 들이받아 침몰시키고 몰랐다고 주장하며 구조 작업도 없이 그냥 떠나 버린 화물선 책임자에 대해 많은 사람이 분노를 표시했다. 한국의 관할수역에서 사고가 발생했고, 한국 국민과 선박이 피해를 당했고, 한국 관헌이 가해자의 신병을 확보하고 있었으므로, 아마 국민들은 우리 법정에서 이들에게 형사책임을 물을 수 있으리라고 생각했으리라. 그러나 결론부터 말하면 사고를 낸 캄보디아 선박 관계자는 아무런 처벌도 받지 않고 풀려났다. 그 이유는 무엇인가?

사고가 바다에서의 선박 충돌이 아니고 육지에서의 교통사고였다면 운전자가 외국인이라도 당연히 한국 법원에서 한국법에 따라 재판받게 된다. 그런데 당시 사고 지점은 한국의 배타적 경제수역 내였

85 「조선일보」, 2010. 4. 3., A1면 및 2010. 4. 5., A8면.

다. 배타적 경제수역에서 연안국은 주권적 권리를 행사할 수 있으나, 육지 영토와는 달리 여러 제한이 가해진다. 배타적 경제수역은 연안국의 경제적 목적의 활동을 보장하기 위해 1982년 해양법협약에 규정된 제도이다. 여기서 연안국은 생물자원과 무생물자원을 탐사·개발하고, 에너지를 생산하고, 과학조사 등을 할 권리를 가지나(협약 제56조), 외국 선박이나 항공기의 항해나 비행의 자유를 보장해야 하며, 외국이 해저전선을 부설하는 자유도 인정해야 한다(협약 제58조 제1항). 특히 해양법협약에서 배타적 경제수역에 관해 연안국의 권리라고 별도로 규정되지 않은 항목에 관해서는 상당 부분 공해에 관한 법규칙이 적용된다(협약 제58조 제2항).

공해에서 선박 충돌이나 기타 항행 사고가 일어나 선장이나 선원에게 형사책임을 물어야 할 경우, 이에 관해서는 선박의 기국旗國이나 당사자의 국적국만이 재판관할권을 행사할 수 있다(협약 제97조 제1항). 피해국은 책임자를 처벌할 형사관할권을 행사할 수 없다. 배타적 경제수역 내 충돌사고에 관해서는 해양법협약에 별다른 특칙이 없기 때문에, 공해에서의 충돌 관련 조항이 그대로 적용된다. 즉 한국의 배타적 경제수역에서 금양호를 침몰시킨 책임자에 대해서는 가해 선박의 기국인 캄보디아나 개별 선원의 국적국만이 형사책임을 물을 수 있으며, 한국 관헌은 그들을 형사처벌 할 권한이 제한된다. 결국 금양호 침몰사건과 관련해 한국의 사법당국은 사건기록을 캄보디아로 이첩하고 예인한 선박을 풀어 주는 방식으로 조용히 마무리 지을 수밖에 없었다. 후일 금양호 선원들에게는 보국포장이 수여되고, 2012년 3월 이들은 의사자로 인정되었다.

금양호를 침몰시킨 캄보디아 선박이 충돌사고를 알고도 고의로 도주했다는 증거는 없었다. 일단 과실로 추정된다. 그런데 충돌사고를 내고도 고의로 도주한 경우는 어떻게 처리될까? 2015년 1월 16일 부산 앞바다 약 10마일 해상 한국의 배타적 경제수역에서 라이베리아 선적 어니스트 헤밍웨이Ernest Hemingway호(54,271톤)가 소형 어선 건양호(약 5톤)와 충돌했다. 헤밍웨이호는 구조 작업을 하지 않고 그대로 부산항에 입항했다. 건양호는 침몰해 선원 2명이 사망했으며, 연료 약 600리터가 바다로 유출되었다. 한국 검찰은 헤밍웨이호가 부주의로 충돌한 이후에도 구조 의무를 이행하지 않고 도주했다는 이유로 담당 항해사(필리핀인) 등을 선박교통사고 도주 등의 혐의로 기소했다. 검찰은 비록 배타적 경제수역에서의 선박 충돌사고라 할지라도 충돌 후 도주 행위는 일종의 별도 고의범이므로 해양법협약이 이러한 범행까지 피해국의 형사관할권을 배제하지 않는다는 해석이었다. 그러나 부산지방법원과 부산고등법원은 모두 해양법협약에 따라 한국의 재판관할권이 배제된다고 판단하고, 피고인에 대한 선박교통사고 도주에 관해 공소 기각 판결을 내렸다.[86] 검찰은 충돌과 도주를 2건의 별개 사건으로 해석하고 충돌에 대해서만 피해국 법원의 형사재판권이 제한된다고 주장했으나, 법원은 이 사건의 경우 충돌과 도주를 하나의 포괄 범죄로 보고 해양법협약에 따라 관할권 행사가 배제된다고 해석했다.

해양법협약 성안 과정을 살펴봐도 선박 충돌사고의 경우 피해국의 형사재판권 행사 배제를 과실범에 한정한다는 논의는 없었다. 다만 공해에서 고의적인 충돌사고를 일으키고 도주한 경우도 피해국은 배제되고 가해국이 형사 재판권을 행사함이 타당한지에 대한 의문은 남는다.

86 부산지방법원 2015. 6. 12. 선고, 2015고합52 판결 및 부산고등법원 2015. 12. 16. 선고, 2015노384 판결(확정).

(18) 울산대첩을 아시나요

"전 국민의 승전보, 울산해전의 승리를 축하합니다."

"왜구를 물리친 충무공처럼 울산 해경 여러분이 잘 싸워 주셔서 감사합니다."

"국민을 보호하려는 굳은 신념을 가진 울산해경의 승리."

인터넷 검색창에 '울산대첩'을 쳐보면 위와 같은 격문이 나온다. 울산에서 언제 해전이 있었나? 누구와 싸웠지?

2005년 6월 세칭 '울산대첩'이라는 사건이 있었다. 2005년 5월 31일 밤 11시 27분경 한국의 77톤급 장어잡이 통발어선 신풍호가 일본 측 배타적 경제수역을 3해리 정도 침범해 일본 해상보안청 순시선으로부터 정선 명령을 받았다. 그러자 신풍호는 이에 불응하고 한국 쪽으로 달아나기 시작했다. 일본 해상보안청은 당시 모두 3척의 한국 어선을 발견하고 우선 신풍호에 정선명령을 내렸는데, 그사이 나머지 2척은 그대로 도주했다.

밤 11시 35분경 신풍호를 따라잡은 일본 순시선의 보안요원 4명이 배타적 경제수역 침범 혐의를 조사하겠다며 신풍호에 탑승하려 했다. 당시 주변은 파도가 2m에 이를 정도로 거셌다. 신풍호는 보안요원 승선을 거부하며 한국 쪽으로 도주했다. 이 과정에서 보안요원 1명이 실족해 바다에 빠졌다가 구조되었다. 일본 보안요원 2명이 간신히 신풍호로 올라가 배를 세우라고 명령했으나, 신풍호 선원은 조타실 문을 안에서 걸어 잠그고 운항을 계속했다. 보안요원들이 조타실 유리창을 깨고 문을 열어 갑판장을 힘으로 제압하려 했다. 신풍호는 일본 보안요원들을 태운 채 도주하며 6월 1일 0시 19분경 일본 경비정에 쫓기고 있다고 한국 해경에 신고했다. 마침 인근을 순찰 중이던 울산 해경 소속 경비정이 출동해 1시 55분경 신풍호를 발견하고 신풍호 왼쪽 옆구

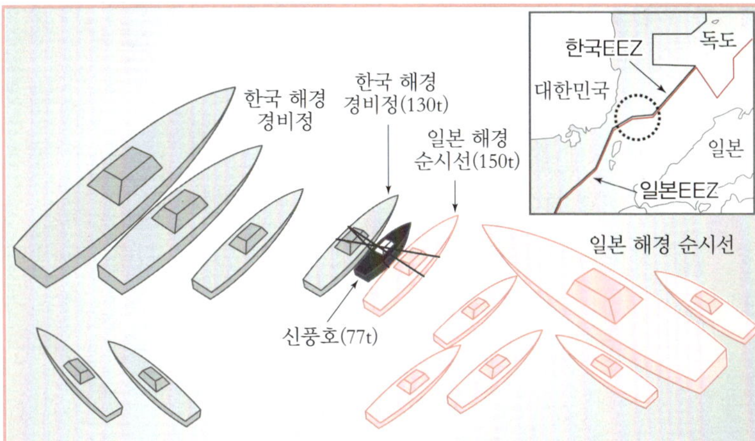

한·일 해양경비정 대치 상황(참조: 「조선일보」, 2005. 6. 2., A1면)

리에 밧줄을 던져 배를 경비정에 붙들어 묶었다. 약 2분 후 일본 경비정도 신풍호에 접근해 신풍호 오른쪽 옆구리를 역시 밧줄로 걸어 묶었다. 서로 상대방이 신풍호를 끌고 가지 못하게 막으려는 의도였다. 대치지점은 한국 측 배타적 경제수역 안쪽 약 18해리 해상이었다.

이후 한국 측 경비정 5척, 일본 측 경비정 6척이 신풍호 주위로 집결해 서로 신풍호를 예인해 가겠다고 주장했다. 이러한 대치는 2일 오전 11시 30분까지 계속되다가 양국 정부 간 협상이 타결되었다. 신풍호 선장은 일본 배타적 경제수역 침범 사실을 시인하는 각서를, 선주는 일본 법령 위반 담보금으로 50만 엔을 지불한다는 보증서를 각각 일본 측에 제출하기로 했다. 그리고 신풍호는 한국 해경이 인수해 불법조업이 발견되면 한국법에 따라 처벌하기로 약속했다. 그러나 일본 경비정은 좀 더 확인이 필요하다며 밧줄을 바로 풀지 않았고, 오후 5시가 되어서야 서로 밧줄을 풀고 각자 귀환했다. 결국 대치 39시간 만에 신풍호는 풀려났다. 신풍호는 한국 해경의 예인을 받으며 2일 오후 9시경 울산항으로 귀환했다.

국내 언론들은 1일 새벽부터 2일 저녁까지의 대치 과정을 중계 방송하듯 보도했고, 네티즌들은 신풍호를 구출하라고 아우성이었다. 신풍호에 진입한 일본 보안요원이 어민을 마구 폭행했다며 분노를 쏟아 냈다. 항해 자유가 보장되는 배타적 경제수역을 지나고 있다는 이유만으로 왜 나포하려 했냐고 일본 측을 비난했다. 결국 신풍호를 한국 측이 인수하기로 결론이 나자, 네티즌들은 이 사건을 '울산대첩'이라고 부르며 "울산해전 승리," "울산해경의 승전보" 같은 반응을 보였다. 왜 무조건 일본 수역 침범 시인서를 써주었냐며 외교부의 저자세 협상을 비난하기도 했다.

당시 대부분의 국내 신문 보도 태도도 이런 네티즌 반응과 대동소이했다. 한국의 배타적 경제수역에서 한국 어선을 나포하려던 일본을 비난하며 우선 철수부터 요구했다. 한국 어민이 일본 보안요원에게 폭행당했다는 소식은 크게 보도되었다. 멋모르는 국민 사이에 반일 감정이 일어날 만도 했다.

이 문제는 한일 양국 간 국제법 사건이다. 이를 어떻게 평가해야 하나? 일본 경비정은 한국의 배타적 경제수역 내에서 한국 선박을 나포해 갈 수 있는가? 있다면 무슨 근거로 나포할 수 있는가?

한국 사람들은 일본 경비정이 한국의 배타적 경제수역 안까지 들어와 한국 선박을 나포하려는 행위에 우선 흥분했을지 모른다. 무슨 잘못을 했는지 모르나 남의 바다에까지 들어와 우리 어선을 잡아가려는 행위는 주권 침해라고 생각했을지도 모른다. 결론부터 말하면 국제법상 일본 경비정은 한국의 배타적 경제수역에서도 한국 어선을 나포할 수 있다. 그 이유는 다음과 같다.

일본 경비정이 신풍호를 조사하려던 혐의는 일본 배타적 경제수역을 침범해 불법조업을 했는지 여부였다. 나중 한국 해경 조사에서도 신풍호는 일본 수역을 1.5 내지 3해리 침범한 사실이 밝혀졌다. 신풍호 선원들은 처음에는 일본 측 수역을 침범한 사실이 없다거나 몰랐다고 부인했으나, 나중에는 냉각기가 고장 나서 지름길로 귀항하기 위해 일본 측 배타적 경제수역으로 진입했다고 설명했다. 그러나 한국 수산 관계자들조차 해도상 위치로 볼 때 그와 같은 이유로 일본 수역에 진입했다는 주장은 설득력이 없다고 보았다. 하여간 신풍호가 일본 측 배타적 경제수역으로 진입한 사실은 부인할 수 없었다. 신풍호 선원들의 오락가락한 주장은 무엇을 감추려 한다는 의심을 사기에 충분했다.

그렇다면 신풍호는 일본 측 배타적 경제수역에 전혀 진입할 수 없는가? 해양법협약상 모든 선박은 타국의 배타적 경제수역에서도 항행의 자유를 갖는다(제58조 제1항). 신풍호 같은 어선이라도 예외가 아니다. 단순히 교통로로 일본 수역을 지나가는 일은 얼마든지 가능하다. 그럼 왜 일본 경비정은 정선을 명했는가? 연안국 관헌은 배타적 경제수역의 생물자원을 관리하고 자국 법령의 준수를 보장하기 위해 수역 내 외국 선박에 대해 승선·검색·나포 및 사법절차를 취할 수 있다(협약 제73조 제1항). 따라서 일본 경비정은 불법어로가 의심되는 외국 선박을 발견하면 정선해 검색할 권한이 있다. 심야에 외국 어선 3척이 일본 측 수역으로 들어와 있으면 일본 경비정으로서는 불법어로를 의심해도 무리가 아니다. 실제로 평소 한국 어선이 일본 측 수역을 침범해 불법어로를 하는 빈도가 그 반대 경우보다 10배는 되었다고 한다. 이는 일본이 평소 기르는 어업에 투자를 더 많이 해 일본 수역은 어족자원이 더 풍부하기 때문이었다. 만약 검색 결과 아무런 불법 사실이 발견되지 않으면 일본 경비정은 즉각 나포 선박을 풀어 줘야 하며, 그로 인한 손실이나 피해가 있으면 보상해야 한다.

그러나 신풍호는 일본 경비정의 정당한 권한 행사에 응하지 않고 도주했다. 신풍호 선장은 "검문에 걸리면 온갖 핑계로 벌금을 물게 되어 일단 피하려 했다."라고 주장했으나, 이는 합리적 설명이 되지 않는다. 불법행위에 대한 의심만 높일 뿐이다. 더구나 그 과정에서 단속하려는 보안요원 1명이 실족해 바다에 추락했다. 높은 파도로 생명이 위험한 상황이 발생했는데도 신풍호는 그대로 도주했다. 그리고 승선한 2명의 보안요원에 대해 수적으로 더 많은 선원이 물리력으로 저항해 결국 이들을 태운 채 한국 쪽으로 도주했다. 정당한 공무집행자에 대한 일종의 감금·납치가 되어 버렸다. 설사 불법어로가 없었다고 해도 정선 명령 이후 신풍호가 보여 준 모든 행동이 위법하다는 사실은 부인하기 어렵다.

외국 선박이 자국의 관할수역에서 연안국 법령을 위반하면 국제법상 이를 공해까지 추적해 나포할 수 있다. 이를 추적권이라고 한다. 추적은 도주 선박이 자국이나 제3국 영해로 들어갈 때까지 계속할 수 있다(협약 제111조). 결국 일본 경비정은 신풍호가 한국의 영해로 진입하기 이전에는 한국의 배타적 경제수역 내에서도 이를 추적해 나포할 국제법상 권리가 있다.

그러면 당시 한국 해경은 신풍호를 무조건 일본 측으로 넘겨주었어야 했는가? 한국 해경은 우리 배타적 경제수역에서 신풍호를 만나 바로 밧줄로 잡아매었다. 이는 일본 경비정보다 2분이 빨랐다고 한다. 한국 관헌은 위치와 관계없이 한국 선박에 대한 관할권을 행사할 권한이 있다. 그 어선이 외국에서 위법행위를 했을지라도 기국의 관할권은 부인되지 않는다. 더욱이 신풍호는 한국 측 배타적 경제수역 내에 있었다. 신풍호를 먼저 장악한 한국 해경이 이 사건을 한국법에 따라 처리하겠다는 주장도 국제법상 아무 문제가 없다. 결국 신풍호 사건의 경우 국제법상 일본 해경이 이를 나포해 일본법에 따라 처리할 수도 있고, 반대로 한국 해경이 이를 예인해 국내법에 따라 처리할 수도 있는 상황이었다.

이후 울산 해경은 신풍호 선원들을 이틀간 조사한 결과 일본 배타적 경제수역 내에서 불법조업은 없었다며 모두 귀가시켰다. 신풍호 선원들이 석방되자 만세를 부르며 경찰서를 나오는 사진이 국내 언론에 보도되었다.

근래 우리나라는 중국 어선의 불법조업으로 골치를 썩고 있다. 이 사건의 신풍호를 중국 어선으로, 일본 해경을 한국 해경으로 각색해 반대로 가정해 보자. 중국 어선 수 척이 심야에 한국 배타적 경제수역 안에서 발견되어 한국 해경이 정선을 명하니 모두 도주했다. 겨우 그중 1척을 따라잡아 한국 해경 요원들이 승선하려 해도, 중국 어선은 이에 협조하지 않고 도주를 계속했다. 승선 과정에서 한국 해경 1명이 높은 파도가 치는 밤바다로 실족 추락했다가 구조되었다. 간신히 한국 해경 2명이 중국 어선에 승선했으나, 중국 선원들은 계속 저항하며 도주했다. 한국 해경이 우선 배를 멈추기 위해 조타실로 들어가려 하니 문이 안으로 잠기었다. 부득이 유리창이라도 깨고 들어가려 하자 수적으로 4배인 선원들이 저항했고, 이 과정에서 서로 폭행이 벌어졌다. 어선은 계속 도주해 이제는 오히려 한국 해경이 중국 배에 피랍된 결과가 되어 버렸다. 한국 해경은 동료 해경을 구하려고 도주 어선을 전력으로 추적했고, 중국 배타적 경제수역에서 중국 경비정과 거의 동시에 문제의 어선을 따라잡을 수 있었다. 중국 어민들은 한국 해경에게 자신들은 잘못한 일이 없는데 왜 우리를 폭행했냐고 항의하며,

잡혀 있는 2명의 한국 해경이나 데리고 철수하라는 소리만 반복했다. 결국 하루 반의 대치 끝에 한·중 외교부의 협상이 이루어져 중국 어선은 중국 경비정이 데려갔다. 나중에 들리는 소식에 의하면 중국 어민들은 아무 잘못이 없다며 그냥 석방되었고, 이들은 만세까지 부르며 경찰서 문을 나왔다고 한다.

이런 상황이 발생한다면 국내 여론은 분노에 물 끓듯 흥분하지 않겠는가? 국내 언론이 이 사건을 어떻게 보도할지는 쉽게 상상이 간다. 신풍호 사건의 본질은 신풍호의 위법행위에서 발단되었다. 그러나 대부분의 국내 언론은 아전인수 격의 보도만 했고, 이러한 소식만을 접한 한국인, 특히 네티즌들은 맹목적 애국 정서에서 이 사건을 바라보았다. 정당한 공무집행을 하려는 일본 보안요원에 신풍호 선원이 저항했기 때문에 이를 제압하려는 과정에서 물리력 행사가 있었는데 한국 어민이 폭행당했다는 사실만 부각되었다. 후일 한국 해경은 신풍호 선원들에 아무런 법적 책임도 묻지 않았다. 오직 한 신문만이 이 사건 진행 과정에서 나타난 국내 현상을 개탄하고 반성하는 논평을 게재했다.[87]

신풍호와 비슷한 사건은 2011년에도 발생했다. 일본 해상보안청 순시선은 2011년 1월 13일 새벽 한국 어선 33쌍룡호가 자국 배타적 경제수역을 침범한 사실을 발견했다. 정선 명령을 내렸지만, 33쌍룡호는 독도 동남방 42해리 부근 「한일어업협정」상 중간수역까지 도주했다. 한국 해경 경비함도 출동해 비슷한 시간에 33쌍룡호에 도달했다.

87 강병태, "몰상식한 정치와 언론", 「한국일보」, 2005. 6. 7., 34면. 같은 필자는 「한국일보」, 2010. 12. 27., 38면의 "애국적 보도와 선동"이라는 칼럼을 통해 같은 경고를 반복했다. 「경향신문」, 2005. 6. 9., 2면 기사도 사태가 일단락된 후 자성의 소리를 담고 있다.

양국 경비함은 33쌍룡호를 사이에 두고 대치했다. 한·일 양국은 협상 끝에 33쌍룡호 선장이 검문기피 시인서와 담보금 지불약정 보증서를 일본 측에 제출하고, 선장의 신병은 한국 측이 맡아 사건을 조사하기로 합의한 후 대치를 풀었다.[88] 한국 해경은 조사 후 33쌍룡호가 불법 조업을 하지 않았다고 결론 내렸다. 다만 33쌍룡호가 일본 지도선의 정선 명령에 불응하고 도주한 사실에 대해서만 일본 측에 일화 25만 엔의 범칙금을 지불하기로 했다.[89]

(19) 중국의 서해 연어 양식 구조물

최근 중국이 한·중 간 잠정조치수역 내에 대규모 연어 양식시설을 설치·운영하고 있는 사실이 국내에 보도되며 파문이 일어났다. 잠정조치수역이란 「한중어업협정」에 의해 서해 중간에 폭 70해리 내지 110해리로 설정되어 양국 어선이 자유롭게 어로활동을 할 수 있는 공간이다. 한·중 간 배타적 경제수역 경계 합의가 쉽게 이루어지지 않자, 일단 과도적으로 양국 어선이 함께 어업을 할 수 있는 일종의 공동수역으로 만들어졌다.

그런데 중국이 2018년부터 잠정조치수역에 대규모 연어 양식시설을 설치하기 시작했다. 이 구조물은 한 변의 길이가 70m 정도로 1개 시설 넓이가 축구장 규모이다. 현재 2개의 양식시설이 운영 중이고 이와 별도로 관리시설이 1개 설치되었다. 위치는 한국이 생각하는 가상 중간선에서 중국 방향으로 약 87km 들어간 수역이다.

중국이 이런 시설물을 설치하는 이유는 우선 자국의 급증하는 수산

---

88 「조선일보」, 2011. 1. 14., A10면; 「동아일보」, 2011. 1. 14., A10면.
89 「조선일보」, 2011. 1. 15., A8면.

물 수요에 부응하기 위해서라고 한다. 남획으로 중국 연안 어장이 상당히 황폐화되자 중국 어선들은 한국 측 배타적 경제수역까지 몰래 들어와 결사적으로 불법조업을 하는 현실이다. 이에 중국이 주목하는 사업 중 하나가 양식이다. 연어 양식에는 바닷속 차가운 물, 즉 냉수대가 필요한데, 이런 환경을 중국 연안에서는 찾기 어려워 잠정조치수역 내에 양식시설을 설치했다는 이야기다. 이 시설 속에 치어를 넣고 계절에 따른 수온 변화에 맞춰 엘리베이터와 같은 구조물을 해수면 가까이 끌어 올리기도 하고 바닷속 깊이 담그기도 하며 연어 성장에 적합한 환경을 찾아주는 방식이다. 이동식 시설이지만 해류에 떠내려가지 않도록 해저에 임시 고정장치를 하고 있다. 이미 연어가 생산되어 판매도 이루어지고 있다. 연어 양식이라면 세계적으로 유명한 노르웨이도 중국제 시설을 사용하고 있을 정도로 이런 구조물을 제작하는 중국의 기술력이 상당한 수준이라 한다. 국내 보도와 같이 중국이 예정된 총 12개의 시설물을 촘촘히 설치하고 각 시설물마다 해양법협약이 인정하는 반경 500m 안전수역을 선포한다고 가정하면(협약 제60조 제5항) 3km×4km 정도의 수역은 항해나 어로가 불가능해진다.

2025년 2월 26일 한국해양과학기술원 온누리호가 조사를 위해 양식시설로 접근하자 중국 측 요원들이 장비 투입을 막는 등 조사를 방해하는 일이 벌어졌다. 이에 한국 해경 함정까지 출동해 2시간가량 대치하기도 했다.[90] 조태열 외교부장관은 3월 21일 왕이王毅 중국 외교장관과의 회담에서 중국의 활동으로 한국의 해양 권익이 영향을 받아서는 안 된다는 의사를 전달했고, 중국은 이 문제에 대해 소통을 지속하자

90 「조선일보」, 2025. 3. 18., A3면.

고 답변했다고 한다.[91]

이런 사실이 보도되자 국내에서는 여러 우려가 쏟아져 나왔다. 양식용이라고 하지만 이러한 시설 설치를 일종의 '알박기'로 보고, 이를 근거로 영유권을 주장한다든가 서해의 중국 내해화를 추진하는 전략으로 활용할 가능성이 있다는 문제 제기이다. 정치권에서는 한국의 해양주권에 대한 위협이라며 반발했다. 유사시 한국이나 미국의 해군을 감시하는 군사용 플랫폼이 될 수 있다는 지적도 나왔다. 반면 중국은 이 구조물이 산둥 지역 민간업체의 연어 양식시설로 어업협정에 비추어도 문제가 되지 않는다는 입장이다.[92]

중국의 이런 행동에 대해 국내에서는 남중국해 분쟁을 떠올리며 걱정하기도 한다. 중국이 남중국해 작은 산호섬 등에 인공시설을 추가해 군사기지화하고 이를 근거로 남중국해에 대한 관할권 확보를 기정사실화하고 있기 때문에 유사한 행위를 서해에서도 반복할지 모른다는 의구심이다.

그런데 중국의 서해 연어 양식 구조물 설치는 여러 해 전 국내 언론에 보도되어 이미 알려진 사실이고,[93] 국내 학술논문에서도 다루어진 주제이다.[94] 이 문제가 2025년 봄 갑자기 국내에서 부각된 이유는 분명하지 않으나, 이에 대한 여론이 들끓자 2025년 4월 23일 한·중 정부 간 '해양협력대화'가 3년 만에 개최되었다. 한국 측 우려 제기에 중국은 양식시설에 불과하며 필요하면 한국 대표단이 직접 방문조사를

---

91 「조선일보」, 2025. 3. 22., A2면.
92 「조선일보」, 2025. 3. 26., A10면.
93 「서울신문」, 2022. 5. 2., 10면.
94 김민철, 「경계 미획정 수역에 관한 자제 의무 해석론의 변천과 현주소」, 『서울국제법연구』 제30권 제1호(2023), 113-115쪽.

해보라고 제의했다고 한다. 또한 고정시설인 한국의 이어도 기지는 뭐냐는 반론을 제기했다 한다.[95]

이에 대해 국내 일부 전문가는 잠정조치수역에서 중국의 일방적 시설물 설치가 「한중어업협정」과 해양법협약 위반이라고 주장했다. 그 요지는 다음과 같다. ① 시설물과 안전수역으로 인해 해당 수역에서는 한국 어선의 조업이 불가능해지므로, 「한중어업협정」에 의해 한국 어민에게 보장된 어로권이 침해되며 항행에도 방해가 된다. ② 잠정조치수역 내 어업에 관한 조치는 한·중 어업공동위원회 결정에 따라야 하므로(협정 제7조 제2항), 중국의 일방적 시설물 설치는 협정 위반이다. ③ 현재 잠정조치수역은 한·중 간 경계 미획정 수역으로 과도기간 동안 관련국들은 최종 합의 달성을 위태롭게 하거나 방해하지 말아야 하는데(협약 제74조 제3항 및 제83조 제3항), 중국의 일방적 시설물 설치는 최종 합의 도달을 위험에 빠뜨리고 방해하는 행위에 해당하므로 해양법협약 위반이다.

중국의 양식 시설물 설치는 국제법적으로 어떻게 판단해야 할까? 중국의 최종 속내에는 다른 의도가 숨어 있을지 모르나, 일단 밝혀진 바와 같이 대규모 연어 양식장이라는 점을 전제로 검토한다.

이 문제를 판단할 법규칙을 알아본다. 한중 간에는 서해 배타적 경제수역 조업에 관해 2001년부터 「한중어업협정」이 발효 중이므로 우선 이 협정이 적용된다. 또한 한국과 중국 모두가 당사국인 해양법협약이 적용된다.

「한중어업협정」은 서해에서 양국 어선의 어업활동을 규율하는 조약이다. 한·중 간 배타적 경제수역 경계가 확정될 때까지 서해에서 양국

95 「조선일보」, 2025. 4. 25., A10면; 「조선일보」, 2025. 4. 26., A8면.

어선이 모두 어로활동을 할 수 있는 범위(잠정조치수역)를 정하는 것을 핵심으로 하는 일종의 과도적 합의이다.[96] 협정에서 어로활동에 관한 규정만 두고 있어서 잠정조치수역에서는 어로활동 외 다른 모든 활동이 금지된다는 취지는 아니다. 이 협정은 단지 대상 수역에서 통상적인 어로활동과 그에 부수되는 문제를 규율할 뿐이다.[97]

중국의 시설물 설치로 인근 일정 수역에서 한국 어선의 조업이 불가능해짐은 사실이다. 그러나 해당 수역이 한국 어선의 주요 어장에 해당하지 않으며, 한 변 70m 정도의 시설물 몇 개로 인한 조업 제한이 과연 협정 위반에 해당할지는 의문이다. 중국의 구조물이 연어 양식만을 목적으로 하는 한, 협정이 이 같은 행위까지 규제할 의도는 없었다고 판단된다.

해양법협약 위반에 해당하는가? 서해와 같이 국가 간 해양 관할권 주장이 중복되나 아직 경계가 확정되지 않은 수역을 통상 경계 미획정 수역undelimited maritime areas이라고 한다. 해양법협약은 경계 합의가 이루어지기 이전에는 "이해와 상호협력의 정신으로, 실질적 잠정약정을 체결할 수 있도록 모든 노력을 다하며, 과도적인 기간 동안 최종 합의에 이르는 것을 위태롭게 하거나 방해하지 아니한다."(제74조 제3항 및 제83조 제3항)고 규정하고 있을 뿐, 이 수역의 법적 지위에 관

---

96 잠정조치수역 이북과 이남 수역에 대해서는 정치적 현실을 감안해 기존 어업질서를 유지하고 상대국 어선에 자국법을 적용하지 않기로 했다. 예를 들어, 잠정조치수역 밖인 이어도 주변 수역에서는 한·중 어민이 모두 자유롭게 어로활동을 할 수 있다.

97 국내 언론은 잠정조치수역에서 「한중어업협정」에 규정된 항해와 어업 외 구조물 설치 등 다른 행위가 금지된다고 보도하는 경향이 있으나(「조선일보」, 2025. 10. 29., A1면 등), 이는 지나친 해석이다. 어업협정은 어업활동을 제외한 다른 문제에 대해서는 침묵하고 있으며, 구조물 설치는 어업협정 규율 대상이 아니라는 해석이 타당하다고 해석된다. 심상민, 중국 서해 구조물 설치의 국제법적 검토(아산정책연구원 이슈브리프 No.2025-13), 5쪽.

한 구체적 조항은 두지 않고 있다. 연안국은 경계 미획정 수역에서 과도기간 중 어떠한 행동을 할 수 있는가? 국제 선례를 검토해 본다.

경계 미획정 수역에서는 과거 주로 일방 연안국의 석유탐사가 문제가 되었다. 에게해 대륙붕 경계에 관해 그리스와 분쟁 중인 튀르키예가 1976년 분쟁 지역에서 석유탐사를 위한 탄성파 조사를 실시하기로 했다. 그리스는 국제사법재판소에 이를 금지해 달라는 잠정조치 신청을 했다. 당시 국제사법재판소는 튀르키예 조사선의 탄성파 탐사가 해저·하층토나 자연 자원에 물리적 피해를 야기할 위험이 없다는 점, 탐사는 일시적으로 수행되며 해저에 영구적 시설물 설치가 없다는 점, 튀르키예가 자원에 대한 실제 개발에 착수하지는 않았다는 점 등을 이유로 튀르키예의 정보수집 행위가 그리스의 권리에 회복 불가능한 손해를 초래할 위험은 없으므로 금지조치를 취할 정도는 아니라고 판단했다.[98] 이는 잠정조치 발령 여부에 관한 결정이었으나, 경계 미획정 수역에서 연안국 권리행사의 범위를 판단하는 데 하나의 기준을 제시했다.

이 같은 입장은 국제사법재판소의 2021년 소말리아와 케냐 간 인도양 해양경계 판결에서도 그대로 유지되었다. 경계 미획정 수역에서 실시된 석유 개발을 위한 케냐의 탄성파 탐사 등은 해양환경에 영구적 물리적 변화를 초래하지 않으며, 최종 경계 획정을 위한 합의를 위태롭게 하거나 방해한다고 볼 수 없다고 판단했다.[99] 케냐가 일부 수역에서 굴착행위를 실시한 사실을 확인했으나, 이는 소말리아가 주장하는 중간선에 입각한 경계선에서도 멀리 떨어진 케냐 측 수역에서

---

98 Aegean Sea Continental Shelf(Interim Protection), 1976 ICJ Reports 3, paras.30–33.
99 Maritime Delimitation in the Indian Ocean, 2021 ICJ Reports 206, para.207.

진행되었기에 분쟁 수역에 물리적 변화를 초래한 행위라고 보지 않았다.[100] 2007년 가이아나와 수리남 간 경계 미획정 수역에서의 석유탐사 분쟁에 관한 중재재판 역시 해양환경에 영구적 물리적 변화를 초래하지 않는 탄성파 탐사는 가능하나 시험굴착이나 석유, 가스의 채취는 허용되지 않는다고 해석했다.[101]

이상을 종합하면 경계 미획정 수역이라 해도 모든 활동이 금지되지는 않는다. 일방 연안국은 인접국과의 최종 경계 획정 합의를 위태롭게 하거나 방해하지 않는 범위 내의 행위를 할 수 있는데, 구체적으로 행위가 해양환경에 영구적 물리적 변화를 초래하느냐 여부가 가장 중요한 기준으로 적용되고 있다.

이러한 국제 실행을 바탕으로 중국의 양식 시설물 문제를 판단해 본다. 중국의 양식 시설물은 고정식이 아니라 이동식이다. 필요하면 언제든지 현장에 큰 흔적을 남기지 않고 철수시킬 수 있다. 이러한 시설 설치는 해양환경에 영구적 물리적 변화를 초래하지 않는다는 점에서 경계 미획정 수역에서 금지되는 행위라고 판단하기 어렵다. 관리시설 1개는 해저에 고정되어 있다고 보도되는데, 이로 인한 물리적 영향이 석유 시추나 개발에 비견되기는 어렵다고 보인다. 더욱이 설치 장소가 한국이 주장하는 중간선보다 중국 쪽으로 훨씬 들어간 수역이라는 점도 중국 측에 유리한 고려 사항이다. 그 지점은 결국 중국이 주권적 권리를 행사할 수역에 속하리라는 사실에 한국도 이의가 없는 상황이기 때문이다. 중국의 시설물 설치가 해양법협약 위반이라고 볼 정도로 인근 수역 항행에 방해를 야기한다고 보이지도 않는다.

---

100 *ibid.*, paras.208-209.

101 In the Matter of an Arbitration between Guyana and Surinam, Award of Arbitral Tribunal(2007), paras.480-481.

중국이 양식시설에 군사용 탐사 장비를 설치해 한·미 해군의 동향을 감시할 우려가 있다는 점 역시 한국이 문제 삼기 어렵다. 「한중어업협정」은 이런 문제와 관계없으니, 중국의 조치가 해양법협약 위반이냐만 문제 된다. 배타적 경제수역에서는 제3국이 군사용 탐사 장비를 설치할 수 있느냐는 논란이 된 바 있으나, 연안국의 탐사 장비 설치는 문제 되지 않는다. 경계 미획정 수역에서 양식시설에 장착된 이러한 장비 역시 해양환경에 영구적 물리적 변화를 초래하지 않으므로 금지된다고 보기 어렵다.

남중국해에서 보이는 중국의 태도 때문에 국내 일각의 우려 제기는 이해가 되나, 현재까지 알려진 서해 양식시설 설치와 남중국해 사태는 여러 가지 차이점이 있다. 남중국해에서는 중국이 이른바 9단선을 앞세우며 남중국해 대부분에 대해 역사적 권리를 주장하고 있다. 중국은 남중국해의 작은 산호초와 암초들이 자국령이라고 주장하며, 섬 주변을 매립해 군사기지를 건설하기도 했다. 그러나 서해에는 이러한 섬이 없으며 양식시설은 인공 시설물이므로 영해 등 해양 관할권을 주장할 근거가 될 수 없다. 서해 인공 시설물 설치를 근거로 중국이 영유권 주장을 확장하리라는 주장은 좀 황당한 수준의 우려이다. 중국의 서해 내해화 역시 어디까지나 군사적 영향력 확대를 목적으로 한 정치적 수사이지 법적 권리에 입각한 개념은 아니다.

중국의 양식시설에 문제를 제기하면 한국의 이어도 기지에 대해 중국이 더 강력한 이의를 제기할 가능성도 우려된다. 이어도 기지는 중국으로부터 200해리 이내에 위치해 현재 경계 미획정 수역에 자리 잡고 있다. 한국은 한국 영토가 가장 가까우므로 이어도 수역은 한국의 배타적 경제수역에 속하리라는 전제에서 해저 암반에 시설물을 박은 고정식 기지를 건설했다. 합리적으로 결정되면 이어도 수역이 결국 한국의 배타적 경제수역에 포함되리라 예상된다. 그래도 당장은 이어도 수역이 경계 미획정 수역이라는 사실은 부인할 수 없다. 이어도 주변 수역에 대한 권리를 여전히 주장하고 있는 중국이 경계 미획정 수역에서 한국의 행위가 해양법협약 위반이라고 항의하면, 이를 옹호하기가 중국의 연어 양식장 경우보다 더 궁색해질 수 있다. 이어도 수역이 한중 잠정조치수역 밖이므로 서해 양식 시설물과는 다른 경우라는 일부 언론의 주장은[102] 해양법에 관한 정확한 지식을 바탕으로 하고 있지 않은 이야기다. 참고로 이어도 기지 건설을 통해 한국이 이에 대한 영유권을 확보했다느니, 이를 통해 주변 해양 관할권을 확보할 수 있다느니 하는 그간 국내 언론의 보도는 모두 근거 없는 소리이다. 한국이든 중국이든 인공 시설물을 통해서는 영유권을 확보하거나 해양 관할권을 확장할 수 없다.

중국의 조치에 대응하기 위해 한국도 비슷한 위치에 유사한 시설을 설치할 필요가 있다는 주장이 국내에서 제기되었다. 국회가 추경을 통해 필요한 예산도 마련해 주겠다고 했다. 이러한 방식의 대응에는 신중을 기할 필요가 있다. 수년 전 중국이 한국이 상정하는 서해 가상 중간선 이동 한국 측 수역으로 넘어온 지점에 해상 부이를 설치했다. 한국 쪽으로 가까운 수역에 중국이 부유식 시설물을 설치한 사실이 민감하게 느껴졌지만, 경계 미획정 수역에 이러한 해상 부이 설치가 해양법상 위법하다고 판단하기는 어려웠다. 이에 한국 역시 가상 중간선에서 비슷한 정도로 중국 측 수역으로 들어간 지점에 해상 부이를 설치해 대응했다. 이러한 대응은 한국이 생각하는 가상 중간선을 지키겠다는 의지의 반영이다. 그러나 이번과 같이 가상 중간선 이동 중

102 「조선일보」, 2025. 4. 26., A8면.

국 측 수역에 양식시설이 설치되었다고 해, 한국이 비슷한 위치의 한국 측 수역에 시설물을 설치하자는 주장은 서해에서 한국의 권리 확보에 별 도움이 되지 않는다. 가상 경계선 안 자국 측 수역에 이러한 시설물을 설치한다고 해 해양법상 권리가 확장될 수 없기 때문이다. 오히려 한국의 유사시설 설치는 중국으로 하여금 더욱 많은 양식시설을 설치해도 된다는 허가장이 될 수 있다. 유사한 시설물 설치는 그러한 시설이 경제적으로 필요한가, 과학적 연구에 도움이 되는가를 먼저 검토하고 긍정적 답이 나오는 경우에 추진함이 현명하다.

다이빙戴兵 주한 중국대사는 구조물 설치가 “국제법에 부합하는 정당한 행위”라고 주장했다.[103] 실제로 중국의 연어 양식장 시설이 딱히 국제법 위반이라고 단정하기는 어렵다. 한국 정부는 이러한 이론적 바탕을 무시하지 말고 서해 구조물에 대한 대응책을 모색해야 한다. 예를 들어, 이 시설물이 잠정조치수역 내 자리 잡고 있으므로 이에 대한 정기 조사를 실시하며, 중국의 행위가 「한중어업협정」이나 해양법협약에 저촉되는 수준으로 발전하느냐를 유의할 필요는 있다. 양식시설의 특성상 오염물질 배출이 우려되는 점도 주목의 대상이다. 그러나 「한중어업협정」에 의해 무조건 금지되었다는 주장은 설득력이 약하다.

(20) 남중국해 분쟁이란 무엇인가

남중국해란 중국, 타이완, 베트남, 필리핀, 말레이시아, 브루나이 등에 의해 둘러싸인 동남아시아 바다로, 크기는 동서 폭 550~650해리, 남북 길이 1,200해리 이상 규모이다. 이 수역은 인도양과 동북아시아를 잇는 중요 교역로이다. 전 세계 해상 물동량의 4분의 1이 이

103 2025년 11월 13일 국내 언론간담회에서. 「조선일보」, 2025. 11. 15., A4면.

수역을 지나고 있으며, 한국, 일본, 타이완은 원유 대부분을 여기를 거쳐 수입한다. 한반도와는 거리상 꽤 떨어져 있지만, 이 수역의 평화와 안정은 한국의 원활한 무역 거래와 국가안보 확보를 위한 생명줄의 하나이다.

남중국해 분쟁이란 이 지역의 섬과 바다에 대한 연안국들의 권리 다툼이다. 중국은 이 수역 대부분을 포함하는 이른바 9단선을 설정해 남중국해 전역에 대한 역사적 권리를 주장하고 있다. 필리핀, 베트남, 말레이시아, 브루나이 역시 자국 인접 수역과 섬에 대한 법적 권리를 주장하는데 그 범위가 9단선과 크게 중복된다. 필리핀, 베트남, 말레이시아, 브루나이 상호 간에도 권리 주장이 겹친다. 이 수역은 전통적으로 인근 어민들의 어로 장소였는데, 중요한 해상 교통로이므로 연안국이 아닌 미국과 일본의 관심이 날카롭다. 한국도 주의를 게을리할 수 없다.

남중국해 섬 대부분은 해수면 위로 살짝 올라온 작은 지형물들이다. 그중 비교적 많은 섬 무리인 스프래틀리 군도Spratly Islands(난사군도)는 140여 개의 작은 섬, 암초, 모래톱, 산호초로 이루어졌으며, 파라셀 군도Parcel Islands(시사군도)는 약 35개의 산호초, 모래톱, 작은 섬으로 구성되었다. 필리핀 연안에 가까운 스카버러 환초Scarborough Shoal는 삼각형 모양의 산호초로 둘레 길이가 55km에 달한다. 가운데는 바다이며, 산호초 상당 부분은 밀물 때 수면 아래로 잠긴다. 남중국해 모든 섬을 합쳐도 면적은 얼마 되지 않는다.

각국은 어떤 근거에서 이 지역에 대한 권리를 주장하며 대립하는가?[104]

---

104 이하 각국의 주장 내용은 서영민, 「남중국해 영토분쟁과 국제법」, 『한양법학』 제35

중국은 기원전 한나라 시절 파라셀 군도와 스카버러 환초를 발견했으며, 3세기 삼국 시대 동오의 강태 장군이 스프래틀리 군도에 관한 기록을 남겼고, 당나라 지도에도 스프래틀리 군도가 포함되어 있다고 주장한다. 이후 역사적으로 이들 섬에 대한 다양한 기록이 있으며, 18세기 이후 스프래틀리 군도가 공식 지도에 포함되었고, 19세기와 20세기에도 파라셀 군도와 스프래틀리 군도에 대한 관할권을 계속 행사했다고 주장한다. 1947년 중국은 남중국해 도서 이름을 정리한 지도를 발간하며, 이른바 11단선을 그려 이 수역 대부분에 대한 권리를 표명했다. 11단선은 이후 통킹만 지역의 2개 선을 삭제한 9단선으로 변화해 오늘에 이른다. 또한 1958년 중국은 스프래틀리 군도와 파라셀 군도가 중국령이라고 발표했다. 중국은 9단선 내 스프래틀리 군도, 파라셀 군도, 스카버러 환초 등이 모두 자국에 속하며, 이들 섬 인근 해역에 대해서도 중국이 주권적 권리를 갖는다는 입장이다.

그러나 중국이 주장하는 역사적 기록의 신빙성에 관해 논란이 제기될 수 있으며, 오래전 이들 섬을 발견하고 어민들이 간헐적으로 이용했다는 사실이 과연 오늘날 영유권을 주장할 근거가 될 수 있냐는 의문이 제기된다. 영유권에 관한 국제재판에서 고기록이나 고지도의 증명력이 별로 인정되지 않는다는 사실을 감안하면 더욱 그렇다. 1947년 발표된 9단선(11단선)은 매우 엉성한 표기에 불과했으며, 선의 정확한 위치와 길이가 국제적으로 알려지지도 않았다. 9단선이 영해선을 의미하는지 아니면 다른 성격의 선인지에 대해서도 중국은 구체적으로 설명한 바 없다. 중국이 9단선의 내용을 국제사회에 공식으로 통지

권 제3집(2024); 정갑용, 「필리핀과 중국의 남중국해 국제중재판정의 주요 쟁점」, 『독도연구』 제22호(2017) 등에 많이 의존했다.

한 행동은 2009년 5월 7일 유엔 사무총장에 대한 공한이 처음이다.

베트남은 15세기 문서에 스프래틀리 군도와 파라셀 군도가 자국 영토로 간주되고 있고, 17세기 제작된 지도에도 이들 군도가 포함되어 있다고 주장한다. 이후 프랑스 보호령이 된 다음에는 프랑스가 스프래틀리 군도와 파라셀 군도에 대한 영유권 주장을 계속했으며, 1933년 7월 16일 자 관보에 공식 합병을 발표했다고 한다. 1961년 남베트남은 남중국해에 관한 법률을 제정하고, 1973년 이래 스프래틀리 군도 22곳에 주둔했다. 그러나 북베트남은 1956년 제2외무장관 명의로 중국에 보낸 공한에서 "베트남 자료에 의하면 스프래틀리 군도와 파라셀 군도는 역사적으로 중국 영토의 일부였다."고 시인한 바 있다. 1958년 북베트남 팜반동Pham Van Dong 총리는 중국 저우언라이 총리에게 보낸 서한에서 중국의 영해 주장을 승인한다는 입장을 확인했다. 이러한 북베트남의 입장은 1974년 번복되었으며, 통일 이후에도 스프래틀리 군도와 파라셀 군도가 자국령이라고 주장했다. 베트남은 과거 이들 섬을 중국령으로 인정한 이유는 미국과 싸우던 어려운 시기에 동맹의 지원을 얻기 위한 실용적 조치였을 뿐이라는 입장이다. 베트남은 북베트남에 의해 통일되었으므로 스프래틀리 군도와 파라셀 군도 영유권 문제가 국제재판에 회부된다면 1950년대 발표된 입장이 불리하게 작용하리라고 예상된다.

필리핀은 1950년 퀴리노Quirino 대통령이 스프래틀리 군도가 자국에 속한다고 주장한 바 있으나, 특별한 후속조치를 취하지는 않았다. 1956년 필리핀 사람 클로마Cloma는 스프래틀리 군도 일부를 점거하고 새로운 국가를 선포하기도 했다. 이는 국가의 공식 행위가 아닌 민간인의 행동이었다. 1971년 스프래틀리 군도 수역에서 타이완 해군이 필리핀 선박에 발포한 사건이 있었는데, 당시 필리핀은 클로마의 점

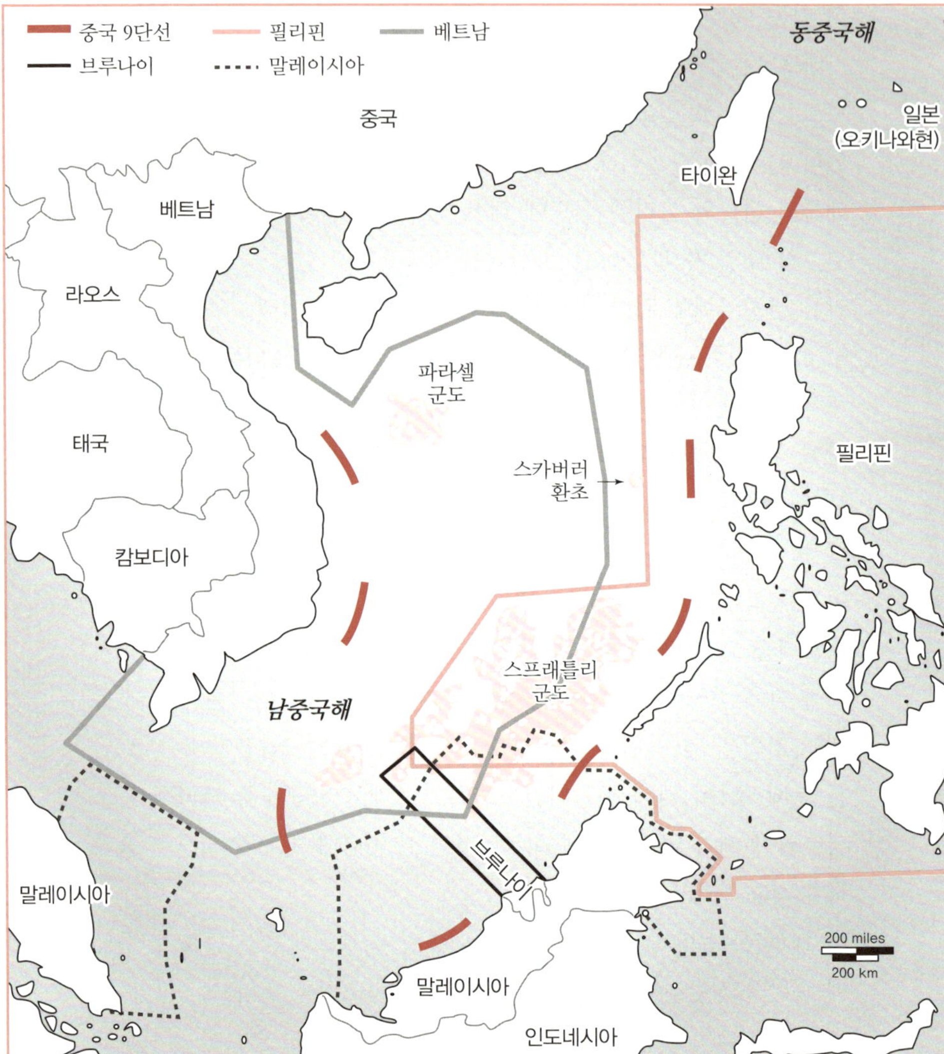

남중국해에 대한 각국의 권리 주장

령으로 스프래틀리가 필리핀령으로 되었다고 주장했다. 스카버러 환초는 필리핀 루손섬에서 118해리 거리인 반면 중국 해안에서는 460해리나 떨어져 있으므로 위치상 자국의 배타적 경제수역 안이라는 입장이다.

말레이시아는 1978년 고위 관리가 스프래틀리 군도 남부 지역을 방문하며 영유권 주장을 시작했다. 현재는 스프래틀리 군도 내 12개 섬과 지형물에 대한 권리를 주장하고 있는데, 이 중 일부는 필리핀과 베트남이 점거 중이다.

남중국해 내 섬들은 크기가 작고 주민이 거주할 만한 환경도 되지 않아 오랫동안 인접 국가의 주목을 받지 못했다. 어민들이 계절적 또는 일시적으로 체류하는 곳에 불과했다. 남중국해 섬에 대한 연안국의 점거는 1946년 타이완이 스프래틀리 군도 이투아바에 기지를 건설한 것이 최초이다. 면적 0.43km²의 이 섬에 타이완은 활주로, 등대, 항만시설과 여러 채의 건물을 지어 유지하고 있다.

1970년대부터 이 수역 해저에 대량의 석유와 가스가 매장되어 있으리라는 예상이 제시되었다. 자원 확보를 위해 이곳 작은 섬들에 대한 인접국의 관심이 갑자기 높아졌다. 이때부터 베트남, 필리핀, 말레이시아 등이 스프래틀리 군도의 지형물들을 점거하기 시작했다. 중국은 1974년 무력을 동원해 파라셀 군도 내 베트남 거점을 쫓아내고 12개 지형물을 점거했다. 중국은 1988년부터 스프래틀리 군도의 해양 지형물도 점거했다. 자연 인접국가 간 갈등과 충돌이 불가피해졌다.

중국은 특히 2013년부터 자국이 점거하고 있는 남중국해 해양 지형물 주변을 매립하며 인공섬을 건설하기 시작했다. 작은 섬 또는 해저 지형 둘레에 콘크리트 방벽을 쌓고 안에 준설토를 퍼부은 다음 쇠 파일 등을 박아 바닥을 다지는 방식이다. 지반이 안정화된 다음 군용 활주로, 군사기지, 접안시설, 거주시설 등을 건설해 군인을 주둔시키고 있다. 중국은 스프래틀리 군도와 파라셀 군도에 공군기지를 건설해 남중국해 거의 전역을 자국 공군기의 작전 범위 내로 포용하고 있다. 섬이란 밀물일 때에도 수면 위로 드러나는 자연적으로 형성된 육지지역을 말하므로(해양법협약 제121조 제1항), 원래부터 섬이 아닌 한 해저암반 위에 인공적으로 조성된 지형은 국제법상 섬의 지위를 획득할 수 없다.

2011년 3월 필리핀이 스프래틀리 군도 수역 내 리드뱅크Reed Bank에 대한 석유탐사를 진행하자 중국이 자국 영해 내라며 탐사선의 퇴거를 요구했다. 2012년 4월에는 스카버러 환초에서 멸종위기인 산호와 거북을 채취하던 중국 어민을 필리핀 정부가 단속하자 자국 어민을 보호한다는 구실로 중국도 출동했다. 7월 양국 관공선이 대립하다 협상을 통해 일단 양국 모두 관공선을 철수하기로 합의했다. 필리핀은 관공선을 철수시켰으나 중국은 합의를 어기고 관공선을 계속 주둔시키고 필리핀 어민을 축출했다.

중국과 필리핀은 모두 해양법협약 당사국이다. 양국 간 긴장이 높아지자 필리핀은 2013년 1월 해양법협약에 근거해 중국을 상대로 중재재판을 청구했다. 남중국해 분쟁의 핵심은 이 수역 내 작은 섬들이 어느 나라에 속하느냐와 이에 따른 해양경계획정이다. 그런데 해양법협약의 분쟁해결제도는 육지 영토의 영유권 귀속 자체는 다룰 수 없다. 또한 중국은 2006년 해양경계획정에 관한 분쟁에 대해 협약상 분쟁해결제도의 적용을 배제한다고 선언한 바 있다. 필리핀은 이러한 제한을 피하기 위해 섬의 귀속이나 해양경계획정은 요청하지 않고, 해양법협약에 비추어 중국이 주장하는 이 수역에 대한 역사적 권리의 존부와 범위에 관한 판단만을 요청했다. 좀 더 쉽게 설명하면 필리핀은 중국이 주장하는 9단선에 근거한 권리가 해양법협약에 합치되는지와 남중국해 내 여러 지형물의 해양법상 지위를 확인해 달라고 요청하고 아울러 중국이 그간 남중국해에서 진행한 다양한 준설 및 인공섬 건설행위의 합법성을 판단해 달라고 요구했다.

중국은 해양법협약에 따른 중재재판이 이 문제를 다룰 권한이 없다고 주장하며 재판 참여를 거부했다. 결국 필리핀만 참석하고 중국은 불참한 상태에서 재판이 진행되어 2016년 7월 12일 최종 판정이 났다. 결과는 필리핀 측 입장이 대폭 받아들여진 내용이었다. 재판부는 중국이 주장한 항해 및 조업을 통한 역사적 실적을 공해자유활동의 일환으로 보고, 이를 바탕으로 중국만이 남중국해를 배타적으로 지배했다거나 독점적으로 사용했다고 보지 않았다. 9단선에 입각한 중국의 역사적 권리 주장은 해양법협약에 비추어 효력이 없으며, 중국이 남중국해에서 벌인 건설 행위와 타국 어로활동 방해 행위는 협약 위반이라고 판정했다. 또한 남중국해에는 자신의 배타적 경제수역과 대륙붕을 가질 수 있는 섬이 없으며, 단지 영해만을 가질 수 있는 암석rocks만 있다고 판단했다. 재판부는 권한상 제한으로 남중국해 내 작은 섬들의 소속에 대한 판단은 하지 않았지만, 이를 인간이 거주할 수 있거나 독자적 경제활동을 유지할 수 있는 '섬'으로 평가하지 않은 결론은 중국의 9단선 주장에 타격을 주었다. 설사 남중국해 내 작은 섬 상당수가 중국령으로 결정되더라도 이들 섬의 12해리 영해만으로는 중국이 주장하는 9단선 내 광대한 바다를 포용할 수 없기 때문이다. 또한 중국이 간출지 주변 매립을 통해 인공섬을 만든 경우는 12해리 영해조차 주장할 수 없게 되었다.

처음부터 재판을 거부한 중국은 판정 결과도 받아들일 수 없다는 입장이나, 남중국해에서의 입지는 크게 타격을 받았다. 남중국해 대부분이 공해로 판단되었기 때문에 다른 나라들은 중국의 9단선 주장을 무시할 수 있게 되었다. 미국 해군함정이 이 수역에서 '항행의 자유 작전'을 전개하기에 한층 편안해졌다. 남중국해 분쟁은 현재도 진행 중이다.

5
외교관 이야기

(21) 외교관 신체의 불가침은 어디까지 보장되나

외교관의 신체는 불가침이다. 외교관은 어떠한 형태의 체포나 구금도 당하지 않으며, 현지국은 외교관의 신체·자유·품위가 침해되지 않도록 적절한 조치를 취해야 한다(외교관계에 관한 비엔나협약 제29조). 적지 않은 국가에서 외교관의 신체를 침해하는 죄를 일반인에 대한 동일 범죄보다 가중 처벌하고 있다(예: 한국 형법 제108조).

외교관 신체의 불가침은 국제법상 외교관 특권·면제의 출발점을 이룬다. 이는 유럽에서 외교관을 침해하는 행위를 그를 파견한 왕에 대한 범죄로 인식하는 데서 시작되었다. 처음에는 공관장 신체의 불가침에서 출발했으나 후일 공관이라는 장소의 불가침으로 확대되었고, 공관장을 수행하는 직원의 불가침으로 인적 범위가 넓어졌다. 유럽에서 대략 17세기 말에는 형사관할권에 대한 면제가 일반화되었고, 18세기 초엽에는 민사관할권에 대한 면제도 널리 인정되었다.

외교관 신체의 불가침은 실제 적용하는 데 미묘한 문제를 일으키기도 한다.

2019년 말부터 COVID-19가 전 세계적으로 확산되었다. 초기에는 적절한 대응책을 찾지 못해 수많은 목숨이 희생되었다. 많은 국가가 국경의 벽을 높이고 외국인의 입국을 통제했다. 한국도 모든 내외국인 출입국자에게 COVID-19 검사를 강제하고, 초기에는 별다른 증세가 없어도 해외 입국자는 무조건 2주 동안 격리를 요구했다. 당시 국내 체류 외교관이 일시 출국했다 재입국하는 경우나 한국에 새로 부임하는 경우에도 일반 입국자와 동일하게 공항에서 COVID-19 검사를 강제하거나 일정 기간 지정 장소에 격리를 요구할 수 있는가가 문제되었다. COVID-19 검사나 격리 같은 강제조치는 자발적 협조가 아닌 한 외교관 신체의 불가침과 양립하지 않으므로 강제할 수 없다고 보아 실시되지 않았다.[105]

공항에서 모든 승객은 탑승 전 금속탐지기 통과를 요구받으며, 필요한 경우 보안요원이 손으로 간단한 신체 접촉검사를 한다. 가방을 X선 투시기로 조사하고 의심스러운 경우 개봉해 조사하기도 한다. 외교관이 신체의 불가침을 이유로 보안검사를 거부할 수 있는가? 이 경우도 외교관이 동의하지 않으면 공항 보안요원이 강제로 검사할 수 없다고 해석된다. 그러나 항공기 기장은 보안요원 검사를 거부한 승객을 태우지 않겠다고 거절할 수 있다. 비행기와 다른 승객의 안전을 보장할 수 없기 때문이다. 영국 정부는 공항 보안검사를 거부하는 외교관의 경우 항공회사가 탑승을 거절할 수 있음을 런던 주재 외교관들에게 통지하고 있다.[106] 항공사 보안검사를 거부하는 외교관은 다른 교통편을 알아봐야 할지 모른다.

---

105 용경민·황준식, 「국제공중보건 위기상황과 국제법의 대응」, 『국제법평론』 2020-III, 135-136쪽.

106 E. Denza, *Diplomatic Law* 4th ed.(Oxford UP, 2016), p.222.

물론 국가원수 등 특별한 신분의 방문자가 일반 항공기를 이용하는 경우에는 관례상 이러한 절차가 면제되는 경우가 많다. 한국-이스라엘 수교 50주년을 기념해 방한한 이스라엘 외교장관이 업무를 마치고 2012년 3월 15일 인천공항을 통해 출국할 때, 개인용 휴대 가방에 대한 X선 보안 검색을 거부했다. 이 경우도 공항 당국이 그의 휴대 가방을 강제로 검사할 수는 없었다. 당시 한국 정부 관계자의 중재로 이스라엘 외교장관은 보안 검색 없이 비행기에 탑승 출국했다.[107]

국내에서 행사에 참여하고 귀가하던 미국 대사 차량에 신문지 뭉치와 플라스틱 물병이 투척된 사건이 있었다. 한국자유총연맹이 2011년 8월 25일 서울 장충동 연맹 부지에 이승만 초대 대통령의 동상을 건립했다. 연맹은 대한민국 건국을 주도한 이승만 대통령의 업적을 기리기 위해 동상을 건립했다고 발표했다. 이날 제막식 행사에는 각계 인사 300여 명이 참석했는데, 그중에는 스티븐스Stephens 주한 미국대사도 포함되어 있었다. 한편 4·19혁명 관련 단체들은 한국자유총연맹 입구에서 이승만 대통령 동상 건립이 4·19혁명 정신에 대한 모독이라며 이를 규탄하는 시위를 벌였다. 이들은 행사장 진입을 시도하며 경찰과 몸싸움을 벌였고, 행사를 마치고 귀가하는 차량에 신문지와 플라스틱 물병 등을 던졌다. 마침 스티븐스 미국 대사가 탄 차량도 이에 맞았다. 플라스틱 물병 투척이 대사의 신체나 차량에 직접 피해를 주지 않았더라도 외교관의 품위에 대한 공격이었다고 볼 수 있다. 이 사건이 발생하자 경찰청은 동상 제막식을 방해하려는 단체들의 시위 행위가 충분히 예견되었음에도 불구하고 이 같은 사태 발생을 막지 못한 책임을 물어 관할 중부경찰서장을 서면 경고하고 경비과장과 정보과

107 「경향신문」, 2012. 3. 17., 1면; 「경향신문」, 2012. 3. 21., 16면.

장의 보직을 해임했다.[108] 당시 미국 대사관 측에서 한국 정부에 특별한 항의나 책임 추궁은 하지 않았다고 알려져 있다. 한국 정부가 경찰 실무책임자를 인사 조치한 이유는 일종의 사과 표시라고 해석된다.

통상 이 정도의 사안이 국가 간에 본격적인 책임 공방으로 발전하지는 않는다. 그러나 국가 관계가 악화된 상태에서는 법적 분쟁으로 발전할 수도 있다. 아프리카 동부의 에리트레아는 과거 에티오피아의 일부였다가 약 30년간 독립투쟁을 하여 1993년 독립했으나, 양국 관계가 원만치 않았다. 1999년 10월 에리트레아 주재 에티오피아 외교관이 한 지방도시(Medebere)로 자국민을 만나러 갔다. 그곳에서 외교관은 현지 경찰에 일시 구금되었을 뿐 아니라, 떠날 무렵에는 현지 학생들이 그가 탄 외교 차량에 돌을 던지기도 했다. 다행히 별다른 피해는 없었다. 후일 에티오피아와 에리트레아는 양국 사이 여러 법적 분쟁을 해결하기 위한 국제위원회를 설치했다. 에티오피아의 제소에는 자국 외교관 차량에 대한 투석 사건으로 에리트레아가 「외교관계에 관한 비엔나협약」 제29조를 위반했다는 주장도 포함되어 있었다. 그러나 재판부는 이렇게 비교적 경미한 사건만으로 외교관의 기능수행이 침해되었다고는 볼 수 없다며 에티오피아 측 주장을 받아들이지 않았다.[109]

이 사건 재판부는 기능적 시각에서 사건을 판단했다. 주한 미국 대사 차량에 플라스틱 물병을 투척한 사건도 국제법적으로는 같은 기준에서 평가될 수 있다. 그렇다고 귤, 플라스틱 물병, 종이 뭉치 등 비교적 가벼운 물건이라면 외교 차량에 투척하는 행위가 국제법상 허용된다고

108 「동아일보」, 2011. 8. 26., A14면; 「조선일보」, 2011. 8. 27., A12면.

109 Eritrea/Ethiopia Claims Commission, Partial Award: Diplomatic Claim–Ethiopia's Claims 8(2005), para.35.

볼 수 없다. 이러한 일은 외교관 아닌 사인 간에도 반복적으로 벌어지면 행위자에 대한 형사책임이 추궁될 수 있다.

(22) 외교관도 음주운전 단속에 응해야 하나

연말 송년 술자리가 많은 시기에는 경찰의 음주운전 단속이 특히 빈번하다. 다 알다시피 한국의 음주운전 단속은 매우 철저하다. 몇 차선 대로를 완전히 봉쇄하고 모든 차량의 운전자를 일일이 확인한다.

2006년 12월 12일 밤 9시 50분경 서울 서대문구 대현동 이화여대 정문 부근에서 경찰이 음주운전 단속을 하고 있었다. 마침 지나가던 중국 대사관 차량이 음주 측정을 요구받았다. 당시 차량에는 모두 4명이 탑승하고 있었는데, 운전자가 음주 측정에 불응했다. 차 문도 안에서 걸어 잠갔다. 외교공관 소속 차량인지는 번호판을 통해 쉽게 확인할 수 있으나, 운전자가 외교관 신분증을 제시하지는 않았다. 단속 경찰은 차량을 일단 인근 골목으로 유도해 주차시키고 음주 측정에 응하라고 요구했다. 이 소식을 들은 다른 중국 대사관 직원이 밤늦게 현장을 찾아와 이들이 외교관이며 외교관에 대한 강제적인 음주 측정은 국제법 위반이라고 주장했으나, 역시 운전자의 신분은 확인되지 않았다. 단속 경찰은 신분 확인이나 음주 측정 없이 이들을 보내 줄 수 없다고 주장했다. 경찰은 차량의 진로를 막고 있었을 뿐, 이들을 상대로 물리력을 행사하지는 않았다. 이 같은 대치는 추운 겨울밤 내내 8시간 반 가까이 계속되었다. 다음 날 아침 소식을 듣고 찾아온 한국 외교부 직원의 확인과 중재로 중국 대사관 차량 탑승자들은 6시 15분에 귀가할 수 있었다.[110] 나중에 확인된 바로 운전자는 중국 대사관 3등 서

110 「조선일보」, 2006. 12. 14., A9면.

기관 장 모 씨로 알려졌다. 이 사건이 보도되자 경찰청 홈페이지에는 "한국 경찰의 자존심을 지켰다."며 격려의 글이 여러 건 올랐다.

언론에는 외관상 음주 상태로 보이는 외교관이 음주 측정을 거부한 사례가 종종 보도된다. 2019년 7월 10일 르완다 외교관이 음주 상태로 운전하다 앞 차를 들이받는 사고를 내 운전면허가 취소되었다. 그는 2020년 11월 14일 무면허 상태에서 다시 음주운전을 하다 적발되자 이번에는 음주 측정을 거부했다.[111] 2023년 10월에는 몽골 외교관이 난폭 곡예 운전으로 적발되고도 음주 측정을 거부했으나, 외교관 신분임이 밝혀져 별다른 조치 없이 귀가했다. 2023년 11월 13일 캄보디아 외교관이 음주 측정을 거부해 경찰과 1시간 이상 대치하다 신분 확인 후 귀가한 사례도 있었다. 2024년 6월 20일 택시와 접촉 사고를 낸 러시아 외교관에게서 술 냄새가 나자 음주 측정을 요구했으나 외교관임을 내세워 거부했다.[112]

국내 언론은 그때마다 이런 외교관들을 어떻게 할 수 없나 하는 개탄의 소리를 전한다. 음주운전은 자신은 물론 다른 사람도 위험에 빠뜨릴 위험이 있기 때문이다. 외교관은 음주운전 측정에 응하지 않아도 되나? 이러한 외교관의 행동은 국제법상 어떻게 평가될 수 있는가?

외교관의 신체는 불가침이다. 외교사절 신체의 불가침은 외교관계에 관한 국제법 중에서도 오래된 법원칙 중 하나이다. 그렇다고 술기운으로 얼굴이 벌건 외교관에게 경찰이 신체 구속도 아니고 음주측정기를 불어보라는 정도의 요구조차 할 수 없다는 말인가? 그러나 외교관의 동의 없이는 음주측정기를 불도록 강제할 수 없다고 해석된다.

111 「동아일보」, 2020. 11. 16., A14면.
112 「서울경제」, 2024. 6. 21., 15면.

이 역시 신체에 대한 강제의 일종이기 때문이다.

영국 경찰은 육안으로 볼 때 취기가 명백하지 않는 한 통상 자발적인 음주측정기 불기도 요청하지 않는다. 미국이나 캐나다 경찰은 음주운전으로 의심되는 외교관에게 음주측정기 불기나 도로 일직선 걷기를 요청하나, 이는 처벌을 위해서가 아니라 운전자를 포함한 여러 사람의 안전을 위한 예방적 조치임을 강조한다.[113] 그런 의미에서 위 사건 외교관들이 음주측정기 불기를 거부한 행위는 나름대로 법적 근거가 있다. 그러나 중국 사례를 포함해 일부 운전자는 경찰에 자신이 외교관인지를 확인시켜 주지 않았다고 한다. 외교공관 차량을 운전하고 있다는 사실만으로 운전자가 외교관이라고 단정할 수는 없기 때문에 경찰로서는 신분 확인 전까지는 차를 보내지 않고 세워둔다는 방침이다.

그러면 외교관이 만취 상태에서 운전해도 현지 관헌은 이를 바라만 보고 있어야 하나? 아무리 외교관이라고 해도 위법행위를 저지하기 위해 현지 관헌이 일시적인 물리력을 사용할 수 있다. 만약 외교관이 흉기를 들고 행인을 위협하면 강제로 제압할 수 있다. 운전하던 외교관이 만취 상태라면 경찰은 그를 인근 경찰서로 데려가 일시 보호를 하며 술이 깨기를 기다리게 하거나, 자동차만 잠시 보관하고 다른 교통편으로 귀가하도록 하거나, 가족이나 친지를 불러 대신 운전하게 할 수 있다.

그러나 음주운전 외교관이 사고를 냈더라도 현지국이 그를 형사처벌 할 수는 없다. 일반적으로 외교관은 현지 법원의 재판관할권으로부터 면제되기 때문이다. 음주운전이 적발되면 한국 정부는 소속국 대사관에 통지하고, 같은 외교관의 음주운전이 거듭 발각되면 소속국

113 E. Denza(앞의 주 106), p.222.

에 자진 귀국을 요청하는 정도이다.

음주운전으로 물의를 일으키는 행위는 때때로 해외 주재 한국 외교관에 의해서도 저질러진다. 2011년 10월 7일 독일 베를린 주재 한국 외교관이 술에 취한 상태에서 자신의 차를 주차장으로부터 빼 귀가하려다 다른 차량 4대와 스쿠터, 자전거를 들이박아 파손시키고 자기 차도 담벼락에 부딪쳐 겨우 멈춘 사고를 일으켰다. 그는 외교관이라 현지에서 별다른 처벌은 받지 않았다. 2010년 5월 독일의 다른 한국 외교관은 만취 상태에서 운전을 하다가 도로 중앙분리대를 들이받는 사고를 일으켰으나 경찰 조사를 거부한 채 현장을 떠나 버렸다. 2011년 12월 로스앤젤레스 총영사관에 근무하던 한국 영사가 음주운전으로 적발되었다. 이들 음주 운전자는 사건 직후 모두 본국으로 소환되었다.

2021년 6월 20일 새벽 광주광역시 중국 총영사관 소속 영사 1명이 만취 상태로 음주운전을 하다 적발되었다.[114] 한국 관헌은 그를 형사처벌 할 수 있다고 판단했다. 외교관과 영사는 법적 지위에 차이가 있기 때문이다. 외교관은 공적·사적 모든 행위에 관해 현지 사법 및 행정 당국의 관할권으로부터 면제되지만, 영사는 직무 수행 중 행위에 대해서만 관할권 면제가 인정된다(영사관계에 관한 비엔나협약 제43조 제1항). 이 경우 음주운전은 직무 수행 행위라고 보기 어려워 면제가 적용되지 않는다고 보았다.

(23) 외교관의 면책특권

"손찌검 하고도 당당 …… 그녀의 '믿을 구석' 면책특권이 뭐길래."[115]

114 「조선일보」, 2021. 6. 24., A10면.
115 「조선일보」, 2021. 5. 1., B5면.

"음주운전 걸리자 공무 중 …… 면책특권."[116]

국내 신문에는 주한 외교관이나 그 가족이 형사범죄에 해당하는 사고를 일으켜도 면책특권 때문에 이들을 제대로 처벌할 수 없다는 기사가 종종 나온다. 외교관 면책특권이란 도대체 무엇인가?

누차 말했듯이 외교관의 신체는 불가침으로 어떠한 형태의 체포나 구금도 당하지 않는다. 또한 외교관은 부임국의 형사재판권으로부터 면제를 향유하며, 특별한 예외 상황이 아닌 한 민사 및 행정 재판권으로부터도 면제를 향유한다. 외교관에 대해서는 어떠한 강제집행도 할 수 없음이 원칙이다(외교관계에 관한 비엔나협약 제31조). 잘못을 저질러도 민형사 재판을 모두 피할 수 있다니 일반인들이 보기에 외교관이란 참 좋은 직업이라고 생각될 듯하다. 여하튼 외교관에게는 부임국에서 민형사 소송을 모두 회피할 수 있는 특별한 지위가 인정되다 보니 이로 인한 부작용도 종종 발생한다.

2021년 4월 9일 서울 시내 한 옷 가게에서 주한 벨기에 대사 부인과 종업원 사이에 사소한 오해가 생겨 흥분한 대사 부인이 점원의 뺨을 때리는 사건이 발생했다. 마침 이 장면이 녹화된 동영상이 퍼져 사회적 물의가 빚어졌다. 얼마 후 그 대사 부인이 환경미화원을 폭행한 사건도 벌어졌다. 경찰은 그 부인을 폭행 등의 혐의로 입건했다. 그녀는 경찰 조사에는 응했으나 이후 기소나 재판에는 응하지 않겠다고 통보했다. 외교관과 그 가족은 국내 민형사 재판권으로부터 면제되므로 국내 수사기관은 이 사건을 공소권 없음으로 처리하고 마무리했다. 연이은 폭력행사로 물의를 일으키자 벨기에 정부는 대사 부부를 임기

116 「조선일보」, 2021. 6. 24., A10면.

를 마치기 전 본국으로 조기 소환했다.[117]

2013년 5월 9일 국내 한 기업 회장 부인이 남산 생태공원을 산책 중 주한 독일 대사관 외교관 H의 개에게 엄지손가락을 물리는 봉변을 당했다. 당시 H가 개 목줄을 잡고 있지 않았기 때문에 사고가 발생했다. 부인과 함께 있던 아들이 개를 우산으로 막으며 물리치려 하자, H는 아들을 밀치며 아들 다리를 발로 찼다고 한다. 큰 부상은 아니어서 부인은 병원에서 간단한 치료를 받고 귀가했다. 경찰은 개 주인에게 출석 통지서를 보냈으나 아무 응답이 없었다. H는 2010년 6월 이래 한국에서 외교관으로 근무해 왔다. 그의 외교관 신분이 확인되자 사건 조사는 더 이상 진척되지 못했다. 이 사건 역시 공소권 없음으로 처리되었다.[118]

2013년 2월 3일 주한 피지 대사 부부가 방문 중인 술집에서 애완견 2마리를 훔쳐 달아났다. CCTV로 혐의자를 확인한 경찰은 조사를 하기 위해 출석을 통보했으나, 대사 부부는 응하지 않았다. 경찰로서도 더 이상 조사할 방법이 없어 사건을 종결 처리했다.[119]

이상은 국내 신문에 보도된 외교관 관련 사건 중 일부에 불과하다. 국내에서 외교관이나 그 가족으로 인해 발생하는 사고가 매년 수십 건 일어난다고 한다. 사실 이런 모습은 국내에서만 벌어지는 일이 아니며 각국 공통의 문제이다. 외교관의 사고는 해외 파견된 한국 외교관에 의해서도 심심치 않게 벌어진다.

2017년 뉴질랜드 주재 한국 외교관이 현지인 직원을 성추행한 사고

---

117 「조선일보」, 2021. 4. 16., A10면; 「조선일보」, 2021. 5. 1., B5면; 「조선일보」, 2021. 7. 12., A33면.

118 「조선일보」, 2013. 5. 14., A14면.

119 「조선일보」, 2013. 4. 24., A11면.

가 발생했다. 해당 외교관이 경찰 조사에 응하지 않자, 뉴질랜드 정부는 죄질이 나쁘다며 한국 정부에 외교관 면제권을 포기해 달라고 요청했다. 당시 뉴질랜드 총리가 문재인 대통령에게 전화까지 걸어 면제권 포기를 요청하는 이례적 행동까지 취했다. 한국 정부는 끝까지 면제권을 포기하지 않고 말썽을 일으킨 외교관을 귀국 조치시켰다.[120]

2016년 남미 주재 한국 외교관이 현지인 미성년자 2명을 성추행한 사건이 발생했다. 말썽이 제기되자 이때도 정부는 해당 외교관을 국내로 소환시켜 사건을 무마시켰다.[121]

2013년 4월 피지 주재 한국 대사가 현지인 직원을 폭행해 물의를 빚었다. 피해자는 자국 수사 당국에 이 사건을 신고하고 대사 처벌을 요청했다. 그간 대사의 폭행이 여러 차례 있었다고 한다. 말썽이 나자 외교부는 그를 국내로 긴급 소환해 조사를 진행했고, 대사는 사직서를 제출해 의원면직으로 처리되었다. 그는 정년이 아직 남았으나 조기 퇴직했다.[122]

외교관에게 특권과 면제가 인정되는 이유는 무엇일까? 이는 외교관 개인의 이익을 보호하기 위함이 아니라, 국가를 대표하는 외교공관 직무의 효율적 수행을 보장하기 위해 인정된다. 이러한 특권과 면제가 인정되지 않으면 외교관이나 그 가족의 개인적 과오를 미끼로 현지국의 부당한 압박이 가해질 수 있고 그 피해는 본국에 돌아가기 때문이다. 이에 특권과 면제는 외교관 개인의 권리가 아니라, 그를 파견한 국가의 권리로 인정된다. 따라서 이의 포기는 외교관 본국만이 할 수 있다(외교관계에 관한 비엔나협약 제32조).

---

120 「조선일보」, 2021. 5. 1., B5면.
121 「조선일보」, 2016. 12. 17., A11면.
122 「조선일보」, 2013. 8. 19., A8면.

사실 '면책특권' 자체는 적절한 용어가 아니다. 면책특권이라 하면 마치 외교관의 경우 잘못을 저질러도 아무런 법적 책임을 지지 않는 특권을 갖는 듯이 들릴 수 있다. 그러나 외교관이 자신의 잘못에 아무런 법적 책임을 지지 않는 존재는 아니다. 외교관도 법적 책임은 져야 하나 다만 현재 근무 중인 부임국에서 특별한 지위를 인정받는 데 불과하다. 특권과 면제는 외교관으로서의 기능을 보호하기 위해 인정되므로, 그러한 필요가 인정되지 않는 임무 종료 후나 공식 부임국이 아닌 제3국에서는 인정되지 않는다. 따라서 외교관은 자신의 잘못에 대해 본국 법정에서 재판받을 수도 있고, 외교관 신분을 마친 다음 현지국에서 재판받을 수도 있다.

현직 외교관이라도 사적으로 제3국을 여행하는 경우라면 그 나라는 특권과 면제를 인정할 의무가 없다. 2015년 12월 11일 남아프리카공화국 주재 북한 외교관이 외교 차량을 이용해 인접 모잠비크로 코뿔소 뿔 4.5kg을 가져가 밀매하려다 현지 관헌에 체포되었다. 그는 보석금을 내고 풀려나 일단 남아프리카공화국으로 귀환할 수 있었으나, 남아프리카공화국 당국은 그의 출국을 요청했다.[123] 그는 모잠비크 부임 외교관이 아니므로 모잠비크 당국이 체포할 수 있었다. 코뿔소 뿔 밀구입은 남아프리카공화국에서 시작되었으나, 남아프리카공화국이 자국 부임 외교관인 그를 체포할 수 없기 때문에 출국시키는 선에서 사건을 마무리 지었다.

외교관 여권을 소지하고 있다고 해 모두 외교관 자격을 인정받는 것은 아니다. 몽골 헌법재판소장이 2019년 10월 31일 몽골-인천 간 대한항공 기내에서 여승무원의 엉덩이를 만지는 등 성추행을 했다. 그

123 「조선일보」, 2015. 12. 25., A16면.

는 인도네시아 발리에서 개최되는 회의 참석차 가던 중이었다. 그가 발리행 비행기로 갈아타기 위해 인천공항에 내리자 신고를 받고 출동한 경찰에 체포되었다. 당시 그는 외교관 여권을 소지하고 있었고, 소식을 듣고 온 몽골 대사관 직원은 외교관으로서의 특권과 면제를 주장했다. 경찰은 일단 그를 석방했다.[124] 몽골 헌법재판소장은 귀국할 때 다시 한국에 와서 조사받기로 약속하고 회의 참석차 우선 출국했다. 경찰은 11월 6일 환승차 다시 인천공항에 내린 그를 체포했다.

많은 나라가 외교관이 아니라도 특별한 고위 공직자에게 임시로 외교관 여권을 발급해 해외여행을 지원한다. 외교관 여권을 소지하면 출입국 절차에서 여러 가지 편의를 볼 수 있기 때문이다. 몽골 헌법재판소장은 한국에 부임한 외교관은 아니었으므로 한국 내에서 특권과 면제를 누릴 수 없었다. 한국 관헌은 몽골 헌법재판소장을 700만 원 벌금형으로 약식기소 하고, 그는 이를 선납한 후 출국할 수 있었다.[125]

유사한 사건이 1998년 10월 피노체트가 영국에서 체포된 경우이다. 칠레 전직 대통령이며 종신 상원위원이던 피노체트는 신병 치료차 런던을 방문했다. 그는 외교관 여권으로 영국에 입국했다. 그때 스페인 법원은 재임 중 고문 등 각종 범죄 혐의로 피노체트를 자국으로 범죄인인도 해 달라며 체포영장을 발부했다. 영국 법원도 피노체트를 체포해 스페인으로 인도하라고 허용했다. 전직 국가원수의 체포는 초유의 일로서 전 세계를 놀라게 했다. 영국 정부는 우호국의 전직 국가원수를 타국으로 강제 인도하는 사태를 피하고 싶어 했다. 피노체트의 건강 상태가 좋지 않다는 이유에서 실제 스페인으로 인도는 이루어지

124 「조선일보」, 2019. 11. 2., A10면.
125 「조선일보」, 2019. 11. 14., A14면.

지 않았다. 이 사건은 전직 국가원수가 어느 정도의 특권과 면제를 인정받는가라는 문제를 제기했다. 피노체트는 외교관 여권으로 입국했지만 영국에 부임한 경우는 아니었으므로 외교관으로서의 특권과 면제는 인정받을 수 없었다.

외교관의 특권과 면제는 종종 사회적 물의를 일으킨 사건에 면죄부를 준다며 비난받기도 하지만, 모든 국가가 상호주의적으로 누리는 권리이므로 폐지하려는 움직임은 없다. 폐지는 더 큰 부작용을 야기할 우려가 있기 때문이다. 각국은 자국의 해외 주재 외교관이 범법행위를 한 경우에도 본국 소환 정도로 사건을 무마하려 하지 좀처럼 특권과 면제를 포기해 해당 외교관에 대한 보호막을 거두려 하지 않는다.

그러나 죄질이 나쁜 경우 본국이 특권과 면제를 포기하는 경우도 있다. 미국 국토안보부 소속 D. T.는 2006년부터 2009년 사이 주한 미국 대사관 소속 외교관 신분으로 한국에 근무했다. 근무 중 그는 한국 여성을 상대로 사기행각을 벌이다 발각되었다. 한국 정부는 2009년 11월 12일 미국 측에 D. T.에 대한 형사재판 면제권을 포기해 달라고 요청했다. 미국 정부는 자체 조사 끝에 2010년 3월 5일 D. T.의 외교관 신분으로서의 면제권을 포기한다고 한국에 통고했다. D. T.는 포기 통고일 하루 전날 일반 여권을 사용해 필리핀으로 도주했다. 미국 정부의 협조 아래 D. T.는 그해 10월 8일 필리핀 경찰에 체포되었고, 강제추방 형식으로 한국으로 압송되었다.[126]

126 「조선일보」, 2010. 4. 3., B3면 및 외교통상부 대변인 보도자료 제10-617호(2010. 11. 11.).

(24) 외교관 가족의 범위

1995년 7월 11일 서울 한남동에서 한 외국인이 몰던 자동차가 다른 차량 2대를 들이받는 사고를 일으키고도 그냥 가려 했다. 사고를 목격한 행인이 막으려 하자 사고 차량은 그를 차에 매달고 그대로 질주해 중상을 입혔다. 나중에 도주 차량을 잡고 보니 운전자는 주한 미국 외교관의 28살 난 아들이었다. 당시 한국 검찰은 그를 구속하고 미필적 고의에 의한 살인미수 혐의로 기소했다.[127]

「외교관계에 관한 비엔나협약」(이하 '비엔나협약') 내용을 아는 사람은 당장 의문이 들지 모른다. 외교관 가족은 외교관과 동일한 특권과 면제를 누리지 않는가? 외교관 아들을 어떻게 구속해 형사재판에 회부하지?

한 가지 가능성은 미국이 외교관 가족으로서의 특권과 면제를 포기하고 재판에 임한 경우이다. 그런데 이 사건에서 더 중요한 점은 사고 운전자를 비엔나협약에 따라 특권과 면제를 향유하는 외교관 가족으로 보지 않은 것이다. 아니 아들이 왜 가족이 아니지? 아들은 가장 기본적인 직계 가족 아닌가 하는 의문이 들리라. 우리 「민법」 제779조도 ① 배우자, 직계혈족 및 형제자매, ② 생계를 같이 하는 직계혈족의 배우자, 배우자의 직계혈족 및 배우자의 형제자매를 가족으로 규정하고 있다. 직계혈족인 아들은 당연히 가족의 일원이다.

비엔나협약은 외교관과 동일한 특권과 면제를 부여해야 할 가족의 범위를 구체적으로 규정하고 있지 않다. 협약 성안 시 가족 개념에 대한 각국의 의견이 다양해 합의를 볼 수 없었다. 그러다 보니 외교관과 동일한 특권과 면제를 인정받는 가족의 범위에 관해 국제법상 통일된 기준이 없다. 일정한 합리적 수준을 벗어나지만 않는다면 특권과 면

127 「한국일보」, 1995. 7. 29., 30면.

제의 부여 대상인 가족의 범위를 각국에서 결정할 재량이 인정된다. 그래도 배우자와 자녀는 가장 가까운 가족 아닌가?

비엔나협약에는 "세대를 구성하는 가족"이라는 제한이 있다. 세대 구성원이 아닌 가족에 대해서는 외교관과 동일한 특권과 면제를 부여하지 않아도 된다. 이 사건에서 유의할 점은 사고 운전자의 나이이다. 당시 그는 28세였다. 미국 정부는 외교관 자녀가 커먼로common law상 성인 연령인 21세(학생인 경우 23세)를 넘으면 비엔나협약의 특권과 면제를 향유할 수 있는 가족으로 보지 않는다. 미국 법원도 이 같은 해석을 합리적이라며 수용하고 있다.[128] 아직 미성년으로 생계를 전적으로 부모에 의존하고 있는 외교관 자녀를 외교관 가족 범위에서 제외시킨다면 비엔나협약의 합리적 해석 범위를 넘은 국제법 위반이라고 평가된다. 그러나 성인인 자녀를 특권과 면제의 부여 대상에서 배제시킨다고 해도 불합리한 해석은 아니다. 당시 외교관 가족의 정의에 관한 별다른 국내법 규정은 없었지만, 28세에 달한 주한 미국 외교관 자녀를 한국은 구속기소를 할 수 있었다. 이는 국제법상 전혀 문제 될 부분이 없는 사건처리였다. 21세 또는 23세를 넘은 주미 한국 외교관의 자녀가 미국에서 범죄를 저지르면 일반인과 동일하게 기소될 것이다.

가족의 범위는 자녀에 관해서만 복잡한 문제를 제기하지 않는다. 가족 개념이 바뀌다 보니 근래에는 과거에 없던 새로운 문제도 생겨난다. 정식으로 혼인을 하지 않은 사실혼 관계의 외교관 배우자도 비엔나협약상 가족으로 인정해야 하나? 한국은 중혼을 금지하고 있는데,

---

128 예를 들어 U.S. v. Al-Hamdi, 356 F.3d 564, 1 A.L.R. Fed. 2d 695(4th Cir. 2004). 이는 학교를 다니지 않는 예멘 외교관의 아들이 불법무기 소지 혐의로 기소된 사건이다. 재판부는 그가 이미 21세 생일을 지났으므로 외교관 가족으로서의 면제를 더 이상 누릴 수 없다고 판단했다.

일부다처가 가능한 국가의 외교관이 여러 명의 부인과 함께 부임해 온다면 그들을 모두 외교관 가족으로 인정해야 하나? 본국이 동성 부부를 법률상 부부로 인정한다면 국내 법제와 상관없이 동성 배우자도 외교관 가족으로 인정해야 하나? 이렇게 미묘한 부분에 대해서는 아직 확립된 관습국제법이 있다고 보기 어렵다. 이러한 경우는 현지국의 입장이 크게 반영되어 처리되는 경우가 보통이다. 대체로 사실혼 관계의 배우자는 외교관 가족으로 인정함이 보통이며, 동성 배우자도 가족으로 인정하는 추세가 많이 확산되고 있다.

한국은 2011년부터 「대한민국 주재 외국 공관원 등을 위한 신분증 발급과 관리에 관한 규칙」에 동반 가족에 관한 정의 규정을 신설해 다음에 해당하는 자를 외교관 가족으로 인정하고 있다. ① 법적 혼인 관계의 배우자, ② 한국 「민법」(제4조)상 미성년의 미혼 동거 자녀, ③ 「초·중등교육법」 제2조의 학교에서 교육을 받으려는 20세 이하의 미혼 동거 자녀, 단 대학 이상에 재학하는 경우 26세까지 인정, ④ 성년이라도 부모에 의존해 동거하는 미혼의 장애인, ⑤ 외교관과 그 배우자의 소득이 없는 60세 이상의 외국적 부모. 단 한국 법률에 위반되거나 선량한 풍속이나 그 밖의 사회질서에 반하는 경우 배우자의 지위를 인정하지 않을 수 있다(예: 중혼). 한편 한국 정부는 2019년부터 국내 주재 외국 외교관의 동성 배우자를 합법적 배우자로 인정하기로 했다. 이에 2019년 10월 18일 주한 뉴질랜드 외교관의 동성 배우자가 처음으로 정부 공식 행사에 가족 자격으로 참석했다.[129]

129 「한국일보」, 2019. 10. 21., A1면.

(25) 해외 외교공관은 법적으로 한국 영토인가

2011년 12월 13일 대낮에 베이징 주재 한국대사관 건물에 공기총에서 발사되었다고 추정되는 쇠구슬이 날아들어 유리창이 파손되는 사고가 발생했다. 국내 언론은 이 사건을 "한국 영토인 주중 한국대사관, 쇠구슬탄 공격받아"라는 자극적인 제목으로 보도했다.[130] 이 보도와 같이 한국의 해외공관은 법적으로 우리 영토에 해당하는가?

외교공관 지역은 불가침권을 향유한다. 현지 관헌은 외국 공관장의 동의 없이 공관 지역에 들어갈 수 없다. 심지어 외교공관에 화재와 같은 긴급사태가 발생해 소방관이 진화를 위해 공관에 진입하려는 경우에도 공관장 동의가 필요하다고 해석되고 있다.[131] 흉악범이 외교공관으로 숨어들어 가도 공관장 허가가 없으면 현지 경찰이 공관 지역으로 들어가 강제로 체포할 수 없다. 탈북자가 주중 한국 공관에 진입하면 중국 관헌이 강제로 끌고 나올 수 없는 것도 같은 이치이다. 외교사절과 공관에 대한 이러한 특별한 대우는 근대 유럽에서 상주 외교사절 제도가 일반화됨과 더불어 발전했다.

외교공관에는 이렇게 특별한 지위가 인정되는 이유가 무엇인가? 일찍이 그로티우스Grotius는 치외법권extra-territoriality이라는 가설을 제시했다. 외교사절은 그를 파견한 주권자(왕)를 대표해 활동하므로 그가 기능을 수행하는 공관은 현지 영토의 바깥과 마찬가지라는 이론이었다. 외교공관은 영토 밖이었으므로 범죄자가 도피해도 현지 관헌이 강제로 간섭할 수 없다고 설명했다. 이러한 특권은 공관 건물 지역에만 한정되지 않고, 외교사절의 거주지, 임시로 묵는 호텔, 타고 다

130 「조선일보」, 2011. 12. 15., A4면. 「세계일보」, 2011. 12. 16., 23면 사설도 같은 취지의 주장.

131 정인섭, 『신국제법강의』 제15판(박영사, 2025), 505쪽.

니던 마차로까지 확대되었다. 16, 17세기 로마, 제노바, 베네치아, 마드리드, 프랑크푸르트 등지에서는 공관이 위치한 구역 전체에 대한 면제권이 요구되기도 했다. 현지 관헌은 공관 부근 일대를 지나다니지 말라는 요구까지 나왔고, 심지어 공관 인근 지역에 거주하는 주민의 납세의무가 면제되기도 했다. 외교사절이 공관 구역으로 피신한 도피자들로부터 금전적 대가를 받은 사례까지 있었다. 이러한 식의 확대된 면제권은 유럽에서 17세기 말을 지나면서 거의 사라졌으나, 일부 국가에서는 19세기 초엽까지 그 흔적이 남아 있었다. 이는 외교사절이 현지 국가의 관할권으로부터 면제되는 데 그치지 않고, 공관 안은 본국의 관할권이 행사되는 곳이라는 이론에 바탕을 두었다. 그야말로 공관 지역은 현지 영토가 아니고 파견국 영토와 마찬가지로 간주되었다.

19세기를 지나면서 이러한 이론은 크게 비판을 받았고, 외교공관은 법률적으로 외국 영토인 치외법권 지역이라는 생각도 수그러들었다. 오늘날은 외교공관도 현지국 영토이며 현지법이 적용되는 지역이라고 해석하는 데 아무런 이의가 없다. 외교 사절과 공관은 현지국의 관할권 적용으로부터 면제될 뿐이며, 영토 밖이라는 개념에 입각한 치외법권을 향유한다고 보지 않는다. 예를 들어, 주한 미국대사관 구내에서 한국인 임신부가 갑자기 출산해도 그 아이는 미국 출생자로 간주되지 않는다. 오늘날 외교사절과 외교공관에 특권과 면제가 인정되는 이유는 "국가를 대표하는 외교공관 직무의 효율적 수행을 보장"하기 위해서이다.[132]

이제는 외교관계에 관한 국제조약에서 '치외법권'이라는 용어가 더

132 「외교관계에 관한 비엔나협약」 전문.

이상 사용되지도 않는다. 국가가 해외 공관 지역 부지를 매입했을지라도 현지법에 따른 부동산 소유권을 인정받을 뿐, 그 땅이 파견국의 영토로 취급되지 않는다. 결국 주중 한국대사관이 한국 영토라는 표현은 구시대적 사고에 입각한 주장이다. 단순히 "주중 한국대사관 건물이 피격되다."와 같이 보도하지 않고 우리 영토가 공격당했다고 하는 보도는 잘못된 개념에 입각해 국민감정을 필요 이상 자극하는 표현이었다.

우리 대법원도 한 판결에서 "중국 북경시에 소재한 대한민국 영사관 내부는 여전히 중국의 영토에 속할 뿐 이를 대한민국의 영토로서 그 영역에 해당한다고 볼 수 없"다고 설시했다.[133] 베를린 주재 북한 이익대표부 역시 북한 영토의 연장이라고 볼 수 없고,[134] 대한민국 영토로도 볼 수 없다는 판결 또한 있었다.[135]

1998년 8월 케냐와 탄자니아의 미국 대사관에 폭탄 테러공격이 발생해 220명 이상이 사망했다. 그로부터 약 2주 후 미국은 이의 책임을 물어 아프가니스탄과 수단에서 빈 라덴이 운영하는 군사기지에 미사일 공격을 하고, 이를 「유엔헌장」 제51조에 따른 자위권의 발동이라고 주장했다. 그러나 해외공관에 대한 공격을 그 국가에 대한 무력공격으로 보기 어렵기 때문에 미국의 자위권 행사 주장은 국제법상 합리화되기 힘들다.

---

133 대법원 2006. 9. 22. 선고 2006도5010 판결.

134 서울고등법원 2004. 7. 21. 선고 2004노827 판결.

135 대법원 2008. 4. 17. 선고 2004도4899 판결.

6
조약

(26) 웨스트팔리아조약은 무슨 내용인가

언론에서 국제질서에 관한 보도를 할 때 종종 등장하는 단어가 「웨스트팔리아Westphalia조약」 또는 웨스트팔리아 체제이다. 유럽에서는 1648년 「웨스트팔리아조약」 체결을 근대 국제질서의 출발점으로 잡으며, 오늘날까지의 국제정치질서를 통상 웨스트팔리아 체제라고 부른다. 「웨스트팔리아조약」은 근대 국제법의 출발을 상징하기도 한다. 이는 도대체 무슨 내용이길래 근 400년 전 조약이 여전히 매스컴을 장식하는가? 「웨스트팔리아조약」이란 단어를 들어본 이는 적지 않겠지만, 정작 그 내용이 무엇인지를 아는 사람은 많지 않다.

「웨스트팔리아조약」은 1618년 시작되어 거의 모든 유럽 국가가 참여했던 30년전쟁을 종식시킨 조약이다. 이는 단일 조약은 아니고, 1648년 1월 30일 체결된 「뮌스터Münster조약」과 그해 10월 24일 체결된 「오스나브뤼크Osnabrück조약」으로 구성되어 있다. 두 조약 내용을 합해 「웨스트팔리아조약」이라 한다.

「웨스트팔리아조약」 체결은 근대 국제질서 형성에서 가장 중요한 사건 중 하나였다. 이 조약은 국가 간 세력균형에 바탕을 두고 평화를 수립한 최초의 유럽 헌장인 셈이었다. 이는 교황과 신성로마제국 황제를 중심으로 하던 중세적 질서를 종결시키고 대등하고 독립적인 근대 주권국가 시대를 출발시킨 조약이다.

30년전쟁의 출발은 신구교도 간 종교적 갈등이었다. 루터Luther(독일), 츠빙글리Zwingli(스위스), 칼뱅Calvin(프랑스) 등에 의해 제기된 종교개혁 운동은 유럽에서 가톨릭에 입각한 통일 질서를 유지하려던 교황이나 신성로마제국 황제 세력과의 충돌을 의미했다. 30년전쟁의 또 다른 원인은 스웨덴 구스타브Gustav 2세 아돌프Adolf와 프랑스 재상 리슐리외Richelieu, 독일 각 제후들의 정치적·영토적 야심이었다. 가톨릭 국가인 프랑스가 같은 가톨릭 국가인 스페인의 지배로부터 벗어나려는 개신교 국가 네덜란드를 지원했고, 후반에는 가톨릭 합스부르크 왕조의 스페인 및 오스트리아와 직접 전쟁까지 벌인 사실은 종교적 이유만으로 설명되지 않는다.

30년전쟁은 크게 두 단계로 진행되었다. 1618년부터 1635년까지의 전쟁에서는 개신교를 지원하는 스웨덴 왕 구스타브 2세 아돌프의 군대가 초반에 큰 성공을 거두었으나, 후반에는 발렌슈타인Wallenstein(보헤미아)과 틸리Tilly(신성로마제국)가 이끄는 가톨릭 연합군이 우세를 보여 1635년 「프라하조약」이 탄생한다. 「프라하조약」은 독일 제후에 대한 신성로마제국 황제의 우위를 재확인했다. 전쟁의 두 번째 단계에서는 프랑스가 스웨덴과 독일 제후국에 재정 지원을 하는 한편, 전쟁에도 적극 참여해 스페인과 오스트리아 합스부르크 군대에 대적했다. 1648년 여름 무렵에는 스웨덴과 프랑스의 군사적 우위가 확고해져 평화조약을 빨리 체결할수록 신성로마제국 황제의 입지가 좀 더 보전될 수 있을 듯 보였다. 그러나 스페인이 프랑스와의 전투를 포기하지 않아 양측의 싸움은 「웨스트팔리아조약」 이후에도 계속되었다. 스페인과 프랑스 간 전쟁은 1659년 「피레네조약」으로 비로소 종결되었다. 이에 「피레네조약」까지를 웨스트팔리아 체제의 일부로 보기도 한다.

30년전쟁을 마무리 지려는 평화협상은 1641년 함부르크에서 시작되었다. 스웨덴과 신성로마제국은 「함부르크조약」을 맺었는데, 이는 전체 평화협상의 전초전 격이었다. 프랑스가 로크루아Rocroi전투에서 스페인군을 격파한 다음 1644년부터 뮌스터와 오스나브뤼크에서 본격적인 협상이 진행되었다. 두 도시는 평화협상을 위해 비무장 중립도시로 선포되었다.

평화협상은 명확한 시작과 종결 없이 진행되었다. 모두 16개 국가와 66개 제후령이 사절을 파견해 약 140개의 제후령을 대표했고, 27개 이익집단 사절이 총 38개 집단의 이익을 대표했다. 이는 역사상 유례가 없던 대규모 외교 회동으로 유사한 선례가 없어 상호 대표권 확인과 의전에 관한 토의만으로도 많은 시간을 보내야 했다. 그러나 모든 대표가 항상 한자리에 모여 회담이 진행되지는 않았다. 회의 진행에 따라 참여자가 늘기도 하고 줄기도 했다. 1646년 1월부터 1647년 7월 사이 회의에 참여자가 가장 많았다고 한다.

스페인과 네덜란드 간 회담이 가장 빨리 진행되어 이들 사이 합의가 1648년 1월 30일 뮌스터의 웨스트팔리아에서 체결되었다. 다른 열강 간 조약에는 10달의 협상을 더 필요로 해 10월 24일이 되서야 오스나브뤼크에서 타결되었다. 조약은 프랑스어로 작성되었고, 프랑스의 실권자 마자랭Mazarin 추기경이 대부분 조항의 초안을 만들었다.

신성로마제국 황제는 제국 전체를 대표해 서명하겠다고 주장했으나, 프랑스와 스웨덴은 모든 독일 제후가 서명에 참여해야 한다고 반발했다. 타협이 이루어져 15명의 제후가 선발되어 황제와 더불어 조약에 서명하기로 합의했다. 황제의 서명은 다른 모든 제후에게 효력이 미치기로 예정되었다.

「웨스트팔리아조약」의 골자는 다음과 같다. 종교적인 면에서 「웨스트팔리아조약」은 교황을 정점으로 하던 중세 교권질서의 붕괴를 공식 확인했다. 1624년이 가톨릭과 개신교 간 경계 획정 기준년으로 선언되고, 각 군주가 신민의 종교를 결정할 수 있게 되었다. 종교적 이유로 인한 외세 개입도 금지되었다. 단 종교적 소수자에게는 해외 이주가 허용되었다. 이는 루터부터 칼뱅에 이르기까지 진행된 종교개혁운동의 성취를 인정하는 의미였다. 웨스트팔리아 체제는 반종교개혁의 종언과 가톨릭, 루터교, 칼뱅교 공존의 시대가 왔음을 상징했다. 교황 인노켄티우스Innocentius 10세는 이 조약을 인정하지 않았다.

정치적으로는 네덜란드가 스페인으로부터 독립을 확인받았고, 스위스도 신성로마제국으로부터 독립을 인정받았다. 스웨덴과 프랑스가 적지 않은 새 영토를 얻었고,[136] 독일 제후들 간 영토 할양과 교환이 활발히 이루어져 국경에 상당한 변동이 있었다. 특히 신성로마제국 내 약 300개에 달하던 독일 제후국, 주교령, 자유시가 주권을 인정받음으로써 신성로마제국은 치명타를 입었다. 이후 황제라도 전쟁과 평화에 관한 결정을 하려면 제국 의회의 동의를 받아야 했다. 독일 제후국들은 황제나 제국에 대항하려는 목적이 아닌 한 그들 상호 간이나 외국과 동맹조약을 체결할 권리를 인정받았다. 결과적으로 신성로마제국은 껍데기만 남은 상태가 되었지만 1806년 나폴레옹Napoléon이 공

136 스웨덴은 슈테틴, 서포메라니아, 뤼겐, 우세단, 볼린, 메클렌부르크 등을 얻었다. 프랑스는 메츠, 툴, 베르됭, 알자스-로렌, 필립스부르크 등을 얻었다.

식 해체시키기까지 160년 간 명맥을 더 유지했다.

「웨스트팔리아조약」이 정치 질서에 영향을 미친 또 다른 측면은 평화의 보장 방식이었다. 「웨스트팔리아조약」은 분쟁의 평화적 해결과 집단 제재 원칙을 포함하고 있었다. 「뮌스터조약」은 모든 당사자에게 종교와 관계없이 조약 내용을 수호할 의무를 부과했다. 일종의 집단적 보장 체제였다. 「뮌스터조약」은 어떠한 내용이라도 위반하면 피침국은 우선 침략자에게 적대행위 중지를 요구하고 분쟁을 우호적으로 타결하거나 사법절차에 회부해야 한다는 내용을 갖고 있었다. 3년이 지나도 분쟁이 종식되지 않으면 다른 모든 관계국은 피침국을 지원해야 했다. 이러한 방식은 후일 국제연맹 규약 제10조, 제12조, 제16조의 선구가 되었다.

30년전쟁으로 독일인의 3분의 1 이상이 죽고, 무수한 약탈과 노획으로 독일은 철저히 파괴되었다. 군인들은 민간인에 대해 전쟁범죄를 상시적으로 저질렀다. 평화협상에서 각국 대표는 그러한 범죄행위를 처벌하기보다 용서함으로써 지속적 평화를 얻을 수 있으리라 기대했다. 「뮌스터조약」과 「오스나브뤼크조약」 각 제2조에는 그간의 파괴나 적대행위에 대한 사면이 규정되었다. 이는 19세기 말까지 유럽에서 통상적인 전쟁 처리 방식이 되었다. 1713년 「위트레흐트조약」, 1748년 「엑스라샤펠조약」, 1763년 「파리조약」 등에도 사면 조항이 포함되었다. 제1차 세계대전 이후부터 비로소 전승국이 패전국에 책임자 처벌을 요구했다.

「웨스트팔리아조약」은 또한 전쟁포로 송환, 라인강 자유 항해 인정, 전쟁 중 무역장벽 제거를 통한 상업 자유의 재건에 관한 규정도 포함하고 있었다.

웨스트팔리아 평화는 한 시대의 종언과 새 시대의 출발을 알리는 이

정표였다. 교황과 신성로마제국 황제를 중심으로 한 중세적 질서가 종결되었다. 이로써 유럽에는 대등한 주권국가들의 공존 체제가 성립되었다. 새 체제에서는 국가 위에 군림하던 권위가 없어졌다. 이제 국제질서는 국가 간 공법인 국제법과 세력균형에 의존하게 되었다. 「웨스트팔리아조약」이 형성한 유럽 정치질서는 최소한 나폴레옹전쟁과 1815년 비엔나회의까지의 유럽 역사의 기반을 형성했다. 「웨스트팔리아조약」 타결을 위한 회의는 훗날 평화회담의 선례가 되었다. 모든 적대 당사자가 함께 참여해 협상하는 평화회담 방식은 19세기 말까지 계속되었다. 제1차 세계대전 이후부터 전승국이 평화조약의 내용을 일방적으로 결정해 패전국에 강요했다.

(27) 유엔은 을사조약을 무효로 확인했나

국내 인터넷 블로그 등에는 1963년 유엔 총회가 「을사조약」의 무효를 확인했다는 주장이 종종 등장한다. 이런 지적은 국내 일부 사학자 저술에서도 나타난다. 유엔과 같은 권위 있는 기관이 1905년 「을사조약」을 무효로 판정했다면 특별한 의미를 가질 것이다. 특이한 점은 이런 소식이 1963년 당시에는 전혀 알려지지 않았다가 30년 뒤인 1993년부터 뉴스에 등장하기 시작했다는 사실이다.

이런 주장이 퍼지게 된 출발점은 1993년 2월 16일 자 일본 「마이니치每日신문」 보도이다. 한일 과거사 문제에 관해 일본 정부 입장을 항상 날카롭게 비판하던 한 일본인 변호사가 1963년 유엔 국제법위원회 International Law Commission: ILC 보고서에 국가대표에 대한 강박 조약의 사례로 「을사조약」이 언급되어 있음을 발견했다. 국가대표에 대한 강박은 국제법상 조약의 무효 사유로 널리 인정되는 항목이다. 1963년 11월 18일 유엔 총회는 이 ILC 보고서를 접수하고, 그간의 작업 결과에 감사한다는 결의 제1902호(XVIII)를 채택했다. 그 변호사는 「을사조약」이 강박조약으로 무효라는 주장을 유엔 기관이 인정한 셈으로 볼 수 있다고 해석하고 이 내용을 주변에 알렸다. 이를 스위스의 국제화해단체라는 한 비정부기구가 발표하자, 「마이니치신문」이 제네바발 뉴스로 보도했다. 이 기사는 다음 날 국내 여러 신문에 전재되었는데, 마치 유엔이 「을사조약」의 무효를 확인했다는 식으로 제목을 뽑아 보도했다.[137] 이 점이 확인될 경우 일제의 식민지배 전체가 불법한 군사 점령으로 간주된다는 해설도 덧붙였다.

이런 주장을 받아들이기 위해서는 몇 가지 확인할 사항이 있다.

첫째, ILC란 어떤 기관이고, 1963년 ILC 보고서의 정확한 내용은 무엇이었나?

「유엔헌장」은 "국제법의 점진적 발달 및 그 성문화를 장려"함을 총회의 목적 중 하나로 규정하고(제13조 제1항), 총회는 이 임무를 담당하기 위한 보조기관으로 ILC를 설립했다. 유엔 총회는 선거를 통해 각국의 저명한 법률가를 ILC 위원으로 선임한다. ILC의 입장은 통상 권위 있는 국제법 해석으로 간주된다.

ILC는 조약법에 관한 관습법 법전화를 우선 추진해야 할 주요 과제로 선정하고 설립 초부터 이 작업에 착수했다. ILC가 법전화 작업을 할 때는 주제마다 특별보고자를 지정해 그로 하여금 회의 기초자료를 준비하도록 한다. 다만 1950년대 말까지는 다른 일에 밀려 ILC에서 조약법 협약 성안작업이 별 진전을 보지 못했다.

1961년 영국인 월독H. Waldock이 조약법 협약을 위한 ILC 특별보고

137 「동아일보」, 1993. 2. 17., 2면; 「조선일보」, 1993. 2. 17., 2면; 「경향신문」, 1993. 2. 17., 2면; 「서울신문」, 1993. 2. 17., 6면; 「한겨레신문」, 1993. 2. 17., 2면 등.

자로 새롭게 선임되었다. 그는 1962년부터 자신의 작업 보고서를 위원회로 제출했고, 그때부터 ILC의 조약법 협약 성안작업이 본격화되었다. 월독은 1963년 제2차 보고서를 제출했는데,[138] 그 안에는 국가대표가 강박을 당해 표시한 조약 동의에 대해서는 무효를 주장할 수 있다는 취지의 조문 초안이 포함되어 있었다. 그는 이에 관한 주석에서 국가대표에 대한 개인적 강박을 통해 조약이 체결된 경우, 피해국이 그 조약의 무효를 주장할 수 있다는 점에 일반적 합의가 있다고 보았다. 과거 Harvard Research는 1773년 분할조약 수락을 요구한 폴란드 국회의원에 대한 강박, 1905년 보호조약 수락을 요구한 대한제국 황제에 대한 강박, 1915년 아이티 국회의원에 대한 미국의 강박을 예로 들고 있다고 설명했다.[139]

ILC는 특별보고자가 제출한 보고서를 바탕으로 조문 성안을 위한 토의를 한다. 국가대표에 대한 강박 조약이 무효라는 방향에는 위원회 내 이견이 없었으나, 이를 구체적으로 어떻게 표현할지에 대해서는 갑론을박이 벌어졌다. ILC는 1963년 회의에서 국가대표에 대한 강박 조약은 어떠한 법적 효과도 없다는 취지로 문언을 재정리했다. 이에 대한 주석 역시 월독 보고서와 동일하게 Harvard Research가 해당 사례로 위에 지적된 3개 조약을 열거하고 있다고 서술했다.[140]

그럼 Harvard Research가 무엇인가 하는 의문이 생길 것이다. 1930년 국제연맹은 대규모 국제법 법전화 회의를 개최했다. 이에 대비해 미국 하버드대학교 법과대학은 허드슨M. Hudson 교수 주재로 국제

---

138 UN Doc. A/CN.4/156 & Add.1-3(1963). *Yearbook of the International Law Commission*, Vol. II(1963), p.36 이하 수록.

139 *ibid.*, p.50.

140 *ibid.*, p.197.

법 각 분야에 관한 법전화 연구를 진행했다. 일부는 국제연맹 회의 전에 발표되었고, 연맹 법전화 회의가 별다른 성과를 올리지 못하고 종료된 이후에도 연구 작업이 계속되었다. 조약법 분야의 연구 결과는 1935년 발표되었다. 이 보고서는 모두 36개 조항으로 구성된 조약법 협약 초안Draft Convention on the Law of Treaties과 그에 대한 주석을 담고 있었다.[141] 이는 조약법에 관한 그때까지의 국제 실행과 각종 학술 연구를 폭넓게 조사·정리하고 있어서 조약법 연구에서 유용한 학술자료로 활용되어 왔다. ILC 보고서에서 언급된 Harvard Research는 이 1935년 보고서를 의미한다.

ILC는 특별보고자의 보고서를 출발점 삼아 자체 토의를 거쳐 조약법 협약에 대한 예비 초안을 마련한 뒤 이를 각국에 회람해 의견을 수렴하고, 이를 바탕으로 다시 토의를 거쳐 최종 보고서를 작성해 유엔 총회로 제출한다. 이런 과정을 거쳐 1966년 완성된 ILC 최종보고서 내 국가대표에 대한 강박 조항 주석에서는 위 3개 조약에 관한 언급이 모두 삭제되었다.[142] 유엔 총회는 1966년에도 조약법 협약에 관한 ILC 작업 결과에 감사를 표하고, 최종 보고서를 바탕으로 한 국제회의 소집을 결정했다[결의 제2166호(XXI)].

이상의 과정을 살펴보면 세간의 주장이 과연 맞는 소리인가 의심이 생긴다. 즉 1963년 월독 제2차 보고서와 ILC 보고서를 살펴보면, Harvard Research가 국가대표에 대한 강박 사례로 「을사조약」 등 3개 조약을 열거하고 있다고 소개만 했지, 그에 대한 별다른 평가는 내리지 않고 있다. 그래도 Harvard Research 내용을 소개한 사실은 당시

---

141 *Supplement to the American Journal of International Law*, Vol. 29(1935), p.653 이하.

142 *Yearbook of the International Law Commission*, Vol. II(1966), pp.245-246.

작성자의 심증을 나타낸다고 보인다. 그러나 수년간 ILC 자체 논의를 거쳐 완성된 1966년 최종 보고서에서는 「을사조약」 등에 관한 지적이 사라졌다. 삭제 이유에 관한 설명은 없으나,[143] 초기 보고서에 등장하던 「을사조약」이 최종 보고서에서는 삭제되었다면 ILC는 이를 적절한 예로 생각하지 않았다는 추론이 오히려 논리적이다. ILC 최종보고서는 외면한 채 중간 과정의 1963년 보고서만 주목해 유엔 기관이 「을사조약」의 무효를 확인했다는 주장은 억지 해석이다. 1963년 보고서 내용도 앞서 설명한 바와 같이 Harvard Research 내용을 단순히 소개하는 방식으로 서술하고 있을 뿐이다. 설사 「을사조약」이 최종 보고서 속 사례로 유지되었을지라도 보고서 설명에 등장하는 개개 사례까지 유엔 총회가 그 내용을 지지하고 확인했다는 해석은 지나친 비약이다.

둘째, 1963년 ILC 보고서를 유엔 총회가 접수하고 사의를 표하는 결의를 채택했다는 사실의 의미는 무엇인가? 이것이 유엔 총회가 ILC 보고서 내용을 지지했다는 의미로 해석될 수 있는가? 그러한 주장은 전혀 타당하지 않다.

유엔에서 총회는 전체 회원국으로 구성된 유일한 기관으로, 유엔 내 수많은 다른 기관은 매년 자신들의 업무 실적을 총회로 보고한다. 그러면 총회는 결의 형식으로 각 보고서를 접수하고 수고했다는 의례적 감사 표시를 한다. 이런 종류의 결의는 토론이나 표결 없이 사실상 자동 채택된다. 총회가 ILC와 같은 하위 보조기관의 보고서를 접수하고 감사를 표한다는 사실이 매년 책 한 권 분량에 해당하는 ILC 보고서 속 모든 내용에 대한 수락이나 지지 표시는 전혀 아니다. 총회에

143 1963년부터 1966년까지 ILC 공식 회의 과정에서 「을사조약」이 적절한 사례인가에 대해서는 아무런 논의가 없었다. 각국에 대한 의견 조회에서도 「을사조약」에 관해 언급한 국가는 없었다.

참석한 각국 대표 중 ILC 연차 보고서를 모두 읽고 결의에 참여하는 사람은 단 한 명도 없을 듯하다. 더구나 유엔 총회는「을사조약」에 대한 언급이 삭제된 1966년 ILC 보고서에 대해서도 그간의 작업을 치하하고 이를 바탕으로 하는 국제회의 소집을 결정했다. 이는 유엔 총회가 1963년 결의를 번복했다는 의미인가? 물론 아니다. 유엔 총회 결의는 작업 결과 제출에 대한 형식적·의례적 반응일 뿐이다. 이를 통해「을사조약」효력에 관한 일정한 판단이 내려졌다는 해석은 근거 없는 주장이다.

이상 유엔이「을사조약」의 무효를 확인했다는 주장은 출발점이 된 ILC 보고서의 성격이나 내용, 유엔 총회 결의의 성격 등 어느 측면에서 살펴봐도 근거 없는 소리에 불과하다.

한편 1935년 Harvard Research는 어떠한 판단에서 국가대표에 대한 강박 사례로「을사조약」을 지적했을까?「을사조약」체결 직후 레이 Francis Rey라는 프랑스 학자가 이 조약은 국가대표에 대한 강박 조약으로 무효라고 주장하는 논문을 발표했다.[144] 서양 학술지에 발표된 이 논문은 다른 국제법 학자들에 의해 인용되었고, Harvard Research 작성 시에도 참고했기 때문이다.

(28) 조약은 누가 비준하는가

"한미 방위비 분담금 조기 합의안, 국회 비준만 남겼다."

144 Francis Rey, La Situation internationale de la Corée, *Revue General de Droit international*, tome XIII(1906). 이 논문은 (서울대학교)『법학』제27권 제2·3호(1986)에 최종고·한창희 번역, "대한제국의 국제법적 지위"라는 제목으로 국내에 처음 소개되었다. 이는 이태진 편,『일본의 대한제국 강점』(까치, 1995)에 최종고·남효순 번역으로 일부 보완되어 다시 수록되었다.

"한·에콰도르 SECA 국회 비준, 국내 화훼농가 강력 반발"
"국제철도화물협정 국회 비준 조속 추진"
"FTA 국회 비준, 피해 대책 실효성과 연계해야."
"한-베 사회보험협정 승인, 국회 비준만 남아."

이러한 구절들은 출처를 일일이 밝힐 필요가 없을 정도로 조약 체결과 관련해 국내 신문에서 흔히 접할 수 있는 표현이다. 국내 언론매체를 보면 국제법상 틀린 용어를 사용하는 예를 종종 발견할 수 있는데, 아마 그중 가장 빈번하게 잘못 사용되는 용어가 '비준'일 듯하다.

'비준ratification'이란 조약에 대해 국가가 구속력을 받겠다는 동의의사를 최종적으로 확정해 통고하는 국제적 행위international act이다.[145] 즉 국가의 의사를 대외적으로 표시하는 행위로서, 이는 국가를 대외적으로 대표하는 기관만이 할 수 있는 행위이다. 우리 「헌법」 제73조도 "대통령은 조약을 체결·비준하고"라고 규정해 조약의 비준을 국가를 대외적으로 대표하는 대통령의 권한으로 규정하고 있다.

그렇다면 국회는 조약을 비준할 권한이 없는데도, 왜 국내 언론은 뜬금없이 국회가 조약을 비준한다고 표현하는 오류를 자주 범하고 있는가? 그 이유는 「헌법」 제60조 제1항 "국회는 상호원조 또는 안전보장에 관한 조약, 중요한 국제조직에 관한 조약, 우호통상항해조약, 주권의 제약에 관한 조약, 강화조약, 국가나 국민에게 중대한 재정적 부담을 지우는 조약 또는 입법사항에 관한 조약의 체결·비준에 대한 동의권을 가진다."는 내용이 잘못 알려진 데서 비롯되었다. 「헌법」 조항에도 엄연히 국회는 일정한 조약의 체결·비준에 대해 '동의권'을 가진다고 규정하고 있는데, 언론에서 비준과 동의를 착각하고 이를 혼용하고

145 「조약법에 관한 비엔나협약」 제2조 제1항 나.

있다. 국회 동의만 받게 되면 이후 조약 비준은 당연히 이루어진다고 생각하고, 동의와 비준을 뭉뚱그려 비준으로 표현하는 것이다.

비준은 국제적 행위이고 동의는 국내적 행위이다. 국회는 국가기관의 일부로서 국내적 행위를 할 권한만 있지 국가를 대외적으로 대표할 권한은 없다. 따라서 국회는 조약을 비준할 수 없다. 국회는 비준을 위한 중간 절차로서 동의권을 행사할 수 있을 뿐이다. 한국이 체결하는 조약 중 국회의 동의를 받아 성립시키는 조약은 전체 조약의 2할 남짓에 불과하다. 즉 대부분의 조약은 국회의 직접 동의 없이 대통령의 권한으로 체결되고 있다.

그런데 조약체결 과정에서 입법부의 동의를 비준으로 잘못 표현하는 일은 비단 국내 언론에서만 나타나지는 않는다. 영국에서 발간된 저명한 조약법 책에 의회의 동의를 비준이라고 표현함은 잘못이며 이는 주로 언론의 잘못에서 비롯된다는 지적이 있는 사실을 보면 이 같은 오류는 서양에서도 자주 발생하나 보다.[146] 국내 언론이 국회 비준이라는 잘못된 용어를 자주 사용하는 현상도 잘못된 외신 번역이 이유일 수 있다.

이 이외에도 국내 언론에서 국제법상 용어나 개념 중 자주 틀리게 사용하는 예로는 다음과 같은 표현들이 있다. 먼저 '치외법권'이라는 용어이다. 이는 문자 그대로 비록 위치가 국내라도 국내법률이 미치지 않는, 즉 법적으로는 일종의 외국이라는 의미이다. 치외법권인 외국 대사관, 치외법권인 외국 군함, 치외법권인 외국군 기지 등과 같은 표현을 언론에서 심심치 않게 발견할 수 있다. 그러나 국내에 소재한 외국 대사관, 외국 군함, 외국군 기지는 모두 치외법권이 아니며, 한국

146 J. Hill, *Aust's Modern Treaty Law and Practice* 4th ed.(Cambridge, 2023), p.115.

의 법률이 당연히 미치는 지역이다. 다만 이들에 대해서는 국제법상 상대국의 동의가 없는 한 원칙적으로 한국이 강제력을 행사할 수 없을 뿐이다. 치외법권은 19세기식 표현이며, 오늘날에는 치외법권보다는 상황에 따라 관할권 면제 등으로 표현함이 적절하다.

또 자주 나오는 오류 중 하나는 헤이그의 국제사법재판소가 국제범죄자를 처벌할 수 있는 기관인 듯 표현하는 일이다. 국내 법원은 민형사 사건을 모두 처리할 수 있으므로, 국제사법재판소도 당연히 개인을 형사처벌 할 수 있는 곳으로 착각하는 경우가 있다. 그러나 국제사법재판소는 국가 간 재판사건에 대해서만 관할권을 행사할 수 있지, 개인의 형사재판을 할 권한은 없다. 이와 별도로 2003년 국제형사재판소가 창설되어 중대한 국제범죄를 저지른 자의 형사처벌을 담당하고 있다. 국제사법재판소와 국제형사재판소 둘 다 네덜란드 헤이그에 소재하고 있어 양자를 같은 기관으로 혼동할 수도 있다.

형식적인 문제지만 국내 신문에서 자주 등장하는 오류 중 하나가 조약의 장chapter과 조항article을 혼동하는 일이다. 예를 들어 「유엔헌장」 '제7조'에 의해 안전보장이사회가 제재를 결의했다는 표현은 '제7장'의 오류이다. 제7장을 제7조로 표현하다 보니 그 아래 개별 조문을 표시할 때는 항으로 표시하는 경우도 적지 않았다. 예를 들어, 헌장 제7조 제51항은 제7장 제51조의 잘못된 표현이다.

이상은 국내 여러 언론에서 반복적으로 자주 등장하는 몇 가지 오류이다.

7
다양한 국제문제

(29) 국제형사재판소는 푸틴 대통령을 처벌할 수 있을까

국제형사재판소는 우크라이나 침략과 관련해 2023년 3월 17일 전쟁범죄 혐의로 러시아 푸틴Putin 대통령에 체포영장을 발부했다. 2024년 11월 21일에는 팔레스타인에서 자행된 인도에 반하는 죄와 전쟁범죄 혐의로 이스라엘 네타냐후Netanyahu 수상에 대해서도 체포영장을 발부했다. 국제형사재판소는 또한 마약과의 전쟁 과정에서 많은 수의 무고한 시민을 살해함으로써 인도에 반하는 죄를 저질렀다는 혐의로 2025년 3월 7일 필리핀 두테르테Duterte 전 대통령에 체포영장을 발부했고, 3월 11일 필리핀 당국에 체포된 두테르테는 국제형사재판소로 인도되었다. 그는 현재 네덜란드 헤이그에 수감되어 있다.

국제형사재판소는 어떤 기관이길래 현직 국가원수(정부 수반)인 러시아 푸틴 대통령이나 이스라엘 네타냐후 수상을 체포하겠다고 나서는가? 실현 가능성이 있는 시도인가? 푸틴 대통령이나 네타냐후 수상은 과연 국제형사재판소에서 처벌받게 될까?

전통 국제법 체제에서 개인은 국제법의 직접 적용을 받지 않았다.

그 결과 국제법을 위반한 개인에게 국제법 절차를 통해 책임을 물을 방법이 없었다. 아무리 중대한 범죄를 저지른 자라도 개인에 대한 책임 추궁은 각국의 국내 법정을 통해서만 가능했다. 제2차 세계대전 전범 처벌과 같이 특수한 상황에서 벌어진 범죄행위에 대해서만 특별재판소가 설치되어 예외적으로 국제재판이 진행되었다.

국제형사재판소는 1998년 7월 로마에서 채택된 「국제형사재판소에 관한 로마규정」(통상 '로마규정'으로 약칭)에 따라 2003년 출범한 인류 최초의 국제적 상설 형사재판소이다. 그동안 국제사회에서 활약해온 국제사법재판소나 국제해양법재판소 같은 기관은 원칙적으로 국가를 당사자로 하고, 국내법에 비유하면 민사적 분쟁에 관해서만 재판을 할 수 있다. 이들 기관이 개인을 형사처벌 할 권한은 없다. 국제형사재판소는 국제법을 위반한 개인의 형사처벌을 목적으로 하는 상설재판소라는 점에서 국제법에 혁신을 도입한 기구이다. 현재 당사국은 한국을 포함해 125개국이다. 대부분의 서유럽 국가는 당사국이나, 미국, 러시아, 중국이 가입을 외면하고 있어 아직 반쪽의 보편성만을 갖추고 있다.

국제형사재판소는 어떻게 운영되는가? 우선 재판부는 당사국 총회에서 9년 임기로 선출된 18명의 재판관으로 구성된다. 재판소 출범 이래 한국인 재판관이 1명씩 선임되고 있다. 국제형사재판소가 처벌할 수 있는 범죄는 제노사이드, 인도에 반하는 죄, 전쟁범죄, 침략범죄 네 가지 범죄에 한정된다. 즉 가장 중대한 국제범죄에 한해 재판권을 행사한다. 재판소는 이러한 범죄를 저지른 18세 이상의 자연인만을 처벌 대상으로 한다. 국가나 단체는 처벌 대상이 아니다.

국제형사재판소가 푸틴 대통령과 네타냐후 수상에게 체포영장을 발부했다는 사실은 그들의 범죄 혐의가 상당하다고 판단했기 때문이다.

러시아와 이스라엘은 로마규정 당사국이 아닌데 이들에 대한 재판과 처벌이 가능할까?

국제형사재판소는 원칙적으로 범죄 발생지국이나 범죄인 국적국 중 적어도 어느 한 국가가 로마규정 당사국인 사건에 관해 재판권을 행사할 수 있다. 러시아가 우크라이나를 침공한 2022년 2월에는 우크라이나도 로마규정 당사국이 아니었다. 그러나 우크라이나는 2014년과 2015년 자국 영역 내에서 발생한 범죄에 관해 국제형사재판소 관할권을 수락한 바 있다. 당사국은 아니나 일종의 임시관할권을 수락한 경우인데, 이를 통해 범죄 발생지국의 요건을 갖추었다. 우크라이나는 2024년 정식으로 로마규정을 비준했다. 팔레스타인은 2015년 로마규정 당사국이 되었으므로 범죄 발생지국의 요건을 갖추고 있다. 따라서 러시아와 이스라엘이 로마규정 당사국이 아닐지라도 범죄 발생지국인 우크라이나와 팔레스타인이 당사국 자격을 가지므로 이곳에서 벌어진 국제범죄에 대해 국제형사재판소가 관할권을 행사할 수 있다.

국제형사재판소가 우크라이나 침략이나 팔레스타인과 관련된 범죄를 처벌할 권한이 있다 해도 푸틴과 네타냐후에게는 여전히 추가적인 방어막이 있다. 국제형사재판소에서는 궐석재판이 인정되지 않기 때문에 반드시 피고인이 출석해야 한다. 푸틴과 네타냐후가 자발적으로 재판소에 출두할 리 없으니 국제형사재판소는 어떤 방법에 의해서라도 이들의 신병을 강제적으로 확보해야 재판을 진행할 수 있다. 국제형사재판소는 자체 경찰력이 없으므로 결국 개별 국가가 피고인을 체포해 재판소로 인도해야만 재판이 가능해진다. 즉 각국의 협조가 절대적으로 필요하며, 이러한 협조 없이는 재판이 불가능하다.

국제형사재판소가 푸틴 대통령의 신병을 확보할 방법이 있는가? 일단 러시아는 로마규정 당사국이 아니므로 재판소의 신병 확보 요청에 협조할 법적 의무가 없다. 러시아 정부가 자발적으로 자국 현직 대통령을 체포해 재판소로 넘겨줄 가능성은 없으므로 푸틴이 러시아 국내에 있을 경우 재판소로 인도될 위험은 없다.

푸틴 대통령이 해외 방문을 했을 경우는 어떠한가? 로마규정 당사국을 방문한 경우와 비당사국을 방문한 경우로 나누어 살펴본다. 비당사국은 재판소의 체포영장 집행에 협조할 법적 의무가 없다. 푸틴을 공식 초청한 국가가 법적 의무도 없는데 그를 체포해 재판소로 인도할 리 없다. 더욱이 현직 국가원수는 통상적인 경우 이른바 주권면제sovereign immunity 법리에 의해 외국 사법기관의 관할권에 복종하지 않는다. 푸틴은 외국에 체류 중이라도 현직 대통령으로서 관습국제법에 의해 현지 관할권으로부터 면제를 향유하므로 강제 구속을 당하지 않는다. 푸틴이 로마규정 비당사국을 방문할 경우 특별히 걱정할 일이 없다.

푸틴 대통령이 로마규정 당사국을 방문하면 어떻게 되는가? 로마규정은 국가원수와 같은 공적 지위자라 해도 국제형사재판소에서의 처벌을 피할 수 없다는 조항을 두고 있다(제27조). 국제형사재판소 처벌 범죄는 대부분 국가 최고위층 지도자에 의해 계획되고 실행된다. 이들을 처벌할 수 있어야 실효성을 가질 수 있다. 이에 국가원수나 정부 수반이라 할지라도 국제형사재판소의 재판을 받아야 한다는 규정을 특별히 마련하고 있다. 로마규정 당사국은 국제형사재판소의 수사와 기소에 최대한 협력할 의무가 있다. 이 조항에 따라 푸틴이 로마규정 당사국을 방문하면 재판소의 요청을 받은 당사국이 그를 체포해 인도할 가능성이 있다.

로마규정에는 이와 관련해 유의해야 할 특별한 조항이 하나 더 있다. “재판소는 피요청국이 제3국의 사람 또는 재산에 대해 국가면제

또는 외교면제에 관한 국제법상의 의무에 부합되지 않게 행동하도록 하는 인도청구 또는 지원요청을 진행시켜서는 아니 된다."(제98조 제1항) 언뜻 읽으면 의미 파악이 다소 어렵게 느껴질지 모르겠다. 요지는 로마규정 당사국은 재판소가 자국에 있는 특정인의 인도를 요청하면 최대한 협조할 의무가 있지만, 그 특정인의 인도가 국가면제나 외교면제에 관한 국제법을 위반하는 결과로 되는 경우 재판소는 인도청구를 할 수 없다는 취지이다. 다시 푸틴을 예로 들어 본다. 푸틴이 로마규정 당사국인 A국을 방문했다고 가정하자. A국은 상반된 의무를 지게 된다. 로마규정 당사국으로 A국은 푸틴에 대한 체포영장을 집행해 그를 재판소로 인도할 의무를 진다. 다른 한편 A국은 일반 국제법상 주권면제 법리에 따라 외국 국가원수인 푸틴에 대해 형사면제권을 인정해야 한다. A국은 어떠한 입장을 취해야 하는가?

적지 않은 국가들은 로마규정에 특별히 제98조 제1항이 마련된 취지를 생각하면 비당사국 국가원수인 푸틴을 체포해 인도할 의무가 우선할 수 없다고 주장한다. 그러나 국제형사재판소는 국가원수와 같은 공적 지위자라 해도 처벌을 피할 수 없다는 조항을 근거로 당사국의 체포영장 집행의무가 우선한다는 입장이다. 2015년 수단의 현직 대통령 알바시르al-Bashir가 아프리카연합 정상회의 참석을 위해 남아프리카공화국을 공식 방문했을 때도 이 문제가 제기되었다. 로마규정 당사국인 남아프리카공화국 법원이 그에 대해 한시적 출국금지 명령을 내렸다. 국제형사재판소에 인도할지 여부를 검토하겠다는 취지였다. 남아프리카공화국 정부가 정치적 곤란을 피하기 위해 알바시르를 황급히 출국시켜 버렸다. 그러자 국제형사재판소는 남아프리카공화국이 체포영장을 집행하지 않음으로써 로마규정을 위반했다고 판정했다. 이 일로 인해 남아프리카공화국은 로마규정 탈퇴를 표명했다가 번복하기도 했다. 2017년 알바시르가 아랍연맹 회의 참석차 요르단을 방문했을 때도 요르단은 체포영장을 집행하지 않았다. 재판소는 다시 요르단의 로마규정 위반을 선언했다. 이런 말썽을 피하기 위해 2023년 남아프리카공화국에서 개최된 브릭스(브라질, 러시아, 인도, 중국, 남아프리카공화국) 회의에 푸틴은 직접 방문하지 않고 영상으로만 참여했다. 2024년 9월 푸틴은 로마규정 당사국인 몽골을 공식 방문했다. 몽골은 푸틴을 크게 환대하고 체포영장은 무시했다. 결국 국제형사재판소의 체포영장이 발부된 국가원수는 로마규정 당사국 방문을 회피하거나 가게 되면 확실한 신변 보장을 전제로 방문하게 된다.

특히 아프리카 국가들은 비당사국 국가원수에 대해서는 관습국제법상의 주권면제가 우선 존중되어야 하므로 체포영장 집행 의무가 없다고 주장한다. 국제형사재판소는 자신에게는 그런 관습국제법이 적용되지 않는다는 입장이다. 이 문제에 대해서는 국제사회의 논란이 여전히 지속되고 있다.

현직 국가원수나 정부 수반 등이 체포되어 국제형사재판소 법정에 선 예는 아직 없다. 과거 세르비아의 밀로셰비치Milosevic 대통령에게 체포영장이 발부되었으나, 현직일 때는 집행되지 못했다. 그가 실각하고 정권이 교체되자 세르비아 신정부가 밀로셰비치를 체포해 재판소로 인도했다. 밀로셰비치는 재판을 받던 도중 사망함으로써 판결에는 이르지 못했다.

푸틴 대통령이나 네타냐후 수상 같은 현직 국가원수(정부 수반)가 국제형사재판소에서 실제 재판을 받게 될 가능성은 매우 희박하다. 일단 이들은 로마규정 당사국 방문만 피하면 안전하다. 당사국도 현직 외국 국가원수를 체포해 재판소로 인도한 예가 아직 없다. 그렇다면 국제형사재판소는 빛 좋은 개살구 같은 기관인가? 그렇지는 않다. 이들에게 체포영장이 발부된 의미는 적지 않다. 무엇보다도 그 나라 국민에게는 커다란 수치이다. 푸틴 대통령 같은 강대국 국가원수라도 해외 방문을 함부로 하지 못하고 신중히 골라서 가게 된다. 해당국 정부의 공식 초청을 받은 경우에도 그 나라 사법부는 다른 판단을 할 수 있기 때문이다. 이들이 현직을 떠나면 다음 정권이 체포에 협조해 세르비아의 밀로셰비치나 필리핀의 두테르테 같은 운명에 처할지 모른다. 후환을 걱정하지 않으려면 국가원수라도 항상 신중히 국제법을 지켜야 한다.

(30) 중국발 미세먼지에 대해 책임을 물을 수 있나

언제부터인가 중국발 미세먼지와 황사가 한반도로 몰려와 적지 않은 피해를 주고 있다. 이는 단순한 모래 먼지가 아니라 여러 가지 오염물질이 포함되어 피해를 가중시킨다. 정도가 심한 날은 노약자 외출 자제가 권고되며, 많은 사람이 눈이 따갑거나 목구멍이 매캐한 느낌을 받는다. 기관지 천식 같은 질병도 증가했으리라 짐작된다. 이로 인해 건강에 악영향을 받는다고 생각하는 사람이 많다. 서울에서는 1년에 몇 차례씩 일반차량 운행자제 권고가 내려지기도 한다.

2017년 4월 5일 최열 환경재단 대표 등 7명이 중국발 미세먼지로 건강상 피해를 입었다며 한국과 중국 정부를 상대로 1인당 300만 원씩 총 2,100만 원의 손해배상을 청구하는 소송을 서울중앙지방법원에 제출했다. 이들은 중국이 미세먼지를 허용 가능한 범위에서 관리할 의무가 있는데도 제대로 관리하지 않음으로써 국제규범을 위반했다고 주장했다. 다만 미세먼지의 원인을 정확히 밝히는 게 소송의 주목적이며, 배상금 청구는 상징적 의미만 지닐 뿐이라고 설명했다.[147]

147 「조선일보」, 2017. 4. 6., A12면.

인접국으로부터 국경을 넘어온 오염물질로 발생한 피해 때문에 국제분쟁이 일어난 사례가 적지 않았다. 인도네시아 밀림에서 발화한 화재 연기가 싱가포르나 말레이시아까지 날아가 심할 때는 항공기 운항이 지장을 받기도 했다. 이런 일이 연례적으로 반복되자 싱가포르는 인도네시아에서 오염을 유발하는 업체에 벌금을 부과하는 국내법까지 제정했으나 문제 해결에는 별 도움이 되지 않는다고 한다. 그렇다면 한국인 피해자가 중국 정부를 상대로 국내 법원에 소송을 제기하는 방법은 어느 정도 실효성이 있을까?

중국발 미세먼지나 황사에 대해 중국 정부의 법적 책임을 추궁하기 위해서는 극복해야 할 법적 장애가 적지 않다. 중국이 자국 영토 내 활동에서 발생하는 오염물질로 인해 인접국에 피해를 주지 않도록 적절한 조치를 취해야 할 국제법상 의무를 부담한다는 원칙에 대해서는 반론이 제기되지 않는다. 그러나 국가 간 월경피해를 초래하는 환경오염은 다양한 원인과 행동이 누적되어 발생하므로 구체적으로 한국이 중국의 행위에 의해 어떠한 피해를 입고 있다는 확정된 결론을 제시하기가 쉽지 않다. 그 이유는 다음과 같다.

첫째, 한국 상공의 대기오염물질 중 국내에서 발생한 부분을 제외한 순수하게 중국발 원인으로 발생한 정도를 확정하기 쉽지 않다. 한국 상공 공기의 질에 영향을 주는 오염물질의 일정 부분은 국내에서 발생하므로 국내 원인 부분에 대한 과학적 조사가 필수적인데, 이 점을 확정하기가 쉽지 않다. 한편 중국 방향에서 날아오는 오염물질 전부가 중국 발생은 아니다. 양은 적을지라도 몽골이나 다른 인접국에서 발원하는 오염물질이 함께 중국을 거쳐 한국에 영향을 준다. 이 중 중국의 책임 한도를 과학적으로 구분하는 일 역시 결코 간단하지 않다.

둘째, 중국발 요인을 구별할 수 있다고 가정해도, 자연적 원인에 의해 발생하는 부분에 대해서는 책임을 묻기 어렵다. 2025년 3월 미얀마에서 발생한 지진으로 방콕에서 신축 중이던 건물이 붕괴되는 사고가 발생했지만 태국이 미얀마에 이 사고 책임을 물을 수는 없다. 중국발 오염요인 중 자연 발생분과 인적 활동으로 인한 결과를 구분해야 하는데 이 역시 과학적 조사가 어렵다.

셋째, 중국발 오염요인의 대부분은 현지에서 개인의 합법활동(예: 자동차 운행)으로부터 기인한다. 이러한 결과에 대해 중국 정부에 위법행위의 책임을 귀속시키려면 중국 정부가 국제법에 따른 적절한 조치를 취하지 못했다는 상당주의의무 위반을 증명해야 한다. 그런데 중국 역시 대기오염을 심각한 문제로 인식하고 이를 줄이기 위한 여러 노력을 기울이고 있으며, 국제협력을 위한 동북아 다자간 협력체 참여나 공동 연구 등을 진행하기도 한다. 중국은 오염의 제1차적 피해국으로 나름 노력을 한다는 항변을 하며 관련 성과를 주장하기도 한다. 중국의 오염원 발생에 관한 구체적 자료를 입수하기 어려운 한국으로서는 중국의 국제책임 위반을 증명하는 자료를 제시하기가 쉽지 않다는 어려움에 부딪친다. 한국이 중국에 미세먼지에 대한 책임을 말하면, 중국 정부는 한국이 과학적 근거와 전문가적 분석 결과를 갖고 있냐고 오히려 큰소리친다.[148]

이상의 난관을 극복하고 한국이 피해에 대한 객관적이고 과학적 증거를 제시할 수 있게 되었다고 가정하자. 그다음 등장하는 어려움은 중국의 법적 책임을 추궁할 장場을 마련하는 문제이다. 유사한 월경오염 피해에 대해 국제재판이 진행된 대표적 사건으로 미국과 캐나다 간

148 「조선일보」, 2019. 3. 9., A2면.

트레일 제련소Trail Smelter 중재재판이 있다. 이는 양 당사국이 중재 회부를 합의했기 때문에 재판이 가능했다. 중국은 한국의 대기오염물질에 대해 자국 책임을 공식적으로 인정하지 않고 있으며 이를 제3자의 판단에 맡기려는 의사가 없으므로 이 같은 재판이 성립되기 어렵다. 중국이 소송에 응할 의무를 규정한 별다른 조약도 없다. 국제사법재판소와 같은 기존 국제재판소 활용도 양 당사국이 동의해야만 재판 회부가 가능하다. 한국 정부 역시 이 문제를 국제재판에 회부할 의지가 있는지 의심스럽다.

그렇다면 다음으로 생각할 만한 방안은 국내 소송 활용이다. 물론 중국 정부의 책임을 묻는 소송을 중국 국내법원에 제기하는 방법이 효과적 수단이 되리라고는 아무도 생각하지 않을 듯하다.

최후의 방안은 앞서 예로 들은 바와 같이 피해자인 한국인이 한국 법원에 중국을 피고로 하는 재판 청구이다. 국내 법원에서 주권국가를 피고로 하는 소송이라면 곧바로 주권면제라는 장벽에 부딪친다. 주권면제란 주권국가는 외국 법정에 스스로 제소하거나 자발적으로 응소하지 않는 한 외국 법원의 관할권에 복종하도록 강제되지 않는다는 원칙이다. 이는 확립된 관습국제법 법리이다. 따라서 중국을 피고로 하는 국내 재판에서는 주권면제 적용 예외에 해당하지 않는 한 중국이 소송을 거부하기만 하면 국내 법원은 재판권을 행사할 수 없다. 법원이 사건 내용 자체를 심리하지 않기 때문에 승패와 관계없이 미세먼지의 원인을 밝히려는 목적도 물론 달성될 수 없다. 위 제소에 대해 국내 법원에서도 다음과 같은 판결이 내려졌다.

"중국에서 발생한 미세먼지에 대한 피고 중화인민공화국의 책임회피, 정보 비공개 및 공유 거부 등 행위의 본질과 성격 및 그 법적 성질에 비추어 볼 때, 그 행위는 사경제적 또는 상업적 성질을 가지는 사법적私法的 행위라기보다는 공법적 행위로서 주권적 성격에 가까워, 우리나라 법원의 재판권으로부터 면제된다고 봄이 타당하다."[149]

(31) 중국에 COVID-19 확산 책임을 추궁할 수 있나

2019년 말 중국 우한시에서 본격화된 COVID-19가 전 세계를 강타하고 인류 일상생활에 엄청난 영향을 미쳤다. 중국이 COVID-19 발생에 책임이 있다거나, 발발 초기 이 사실을 은폐해 범세계적 확산을 초래했다며, 일각에서는 중국에 국제법상 책임을 추궁해야 한다는 주장이 제기되었다. 특히 미국에서 이러한 주장이 자주 등장했다. 트럼프 대통령은 2020년 9월 22일 유엔 총회 연설에서 중국 책임론을 강하게 제기했다.[150] 중국은 COVID-19의 범세계적 확산으로 인한 피해에 국제법상 책임을 져야 하는가?

국제법상 국가책임을 추궁하기 위해서는 국가의 국제의무 위반행위가 전제되어야 한다.[151] 그럼 COVID-19 확산 피해와 관련해 중국은 어떠한 국제 위법행위를 했는가? 중국의 국제 위법행위를 증명하는 데는 사실 확인에서부터 적지 않은 난관이 도사리고 있다.

첫째, 중국은 과연 COVID-19 발생에 책임을 져야 하나? COVID-19가 중국 우한시를 중심으로 본격 확산되었지만 최초 감염원은 아직도 명확히 밝혀지지 않고 있다. 중국 우한시 실험실에서 바이러스가 인공적으로 만들어졌다는 설도 제기되었으며, 중국 아닌 다른 국가 기원설도 주장되었다. 일단 과학계에서는 우한시 일대에서 자연발생으로 시작되었다고 보는 입장이 다수설이다. 이 경우 바이러스의

149 서울중앙지방법원 2020. 12. 11. 선고, 2017가합23139 판결.
150 「한겨레신문」, 2020. 9. 23., 16면.
151 ILC, 「국제위법행위에 대한 국가책임 규정」(2001) 제2조.

자연 발생 자체를 기원국의 국제 위법행위라고 보기는 어렵다.

COVID-19가 어디서 시작해 언제 최초로 인간에게 감염되었는가는 영원히 밝혀지지 않을 가능성이 높지만, 최소한 우한시가 본격 전파의 출발지라는 점에는 큰 이론이 없다. 중국이 초기에 우한시 일대 위생을 좀 더 철저히 관리했으면 좋았겠다는 뒤늦은 아쉬움은 있지만, 역시 이를 이유로 중국에 국제법 위반 책임을 지우기는 어렵다.

일단 발생한 COVID-19가 범세계적으로 확산되는 과정에서 중국의 국제의무 위반행위가 있었는가? 중국이 COVID-19 바이러스를 각국에 직접 공수해 퍼뜨리지는 않았다. 인간의 이동과 교류가 이를 국제적으로 확산시켰다. COVID-19가 발발한 직후 중국 정부가 신속히 내외국인의 출입국을 금지하지 않음으로써 바이러스의 국제적 확산을 막지 못한 책임을 져야 하는가? 출입국의 권리는 기본적 인권의 하나로 경솔히 금지시킬 수 없다. 출입국 허용이 국제법 위반이라고 할 수 없음은 물론이다. 세계보건기구WHO는 2020년 1월 30일 국제공중보건위기상황을 선포하면서도 "여행이나 무역제한을 권장하지 않는다."고 발표했다. 오히려 WHO는 중국 정부의 대처를 비교적 긍정적으로 평가한 바 있다. 이러한 WHO의 입장은 중국 책임론을 제기하기 더욱 어렵게 만든다.

당시 감염병 국제적 확산에 따른 타국의 피해 발생 문제를 직접 다루는 조약은 없었으며, WHO 협정이나 WHO가 제정한 국제보건규칙IHR에도 구체적 규정은 없었다.[152] 이에 관해 별다른 관습국제법도 확인되지 않는다. 이제까지 국가 간에 이러한 법적 책임을 추궁한 선

152 국제협력 의무를 강화한 WHO 개정 국제보건규칙이 2025년 9월 19일 발효되었다. WHO에서는 2025년 5월 20일 WHO 팬데믹 협약(Pandemic Agreement)이 새로 채택되었다. 그러나 이들 조치 역시 엄격한 의무를 부과하고 있지는 못하다.

례도 없다. 다만 국제보건규칙이 국제보건위기 상황으로 의심되거나 발전할 수 있는 경우에 직면하면 해당국은 WHO에 관련 정보를 신속히 제공하도록 요구하고 있는데, 중국이 초기 발병을 숨겨 이를 위반했다는 주장은 가능하다. 그러나 중국 역시 처음 겪은 COVID-19 사태라 초기 상황 판단이 쉽지 않았다는 항변을 할 수 있다. 과연 어느 정도나 중국의 보고 지연이 있었는지 확인하기 쉽지 않으며, 중국의 보고 지연이 타국의 손해와 어느 정도 인과관계가 있는지를 정확히 계산하기는 사실상 불가능하다.

우한시를 방문해 COVID-19에 감염된 일본인을 싱가포르에서 만난 영국인이 다시 감염되어 귀국했는데, 이것이 영국 전파의 원인이 되었다면 그 결과책임을 모두 중국에 귀속시킬 수 없다. 대부분의 국가에서 자국 내 최초 감염원 확인이 거의 불가능하다. COVID-19 확산에는 각국별 부실한 초기 대응이나 의료체계상 문제도 원인 중 하나로 지적할 수 있기 때문에, 발생한 손해에 대한 모든 책임을 중국에 지울 수 없다. 그렇다면 피해에 관한 인과관계를 증명해 기원국인 중국에 실질적 책임을 부과하기는 결코 쉽지 않다.

둘째, 설사 중국의 국가책임이 확인되어도 이를 어떻게 추궁하느냐는 또 다른 문제이다. 우선 생각할 수 있는 방법은 국제재판이지만, 중국의 자발적 수락이 없는 한 국제사법재판소를 포함한 어떠한 국제재판소도 이 사건에 대해 재판관할권을 행사할 수 없다. 중국이 이 사건을 위한 중재재판에 동의할 리도 없다. 당장 중국을 상대로 한 국제재판을 성립시킬 방법이 마땅치 않다. 그렇다면 국내재판은 대안이 될 수 있는가? 피해자들(또는 국가)이 중국을 상대로 자국 법원에 손해배상청구소송을 제기하는 방안이다. 실제 미국 법원에서 이러한 소송이 수십 건 제기되었다. 이 방안은 바로 주권면제라는 장애에 부딪친다. 주권국가는 외국법원의 관할권에 복종하도록 강제되지 않는다는 주권면제론은 중국을 위한 강력한 방파제가 될 것이다. 피고를 우한시나 이가 소속된 후베이성으로 한정해도 국가의 구성단위 역시 국가라는 법리에 부딪쳐 주권면제의 장애를 극복할 수 없기는 마찬가지이다. 마지막 가능성은 중국의 국내법원에서 국가를 상대로 한 손해배상소송을 제기하는 방안이다. 이 방안이 현실성 있으리라고는 아무도 생각하지 않을 듯하다.

COVID-19가 중국에서 시작되어 범세계적으로 확산되었지만, 유사한 다른 사례는 세계 어느 국가에서나 당장 또다시 발생할 수 있다. 그때마다 감염병 국제 확산의 국제법적 책임을 기원국에 묻는다면 국제교류는 아예 사라질지 모른다.

(32) 외국인은 COVID-19 검사를 받아라

2019년 말부터 전 세계로 퍼지기 시작한 COVID-19 바이러스는 인류의 일상생활에 커다란 충격을 주었다. 발생 초기에는 효율적인 대처법을 몰라 국제사회를 심각한 공포로 몰아넣었다. 각국은 출입국을 통제하고, 사람들의 집 밖 외출을 규제하기도 하고, 마스크 착용을 의무화했다. 학생들은 학교를 가지 못해 비대면 교육이 실시되었으며, 기업의 재택근무가 일상화되었다. 식당에는 자리마다 칸막이가 설치되어 혼밥, 혼술이 강제되었다. 한국에서도 초기에는 외국으로 출입국할 때마다 COVID-19 검사를 몇 번씩 해야 했고, 귀국 후 2주간은 무조건 격리되었다. 가족 중 COVID-19 환자가 발생해도 온 가족이 격리되었다. COVID-19 환자로 확진되면 신용카드, 교통카드 사용내역 같은 자료 제출이 강제되어 보건 당국이 당사자의 일상생활 동선을 파악하고 접촉자들을 일일이 조사했다.

COVID-19 사태는 인류가 일찍이 겪어 보지 못한 범세계적 보건 위기였다. 한국에서는 2022년 4월부터 모임의 인원수 제한이 해제되었고 식당 영업 방법이 자유화되었다. 2024년 5월부터 마스크 착용 의무가 완전 해제되었고 COVID-19 검사비 지원도 중단되었다. 해외여행자 숫자는 2024년이 되어서야 COVID-19 발생 직전인 2019년 수준으로 회복되었다.

COVID-19 사태가 한창일 때 국내에서는 이런 일이 있었다. 경기도는 2021년 3월 8일 도내 거주 모든 외국인에게 COVID-19 검사를 받으라는 행정명령을 내리고 위반 시 과태료가 부과된다고 발표했다. 서울시도 3월 17일 같은 내용의 행정명령을 내렸고, 다른 지자체에서도 유사한 조치가 취해졌다. 당시는 내외국인 모두 출입국할 때 COVID-19 검사가 의무화되어 있던 시기였으나, 국내 거주자에게는 특별한 사유가 없는 한 검사 의무가 부과되지 않았다. 그런데 국내 거주 외국인에게만 왜 이런 의무를 부과했을까? 국내 외국인들은 COVID-19 발병률이 한국인보다 크게 높았는가? 외국인은 COVID-19에 특히 더 취약하다는 증거가 있었나? 이런 조치에 대한 아무런 과학적 설명은 없었다. COVID-19 바이러스가 중국으로부터 국제적으로 확산되었고 해외여행자를 통해 국내 감염이 시작되었기 때문에 외국인에 대한 막연한 의구심이 출발점이 되었으리라 생각된다. 또한 외국인 근로자가 많은 일부 사업장의 경우 비위생적 환경으로 외국인 집단 발병이 있었다는 소식에 영향을 받기도 했으리라 생각된다. 당연히 주한 외국공관, 시민단체, 국내 외국인 커뮤니티로부터 근거 없는 차별 조치라는 항의가 제기되었다. 반발이 고조되자 서울시는 3월 19일 위 명령을 철회했다. 한편 정부 중앙사고수습본부 방역총괄반장은 외국인을 채용할 때 COVID-19 검사를 요구하는 방안

을 대안으로 제시하기도 했다.[153]

국내 거주자 중 외국인에게만 일률적인 COVID- 19 검사 강제명령을 내리거나 채용 시 외국인에게만 검사를 의무화함은 과학적 근거가 없는 국적에 기한 차별이다. 이는 외국인은 COVID-19 발병자가 많아서 되도록 기피해야 할 대상이라는 그릇된 편견을 조장하거나 외국인 혐오 감정을 유발시킨다. 이러한 조치는 우리 「헌법」의 평등권 조항은 물론, 한국도 당사국인 「인종차별철폐협약」과 「시민적 및 정치적 권리에 관한 국제규약」 위반이다. 국가인권위원회도 2021년 3월 22일 자 정책권고를 통해 시정을 요구했다.[154]

외국인에 대한 COVID-19 전수검사와 같은 차별적 조치를 행정 당국이 당연한 듯 결정하는 배후에는 한국 사회 특유의 외국인 편견이 자리 잡고 있다. 예를 들어, 많은 한국인이 국내 체류 외국인 범죄율이 내국인의 경우보다 크게 높으리라고 생각한다. 그러나 실제 인구당 국내 외국인 범죄율은 내국인 범죄율의 절반도 되지 않는다. 외국인들은 이곳이 본국이 아니므로 사소한 잘못이라도 저지르지 않으려고 조심하는 심리가 강하며, 특히 불법 체류자들은 억울하게 두들겨 맞아도 오히려 죄인인 듯 도망을 간다. 해외체류 경험이 있는 사람이라면 외국에서는 교통법규 하나라도 국내보다 더 착실히 준수하던 기억이 있을 것이다. 외국인이 현지 국민보다 범죄율이 낮다는 점은 거의 만국 공통이다.

그런데 왜 많은 사람이 외국인을 위험시하는 심리를 갖게 되었을까? 국내 언론에서는 다음과 같은 제목의 기사가 종종 등장한다.

---

153 「중앙일보」, 2021. 3. 18., A8면; 「조선일보」, 2021. 3. 20., A8면.

154 국가인권위원회, 지방자치단체의 이주노동자 코로나 19 진단검사 행정명령에 대한 정책권고(2021. 3. 22.).

"중국인 범죄, 심각 수준 넘어," "불법 체류자 늘자 범죄도 증가," "국내 외국인 범죄 급증 추세".

외국인의 강력범죄는 내국인 동종 사건보다 더 크고 선정적으로 보도된다. 이런 뉴스에 자주 접하면 자연스럽게 외국인은 위험한 사람들이라는 편견이 생기게 된다. 취업을 위해 국내 온 이주 노동자들은 대체로 한국보다 빈곤한 국가 출신이 많기 때문에 일종의 우월 의식이 자리 잡고 있기도 하다. 서구에서 온 외국인은 성적으로 더 문란하고 에이즈와 같은 감염병 보균자가 더 많으리라는 편견도 있다. 이러한 편견에서 출발한 사건이 있다.

미국인 A. Vandom은 2006년 봄부터 국내 대학에서 외국인 원어민 회화 전담강사로 근무했다. 한국 정부는 2007년 말부터 외국계 원어민 강의자에게는 계약 시마다 HIV/AIDS 및 마약 검사를 위한 의학 테스트 결과 제출을 요구했다. 단 한국인이거나 외국인이라도 한국계 재외동포에게는 동일한 검사가 요구되지 않았다. A. Vandom은 외국인에게만 HIV 감염 여부 등을 검사받으라는 요구는 근거 없는 차별이라며 이를 거부했다. 그녀는 체류기간 연장 허가를 받지 못했고, 더 이상 한국에 근무할 수 없었다. 그녀는 「시민적 및 정치적 권리에 관한 국제규약」 위원회로 개인통보를 제출했다. 위원회는 한국 정부가 제17조(사생활의 보호)와 제26조(법 앞의 평등)를 위반했다는 판정과 함께 시정조치를 취하라는 판정을 내렸다.[155]

L.G.(익명)는 뉴질랜드인으로 2008년 9월부터 1년 계약으로 울산의 한 초등학교에서 영어 원어민 교사로 근무했다. L.G.는 1년 후 재계약을 요청받았으나, HIV/AIDS 및 마약 검사를 거부하자 재계약이

---

155 CCPR/C/123/D/2273/2013(2018).

이루어지지 않았으며 결국 출국할 수밖에 없었다. 그녀는 이 같은 검사 요구가 인종차별이라고 주장하며, 인종차별철폐위원회로 개인통보를 제기했다. 인종차별철폐위원회에서도 한국의 협약 위반 판정이 내려졌다.[156] 이후 L.G.는 한국 정부를 상대로 손해배상청구소송을 제기해 승소했다.[157]

국내 언론에는 외국인 원어민 강사가 마약을 하거나 변태 행각을 벌였다는 기사가 종종 나온다. 한국인도 마약 범죄자가 있고, 똑같은 변태 행위를 하는 자가 있다. 그럼에도 혐의자가 외국인임을 강조하는 기사는 한국 사회가 필요해서 초빙한 외국인 원어민 강사 전부를 잠재적 범죄자나 위험인물이라고 보는 편견을 조장한다. 대책을 마련하라는 압력의 화살이 정부를 향하게 된다. 2007년 말 법무부가 위와 같은 강제검사를 요구하는 고시를 발표할 무렵 국내에는 약 2만 명의 외국인 원어민 강사가 근무했다. 그런데 2007년부터 2009년 사이 경기도 교육청에서 HIV/AIDS 양성반응으로 계약 해지된 원어민 교사는 단 3명에 불과했다. 이후에도 별다른 발견이 없었다. 이 정도의 수치라면 내국인 또는 한국계 교사의 양성반응과 의미 있는 차이도 없다. 결국 우리 사회 속의 근거 없는 편견을 바탕으로 만들어진 법무부 고시는 한국이 인권 후진국임을 국제적으로 알리는 역할만 했다. 이러한 국제판정을 계기로 한국 정부는 2017년 외국인 원어민 강사에 대한 HIV/AIDS 의무검사 제도를 폐지했다. 우리 마음속 편견도 같이 없어져야 한다.

---

156 CERD/C/86/D/51/2012(2015).

157 서울중앙지방법원 2019. 10. 29. 선고, 2018가단5125207 판결(확정).

(33) 유엔 본부는 왜 맨해튼에 자리 잡았나

전 세계 방송이나 신문 뉴스에서 많이 등장하는 건물 중 하나가 미국 뉴욕 맨해튼 이스트 45번가에 자리 잡은 유엔 본부이다. 이 건물은 뉴스 배경 사진으로 워낙 자주 보이므로 뉴욕을 가보지 않은 사람도 그 모습이 익숙할 정도이다. 유엔 본부 방문은 뉴욕을 여행하는 사람들의 필수 관광 코스 중 하나이며, 여행객은 이 건물을 배경으로 사진 한 장 정도는 찍고 온다. 유엔 본부는 언제부터 어떻게 그곳에 자리 잡게 되었을까?

제2차 세계대전 이후 국제질서의 큰 특징 중 하나는 유엔이라는 범세계적 기구가 활약하고 있다는 사실이다. 국제적으로 중요한 사건은 결국 몇몇 강대국 손안에서 좌지우지되고 있고, 유엔의 실제 역할은 기대에 못 미친다는 비판도 일리가 있지만, 여하간 오늘날 국제사회에서 유엔의 활동 범위는 생각 이상으로 광범위하다.

「유엔헌장」은 1945년 6월 샌프란시스코에서 채택되었고, 필요한 절차를 마친 후 그해 10월 24일 발효했다. 신설되는 유엔의 출범을 도울 준비위원회가 1945년 8월부터 영국 런던에서 소집되었다. 이 위원회가 할 일 중 하나가 "기구 본부의 항구적 위치에 관한 추천 준비"였다. 본부 위치로는 미국이 추천되었는데, 이 안은 준비위원회에서 유럽 국가들의 맹렬한 반발에 부딪쳤다. 영국과 프랑스로 대표되는 서유럽 국가들은 유엔이 국제연맹의 전통을 이어받아 계속 유럽에 본부를 두기를 원했다. 이러한 주장을 중국과 흥미롭게도 소련이 반대했다. 이들은 유엔 본부가 국제연맹과 마찬가지로 유럽에 위치하면 새로운 기구의 범세계적 성격이 손상되고 미국의 관심이 낮아질지 모른다고 우려했다.

당시 미국 정부는 유엔 본부를 미국에 적극적으로 유치한다기보다는, 만약 본부를 미국에 두겠다면 환영한다는 정도의 소극적 지지 의사만 표시하고 있었다. 미국 의회는 보다 적극적이어서 유엔 본부가 미국에 유치되기를 희망한다는 결의까지 채택했다.

사실 미국의 여러 도시가 유엔 본부를 유치해 자신이 세계의 수도로 발돋움하기를 희망했다. 런던 준비위원회가 열리는 동안 시카고 시장을 비롯한 미국의 여러 도시 대표가 회의장 부근으로 달려가 유치 운동을 벌였다. 「유엔헌장」이 채택된 샌프란시스코는 물론, 시카고, 필라델피아, 보스턴, 세인트루이스, 덴버, 마이애미 등 여러 곳에서 유치 사절을 파견했다. 중서부 와이오밍, 네브래스카, 사우스다코타 3개 주는 3각 접경 지구인 블랙힐Black Hills 중심부에 넓은 대지를 제공하겠다는 공동 제안을 했다. 유럽에서는 헤이그, 빈, 프라하 등이 후보지로 거론되었고, 아프리카 모로코 탕헤르와 중동 예루살렘도 언급되었다.

유엔 본부 위치를 미국으로 할지, 유럽으로 할지에 관한 논쟁의 배후에는 양측의 힘과 자존심 대립이 자리 잡고 있었다. 유럽 측은 20세기 두 차례 세계대전이 발발한 유럽 대륙이야말로 유엔과 같은 평화 기구가 자리 잡기 적당하다고 주장했다. 유럽 국가들은 유엔을 자신의 대륙에 유치함으로써 아직도 유럽이 세계의 중심임을 표시하고 싶어 했다. 반면 미국 지지론자들은 유엔 본부를 미국에 둠으로써 미국이 다시 고립주의로 회귀함을 방지해야 한다고 주장했다. 미국도 유엔 본부를 미국에 유치함으로써 자신이 새로운 시대의 주도자임을 알리고 싶어 했다.

준비위원회에서의 토의 결과 1945년 12월 15일 본부를 미국에 두자는 안이 찬성 30, 반대 14, 기권 6으로 통과되었다. 12월 28일 일단 미국 동부, 구체적으로는 보스턴이나 뉴욕 일원에 본부를 두기로 결정했다. 1946년 초 7인 조사위원회가 구성되어 두 도시 인근 후보지를 살펴보았다. 당시 유엔 관계자들은 국제적이면서도 어느 정도 전원풍인 교외 지역에 최대 40평방마일, 최소 2평방마일 크기의 부지를 원했다. 이들이 1차 후보지로 지목한 곳은 뉴욕 교외 부호들이 모여 사는 전원풍 지역이었다. 불가불 일정한 땅은 수용이 필요했다. 그러자 보수적인 이 일대 주민들이 거세게 반발했다. 결국 유엔은 선정위원회에 대안을 찾아보라고 요청했다.

그동안 유엔은 임시로 뉴욕 일대에 거처하기로 하고, 처음 몇 달은 맨해튼 북부 브롱스의 헌터 칼리지Hunter College라는 여자대학의 한 건물을 사용했다. 이 건물을 비워 줘야 하자, 다음에는 코니 아일랜드 지역으로 이사했다. 플러싱의 스케이트장 건물을 개조해 총회장으로 사용했다. 사무국은 레이크 석세스에 임시 거처를 구했다. 전쟁 중 자이로스코프 공장이던 건물이 이후 4년간 사실상 유엔 본부 역할을 했다.

부지 선정은 계속 난항을 거듭했다. 뉴욕 일원에서 후보지로 떠오르면 예외 없이 인근 주민들이 반대했다. 그러자 유엔 탄생과 인연이 깊은 샌프란시스코가 자신에게 오라며 재차 유치 운동을 벌였다. 그동안 위치 선정에 관해 중립적 입장만을 취하던 미국도 뉴욕 아니면 샌프란시스코도 고려하라고 권고했다. 미국 동부를 전제로 한 그때까지의 모든 합의와 기초조사가 백지화될 상황이었다. 그러자 원래 미국을 지지하던 소련마저 유럽에 본부를 두자며 입장을 바꾸었다. 그러나 1946년 11월 미국 중간선거에서 공화당이 득세하자 미국에서 고립주의 부활을 우려한 소련이 다시 미국 지지로 선회했다.

총회는 새로운 조사단을 샌프란시스코, 보스턴, 뉴욕으로 보내 각 도시 사정을 검토했다. 조사단이 여러모로 적극적인 샌프란시스코를 적임지로 추천하자, 이번에는 소련이 그렇게 먼 곳으로는 갈 수 없다며 반대했다. 민간항공이 발달하지 않은 당시, 소련 대표단이 유엔 본부로 가려면 유럽 대륙을 통과해 여객선으로 대서양을 건너 미국 동부 해안에 도착한 후, 다시 미국 대륙횡단 열차를 타고 캘리포니아로 가야 했기 때문이다. 영국은 필라델피아를 지지했고, 미국은 일단 동부 지역에 본부를 두자고 주장했다.

기진맥진 지친 선정위원회는 1946년 12월 11일 미국 상원의원 W. 오스틴Austin을 통해 미국 부호 록펠러Rockefeller가 보내 온 편지 한 통을 전달받았다. 록펠러는 850만 달러를 기부하겠으니, 이 돈으로 맨해튼 이스트 42번가부터 48번가 사이 여섯 블록을 사서 본부 부지로 활용하라고 제안했다. 당시 그곳은 대부분 빈민가였다. 그 지역은 이제까지 유엔이 바라던 모습과는 철저히 반대되는 곳이었다. 전원풍 지역과는 달리 혼잡한 도시 지역이었고, 희망했던 넓이에 비해 너무 좁았다. 미국풍의 영향을 덜 받으며 국제적 장소로 발전하기에는 모든 조건이 맞지 않았다. 그러나 유엔은 뉴욕에 임시로 머물면서 자신들도 모르게 뉴욕 도심에 익숙해지고 있었다. 록펠러의 제안을 검토한 끝에 유엔 총회는 1946년 12월 14일 찬성 46, 반대 7로 수락하기로 결정했다[총회 결의 제100호(I)].

록펠러센터의 건축가인 W. 해리슨Harrison이 설계 책임자로 임명되었고, 수 개국 건축가가 합동으로 설계에 참여했다. 1947년 5월 중순에는 약 6,500만 달러의 건축비가 소요될 최종안이 확정되었다(이는 곧 6,800만 달러로 증액). 미국이 이 자금을 무이자로 대여해 주기로 했는데, 의회의 최종 승인이 1년도 넘게 걸려 1948년 8월에나 통과되었다. 1948년 9월 드디어 기공식을 갖고 건축이 시작되었다. 1952년 마지막 건물인 총회장이 완성되었다.

이후 70년이 넘는 세월 동안 본부 건물은 방문자에게 유엔의 상징으로서 강한 인상을 심어 왔다. 유엔 본부는 얼핏 큰 특징 없는 외관의 건물이지만 뉴욕 관광객에게는 빠뜨릴 수 없는 사진 명소로서 역할을 톡톡히 해 왔다.

(34) 역사의식과 법률가의 고민

노예제와 노예무역 실행은 과거 역사의 한 시기 동안 국제사회에서 흔히 볼 수 있는 모습이었다. 19세기 초엽까지 서구 국가들은 아프리카 노예 사냥과 연행된 노예들의 노동을 통해 막대한 경제적 이익을 누렸다. 이 잔혹한 행위가 장기간에 걸쳐 수많은 비극과 아픔을 야기했음은 새삼 말할 나위도 없다.

오늘날 노예제 금지는 국제법상 강행규범의 일부로 인정되고 있다.[158] 이제는 노예제와 노예무역이 과거의 국제법상 금지되지 않았기 때문에 그 당시에는 문제 없었다고 강변하는 사람도 없다. 노예제와 노역무역은 과거에도 발생하지 말았어야 할 과오였다는 역사적 평가가 내려져 있다. 2001년 유엔 세계인종차별철폐대회에서 채택된 「더반선언」 제13항은 노예제와 노예무역이 오늘날 인도에 반하는 죄에 해당함은 물론 과거에도 그랬어야 했다고 공언했다.[159]

그렇다면 과거에 저질러진 과오는 오늘날 법적으로 어떻게 평가되어야 하는가? 노예제와 노예무역을 실시한 과거의 가해국은 이제라도 법적 책임을 져야 하는가? 노예제와 노예무역 피해에 대해 배상해야 한다면 누가 누구에게 책임져야 하는가? 배상받을 주체는 조상이 노

158 ILC, 「일반국제법상 절대규범(강행규범)의 확인과 법적 효과」 부속서 바항(2022).
159 The Durban Declaration and Programme of Action, para.13.

예로 끌려와 각국에 정착하게 된 후손들인가, 그들의 고향마을이 있던 오늘의 국가인가? 과거 노예 상인의 국적국이 배상 책임을 져야 하는가, 노예 제도를 운영했던 국가가 배상 책임을 져야 하는가?

오늘날 무력을 통한 영토 취득은 국제법상 불법이요 무효라는 데 이론이 없다. 침략금지 역시 국제법상 강행규범 중 하나로 인정되고 있다.[160] 무력으로 타국을 침략하는 행위는 국제범죄이다. 그러나 20세기 초반까지 전쟁은 국가의사를 관철시키는 일상적인 방법 중 하나였다. 당시 국제법은 국가 간 무력사용을 규제하지 못했다. 제국주의 시대 영국과 프랑스 등 서구 열강은 우세한 무력을 바탕으로 아시아와 아프리카에 넓은 식민지를 확보하고 이민족을 지배했다. 일본이 조선을 식민지화하고 중국에 만주국을 수립한 행위도 제국주의 열강의 행동을 그대로 본뜬 결과였다. 그러나 과거의 국제법이 국가 간 무력사용을 규제하지 않았다는 이유로 제국주의 시대 침략과 식민지배가 합법적이었다고 강변하기는 어렵다. 식민주의 역시 다시 발생하지 말아야 할 역사적 과오였다는 점에 아무런 반론이 없다.

그렇다면 과거 무력을 통해 타국 영토를 빼앗은 국가는 이제라도 이를 반환해야 하나? 국가는 역사 속에서 끊임없이 탄생하고 소멸하고 국경도 끊임없이 변경된다. 무력을 통한 과거 영토 취득 결과를 원상회복해야 한다면, 언제를 기준으로 영토를 돌려주어야 하나? 오늘날 대부분 국가에서 과거 전쟁을 통해 자국 영토를 넓게 확장한 지도자를 민족의 영웅으로 칭송하며 그 시기에 대해 민족적 자부심을 느끼는 현상과는 어떻게 조화를 이룰 수 있는가?

역사학에서는 과거를 오늘로 소환해 오늘의 기준에서 지난날에 대

160 ILC, 「일반국제법상 절대규범(강행규범)의 확인과 법적 효과」 부속서 가항(2022).

한 평가를 내린다. 그것을 역사학의 당연한 임무라고 생각하며, 우리는 그로부터 역사의 교훈을 배운다. 역사의 교훈을 배우는 데 있어 문제의 행위가 당시의 법에 따르면 합법이었는가 불법이었는가는 그다지 중요하지 않다.

반면 법의 세계에서 과거 행위는 당시 법에 의해 판단되어야 하며, 이를 오늘의 기준에서 재평가하는 작업은 불소급 원칙을 통해 금기시한다. 사회 변화와 함께 법도 항상 변화한다. 오늘의 합법이 내일 불법이 될 수 있으며, 오늘의 불법이 내일에는 합법으로 될 수도 있다. 따라서 이미 지난 일들을 오늘의 법을 기준으로 재평가하고 그에 대한 법적 책임을 새롭게 묻는다면 법질서의 안정성은 사라지게 된다. 새롭게 강자로 등극한 자는 억울한 자신의 과거를 다시 심판하자고 요구할 것이다. 역사적 정의 실현이라는 명분 아래 과거사에 대한 끊임없는 책임 추궁이 따르게 된다. 국제질서는 끝없는 혼란의 연속이 된다.

이에 불소급 원칙은 법운영의 기본원리 중 하나이다. 그러다 보니 유엔 총회에서 채택한 「국가 간 우호관계에 관한 국제법 원칙 선언」(1970년)은 무력에 의한 영토 취득을 불법이라고 규정하면서도, 「유엔 헌장」 체제 이전 국제 합의는 이에 영향받지 않는다고 첨언했다.[161] 더반 세계인종차별철폐대회에서 제3세계 국가들은 노예제와 노예무역에 대한 과거 가해국의 책임 인정과 사죄를 얻으려고 노력했으나, 논란 끝에 이 점은 선언문에 언급되지 않았다. 이는 역사와 현실 간 불가피한 타협이었다. 역사적으로 명백한 과오라도 이를 오늘의 법률문제로 삼으려면 여러 가지 난관이 가로막는다.

161 Declaration on Principles of International Law concerning Friendly Relations and Co-operation among States in Accordance with the Charter of the United Nations. UN GA Resolution 2625(XXV)(1970).

한민족은 19세기 후반부터 20세기 중반까지 평탄한 삶을 살지 못했다. 구한말 외세 압박에 시달리다 급기야는 일제 식민지로 전락해 35년 동안 질곡의 생활을 했다. 광복 후에는 남북 분단과 6·25전쟁을 거치면서 냉전의 제일선에서 민족 대립을 계속했고, 아직도 민족국가로서의 통일을 이루지 못하고 있다. 자연 우리에게는 과거 역사에서 비롯된 오늘의 현안이 적지 않다.

무력 위협을 통한 조선의 식민지화라는 지난 역사가 반복되지 말아야 할 잘못이었다는 점에는 한일 간 큰 이견이 없다. 이와 관련해서 국내에서는 일제가 조선을 식민지화하는 과정에서 체결된 1905년 「을사조약」이나 1910년 강제 합병조약이 무효라는 연구와 주장이 활발하다. 이러한 주장이 역사학계에서부터 적극적으로 제기되었다는 점은 결코 우연이 아니다. 역사가들은 120년 전 과거 사실에 대해 오늘의 관점에서 정당한 역사적 평가를 내리려 하기 때문이다.

그러나 1910년 강제 합병조약이 당시에도 법적으로 무효였는가에 대해서는 한일 양국 정부와 학자들 간 여러 이견이 존재한다. "1910년 8월 22일 및 그 이전에 대한제국과 대일본제국 간에 체결된 모든 조약 및 협정이 이미 무효임을 확인한다."라는 1965년 「한일기본관계조약」 제2조 해석과 관련해서 한국 정부는 "당초부터 효력이 발생되지 않는 것이며, '이미'라고 강조되어 있는 이상 소급해서 무효null and void"라는 입장이다.[162] 그러나 일본 정부는 이 조항이 과거 한때 유효하게 성립되었던 조약들이 국교 정상화 시점에서는 이미 무효가 되었음을 확인하는 의미라고 해석한다.[163] 적어도 당시 국제법상으로 한일 합병조약

162 대한민국 정부, 『한일회담백서』(1965), 19쪽.

163 福田博·基本關係, 『時の法令別冊 日韓條約と國內法の解說』(1966), 13-14쪽.

이 위법하지는 않았으며, 위법이었다는 주장은 오늘의 판단기준을 소급적으로 적용한 결과에 불과하다고 생각한다. 부당했을지는 모르나 위법하지는 않았다는 이른바 '적법 부당론'이다.

그러자 이에 대항하기 위해 1905년 및 1910년 조약이 '당시의 국제법'상으로도 위법했음을 입증하려는 연구가 상당 수준 진행되었다. 실제로 당시의 조약 체결 절차상으로 여러 가지 법적 하자가 존재했음이 재발굴되기도 했으며, 이를 바탕으로 '위법 부당론'이 입증되었다고 주장되었다. 그러나 당시의 국제법이란 근본적으로 제국주의 세력의 팽창을 뒷받침하던 법적 도구였다. 당시의 국제법은 무력사용 결과의 위법성을 충분히 평가할 수 없었다. 그러한 상황에서 병합조약 체결 절차상 하자를 근거로 적법 부당론자들을 설득시키기는 쉽지 않을 듯하다.[164] 적법 부당론자들은 그 정도의 절차적 하자가 제국주의 시대의 병합을 무효화시킬 정도로 중요한 흠이라고 생각하지 않기 때문이다.

역사학자들은 일제가 조선을 그 의사에 반해 강제로 병합하고 35년간 식민지배를 한 행위가 적법했었느냐를 가지고 아직도 논란을 벌이는 사실에 답답해하리라 생각된다. 과거 제국주의 열강의 식민주의가 역사적 잘못이었다는 점에 누구도 이의가 없는 오늘날, 누가 병합조약이 당시에는 합법적으로 성립되었다고 강변하냐며 분통을 터트려도 이해가 간다. 그러나 소급효 금지 원칙은 과거 행위를 법적으로 평가하기 위해 오늘의 법학자를 과거 시대로 보내 그 시점에서 판단하라고 요구한다. 역사가가 과거를 오늘로 소환해 지금의 관점에서 판단하는 방식과 정반대이다. 그렇다면 1910년 강제 합병조약에 대한 국제법적 평가에서 '위법 부당론'과 '적법 부당론'은 어느 쪽도 상대방을 설복시

164 이에 대한 회의론으로 김용구, 『세계관 충돌의 국제정치학』(나남, 1997), 279쪽.

키지 못하고 계속 평행선을 그릴 듯하다.

이쯤 되면 국제법 전공자 중에는 상념에 잠기는 이가 생긴다. 법률 운영에서 소급효 금지 원칙의 필요성에 물론 공감하나, 이것이 한편으로 과거의 부정의不正義를 역사 속에 봉인해 버림으로써 오늘의 정당한 평가로부터 도피를 방조하는 수단이 되기도 하기 때문이다. 그렇다고 해도 1910년 타임캡슐 속에 봉인된 병합조약이 체결 당시의 국제법상으로도 위법 무효였다는 주장을 과연 제3국 학자들이 얼마나 흔쾌히 동의해 줄지 의문이 든다. 그렇다고 하여 무작정 법에 대한 시간의 봉인을 풀 수도 없다. 이는 판도라의 상자를 여는 행위와 같은 결과를 가져오게 된다. 법이 지난 역사를 어떻게 다루어야 하는가는 늘 어려운 문제이다.

두만강 하단의 녹둔도 문제를 다시 생각해 본다. 조선은 이 섬을 적어도 19세기 중엽까지 400년 이상 자신의 영토로 지배했다. 어느 나라도 조선의 영유권에 이의를 제기했던 적이 없다. 그러나 현지 실정에 어두운 청과 러시아 사이 1860년 「베이징조약」을 통해 녹둔도는 러시아령으로 인정되었다. 쇠약한 조선은 뒤늦게 이 사실을 알았지만 별다른 항의를 하지 못했다. 이로부터 100년도 더 지나 한국의 한 역사학자가 1860년 「베이징조약」에 의해 녹둔도가 위법부당하게 러시아령으로 되었음을 재발견했다. 이후 국내에서는 녹둔도 회복 운동이 시작되었다. 그러나 북한이 러시아와 1985년 두만강을 국경으로 하는 국경선 조약을 체결해 결과적으로 연해주 쪽에 연륙해 있던 녹둔도 지역을 러시아령으로 확인했다.

녹둔도는 조선 초기부터 조선령이었고, 19세기 말 러시아령이 된 직후에도 녹둔도 주민은 모두 조선인들뿐이었다. 본래 하중도였던 녹둔도가 두만강 흐름이 변경되어 연해주 쪽으로 연륙되지만 않았다면 이러한 문제가 애초부터 발생하지 않았다. 또 1860년 「베이징조약」을 협상하던 청과 러시아 실무자들이 현지 실정을 정확히 알았더라면 녹둔도를 러시아령으로 만들지 않았을지 모른다.

역사적으로 보면 녹둔도는 당연히 한민족의 영토가 되어야 한다. 그러나 한반도가 대한민국에 의해 통일이 되어도 국제법적으로 녹둔도를 되찾기는 이제 어렵게 되었다고 앞서 설명한 바 있다. 국제재판을 해도 승소 가능성은 없다. 실현 가능성도 없는 일에 매달려 러시아와 새삼 분쟁을 일으키는 일은 현명하지 못하다고 조언을 하면 국내 여론은 역사의식 없는 한심한 법학자라며 비난함이 보통이다. 그러면 대외적으로는 통하기 어렵더라도 국내용으로나마 녹둔도 회복의 당위론과 함께 가능론도 시원하게 주장해야 민족의식이 분명한 애국자인가? 이럴 때 국제법 전공자로서 다시 고민에 빠진다. 과연 무엇이 우리 사회를 위하는 길인가?

비자 없이도 외국을 방문할 수 있다 6

유럽 여행을 가 본 사람은 누구나 여권만 갖고 있으면 별다른 절차 없이 이 나라 저 나라를 넘나들었던 경험이 있을 것이다. 국경을 통과할 때 한국 여권임을 확인하면 입국 도장조차 찍지 않고 그냥 들어가란다. 누구도 외국에 입국할 권리는 없다고 하는데 어떻게 우리는 그리 쉽게 외국으로 입국할 수 있는가? 그 배후에는 한국 정부가 체결한 수많은 비자면제협정이 작동하고 있기 때문이다.

외국에 입국하기 위해 통상적으로는 사전에 입국허가(비자)를 받아야 한다. 이는 외국인을 입국시킬지 여부를 사전에 심사하는 제도이다. 그 사람을 입국시켜도 자국에 별달리 해가 될 일을 하지는 않을지, 약속된 일정만 마치면 다시 출국할지 등을 미리 판단한다.

그런데 오늘날과 같은 국제교류 시대에 외국에 단기간 입국할 때마다 매번 입국허가를 받아야 한다면 번거로운 일이 아닐 수 없다. 급한 용무로 외국을 갑자기 방문해야 하는데 비자를 받느라고 며칠씩 지체하다가 낭패를 당할 수도 있다. 며칠 관광이나 회의 참석만 할 사람들에게는 좀 더 간이한 절차를 적용할 수 없을까? 이래서 발달한 제도가 비자면제협정이다.

비자면제협정은 서로 신뢰할 만한 국가 사이에 제한된 기간 동안만 방문하려는 상대방 국민에게는 사전에 비자 받기를 요구하지 않고 그냥 입국시키기로 하는 약속이다. 이는 상대방 국민을 그냥 입국시켜도 불법체류와 같은 위법행위를 하지 않으리라는 신뢰가 높은 경우에만 적용이 가능한 제도이다. 비자면제협정이 체결된 경우 나라마다 다르지만 대체로 짧으면 2주 길면 6개월 정도까지의 단기 방문자에 대해 비자를 요구하지 않는다. 다만 그런 경우라도 개인적 사정을 이유로 체류가 바람직하지 않다고 판단되는 사람에게는 입국을 거절할 수 있다. 반드시 비자면제협정이 체결되어 있지 않아도 양국 간 합의를 통해 무사증 입국을 허용하는 경우도 있다.

국제항공운송협회IATA 자료를 바탕으로 작성된 헨리여권지수Henley Passport Index에 따르면, 2025년 1월 기준 한국은 세계 190개 국가(또는 지역)에 사전 비자 없이 입국할 수 있다. 한국은 싱가포르(193개국)에 이어 여권 파워 제2위 국가이다(일본과 같은 순위). 그중 38개국은 형식상 비자를 요구하나 한국인이 현지 공항에 도착하면 즉석에서 입국비자를 발급하기 때문에 사실상 비자면제국으로 분류되고 있다. 따라서 한국인은 관광이나 회의 참석, 거래 상담 등을 위해 단기간 외국을 방문하려는 경우 우리가 통상 알고 있는 대부분의 국가로 사전 비자 없이 입국할 수 있다. 이는 국제사회에서 한국과 그 국민에 대한 신뢰도가 그만큼 높다는 사실을 의미한다.

그렇다고 여권만 달랑 들고 무작정 출국을 해서는 안 된다. 아직 파키스탄, 쿠바, 리비아 등 세계 31개국에 입국하기 위해서는 사전 비자가 필요하다. 그 3분의 2 이상이 아프리카 국가이다. 비자면제는 상호주의적으로 적용되는 경우가 많은데, 그런 국가들은 아직 한국으로 무사증 입국을 허용할 정도는 안 된다고 판단되어 비자면제 합의가 성립되지 않았기 때문이다. 한국은 현재 세계 112개국(지역) 국민에게 무비자 입국을 허용하고 있다.

시간과 돈만 있으면 언제라도 훌훌 해외여행을 다닐 수 있는 자유, 이를 실현시켜 주는 국제법상 제도가 비자면제협정(합의)이다.

외국을 방문해 자동차를 운전할 수 있다 7

일상생활에서 자동차 운전이 일반화된 지 이미 오래이다. 외국을 방문했을 때 공항에 도착하자마자 1층 로비의 렌터카 업체에서 차를 빌려 호텔로 직접 운전해 간 경험이 있는 사람이 적지 않다. 여행객이 난생처음 간 나라에서 현지 운전면허증 없이 바로 운전을 할 수 있으니 얼마나 편리한 세상인가! 이런 즐거움을 종종 누리는 사람도 이 같은 일이 어떻게 가능한지는 생각해 보지 않았을 것이다.

자동차 운전면허증은 개별 국가가 발급한다. 외국에서 운전을 하려면 원칙적으로 현지 면허를 취득해야 한다. 나라마다 도로교통 법규나 사정이 조금씩 다를 수 있기 때문이다. 그런데 며칠 머물 단기 방문자가 현지 운전면허증을 취득할 수는 없다.

이에 유엔 주도로 1949년 제네바에서 「도로교통에 관한 협약Convention on Road Traffic」이 채택되었다. 이에 따르면 당사국들 사이에서는 1년 이내 기간 동안 서로의 운전자격을 인정하기로 했다. 자기 나라 운전면허증이 있는 사람은 출국 전에 공통된 규격의 국제운전면허증을 발급받아 이를 같이 휴대하고 협약 당사국을 방문하면 현지 면허증이 없어도 운전을 할 수 있게 되었다. 현재 103개국이 이 협약의 당사국이며, 한국은 1971년 가입했다. 미국과 유럽 국가 대부분이 당사국이다. 실제로는 이 협약의 국제운전면허증을 인정해 주고 있는 비당사국도 있기 때문에 한국 운전면허가 있는 사람이 운전할 수 있는 국가는 더 많다. 국제운전면허증을 소지한 외국인이 한국을 방문하면, 한국 면허증 없이도 1년 동안 운전할 수 있다.

1949년 협약을 보다 강화하기 위해 1968년 다시 「도로교통에 관한 비엔나 협약」이 채택되었다. 1968년 협약에 가입하면 1949년 협약을 대체하는 효과가 발생한다. 이 협약은 현재 91개국이 당사국인데, 한국은 아직 비준하지 않았다.

몇 년 전부터 원하는 사람에게는 한국 면허증 뒷면에 동일한 내용을 영문으로 표기해 준다. 이를 보통 영문 운전면허증이라고 하는데, 이는 어디까지나 한국 면허증이므로 그 효력 인정 여부는 상대국에 달려 있다. 현재 68개국에서 한국 영문 면허증을 국제운전면허로 인정해 일정 기간 운전을 인정해 준다.

이와는 별도로 외국에 좀 길게 체류해야 하면 아무래도 현지 면허증을 받는 편이 여러모로 편리하다. 한국에서 십수 년을 큰 사고 없이 잘 운전해 왔는데, 초보자와 똑같이 현지시험을 보라 하면 솔직히 번거롭고 귀찮다. 그런데 현재 139개 국가(지역)에서는 한국 운전면허증이 있으면 시험 없이 그 나라 면허증을 발급해 준다. 26개국은 한국과 협정을 체결해 이를 시행하고 있고, 나머지 국가들은 별도 협정 없이 정부 간 협의를 통해 인정해 준다.

외국을 방문해 운전을 한 경험이 있는 사람이 꽤 많다. 그 사람은 돈을 내면 당연히 차를 빌릴 수 있다고만 생각하지, 그 배후에 「도로교통에 관한 협약」을 비롯 여러 국가 간 협정과 합의가 작동하고 있는 줄은 몰랐을 것이다. 일반인들이 그런 내용을 일일이 알 필요도 없다. 국민의 편의를 위해 국제법이 작동하도록 정부가 알아서 준비하면 된다.

외국에서도 같은 교통표지판을 만나게 된다 8

어느 나라에서나 운전을 하려면 그 나라의 도로교통법규를 알아야 한다. 운전자를 위한 중요한 안내 사항은 도로의 교통표지판을 통해 표시된다. 예를 들어 최고 속도의 상한은 통상 붉은 원 속에 숫자로 표시된다. 만약 어느 나라에서는 도로에서의 최저 속도를 그런 방식으로 표시하고 있다면 자국의 표시방법과 혼동한 운전자는 큰 사고를 낼 수 있다. 그런데 외국에서 운전을 해보면 각국의 교통표지판이 상당히 통일되어 있음을 알게 된다.

운전할 때 도로 중앙선은 절대 넘어서는 안 된다. 넘을 수 없는 중앙선은 눈에 띄기 쉽게 노란 실선으로 그려져 있다. 그런데 우리나라뿐만 아니라 프랑스나 이집트를 가도 넘을 수 없는 중앙선은 노란 실선으로 그려져 있다.

운전을 하다 보면 교외에서 간혹 붉은 선으로 둘러싸인 사슴 그림 교통표지판을 만나게 된다. 이는 야생동물이 출몰할 수 있으니 주의하라는 표시이다. 그런데 미국을 가도 야생동물 주의 표시판의 주인공은 주로 사슴이다. 실제로 그 지역에서 자주 출몰하는 동물은 고라니라도 교통표지판에는 사슴이 등장한다. 사슴 그림의 교통표지판을 보면 그 나라에 처음 간 사람도 운전할 때 야생동물에 주의하라는 의미라는 사실을 알아차린다.

무심결에 당연한 듯 보고 넘어가는 교통표지판에도 국제적 통일을 기하려는 오랜 노력이 깃들어 있다. 자동차 보급이 늘어가자 국제사회는 일찍부터 각국 교통표지판 내용을 통일시키면 편리하겠다고 생각했다. 교통표지판을 국제적으로 통일시키자는 시도는 일찍이 1909년 파리에서 체결된 「국제 자동차 교통협약」에서 시작되었다. 자동차의 보급이 확대되자 몇 차례 추가 협정이 체결되어 이를 보완했다.

유엔 역시 많은 사람의 편의를 위해 도로교통에 관한 여러 규격을 통일할 필요가 있다고 판단했다. 유엔 주관하에 1949년 「도로교통에 관한 협약」이 채택되었고, 그 부속 의정서로 「도로 표지 및 신호에 관한 의정서」가 동시에 채택되었다. 도로망 확충과 자동차의 대량 보급은 더욱 정교한 도로교통 법규와 표지판을 필요로 하게 되었다. 유엔은 1968년 다시 국제회의를 소집해 「도로 표지 및 신호에 관한 협약 Convention on Road Signs and Signals」이 새로이 채택되었다. 1978년 발효한 이 협약의 당사국에는 1949년 협약의정서를 대체하는 효과를 가져왔다. 현재 당사국은 75개국이다.

한국은 1949년 협약만 비준하고 1968년 협약은 비준을 하지 않은 상태이나, 국내 교통표지판은 기본적으로는 이 같은 국제기준에 준하여 제작되고 있다. 야생동물 주의 표시판의 주인공이 사슴인 이유도 1968년 협약에 일치시킨 결과이다. 국내에서만 살던 사람이 처음 외국에 가서 운전을 하더라도 교통표지판의 내용을 거의 대부분 쉽게 이해할 수 있는 배경에는 유엔과 국제법의 역할이 있다.

외국에서 체포되면 영사의 도움을 받을 수 있다 9

외국에서 현지 경찰에 체포되면 얼마나 막막할까? 말도 잘 통하지 않는 외국에서 억울하게 체포되어도 자신을 변호하기가 쉽지 않다. 혼자 하는 여행이라면 당장 누구에게 도움을 요청할지 앞이 캄캄할 수밖에 없다.

이에 대비할 수 있는 조약이 「영사관계에 관한 비엔나 협약Vienna Convention on Consular Relations」이다. 이 협약 제36조 제1항(파견국 국민과의 통신 및 접촉)에 따르면, 외국에서 체포된 사람은 자국 영사기관에 이 사실을 알려 달라고 요구할 수 있으며, 그러면 현지 관헌은 이를 지체 없이 통보해야 한다. 또한 체포된 자가 자국 영사기관에 전달하고 싶은 사항이 있는 경우에도 현지 관헌은 이를 지체 없이 전달해야 한다. 대부분의 사람은 외국에서 체포된 경우 이렇게 자국 영사와 접촉할 권리가 있다는 사실조차 잘 모를 수 있다. 그래서 현지 관헌은 체포된 외국인에게 이러한 권리가 있다는 사실을 알려 주어야 한다. 이후 영사관원은 체포된 자국민을 방문, 면담, 교신하고, 변호인을 주선할 수 있다.

「영사관계에 관한 비엔나협약」은 유엔의 주도로 이 분야에 관한 국제법을 집대성해 1963년 채택되고 1967년 발효된 조약이다. 현재 당사국은 182개국이며, 한국도 당사국으로 1977년 가입했다. 이는 세계 거의 모든 나라에서 한국인이 체포된 경우, 한국 영사와의 연락을 국제법상 권리로 요구할 수 있다는 의미이다. 우리나라에서도 경찰이 외국인을 체포한 경우 이러한 권리를 알려 주어야 할 의무가 있음은 물론이다. 한국 경찰이 외국인을 체포하며 영사 접견권을 고지하지 않아 손해배상을 한 사례도 있다(서울중앙지방법원 2017. 12. 12. 선고, 2017가단25114 판결).

해외여행 중에는 형사사고에 휘말리지 않는 게 제일 좋겠지만 혹시라도 어쩔 수 없는 일이 발생했을 경우에는 「영사관계에 관한 비엔나 협약」에 따라 한국 영사의 도움을 받으면 좀 더 편안한 마음으로 어려움을 타개할 수 있을 것이다.

Ⅳ

대한민국은 어떻게 출범했는가

일제 식민 지배의 신고를 벗어난 대한민국은 미군정 3년을 거쳐 1948년 8월 15일 새로운 민주공화국을 출범시켰다. 일제강점기와 미군정기의 법적 성격에 대해서는 국내에서 아직도 논란이 있지만, 국제사회에서 주권국가로 인정받는 대한민국은 이때부터 시작되었다. 이는 한반도에 수립된 최초의 공화국이다.

국제법상 정부, 영토, 국민을 국가의 3요소라고 말한다. 이 3요소는 주권국가 성립의 필수요건이다. 정부 없는 국가가 있을 수 없고, 국민 없는 국가가 있을 수 없으며, 영토 없이 국가가 성립할 수 없다. 여기서는 1948년 대한민국이 국가의 3요소, 정부, 영토, 국민을 어떻게 갖추고 출범했는가를 알아보려 한다. 한편 정부, 영토, 국민만 확보되면 국가가 운영될 수 있는가? 최소한의 법제도가 필요하다. 이에 1948년 대한민국은 어떠한 법제도를 갖고 국가운영을 시작했는가를 아울러 설명한다. 대한민국 국민이라면 1948년 남북한 수립 과정에 대해 모두 기본적인 상식을 갖고 있다. 이 글은 대한민국 출범 과정을 특히 국가성립의 세 요건으로 분해해 국제법 시각에서 설명하고자 한다.

---

* 이 항목은 정인섭, 『대한민국 수립과 국제법』(박영사, 2024)을 요약 정리한 내용을 중심으로 한다.

1
대한민국 정부 수립과 유엔의 승인

대한민국 정부는 유엔 총회 결의 제112호(1947년)에 의해 설립된 '유엔 한국임시위원회' 감시 아래 치른 5·10 총선거로 선출된 국회의원이 국회를 구성하고 헌법을 제정해 이 헌법을 근거로 출범했다. 실질적으로는 미국의 후원을 받았으나, 정부 수립의 국제법적 틀과 명분은 유엔이 제공했다. 이어 유엔 총회는 1948년 12월 12일 결의 제195호를 통해 대한민국 정부를 유일 합법정부로 승인했다. 대한민국은 유엔이 관여해 주권국가를 출범시킨 첫 번째 사례이다. 유엔이 인정한 유일 합법정부라는 명분은 냉전시대 한국 외교의 큰 버팀목이 되었다.

(1) 정부 수립으로의 길

미국, 영국, 중국 3국 정상은 1943년 12월 1일 발표된 카이로 선언을 통해 "한국민의 노예상태를 유의하여, 적절한 시기에 한국이 자유롭게 독립할 예정임을 결정했다."[1] 이들 3국 정상은 1945년 7월 26

1 Cairo Declaration "The aforesaid three great powers, mindful of the enslavement

일 포츠담 선언에서 "카이로 선언이 이행되어야" 함을 재확인했다. 이어 1945년 12월 모스크바에서 회동한 미국, 영국, 소련 3국 외교장관은 한반도 처리방향에 관해 이른바 모스크바합의를 채택했다. 남북한을 점령 중인 미국과 소련이 공동위원회를 설립하고, 미·소 공동위원회는 한국 독립을 지원하는 방안으로 최장 5년간 4개국에 의한 신탁통치 실시계획을 작성하기로 했다. 모스크바회의에 참석하지 않은 중국도 이에 동참을 표명했다. 그러자 남한에서는 주로 반탁운동이, 북한에서는 공산세력에 의한 찬탁운동이 전개되었다.

1946년 3월 20일 미·소 공동위원회가 개시되었다. 이미 냉전이 본격화되었기 때문에 미·소 공동위원회는 지루한 논쟁만 계속하다가 1946년 5월 무기한 산회했다. 1947년 5월 21일 회의가 다시 소집되었으나 여전히 주요 사항에 타결을 볼 수 없었다. 1947년 8월 26일 미국 정부가 미·영·중·소 4개국 회담을 소집해 모스크바합의 이행 문제를 토의하자고 제안했으나 역시 성사되지 못했다. 그러자 마셜Marshall 미국무장관은 1947년 9월 17일 유엔 총회 연설을 통해 한국 문제를 의제로 제기했다. 그는 미·소 양국이 근 2년간 회의를 해도 합의를 못했으니, 한국 독립을 조기에 달성하기 위해 다른 유엔 회원국들의 공평한 판단을 구한다고 제안했다.[2]

유엔 총회는 논란 끝에 1947년 11월 14일 결의 제112호를 채택해 한국 독립을 위한 로드맵을 제시했다. 요지는 ① 한국의 독립이 재수립되어야re-established 함을 확인하고 ② 이 과정을 지원하기 위해 '유

---

of the people of Korea, are determined that in due course Korea shall become free and independent."

2 UN Doc. A/PV.82(1947. 9. 17.), p.22. 유엔 회의록은 UN Digital Library (https://digitallibrary.un.org)에 거의 모두 공개되어 있으므로 이를 활용했다.

엔 한국임시위원회'를 설치하고 ③ 한국임시위원회 감시하 선거를 통해 선출된 한국민의 대표가 국회National Assembly를 구성하고 정부National Government를 수립하고 ④ 이 정부는 남한과 북한의 군당국과 민간기관으로부터 정부 기능을 인수받고 ⑤ 모든 외국군은 가능하면 90일 이내에 한국으로부터 완전히 철수하도록 점령국과 주선하라는 내용이었다.

한반도 총선거를 감독할 '유엔 한국임시위원회'는 1948년 1월 12일 서울에서의 제1차 회의를 시작으로 정식 활동을 개시했다. 그러나 위원국으로 지명된 우크라이나는 끝내 참여를 거부했고, 북한을 점령 중인 소련은 임시위원회의 방문은 물론 문서 접수조차 거부했다. 임시위원회는 2월 6일 북한지역의 소련군 당국과 더 이상의 협력 시도는 무의미하다고 판단했다.

임시위원회 내부에서는 일단 남한에서라도 선거를 실시하자는 입장과 남북한 총선거라는 원래 임무를 수행할 수 없으니 이 상황을 유엔에 보고해야 한다는 입장이 대립했다. 남한만의 선거와 정부 수립에 대해서는 남한 내 여러 세력의 반발도 적지 않았다. 결국 임시위원회는 향후 업무추진 방향을 소총회와 협의하기로 했다. 당초 한국임시위원회 설치를 결정한 총회 결의 제112호에서도 향후 사태 발전에 따라 필요한 사항은 소총회와 상의하라고 지정하고 있었다. 소총회란 유엔 총회가 회기 중이 아닐 때 필요한 국제업무를 논의하기 위해 전 회원국 대표로 구성된 총회 보조기관이다. 공식 명칭은 Interim Committee였지만, 규모만 작을 뿐 사실상 총회나 마찬가지라는 이유에서 보통 소총회라 불렸다.

한국임시위원회는 다음 내용의 질의서를 소총회로 제출했다.

"1. 1947년 11월 14일 자 총회 결의 내용과 이후 한반도에서의 사태 발전에 비추어 볼 때, 미국군이 점령하고 있는 지역에서 위 결의 II에 제시된 계획을 이행함은 위원회의 재량인가 아니면 의무사항인가?

2. 만약 그렇지 않은 경우,

(a) 선거가 자유로운 분위기에서 진행될 수 있다고 결정한다면, 1947년 11월 14일 결의 I에 제시된 바대로 한국 문제를 검토하기 위해서 위원회가 한국의 대표자 선거를 감시해야 하는가?

(b) 위원회는 자신의 목적 달성을 위해 가능하고 바람직한 다른 방법을 강구해야 하는가?"[3]

한국 독립 문제 처리 방향에 관해 질의를 받은 소총회는 1948년 2월 24일부터 26일까지 3일간 이 문제를 논의했다. 미국은 '유엔 한국임시위원회'가 접근 가능한 지역에서라도 선거를 진행하라는 답변을 주자고 제안했다. 특이 사항은 유엔 회원국 중 6개 공산권 국가들이 소총회 자체가 헌장 위반의 제도라고 주장하며 회의에 불참한 가운데, 캐나다와 오스트레일리아가 강력한 반대의사를 표명했다는 점이었다.

반대논거는 다음과 같았다. 첫째, 한국임시위원회를 설치한 총회 결의 제112호에 따르면 선거는 전 한반도에서 실시되어야 하며, 임시위원회는 남한에 국한해 활동할 수 없다. 둘째, 총회의 원래 결의 내용을 소총회가 수정해 진행하라고 할 수 없다. 셋째, 소련의 협조 거부로 야기된 사태에 대한 대응방법으로는 ① 이 사실을 소총회가 다음

3 UN Doc. A/AC.18/27(1948).

총회 회기에 보고하거나, 총회 특별회기emergency session를 소집해 대책을 강구하고 ② 남한만의 선거를 실시해 정부를 구성할 경우 이를 전국national 정부라고 부르지 말 것 등이 주장되었다.[4]

이에 대해서는 다음과 같은 반론이 제시되었다. 첫째, 총회 결의 제112호가 남북한 전국 선거를 전제한 점은 맞으나, 그렇다고 남한만의 선거를 금하지도 않았다. 둘째, 총회가 한국임시위원회에 한반도에서 선거를 관리하라는 임무를 부여했으면, 가능한 범위에서 최대한 그 임무를 수행함이 위원회의 역할이다. 셋째, 사태의 원인은 소련이 총회 결의를 무시하고 이를 준수하지 않기 때문인데, 한 회원국의 협조 거부로 유엔이 아무 일도 하지 못하고 무력화되어서는 안 된다. 넷째, 남한에 거주하는 3분의 2의 한국민은 최소한 그 비율만큼 자유선거를 통해 대표자를 선출하고 의회를 구성할 권리가 있다. 소련의 협조 거부로 한국민 3분의 2가 독립을 위한 권리행사를 저지당해서는 안 된다. 한국민들 역시 계속 미군정하에 놓여 있기보다 자신의 정부 수립을 더 좋아할 것이다. 다섯째, 이 문제를 다음 총회로 보고한다거나 특별회기를 소집해도 소련의 태도가 변할 리 없으니 상황 개선은 없이 한국 독립만 지연시키는 결과가 우려된다.[5]

이 과정에서 논란의 핵심은 원래 총회가 결의 제112호를 통해 한국임시위원회에 전 한반도에서의 선거감시 임무를 맡겼음이 분명한데, 총회 보조기관인 소총회가 남한만의 선거감시를 허용할 수 있는지 여부였다. 그리고 남한만의 선거로 탄생한 정부가 총회 결의에서 말하는 national government, 즉 한반도 전체의 정부가 될 수 있느냐는 점

4 정인섭, 『대한민국 수립과 국제법』(박영사, 2024), 37–38쪽.

5 정인섭(위의 주), 38–39쪽.

이었다.

소총회 토의에서 미국 대표 제섭Jessup은 한국임시위원회가 일단 남한에서의 선거를 진행하면 이는 3분의 2의 한국인이 해당 비율만큼의 National Assembly(국회) 대표를 선출하는 결과가 되며, 이렇게 구성된 국회는 유엔 총회 결의 제112호가 예정한 한국의 National Government를 수립할 수 있다고 주장했다.[6] 제섭은 자유선거로 탄생된 정부는 한국민에 의해 자신들의 national government로 간주될 수 있으리라고 주장했다.[7]

그러나 오스트레일리아와 캐나다는 남한만의 선거에 반대하며, 남한에서의 선거로 구성된 정부는 national government가 될 수 없다고 주장했다. 캐나다 정부는 미국 주도로 이루어진 총회 결의 제112호를 통해 한국 독립 문제가 해결될 전망에 대해 처음부터 회의적이었다. 미·소 합의 없이는 실패가 예상되며, 한국임시위원회는 결국 작은 나라들을 소련에 대항하는 노력의 제1선에 세우는 수단이 되리라고 생각했다.

보기에 따라서는 평범해 보이는 'national'이란 용어는 이때부터 1948년 12월 12일 유엔 총회 결의 제195호가 채택되기까지 과정에서 관련국들 사이 시종 미묘한 신경전의 대상이 되었다. 이는 후일 탄생할 대한민국 정부의 법적 성격을 표시하는 중심 개념 중 하나였다.

미국의 적극적 막후 설득으로 소총회는 1948년 2월 26일 한국임시위원회가 접근할 수 있는 지역에서 결의 제112호가 제시한 선거를 실시하라고 답변했다.[8] 이는 상황 변화로 인해 남한만의 선거가 총회 결

6 UN Doc. A/AC.18/SR.6(1948. 2. 24.), p.6.
7 UN Doc. A/AC.18/SR.6(1948. 2. 24.), p.8.
8 UN Doc. A/AC.18/SR.9(1948. 2. 26.), p.15.

의 제112호 취지에 반하지 않는다는 의미였다. 이후 한국임시위원회가 이 결정을 받아들여 5월 10일 국회의원 총선거가 실시되었다. 이에 따라 국회가 구성되었고, 8월 15일 대한민국 정부가 출범했다.

남한만의 선거는 한국 분단을 영속화할 우려가 있다는 일부 국가의 예측은 불행히도 현실화되었지만, 당시 국제정세에 비추어 볼 때 미국과 소련이 협의와 조정을 통해 원만히 해결하라는 요구 역시 비현실적이었다. 소련으로서는 일단 확보한 북한지역에 공산정권을 수립할 목표를 어떠한 경우에도 양보하지 않았을 것이기 때문이다. 모든 외국군이 철수하고 한국 문제 처리는 한국인들에게 맡기자는 소련 제안도 결국 한반도 전체를 공산화하려는 전략이었다. 외국군이 있으면 자유선거에 방해되니 선거 전에 철수해야 된다는 소련의 제안은 자신이 점령한 북한에서는 1946년 11월 자유선거를 통해 민주적 인민의회가 결성되었다는 주장과 모순되었다.[9] 북한에 약 10만 명의 군대가 조직화되어 있는 상황에서 외국이나 유엔의 관여가 없다면 더 많은 군대를 동원할 수 있는 측이 선거 결과를 장악하리라는 예상 역시 틀린 소리가 아니었다.[10]

(2) 대한민국 정부는 National Government인가

1947년 총회 결의 제112호 요지는 한국임시위원회가 감시하는 선거를 통해 선출된 한국민 대표가 국회National Assembly를 구성하고 정부National Government를 수립해 한국 독립을 달성하라는 것이었다. 결의 제112호에 여러 번 등장하는 'National'이란 단어는 한반도 전체를

9 Sen 인도 대표 지적. UN Doc. A/C.1/SR.93(1947. 11. 4.), p.302.
10 Romulo 필리핀 대표 지적. UN Doc. A/C.1/SR.91(1947. 10. 30.), p.283.

포용하는 '전국적'이라는 의미였다. 'National Government'가 분명 남북한을 아우르는 한반도 전체의 정부를 의미함은 이론의 여지가 없었다. 그렇다면 남한만의 선거 결과 탄생하는 정부를 결의 제112호가 예정한 'National Government'로 볼 수 있는가?

미국의 정책 검토

총회 결의 제112호는 한국에서 National Government가 수립되면 이후 이를 통한 한국 내 군대 조직, 남북한 점령군의 행정권 이양, 외국군의 완전 철수 등을 예정하고 있었기 때문에 미국으로서는 남한의 신정부가 이에 해당하는지를 결정해야 했다. 미국은 1947년 총회 결의 제112호와 남한 선거를 지지한 1948년 2월 26일 자 소총회 결정의 주도국이었다. 미국으로서는 남한의 새 정부가 총회 결의 제112호에 부합되는 정부로 인정되어야 자신이 유엔에서 추진한 정책의 정당성을 인정받을 수 있으며, 이를 행정권을 이양할 파트너로 인정하고 점령국으로서의 임무를 법적으로 마무리할 수 있었다. 이에 미 국무부는 대한민국 정부가 아직 구성도 되기 전인 1948년 5월부터 한국의 새 정부를 출범 즉시 승인할지 여부를 검토하기 시작했다.

미 국무부 극동과는 한국의 신정부가 실효적 통제나 선거 기반이라는 측면에서 남한만의 정부라는 사실에도 불구하고, 이 정부가 한반도 전체all of Korea에 관할권을 갖는 전국 정부national government로 수립되었다는 입장이었다.[11] 신정부가 수립된 후에도 미국이 승인을 주저한다면 신정부의 명성과 권위에 타격을 주며 남한 주민의 불만을 초래

11 Memorandum by the Director of the Office of Far Eastern Affairs(Butterworth) to the Legal Adviser(Gross)(1948. 5. 25.), *Foreign Relations of the United States*(이하 'FRUS'로 약칭) *1948*, Vol. IV, p.1205.

해 미군정의 치안 유지에 어려움이 야기될지 모른다고 우려했다. 북한 정권에 소련이 유사한 행동을 할 수 있다는 걱정 때문에 미국이 남한 정부를 전국 정부로 승인하지 않는다면 다수 의사에 반대한 한 국가(소련)에 의해 유엔을 무능에 빠뜨리는 결과가 된다고 보았다. 신정부를 단지 남한만의 정부로 승인한다면 결과적으로 분단을 강화하고 북한 대표를 포용할 기회를 배제하게 되리라고 우려했다. 이에 즉각적인 승인이 부작용보다 장점이 더 많다고 생각한 미 국무부는 한국의 신정부가 수립되면 바로 이를 총회 결의 제112호에 규정된 National Government of Korea로 간주한다는 성명을 발표하고 결의 내용의 후속조치 협의를 위한 대표를 파견하려는 구상이었다.[12]

한편 미국은 유엔 총회도 한국의 신정부 수립이 1947년 총회 제112호 결의 내용에 부합되는지에 관해 결정할 권한이 있음을 인정하고, 총회 결정 이전에 미국이 독자적 행동을 취함이 현명한지에 관해 의견을 수렴했다.

미국 유엔 대표부 제섭은 한국 문제를 미국이 총회로 회부했으므로 이에 대한 유엔의 절차와 총회 결정을 따르는 편이 현명하다고 생각했다. 한국임시위원회를 포함한 유엔의 승인이나 묵인 없이 미국이 독자 행동을 취한다면 입장이 어려워지리라고 우려했다. 그는 유엔의 지지 확인 이전에 한국 정부Korean national government 승인을 자제하라고 요청했다.[13]

미 국무부 그로스E. Gross 법률고문은 새로 수립될 한국 정부에 일단

---

12 The Secretary of State to Certain Diplomatic and Consular Officers Abroad(1948. 7. 10.), *FRUS 1948*, Vol. VI, pp.1236-1237.

13 The Acting United States Representative at the United Nations(Jessup) to the Secretary of State(1948. 7. 20.), *FRUS 1948*, Vol. VI, pp.1249-1251.

사실상 승인만 부여하자고 제안했다. 사실상 승인만 해도 미국은 한국 신정부와 필요한 협정을 체결할 수 있고, 나중에 법률상 승인을 부여하면 그 효과는 사실상 승인을 부여했을 때로 소급효를 가지므로 별다른 문제가 발생하지 않는다고 주장했다.[14]

주한 미군정청 제이콥스Jacobs 정치고문도 유엔 총회가 한국 문제를 검토하기 이전에 미국이 먼저 한국 정부를 공식 승인한다면, 소련 역시 거의 틀림없이 북한 정권을 승인하면서 미국이 한국 통일을 방해하고 있다는 비난을 가하리라라고 우려했다. 그 역시 유엔 총회가 한국 문제를 검토할 때까지는 한국 정부를 일단 사실상 승인만 하고 대사급의 대통령 특별사절만을 파견하는 방안을 지지했다.[15]

관련국의 반응

미국은 한국 신정부의 성격과 승인 문제에 대해 우방국 및 '유엔 한국임시위원회' 위원국의 입장도 타진했다. 한국임시위원회 위원국인 시리아, 중국, 필리핀 등은 한국의 신정부를 전국national 정부로 보려는 미국의 방침에 별다른 이견이 없었으나,[16] 주로 영연방 국가들이 한국의 신정부를 전국 정부로 인정하는 데 주저하거나 반대했다.

영국은 남한의 신정부가 한반도 절반만을 통제하고 있기 때문에 이

14 Memorandum by Legal Adviser(Gross) to the Director of the Office of Far Eastern Affairs(Butterworth)(1948. 6. 1.), *FRUS 1948*, Vol. VI, pp.1212-1213.

15 The Political Adviser in Korea(Jacobs) to the Secretary of State(1948. 6. 8.), *FRUS 1948*, Vol. VI, pp.1216-1217.

16 The Chargé in Syria(Memminger) to the Secretary of Stae(1948. 7. 14.), *FRUS 1948*, Vol. VI, p.1242; The Ambassador in China(Stuart) to the Secretary of State(1948. 7. 15.), *ibid.*, p.1243; The Chargé in the Philippines(Lockett) to the Secretary of State(1948. 7. 16.), *ibid.*, p.1245.

를 전국national 정부로 승인함은 비현실적이라고 생각했다. 오스트레일리아 역시 남한 정부가 북한 주민까지 대표하지는 않으므로 이를 전 한국의 정부national government로 승인하지 않을 의사를 미국에 전달했다.

주로 영연방 국가들이 대한민국 정부를 전국national 정부로 인정하기를 주저한 가장 중요한 이유는 물론 이 정부가 한반도의 절반만을 통치하고 있다는 현실론이었다. 대한민국 정부를 전 한국 정부로 인정하면 소련도 북한 정권에 동일한 조치를 취하고, 남북한 정권이 모두 전 한국의 전국national 정부임을 주장한다면 미·소 갈등의 격화는 물론 남북 통합이 더 어려워진다는 예상이었다.

보다 이론적 설명은 캐나다 정부에서 제시했다. 피어슨Pearson 캐나다 외교차관은 대한민국 정부가 전 한국의 정부라고 주장하는 일이 현명하지 않은 이유를 다음과 같이 설명했다. 대한민국 정부는 미·소 점령군 중 미국으로부터 남한의 행정권을 이양받았을 뿐이다. 소련은 일본과의 교전국 자격으로 북한을 지배하고 있으므로 소련도 대일평화조약 성립 이전에는 자신이 북한에 대한 합법적 점령자라고 주장할 수 있다. 그런 의미에서 대한민국 정부가 전 한반도를 대표하는 정부라는 주장은 사실에서는 물론 법적 근거에서도 취약점이 있다고 지적했다.[17] 단 캐나다 정부는 대한민국 정부가 당시의 국제정세상 유엔총회 결의 제112호 취지에 반해 설립된 정부라고는 보지 않았다.[18]

---

17 The Canadian Under Secretary of State for External Affairs(Pearson) to the American Counselor of Embassy(Harrington)(1948. 8. 13.), *FRUS 1948*, Vol. VI, pp.1274-1275.

18 피어슨 차관 역시 남한 신정부에 대한 지지가 한반도 공산화를 막는 유일한 방법임을 인정하고 있었다. Memorandum of Conversation, by the Assistant Chief of the Division of Northeast Asian Affairs(Bond)(1948.9.14.), *FRUS 1948*, Vol. VI,

우방국의 반응을 아울러 고려한 미국은 신생 대한민국 정부를 우선 사실상 승인만 하기로 방침을 정했다. 미 국무부는 5·10 선거가 실시되기도 전인 1948년 4월 27일 대통령에게 무초J. Muccio를 초대 주한 대사로 추천했고 4월 28일 곧바로 대통령 재가가 났다. 그러나 대한민국 정부를 사실상 승인만 하기로 방침이 정해지면서 외교사절 자격의 파견은 보류되었다. 대한민국 정부가 수립되자 무초는 일단 대사급이나 공식적으로는 미국 대통령 특별대표Special Representative of the President of the United States라는 직함으로 임명되었다. 무초는 정식 외교사절은 아니나 미국의 이익을 위해 전권을 갖고 신정부는 물론 한국임시위원회와 협상할 권한을 부여받았다.

National Government 호칭의 회피

우방들의 상반된 반응 속에서 점령국인 미국으로서는 한국의 신정부가 수립되면 그 법적 지위에 관해 어떠한 입장을 취하지 않을 수 없었다. 신정부가 1947년 유엔 총회 결의 제112호에 합당한 전국national 정부로 판명되어야 후속조치로서 점령지 행정권 이양과 점령군 철수에 관한 협정을 체결하는 데 법적 장애가 없어지기 때문이었다.

5·10 선거 이후 미국은 한국에 구성될 새 정부를 national Government of Korea 또는 national Korean Government로 불렀다. 즉 새 정부가 전 한반도의 정부임을 표시하려 했다. 신정부를 전국national 정부로 규정할지 여부가 논란의 핵심임을 파악한 군정청 제이콥스 정치고문은 이 문제에 대한 우회로를 모색했다. 그는 새로 제정된 한국 헌법의 용어 사용에 주목했다. 「제헌헌법」 영문본에서 국회를 가

---

pp.1300-1301.

리키는 용어로는 유엔 총회 결의 제112호와 같이 National Assembly가 사용되고 있지만, 정부는 특별히 National Government로 호칭되지 않고 있으며, 정식 국호는 Republic of Korea라는 점에 착안했다. 제이콥스 고문은 신정부 칭호에 national을 붙이지 말고 단순히 Government of the Republic of Korea로 표현하면, 한국 정부를 national Government로 볼 수 없다는 국가들의 반대를 누그러뜨릴 수 있으리라 기대했다. 그는 한국 신정부에 대한 표현에서 national이 빠진다고 해도 한국 「제헌헌법」 제4조는 북한지역을 포함하는 한반도 전체를 자국 영토로 규정하고 있고, 국회 명칭에는 national이 여전히 사용되고 있음을 유의하라고 지적했다.[19] 제이콥스 고문의 제안은 미국이 내용상으로는 신정부를 유엔 총회 결의 제112호가 예정한 전체 한국의 정부로 인정하면서도, 이를 결의 제112호에서 사용된 National Government라고 직접 가리키는 일은 회피하는 방안이었다.

이러한 제안은 미 국무부에 의해 수용되어 대한민국의 공식 출범 이후 미 국무부 문서에서는 대한민국 정부를 가리키는 용어가 'Government of Republic of Korea'로 통일되었다.[20] 미국은 대한민국 정부에 관해 'national' 정부라는 표현을 피하고 유엔 총회 결정 이전까지는 대한민국 정부를 사실상 승인만 하여 정식 외교사절이 아닌 특별대표를 파견한다면, 일부 우방국의 반대를 완화시켜 총회에서 대한민국 정부에 대한 지지 결의를 무난히 획득할 수 있으리라 기대했다.

실제로 이러한 방안은 미국의 한반도 정책에 반대하던 오스트레일

19 The Political Adviser in Korea(Jacobs) to the Secretary of State(1948. 7. 25.), *FRUS 1948*, Vol. VI, pp.1259-1260.

20 김선영, 「쿼바디스 한반도 유일의 합법정부」(서강대학교 정치외교학과 석사학위논문, 2016), 59쪽.

리아와 캐나다의 입장을 누그러뜨리는 데 기여했고, 오스트레일리아를 미국의 공동 제안국으로 포섭하는 성과를 거두었다. 그러나 한편으로 후일 유엔 총회 결의 제195호에서 national이란 용어가 회피됨으로써 대한민국 정부가 단지 남한만의 정부라는 해석을 가능하게 만든 출발점이 되었다.

(3) 유엔 총회의 승인 결의

'유엔 한국임시위원회'의 평가

1947년 결의 제112호는 한국임시위원회가 임무 수행 내용을 자신의 결론과 함께 총회에 보고하도록 요구하고 있었다. 5·10 선거로 대한민국 정부가 수립되자 한국임시위원회는 경과 보고서를 작성해 총회에 제출했다.[21] 총회는 이 보고서의 승인 여부와 함께 대한민국 정부의 성격을 판단해야 했다. 이것이 총회 결의 제195호가 나오게 된 이유이다.

한국임시위원회는 5·10 선거 결과가 전체 한국 주민 약 3분의 2가 거주하는 지역 "유권자들의 자유로운 의지의 유효한 표현"이었다고 평가했다.[22] 그러나 대한민국 정부의 법적 성격에 대한 입장 표명은 조심스럽게 회피했다.

대한민국 정부의 조각이 완료되자 1948년 8월 6일 이승만 대통령은 총회 결의 제112호에 따른 후속조치 이행을 위해 한국임시위원회에

---

21 The Report of the United Nations Temporary Commission in Korea Vol. I–III, UN Doc. A/575 & Add.1–3(1948).

22 "the results of the ballot of 10 May 1948 are a valid expression of the free will of the electorate in those parts of Korea which were accessible to the Commission and in which the inhabitants constitute approximately two-thirds of the people of all Korea." UN Doc. A/575(1948), para.58(d).

협의를 요청했다. 위원회 일부 위원은 서울의 신정부가 유엔 총회 결의에 따른 정부로 간주되기 어렵다고 주장하며, 차기 유엔 총회 이전에 임시위원회가 대한민국 정부의 협의 요청에 응함으로써 총회의 판단에 영향을 미치지 말아야 한다고 주장했다. 그러나 위원회는 표결 끝에 대한민국 정부와 후속 협의를 진행하기로 하고(찬성 4, 반대 2, 기권 1), 8월 25일 첫 회합을 가졌다.[23] 이는 대한민국 정부가 남한지역에 한해 실효적 관할권을 행사하고 있지만, 국제정치 정세의 변화를 감안할 때 유엔 총회 결의가 예정한 정부로 판단할 수밖에 없다는 다수 위원의 인식을 반영했다.

그러나 위원회 내 견해 대립으로 한국임시위원회 최종보고서는 대한민국 정부의 법적 성격을 명확히 서술하지 못했다. 1948년 10월 15일 자로 작성된 보고서에서 임시위원회는 대한민국 정부가 구성된 지 아직 얼마 되지 않았기 때문에 이 정부가 전체 한국에 대한 주권을 가졌다는 주장을 어느 정도 정당화할 수 있을지 결정하기 어렵다고 평가했다.[24] 대한민국 정부는 한국임시위원회가 감시하고 유효성을 선언한 선거 결과를 바탕으로 탄생했기 때문에 1947년 총회 결의에 규정된 정부로 간주될 자격이 있다는 주장과 북한 주민의 선거 참여가 없었기 때문에 총회 결의가 예정한 전국 정부National Government가 아니며 또한 전체 한국에 관할권을 확장할 지위에 있지 않다는 주장을 나란히 소개하며, 최종적인 판단은 총회로 미루었다.[25]

---

23 UN Doc. A/575/Add.3(1948), The Chapter II, paras.12-15.

24 *ibid.*, para.30.

25 *ibid.*, paras.31-32.

미국의 초기 입장

대한민국 정부에 대한 법률상 승인을 유엔 총회 결정 이후로 미룬 미국 정부는 제3차 유엔 총회에 제출할 결의 초안을 마련했다. 요지는 ① 대한민국 정부가 1947년 11월 14일 자 총회 결의가 제시한 원칙에 따라 표시된 주민 의사에 바탕을 둔 합법정부로서 ② 이는 한국 내에서 유일한 그 같은 정부이며 ③ 대한민국 정부는 1947년 11월 14일 자 총회 결의가 제시한 정부로 간주될 자격이 있으며 ④ 해당 총회 결의 내용 중 아직 완수되지 못한 부분 달성을 위해 기존 한국임시위원회를 대체할 새로운 한국위원회를 설치하고 ⑤ 이 위원회가 북한 주민의 대한민국 정부로의 참여를 알선하고, 이 정부 아래서 남북한 군대통합도 이룩한다는 내용이었다.[26]

미국 초안은 대한민국 정부가 1947년 총회 결의에 따른 선거를 기반으로 탄생했다는 점은 명시했으나, 남한만의 선거로 구성되었다는 사실은 직접적으로 지적하지 않았다. 초안 서문에서 대한민국 정부가 현재 남한에 대해서만 실효적 관할권을 행사하고 있는 사실은 인정했으나, 이 정부가 남한만을 대표하는 정부임을 가리키거나 암시하는 표현은 회피되었다. 남북 통합은 결국 대한민국 정부 중심으로 이루어질 사항임을 예정했다.

미국은 기본적으로 대한민국 정부가 1947년 11월 14일 자 총회 결의에 합당한 자격을 갖춘 한반도 전체를 대표하는 정부라는 입장이었다. 총회 결의 제112호는 인구 비례에 따른 선거를 통해 한반도 전체를 대표하는 국회National Assembly와 정부National Government를 구성한 다

26 Draft Resolution on Korea for the United Nations General Assembly, *FRUS 1948*, Vol. VI, pp.1321-1323 수록.

음, 이 정부가 남한과 북한의 점령군 당국으로부터 정부 기능을 인수하라고 권고하고 있었다. 따라서 이 결의가 규정한 정부로 간주될 자격을 갖춘 유일한 정부라는 의미는 곧 대한민국 정부가 한반도 전체를 대표하는(또는 대표할) 정부임을 가리킨다고 해석될 수 있다. 이러한 입장은 유엔 감시하 선거에 참여하지 않았던 북한 주민들이 현 대한민국 정부에 참여함으로써 남북 통합을 이루라고 제시한 점에도 표시되어 있다. 다만 미국 초안은 대한민국 정부를 공식 국호인 Republic of Korea의 정부라고만 호칭했지, 총회 결의 제112호 표현인 National Government로는 부르지 않았다. 이는 앞서 지적한 대로 영국, 오스트레일리아, 캐나다 등 적지 않은 우방국들이 남한에서의 선거로 탄생한 대한민국 정부에 'national'이란 수식어 사용에 부정적인 입장을 감안한 조정이었다.

미국-오스트레일리아 공동 초안

제3차 유엔 총회에서 미국 대표단은 자신의 초안을 바탕으로 우방국들과 협의를 진행했다. 미국은 종래부터 자신의 한반도 정책에 비판적이던 오스트레일리아를 공동 초안 작성국으로 포섭했다. 미국으로서는 그동안 자국 정책에 가장 비판적이던 오스트레일리아를 공동 제안국으로 포섭하면 결의 통과가 한층 용이해지리라고 기대했을 듯싶다.

오스트레일리아를 포섭하기 위해 공동 초안에 오스트레일리아 정부 의견을 어느 정도 반영하지 않을 수 없었다. 이에 수정된 공동 초안은 미국 측 원안에서 적지 않은 변화를 보였다. 가장 큰 차이를 보이는 부분은 대한민국 정부의 성격 규정에 관한 표현이었다. 당초 소총회 토의에서 남한만의 선거에 반대했던 오스트레일리아로서는 유엔 총회 결의에서 소총회에 관한 언급이 되도록 삭제되기를 원했다. 오스트레일리아는 특히 대한민국 정부가 전국 정부national government에 해당한다거나 이 정부가 1947년 11월 14일 자 총회 결의가 제시한 원칙에 합당한 정부라는 표현에 반대했다. 오스트레일리아와 협의 결과 대한민국 정부 성격에 관한 문구는 미국의 당초 초안에서 적지 않게 변경되었다.

원래 미국 초안에서는 대한민국 정부가 1947년 유엔 총회 결의 제112호가 규정한 원칙에 부합하는 정부라는 점이 두 차례나 지적되고 있었으나, 공동 초안에서는 1947년 유엔 총회 결의에 관한 언급이 삭제되었다. 대신 대한민국 정부는 한국임시위원회가 감시한 선거에 근거한 정부로서 전체 한국민의 절대다수가 거주하는 지역에 실효적 통제와 관할권을 행사하고 있다는 점이 추가되었다. 미국 초안에 있던 소총회 결정을 승인한다는 구절은 삭제되고, 대신 소총회 결정을 고려한다는 표현이 서문에 삽입되었다. 대한민국 정부가 합법적 정부이며 전 한국Korea에서 유일한 그 같은 정부라는 표현은 유지되었다. 또한 미국 초안에는 새로이 유엔 한국위원회가 수립되면 임시위원회가 접근하지 못했던 지역(북한)의 주민들도 대한민국 정부에 참여할 수 있도록 알선을 권고한다는 내용이 있었는데, 이는 1947년 유엔 총회 결의에 따른 원칙에 부합되게 한국의 통일을 이루기 위한 알선을 제공한다는 보다 일반적 표현으로 변경되었다(제4항 b호). 결과적으로 대한민국 정부를 한반도 전체를 대표하는 정부로 보려는 미국 초안의 직접적 문구가 상당 부분 빠져 버렸다.

오스트레일리아로서는 미국 초안에 있던 5·10 선거가 1947년 총회 결의 제112호에 따라 실시되었고 이를 바탕으로 구성된 대한민국 정부는 총회 결의 제112호에 합당한 정부라는 지적이 삭제된 대신, 공동 초안 제2항에서 대한민국 정부가 남한에서의 선거를 기반으로 하며 남한에 대해서만 실효적 통제와 관할권을 행사하고 있는 합법정부라는 사실이 지적됨으로써 원래 자신의 입장이 상당 부분 반영되었다고 판단했을 듯싶다.

공동 초안 내용을 접한 마셜 미 국무장관은 이 안이 원래의 미국 초안보다는 약화된 표현이지만, 미국의 기존 입장을 해칠 정도는 아니며 전반적인 다른 관련 부분을 감안할 때 수락할 만하다고 평가했다.[27] 미국은 새로운 초안이 유엔에서 공산권 국가를 제외한 회원국들로부터 지지를 얻으리라 기대했다. 그때까지 미국은 대한민국 정부 성격에 대해 기존 입장을 여전히 고수하고 있었다고 추정되지만, 결의안의 의미는 좀 모호해졌다.

미국-오스트레일리아 초안에는 중국이 추가로 공동 제안국으로 참가했다. 3국 공동 초안은 부분적인 추가 수정을 거친 뒤 1948년 12월 6일 총회 제1위원회에 제출되었다.[28]

총회에서의 토의

유엔 총회에 참석한 각국 대표들은 결의 제195호의 내용을 어떻게 이해했고 어떠한 토의를 진행했는가? 한국 독립 문제는 먼저 총회 제1위원회에 회부되어 1948년 12월 6일부터 8일까지 토의가 진행되었다. 그런데 당시 회의에서는 한국임시위원회 보고서나 결의 제195호 초안 문구에 대한 논의보다는 한국임시위원회 설치의 적법성, 북한 대표 초청 여부, 북한 대표를 한국민의 합법적 대표로 볼 수 있는가 등 정치 공방에 더 많은 시간을 보냈다.

---

27 The Secretary of State to the Acting Secretary of State(1948. 11. 16.), *FRUS 1948*, Vol. VI, p.1330.

28 UN Doc. A/C.1/426(1948).

남북한 정부는 모두 유엔에서의 한국 문제 토의에 자신의 대표가 참가할 수 있도록 허용해 달라고 요청했다. 공산권 국가들은 북한 유권자 99.7%와 남한 유권자 77.52%가 참가한 민주선거(전체 한국 유권자 85.2% 참여 주장)를 통해 북한 정권이 수립된 반면, 남한의 5·10 선거는 폭력과 협박을 통한 사기적 선거였다고 비난하며, 북한 정권만이 전 한국민을 대표할 수 있다고 주장했다.[29] 이에 반해 비공산권 국가들은 남한에서는 '유엔 한국임시위원회' 감시 아래 선거가 진행된 반면, 북한에서는 외부 세계와 차단된 상태에서 당국이 지명한 후보에 대한 찬반만 묻는 방식으로 선거가 진행되었고, 특히 남한 주민 4분의 3 이상이 비밀리에 북한 선거에 참여했다는 주장은 근거 없는 거짓이라고 반박했다. 12월 6일에는 하루 종일 남북한 대표 초청 문제만을 두고 공방을 벌였다. 결국 북한 대표를 초청하자는 체코슬로바키아 동의안은 찬성 6, 반대 34, 기권 8로 부결되고, 한국 대표를 초청하자는 중국 동의안은 찬성 39, 반대 6, 기권 1로 통과되어 대한민국 대표만 총회 제1위원회 회의에 초대되었다.[30]

제1위원회는 이후 1948년 12월 7일과 8일 하루 세 차례씩 모두 여섯 번 회의에서 한국 문제를 토의했다. 공산권 국가를 제외한 다른 유엔 회원국들은 공동 초안 내용에 전반적으로 우호적이었다. 공동 초안이 수락되는 분위기 속에서 회의가 진행되었기 때문인지 한국임시위원회 위원국과 공산권 국가 외에는 발언국이 많지 않았다. 회의 내내 공산권 국가들은 유엔이 한국 문제에 관여할 권한이 없고, 북한 대표만이 한국인의 진정한 대표이며, 남한에서의 5·10 선거는 반민주적

29 UN Doc. A/C.1/SR.229(1948. 12. 6.), p.945의 말리크(J. Malik) 소련 대표 주장 등.

30 UN Doc. A/C.1/SR.230(1948), p.955.

이었다는 주장을 지루할 정도로 반복했다. 이들의 의도는 회의를 지연시켜 시간 부족을 이유로 결의 채택 자체를 무산 또는 연기시키려는 전략이었다. 이들은 대한민국 정부 출범의 합법성 자체를 부인하려 했기 때문에 결의 제195호의 구체적 문안에 관해서는 별다른 논박을 하지 않았다. 공산권 국가는 6개국에 불과했으나 전체 발언 분량은 절반을 훨씬 넘겼다. 12월 8일 제234차 회의에서는 소련의 말리크J. Malik 대표가 2시간 반 가까이 혼자 발언을 했다. 비공산권 국가 대표들도 이러한 정치공세를 반박하는 데 더 많은 시간을 할애했으며, 결의 제195호의 의미, 특히 제2항 대한민국 정부의 법적 성격에 대한 논의는 그다지 많지 않았다. 제1위원회에서는 결의 제195호 초안이 찬성 41, 반대 6, 기권 2로 통과되었다.

총회 전체회의에서는 이 같은 분위기가 더욱 심해졌다. 제3차 총회 전반기 회기 종료일이 다가와 시간이 부족하자 전체회의는 이례적으로 토요일과 일요일(11일 및 12일)에 진행되었다. 전체회의에서는 공산권 6개국이 발언시간을 거의 독점하다시피 했다. 이들은 어떻게든 회의를 지연시키려고 했다. 당시 총회장에서 공산권 국가들이 같은 소리를 지루하게 반복하자, 이들이 발언하면 대부분의 회원국 대표들은 처음 몇 분 정도만 듣다가 통역 이어폰을 꺼버렸다고 한다.[31] 총회장은 공산권 국가들이 한 번씩 떠들게 내버려 두었다가 어느 정도 시간이 지나면 표결로 공동 초안을 통과시키자는 분위기였다. 결의 제195호는 12월 12일 오후 찬성 48, 반대 6, 기권 1로 통과되었다. 이는 제3차 총회 전반기 회기에서 마지막으로 통과된 결의이다.[32] 대한민국

31 *New York Times*, 1948. 12. 13., p.3.
32 UN Doc. A/PV.187(1948. 12. 12.), p.1042.

정부의 성격에 관한 제2항은 다음과 같이 결정되었다.

> "2. 임시위원회가 감시하고 협의할 수 있었고 전체 한국인의 절대다수가 거주하는 그 지역에 대해 실효적 통제력과 관할권을 가진 합법정부(대한민국 정부)가 수립되었으며, 이 정부는 한반도 그 지역 유권자의 자유로운 의지의 유효한 표현이었으며 임시위원회에 의해 감시된 선거에 기반하고 있다. 이는 한반도에서 유일한 그 같은 정부임을 선언한다."
>
> "2. Declares that there has been established a lawful government(the Government of the Republic of Korea), having effective control and jurisdiction over that part of Korea where the Temporary Commission was able to observe and consult and in which the great majority of the people of all Korea reside; that this Government is based on elections which were a valid expression of the free will of the electorate of that part of Korea and which were observed by the Temporary Commission, and that this is the only such Government in Korea;"

총회에서 각국 대표들은 이 결의 내용을 어떻게 이해하며 토론에 참여했는가? 공산권 국가들은 토의 과정에서 결의 제195호가 나온 출발점인 결의 제112호와 한국임시위원회 설립 자체가 위법하다고 주장하고, 북한 정권만이 전체 한국인의 합법적 대표라는 입장을 반복하며, 결의 제195호의 구체적 내용에 대해서는 별다른 언급을 하지 않았다. 결의 제195호 문언에 관해 찬반 양측 간 구체적 공방이 별로 없었기 때문에 각국 대표 발언을 통해 결의의 정확한 의미를 파악하기는 쉽지 않다. 어떤 회원국은 결의 제195호가 대한민국 정부를 전 한국의 정부national government로 간주(또는 암시)하고 있다는 이해 아래 토의를 했다. 반면 어떤 회원국은 결의 제195호가 대한민국 정부를 남한만의 정부로 보고 있다는 이해 속에 토의를 진행했다. 이렇듯 회의 참가국의 이해가 엇갈릴 정도로 결의 제195호 문언은 모호했다. 서로 입장이 다른 미국과 오스트레일리아의 생각을 하나의 결의 속에 담았기 때문에 발생한 모호함이었다.

유엔 총회 토의에서 대한민국 정부의 법적 성격에 관한 가장 직접적인 발언은 뉴질랜드 대표에 의해 제기되었다. 총회 제1위원회에서 뉴질랜드 프레이저Fraser 대표는 결의 제195호 내용과 관련해 남한만이 민주적으로 선출된 정부에 의해 운영되고 있음은 분명하지만, 남한 정부의 권한이 북한지역까지 미친다는 주장은 맞지 않는 이야기라고 지적했다.[33] 프레이저 대표가 이런 반론을 제기했다면, 그 역시 결의안을 남한 정부가 북한지역을 포함한 전 한국을 대표한다는 의미로 이해했거나 또는 그렇게 해석될 수 있다고 보았기 때문이다.

이에 대해 덜레스Dulles 미국 대표는 합법적 정부가 한반도Korea에서 인구가 가장 많은 지역을 통제하고 있으며, 이는 유권자 자유의사의 표현인 선거에 기반한 한국 내 유일한 정부라고 전제했지만, 뉴질랜드 대표의 지적은 자명한 이야기라고 인정했다. 그는 결의 초안 내용이 남한 정부의 권한이 북한지역에까지 미친다는 의미는 아니며, 이 권한이 확장되기를 희망하나 이는 남북 간 합의를 통해 이룩될 일이라고 설명했다.[34] 특히 결의 제2항은 논란이 될 수 없는 진실만을 서술

33 UN Doc. A/C.1/SR.230(1948. 12. 6.), p.951.
34 UN Doc. A/C.1/SR.235(1948. 12. 8.), p.1015.

하도록 주의 깊게 구상되었으며, 이는 남한의 현 정부가 실제로 전체 한반도의 정부라는 주장이 아니며, 한반도 일정 지역에 또 다른 정권이 존재하는 사실을 부인하고 있지도 않다고 설명했다.[35] 덜레스의 설명은 결의 제195호가 대한민국 정부를 한반도 내 유일 합법정부로 인정하고 있지만 이의 현실적 관할권은 남한지역에만 미치고 있다는 사실을 있는 그대로 수용하는 설명으로 이해된다. 여기서 특히 결의 제195호가 대한민국 정부를 전체 한반도의 정부로 주장하고 있지 않다는 언급이 주목을 끈다.

(4) 유일 합법정부의 의미

이상의 작성 경과와 총회 토의 내용을 바탕으로 볼 때 대한민국 정부의 법적 성격과 관련해 결의 제195호의 정확한 의미는 무엇이었을까? 일단 결의 제195호가 대한민국 정부를 한반도 내 유일 합법정부라고 평가했음에는 큰 이론이 없다. 동시에 대한민국 정부는 당시 남한에서만 실효적 지배와 관할권을 행사하고 있다고 지적한 사실도 부인할 수 없다. 문제는 결의 제195호 취지가 대한민국 정부가 한반도 전체를 대표하는 정부인가 아니면 남한지역만을 대표하는 정부인가, 양자 중 어떠한 의미인가이다.

제1위원회 토의 마지막 단계에서 제시된 덜레스 발언은 결의 제195호의 정확한 해석으로 수용되어야 하나? 그렇다면 총회 토의에서 여러 국가가 제195호의 내용을 달리 이해하고 이를 지지 또는 비판했던 사실은 모두 오해에서 비롯된 잘못된 발언으로 무시되어도 무방한가? 미국이 결의 제195호 성안을 주도했으므로 미국 해석에 가장 무게감

35 UN Doc. A/C.1/SR.236(1948. 12. 8.), p.1023.

이 주어지겠지만, 미국 대표의 현장 발언이 바로 제195호의 유권해석이라고는 할 수 없다. 덜레스 발언에도 불구하고 결의 제195호 제2항의 정확한 의미를 분석할 필요는 여전히 남는다.

실제 총회에서의 논의를 살펴봐도 결의 제195호 제2항의 의미를 확정하기는 여전히 쉽지 않다. 공동 초안 작성국 중 하나인 오스트레일리아는 대한민국 정부가 남한만의 정부라는 기조에서 회의에 임했다고 판단된다. 반대로 공동 초안 제안국 중 중국(타이완)은 토의 과정에서 여전히 대한민국 정부가 한국 전체를 대표하는 정부라고 해석될 수 있는 인식을 표명한 바 있다.

미국은 본래 대한민국 정부가 한반도 전체를 대표하는 합법정부라는 입장에서 출발했고, 대한민국 정부가 유엔에서 그 같은 지위를 확인받기를 어느 나라보다도 원했으리라 추정된다. 다만 일부 우방국의 반발을 무마하기 위해 결의안에서 이에 대한 직접적인 표현을 상당 부분 포기했다. 미국은 특히 오스트레일리아와 공통 기반을 찾으려는 희망에서 제2항 문언에서 상당한 양보를 했다고 자평했다.[36] 그래도 마셜 국무장관은 오스트레일리아와의 합의안이 미국의 기존 입장을 해칠 정도는 아니므로 수용할 만하다고 보았다.

한국 장면 대표도 원만한 통과를 위해 공동 초안을 수락했지만, 문안 내용이 만족스러울 만큼 명확하지 않다고 생각했다.[37] 장면 대표는 제1위원회 회의에서 결의안 제2항 내용을 일부 수정하자고 제안했다.

36 Lovett to Paris(Australian's Points of View)(1948. 11. 20.). 국사편찬위원회, 『대한민국사자료집』 42(국사편찬위원회, 1998), 422쪽.

37 미국 측 문건에 의하면 한국 대표단은 총회에서의 원만한 통과를 위해 일단 공동 초안을 수용했다고 한다. The Secretary of State to the Acting Secretary of State(1948. 11. 16.), *FRUS 1948*, Vol. VI, p.1329.

그는 대한민국 정부가 1947년 총회 결의에 규정된 정부에 해당하며, 전체 한반도에 대한 대한민국 정부의 관할권 행사는 오직 무력에 의해 저지되고 있으며, 한반도 전체의 주권은 대한민국에 있다는 주장을 확인하는 문구로 수정을 요청했다.[38] 대한민국 정부 성격 규정에 관한 미국 초안 속 직접적 문구들이 공동 초안에서 상당 부분 후퇴했기 때문에 한국으로서는 마지막으로 개정을 호소한 셈이다. 그러나 회원국도 아닌 한국의 호소가 총회장 분위기를 바꿀 힘은 없었다.

이상을 종합해 볼 때, 덜레스의 발언대로 결의 제195호 제2항의 의미는 대한민국 정부가 한반도 유일의 합법정부이나, 그렇다고 해서 전체 한국의 정부라고 주장하는 취지는 아니며, 북한지역에 대해서는 단순히 아무런 평가나 언급이 없다는 해석이 물론 가능하다.

그러나 결의 제195호의 전반적 취지와 몇 가지 문구는 여전히 대한민국 정부가 한반도 전체를 대표하는 정부라는 해석도 가능하다는 점을 시사한다.

첫째, 결의 제195호 제2항은 대한민국 정부가 전체 한국민의 절대다수가 거주하는 지역 유권자의 선거를 바탕으로 하고 있고, 이 지역에 대한 실효적 관할권을 행사하는 합법정부로 표현되고 있다. 한국민의 절대다수가 거주하는 지역 유권자의 의사를 바탕으로 성립되었다는 지적은 이를 통해 대한민국 정부가 전체 한반도를 대표할 수 있다는 점을 암시한다고 해석될 수 있다.

둘째, 결의 제195호 제2항에서 남한만을 가리킴이 분명한 경우에는 두 번이나 "한국의 그 지역that part of Korea"이라고 명시했지만, 대한민국 정부가 "한국에서의 유일한 그 같은 정부the only such Government in

38 UN Doc. A/C.1/SR.232(1948. 12. 7.), pp.966-967.

Korea"라는 문구에서는 Korea만을 사용하고 있다. 이는 대한민국 정부가 한반도 전체의 유일한 합법정부임을 가리키는 의미이다. 한반도는 하나의 국가로 독립이 예정되고 있었으므로, 유일한 합법정부가 수립되었다면 당연히 남북한 전체를 대표하는(또는 대표할) 정부로 이해함이 엉뚱하거나 불가능한 해석은 아니다. 이에 몇몇 학자는 몇 년 뒤까지 그 같은 해석을 지지했다. 예를 들어, 켈젠H. Kelsen은 6·25전쟁에 대한 안전보장이사회 결의 제82호(1950년 6월 25일)가 서두에서 총회 결의 제293호(IV)(제195호 제2항과 동일한 내용)를 인용하며 '대한민국 정부'와 달리 북한 정권은 단지 '북한 당국authorities of North Korea'으로만 호칭한 점에서 볼 때 대한민국 정부가 북한지역을 실효적으로 통제를 하지 못함에도 불구하고, 안전보장이사회가 이 정부를 남한의 정부가 아닌 전 한국the whole of Korea의 합법정부로 인식했다는 의미라고 해석했다.[39]

셋째, 1947년 총회 결의 중 미완성 부분의 이행과 관련해 제195호 제4항 서두에 "여기에 규정된 대한민국 정부의 지위를 감안하고"[40]라는 표현으로 미루어 볼 때 통일이 유일 합법정부인 대한민국 정부 중심으로 이루어져야 한다는 점이 암시되어 있다고 볼 수 있다.

넷째, 공산권 국가들이 결의 제195호 채택을 격렬히 반대한 이유도 대한민국 정부가 전 한반도를 대표하는 정부로 인정됨을 두려워했기 때문이지, 이를 단지 남한의 정부로조차 인정할 수 없다는 의미는 아

39 H. Kelsen, *The Law of the United Nations with Supplement*(Praeger, 1951), pp.928-929. W. Gould, *An Introduction to International Law*(Harper & Brothers, 1957), p.187도 같은 입장.

40 "having in mind the status of the Government of the Republic of Korea as herein defined."

니었으리라 추정된다.

결의 제195호 제2항은 타협을 위한 의도된 모호함을 내포하고 있다. 덜레스는 원만한 통과를 위해 현장에서 일단 결의 문언의 의미를 최소한으로 축소 해석했으나, 문언 행간에는 여전히 덜레스 발언 이상의 의미가 내포되어 있다. 총회장에서는 바로 그 같은 이해 속에서 여러 국가가 결의안에 대해 찬성 또는 비판 토론을 했다. 「뉴욕타임스New York Times」는 제3차 총회 종료 직후 논평에서 결의 제195호는 대한민국 정부를 전체 한반도의 전국 정부National Government로 승인함은 회피했지만, 이 정부를 한반도에서의 유일한 합법정부로 승인하고, 이 정부가 창설된 방법과 마찬가지로 유엔 후원하의 통일을 제안함으로써 간접적으로 이를 표시했다고 해석했다. 또한 소련의 강력한 반대는 공산권 국가들도 이 결의를 그렇게 이해한 증거라고 보았다.[41]

그런 의미에서 결의 제195호는 대한민국 정부가 남한만의 합법정부임을 선언하고 있을 뿐이라는 해석도 가능하지만, 대한민국 정부가 한반도 전체를 대표하는 합법정부라는 해석 또한 가능한 내용이라고 판단된다. 제1위원회에서 결의안이 통과된 직후부터 한국 언론에서는 유엔이 대한민국 정부를 전체 한반도의 정부(중앙정부)로 인정했다는 해석이 주류를 이루었다.[42] 결의 제195호가 채택되자 당시 국내에서는 거국적 환영 분위기가 넘쳐났고, 12월 15일은 경축식을 거행하기 위해 임시공휴일로 지정되기도 했다.[43] 장택상 한국 외무장관은 결의

---

41 *New York Times*, 1948. 12. 13., p.22.

42 대표적인 표현: "동 결의안을 보면 …… 대한민국 정부를 전 한국 정부로 승인하자는 것", 「동아일보」, 1948. 12. 14., 1면(사설). 기타 「경향신문」, 1948. 12. 9., 1면; 「동아일보」, 1948. 12. 10., 1면(사설); 「조선일보」, 1948. 12 .10., 1면; 「동아일보」, 1948. 12. 19., 1면(사설) 등 참조.

43 「동아일보」, 1948. 12. 16., 2면.

제195호를 통해 유엔이 전체 한반도에 대한 대한민국 정부의 권한 주장을 승인했다고 발표했다.[44] 결의 내용에 대한 당시 한국 사회의 반응이 전적인 오해나 왜곡에서 비롯되었다고 폄하하기는 어렵다.

결의 제195호에 의해 새로이 구성된 '유엔 한국위원회'도 이 점에 대해서는 명확한 입장을 정하지 못하고 활동했다.[45] 한국위원회는 총회에 대한 1949년도 첫 번째 보고서에서 대한민국 정부를 한국에서의 유일 합법정부로 승인한다는 점에는 위원국들이 일치된 합의를 갖고 있으나,[46] "대한민국 정부가 전 한국all Korea에 대해 합법적 권한을 갖는다는 이 정부의 주장을 총회가 인정했는가 또는 38선 이남에만 국한되는가 하는 문제를 가지고 한국 정부와 논의할 필요성을 느끼지 않았다."며 곤혹스러운 입장을 나타냈다. 위원회는 이 문제에 대한 시비가 임무수행과 관련해 뚜렷한 이익도 없이 한국 정부를 곤란하게 만들 뿐이라고 보았다.[47]

(5) 이후의 전개

1948년 8월 15일 대한민국 정부 출범은 유엔이 관여해 독립 정부를 수립한 첫 번째 사례이다. 그에 이은 유엔 총회 결의 제195호는 국토 양분 상태에서 5·10 선거로 수립된 대한민국 정부의 정당성을 국제적

---

44 The Special Representative in Korea(Muccio) to the Secretary of State(1948. 12. 23.), *FRUS 1948*, Vol. VI, p.1343.

45 UN Commission on Korea. 1948~1949년 회기 첫 위원국: 오스트레일리아, 중국, 엘살바도르, 프랑스, 인도, 필리핀, 시리아. 1949~1950년 회기에는 시리아가 빠지고 튀르키예가 위원국으로 추가되었다.

46 Report of the United Nations Commission on Korea Vol. I[UN Doc. A/936(1949)], Chapter II, para.6.

47 Report of the United Nations Commission on Korea Vol. I[UN Doc. A/936(1949)], Chapter IV, para.18.

으로 공인한 조치였다. 한국은 결의 통과 직후부터 대한민국 정부가 유엔에 의해 한반도 전체를 대표하는 정부로 승인받았다고 주장하며, 이를 남북 대결 외교에서 정치적·법적 정통성을 주장하는 근거로 삼았다.

이후 한반도의 정치적 현실이 남북분단에 따른 2개 국가 체제로 공고화되었기 때문에 대한민국 정부가 북한지역을 포함한 한반도 전체를 대표하는 합법적 정부라는 해석은 비현실적 주장이 되어 버렸다. 1970년대 초엽까지 한국은 자신이 유엔이 인정한 한반도 전체를 대표하는 합법 정부라는 주장을 고수했지만, 역사의 현실은 다른 방향으로 흘렀다. 1950년 말 한국군을 포함한 유엔군이 북진을 통해 북한지역의 상당 부분을 일시 점령하자, 대한민국 정부는 한반도 전체를 대표하는 정부로서의 권한을 북한 점령지에서 행사하려 했지만 당시에도 이는 미국에 의해 수용되지 않았다.

1972년 '7·4 공동성명'으로 남북한 정부는 상호 상대방을 정치적 실체로 인정했고, 1973년 6월 23일 박정희 대통령은 '평화통일 외교정책에 관한 특별성명'을 통해 북한이 유엔을 포함한 국제기구에 한국과 함께 참여함에 반대하지 않는다고 발표했다. 이 같은 한국 정부의 입장 변화는 헌법의 영토 조항에도 불구하고 대외적으로는 대한민국 정부가 한반도 전체를 대표한다는 주장을 포기한 의미라고 해석된다. 드디어 1991년 남북한이 각기 유엔 회원국으로 가입하게 됨으로써 대한민국 정부가 한반도 전체를 대표하는 유일 합법정부라는 주장은 완전히 설 땅을 잃어버리게 되었다. 그러나 최소한 1948년 시점에서는 유엔 총회 결의 제195호가 대한민국 정부를 한반도 내 유일한 합법정부로 인정했고 대한민국 정부 중심의 통일을 지향하는 의미를 지녔다는 점만은 분명하다.

1949년 대한민국 승인국

국가	승인 일자	국가	승인 일자
미국	1. 1.	네덜란드	7. 25.
중국	1. 4.	그리스	8. 4.
영국	1. 18.	코스타리카	8. 12.
프랑스	2. 15.	튀르키예	8. 13.
필리핀	3. 3.	아이티	8. 13.
캐나다	4. 9.	오스트레일리아	8. 15.
교황청	4. 13.	벨기에	8. 15.
칠레	5. 27.	엘살바도르	9. 3.
브라질	6. 2.	이란	9. 24.
뉴질랜드	6. 20.	태국	10. 4.
도미니카공화국	6. 20.	에콰도르	10. 6.
볼리비아	7. 14.	우루과이	12. 8.
쿠바	7. 18.	페루	12. 16.

1948년 8월 15일 대한민국 정부가 출범했지만 미국, 중국, 필리핀 등 당시 우방국들은 우선 사실상*de facto* 승인만을 부여하고 정식 승인을 미루고 있었다. 그 해 12월 12일 유엔 총회에서 대한민국 정부를 합법적 정부로 승인하는 결의 제195호가 통과되자 그 직후부터 각국이 비로소 대한민국에 대해 법률상*de jure* 승인을 부여하기 시작했다.

미국은 1949년 1월 1일 백악관 성명을 통해 미국 정부는 "대한민국 정부에 완전한 승인을 부여하기로 결정했다."고 발표했다.[48] 미국 정부는 '미국 대통령 특별대표' 자격으로 부임했던 무초를 1949년 3월

48 "the United States Government has decided to extend full recognition to the Government of the Republic of Korea."

20일 정식 외교사절로 임명하고 4월 20일 이승만 대통령에게 신임장을 제정했다. 장면 주미대사도 1949년 3월 25일 신임장을 제정할 수 있었다.[49] 중국(타이완)은 1949년 1월 4일,[50] 영국은 1월 18일, 프랑스는 2월 15일, 필리핀은 3월 3일 한국 정부를 공식 승인하고 외교관계를 수립했다. 1949년 1년 동안 모두 26개국이 대한민국을 승인했다.[51] 총회 결의 제195호는 대한민국이 국제사회에 본격적으로 진출할 수 있게 만든 기반이었다.

49 외무부 외교연구원, 『한국 외교의 20년』(1967), 29쪽.

50 중국 정부는 1949년 1월 4일 대한민국의 정식 승인을 발표했으며, 1948년 8월 승인은 사실상 승인이었다. 「동아일보」, 1949. 1. 5., 1면.

51 1949년 대한민국을 승인한 국가의 명단과 그 일자는 김용호, 『외교영토 넓히기: 대한민국의 수교 역사』(대한민국 역사박물관, 2016), 43쪽 참조. 외무부 외교연구원(앞의 주 49), 28-36쪽은 김용호 정리에서 4개국이 빠져 있고 1개국이 추가되어 1년간 총 23개국이 승인했다고 설명하고 있다. 김용호의 정리는 『한국 외교의 20년』을 검토한 후 작성된 자료이므로 보다 정확한 내용으로 본다.

2
국가 영역의 획정: 한반도와 부속도서

(1) 제헌헌법 영토 조항

영토는 국가의 공간적 존립 기반이다. 「제헌헌법」 제4조는 "대한민국의 영토는 한반도와 그 부속도서로 한다."라고 규정해 대한민국 영토의 범위를 제시했다. 이 조항은 현행 「헌법」에서도 위치만 제3조로 변경되고 내용은 동일한 문구로 유지되고 있다.

대한민국 수립은 새로운 민주국가의 건설이었지만, 동시에 과거 존재했던 구 국가의 복구라는 의미도 가졌다. 영역에 관한 한 대한민국은 구 대한제국 판도로의 복귀를 기본 목표로 삼고 "한반도와 그 부속도서"를 국가의 영토로 선언했다. 이 「헌법」 조항은 어떠한 취지에서 만들어졌고, 제헌 과정에서는 어떠한 논의가 있었을까?

5·10 선거가 끝나고 1948년 5월 31일 초대 국회가 개원했다. 당시 국회의 최대 과제는 물론 헌법 제정이었다. 국회 헌법기초위원회는 6월 4일부터 본격적인 토의를 시작했다. 모두 16차례 회의를 통해 완성된 헌법 초안이 6월 23일 국회 본회의에 보고되었다. 그 제4조가 위의 내용이었다. 제헌국회 본회의 과정에서 영토 조항에 관해 몇 개의

수정안이 제출되었으나 모두 부결되고 헌법기초위원회 원안이 그대로 「제헌헌법」 제4조로 확정되었다.

심의 과정에서 한 의원은 우리에게 고유한 영토가 있는데 새삼 헌법에 우리 영토를 표시할 필요가 있느냐는 의문을 제기했다. 영토 조항을 설치하면 오히려 우리나라는 이에 표시된 영역만을 가진다는 제한적 의미를 갖게 된다고 주장했다. 이에 대해 유진오 전문위원은 대한민국이 연방제 국가가 아닌 단일제 국가라는 점을 고려한다면 영토 조항이 반드시 필요하지 않다고 답했다. 다만 영토 조항의 설치는 남북분단에도 불구하고 헌법의 적용 범위가 기존 조선 고유영토 전체에 미친다는 의미를 표시하기 위한 의도라고 설명했다.[52] 남북분단이라는 정치적 특수상황이 이 조항을 필요로 한다는 설명이었다. 그러자 영토 조항의 필요성에 대한 문제제기는 더 이상 없었다.

이같이 영토 조항은 오늘날까지도 대한민국이 규범적으로 남북한 전 지역을 대표하는 국가임을 나타내며, 남북통일이 국가적 과제임을 표시하는 근거 조항이 되고 있다. 영토 조항은 처음부터 규범과 현실이 불일치한다는 문제점을 안고 출발했으나, 분단체제를 극복하려는 의지의 표현으로 이해될 수 있다.

참고로 북한의 경우 1948년 「헌법」에 영토 조항을 두지 않았으나, "조선민주주의인민공화국 수부首府는 서울이다."(제103조)라는 조항을 통해 북한 영토가 한반도 전체를 가리킨다는 함의를 표시한 바 있다. 이 조항은 1972년 개헌 시 "조선민주주의인민공화국의 수도는 평양이다"(제172조)로 개정되어 현재에 이른다(2024년 8월 기준). 북한 「헌법」에는 별도의 영토 조항이 없다.

---

52 제1독회: 제1회 국회속기록 제18호(1948. 6. 26.), 12쪽.

(2) 영역의 내용

한반도

한반도는 대한민국 영토의 중심으로 「제헌헌법」 제4조의 핵심 단어이다. 제헌 과정에서 이구수 의원 외 11인은 제4조의 표현을 "대한민주국의 영토는 고유한 판도로 한다."로 바꾸자는 수정안을 제출했다. 이 의원은 제안설명에서 특히 '반도'라는 용어는 일본이 우리 민족을 모욕하는 의미가 담긴 표현이라며 이의 사용에 반대했다.[53] 과연 '한반도'는 한국을 비하하는 표현이었나?

반도半島는 육지가 바다 쪽으로 돌출해 3면이 바다로 둘러싸인 지형을 가리킨다. 반도의 영어단어는 peninsula이다. 이는 라틴어의 pæne(거의)와 insula(섬)가 합성된 pæninsula에서 유래한다. peninsula가 한자 문화권에서 반도로 번역된 기원지는 일본이다. 반도라는 단어는 19세기 초엽 일본에서 학술적으로 사용되기 시작해 점차 한국과 중국에도 보급되었다.[54]

한국 고문헌에서는 반도라는 단어가 발견되지 않는다. 고려시대부터 바다 쪽으로 튀어나온 지형을 곶串이나 갑岬으로 지칭했으나, 이 단어는 내륙 지형을 가리키는 경우에도 사용되었고 대체로 소규모 지형을 지칭했다. 딱히 영어의 peninsula에 해당하는 단어는 없었다.[55] 19세기 말까지 우리의 영역을 가리키는 단어로는 주로 강역疆域이나 강토疆土가 사용되었다.

조선의 지형을 반도로 표현한 최초의 국내 문헌은 현채玄采의 『대한

---

53 제2독회: 제1대 국회속기록 제22호(1948. 7. 1.), 13쪽.

54 강경원, 「'한반도'의 개념과 내재적 문제」, 『문화역사지리』 제27권 제3호(2015), 4-5쪽.

55 강경원(위의 주), 6-7쪽.

지지大韓地誌』(1899)로 알려져 있다.[56] 이 책에는 압록강과 두만강을 조선의 북방 경계로 삼고, "아我 대한국大韓國 위치는 …… 일본해(동해를 가리킴—필자 주)와 황해 발해 간에 돌출흔 반도국半島國이라"는 설명이 나온다.[57] 반도라는 단어는 20세기 초부터 국내에서 빈번히 사용되기 시작했다. 1906년 11월 창간된 잡지 『소년한반도少年韓半島』는 한반도라는 단어가 국내에 보급되는 데 큰 기여를 했다.

이상 반도라는 용어는 일본에서 사용되기 시작했고, 일제강점기 단순히 반도라고 하면 통상 한(조선)반도를 의미해 조선인을 하대하는 의미와 연결되어 사용된 점은 사실이다. 그러나 당시 이탈리아반도나 스칸디나비아반도가 특별히 멸시적 의미를 지니지는 않았다. 반도가 조선과 결합되어 비하적 의미를 지니게 되었다면 문제의 핵심은 '조선'에 있었지, '반도'에 있지 않았다. 반도는 19세기 후반을 거치며 한·중·일 한자 문화권에 정착된 용어로서 중립적 성격을 지닐 뿐이었다. 반도를 대체할 다른 적절한 고유 단어도 없다. '반도'라는 용어가 특별히 회피될 이유는 없었다. 결국 「제헌헌법」에서 반도라는 용어는 고수되었다.

그런데 일제강점기는 물론 1948년 제헌 당시까지 일상생활에서 우리나라 지형을 가리키는 통상적 용어는 '한반도'가 아니라 '조선반도'였다. '한민족' 역시 일제강점기에는 중국인(漢民族)을 가리키는 의미로 더 많이 사용되었으며, 韓民族이란 의미로는 광복 이후 본격적으로 사용되었다. 1920년대부터 1948년 기간 중 「동아일보」와 「조선일보」 기사를 검색해 보면 조선반도가 한반도보다 더욱 빈번히 사용되었

56 강경원(앞의 주 54), 4쪽.

57 玄采, 『大韓地誌』 一 (1899), 1쪽. 그는 "海岸이 海中에 突出ᄒᆞ야 三面水圍處를 半島라 云홈"이라고 설명하고 있다. 같은 책, 序, 4쪽.

음을 확인할 수 있다. 그만큼 '조선반도'가 익숙한 지명이었다.

그러나 제헌국회 헌법기초위원회는 초안 제4조에서 '한반도'라는 용어를 택했다. 국호가 '대한민국'으로 결정되고 '조선'이란 표현이 사라지게 됨에 따른 자연스러운 변화였다. 이후 한반도라는 용어는 우리 언어생활 속에 자리 잡았다. 한반도가 대한제국 시절부터 사용되기 시작한 용어이기는 하나, 이것이 국내에서 널리 보급된 계기는 「제헌헌법」 제4조 영토 조항이었다.

한국인들은 한반도라고 하면 당연히 압록강-백두산-두만강 이남의 육지지형을 가리킨다고 생각한다. 이는 한반도 면적이 22만 3,348km^{2}라는 근거가 되고 있다. 따라서 두만강 이북의 간도間島는 한반도에 포함되지 않는다고 본다. 그러나 역사적 요소를 배제하고 지리적 외형을 기준으로 한다면 한반도는 대체로 압록강 하구 또는 청천강 하구부터 함흥 부근 성천강 하구를 잇는 선 이남을 가리킨다고 봄이 합리적이라는 주장이 있다.[58] 그런 의미에서 한반도를 공간적으로 압록강-두만강 선을 기준으로 파악하려는 시도는 순수한 지리학적 관점보다는 지리적 요소에 정치적·역사적·사회경제적 관점을 가미한 비유적 표현에 불과하다. 지리학적 의미의 반도가 한 국가의 영토와 정확히 일치하기는 불가능하다. 영토 조항 속 한반도는 대한민국 영역에 관한 일종의 상징적 표현이지, 지리학적으로 정확한 경계를 표상하지는 않는다. 설사 두만강 넘어 북간도가 한국령으로 편입된다 해도 영토 조항과 충돌된다거나 위헌이라고는 보이지 않는다.

58 강경원(앞의 주 54), 11-12쪽.

부속도서

한반도의 부속도서란 무엇을 의미할까? 부속도서의 결정은 대한민국 영역의 한계와 직결되므로, 실제에 있어서는 '한반도'라는 표현 못지않게 중요하다.

도서란 밀물 시에도 항상 바다 수면 위로 나와 있는 자연적으로 형성된 육지 지역이다.[59] 단 국제법상 부속도서의 정의는 존재하지 않는다. 부속도서란 국제법적 개념이라기보다, 지리학적·정치학적 개념이다. 따라서 도서의 위치나 규모에 따라 인접 육지에 부속되었다고 판단할 통일적 법적 기준은 없다. 「제헌헌법」 또한 부속도서를 구체적으로 열거하거나 이에 관한 판단기준을 제시하고 있지 않다. 한반도의 부속도서가 무엇인지를 규정한 국내법도 없다. 일단 한반도의 부속도서라 하면 한반도 근해에 위치해 남북한에 소속된 모든 도서를 의미한다고 해석된다.

제헌 당시 부속도서 여부에 관해 특히 논란이 된 경우가 있었는가? 대한민국 출범 초기 부속도서 해당 여부가 국내외적으로 주목되었던 대상으로는 제주도, 울릉도, 독도, 파랑도 등이 있다. 이런 도서들이 제헌 과정 또는 연합국 전후 처리 과정에서 어떻게 취급되었나를 살펴본다.

제주도

제주도는 오래전 신라에 복속된 바 있고, 이후 고려와 조선의 일부였다. 일제강점기에는 전라남도 소속 제주군濟州郡이었다. 미군정청은 1946년 8월 1일 제주를 도道로 승격시켰다.

59 「유엔해양법협약」 제121조 제1항.

동아시아 수역에서 한·중·일 3국의 중심점에 위치한 제주도는 지정학적 가치로 인해 전후 연합국들의 각별한 관심을 끌었다. 특히 중국(국민당 정부)은 혹시라도 제주도가 일본이나 소련에 귀속될까봐 걱정하며 전후처리 준비 과정에서 암암리에 제주도를 탐냈다. 조선에 신탁통치가 실시된다면 제주도는 중국이 관할해야 한다고 생각했다. 즉 중국은 제주도가 한국령이라고 생각하면서도, 제주도의 지정학적 가치 때문에 이에 대한 자국의 통제가 확보되기를 원했다.[60]

소련은 제주도에 직접적인 영토적 야심을 표하지는 않았으나, 자신이 이권을 갖고 있던 뤼순旅順에서 태평양으로 진출하는 길목에 있는 제주도에 나름의 통제권을 확보하기 원했다. 소련 해군의 접근로 보장을 위해 부산·진해, 제물포, 제주도 지역을 자신의 통제 대상으로 삼고 싶어 했다.[61]

미국은 1946년 1월 29일 자 연합국최고사령관 각서SCAPIN 제677호[62] 제3항을 통해 울릉도, 독도, 제주도가 일본에서 제외됨을 공표했다. 이후에도 제주도가 일본으로부터 분리되어 대한민국의 일부가 된다는

60 이 같은 종전 직후 중국 정부 인식에 대한 전반적 소개는 유미림, 『우리 사료 속의 독도와 울릉도』(지식산업사, 2013), 330-334쪽 참조.

61 이 같은 소련의 구상은 1945년 런던 외상회의를 위해 소련 외무성이 준비한 문서 "과거 일본 식민지들 및 위임통치 지역들의 문제에 대한 노트"에 수록되어 있다. 다만 소련은 이를 구상만 했을 뿐, 런던 외상회의에서 관철하려고 주장하지는 않았다고 알려져 있다. 정병준, 「1945-1951년 미소·한일의 대마도 인식과 정책」, 『한국근현대사연구』 제59집, 2011년 겨울호, 160-164쪽.

62 Memorandum concerning Governmental and Administrative Separation of Certain Outlying Areas from Japan(1946. 1. 29.). 이는 미국 점령하에서 일본 정부가 어느 범위까지 행정적 권한을 행사할 수 있는가에 관한 한계를 설정한 문서이다. 단 이 내용을 일본 영토의 최종적 결정에 관한 연합국의 방침으로 해석하지 말라는 내용이 첨부되어 있다(제6항). 이 문서는 이석우 편, 『대일강화조약 자료집』(동북아역사재단, 2006), 24-25쪽에 영인 수록.

미국의 입장은 시종 일관되었다. 일본 역시 평화조약 준비 과정에서 제주도를 탐내지는 않았다. 결국 대일평화조약 제2조 제1항은 제주도가 한국에 속함을 명기했다.

제주도의 지정학적 가치로 인해 중국과 소련이 모종의 통제권 확보를 검토한 바 있으나, 이 섬은 1,000년 이상 한반도 소재 국가의 일부였으며 인구 대부분이 한국인이라는 역사적 배경으로 인해 미국의 확고한 지지하에 큰 어려움 없이 한국령으로 인정되었다.

울릉도

울릉도는 삼국시대부터 신라에 속했으며 고려와 조선도 이를 자국령으로 관리했다. 조선은 관리상 편의를 위해 태종 때인 1416년부터 울릉도에 주민 거주를 금하는 공도空島정책을 취했고, 이는 공식적으로 1881년까지 지속되었다.[63] 울릉도가 사실상 비어 있는 틈을 타 17세기 무렵 일본인들이 울릉도를 빈번히 방문하며 경제활동을 했다. 이러한 사실은 양국 간 외교분쟁을 초래했다. 결국 일본 막부는 울릉도가 일본령이 아니라는 결론 아래 일본인 도해금지령을 내리고, 1697년 이를 조선에 공식 통보함으로써 분쟁이 일단락되었다.[64] 일제강점기에도 울릉도는 조선총독부 소속 경상북도의 일부였다. 주민 대부분 역시 한국인이었다. 이런 배경으로 인해 제헌 무렵 국내에서는 동해 멀리 떨어진 울릉도가 제주도와 함께 가장 대표적인 한반도 부속도서로 인식되었다.

17세기 이래 호시탐탐 울릉도를 노리던 일본은 종전 후 평화조약 준

63 이한기, 『한국의 영토』(서울대학교 출판부, 1969), 250쪽.
64 송병기, 『고쳐 쓴 울릉도와 독도』(단국대학교 출판부, 2005), 49-63쪽.

비 과정에서 다시 이를 자국령으로 확보하려고 노력했다. 연합국은 포츠담 선언을 통해 "일본의 주권은 혼슈, 홋카이도, 규슈, 시코쿠와 우리가 결정하는 제諸 소도小島로 제한된다."(제8항)라고 발표했다. 인근 소도를 어디까지 확보하느냐가 영역 결정에 관건이 되므로, 일본 정부는 평화조약을 준비하면서 1946년 11월부터 일본에 속할 도서에 대한 영문 설명자료를 연합국 측에 제공했다. 1947년 6월 제작된 제4차분은 태평양과 동해의 소도서에 관한 내용인데, 여기서 일본은 동해의 울릉도와 독도를 자국의 인접 도서로 설명하고 있다.

울릉도에 관한 이 자료의 요지는 다음과 같다. 울릉도는 일찍이 1004년부터 일본 고문서에 등장하며, 조선은 1400년대 이래 공도정책으로 이 섬을 실질적으로 포기하고 있었고, 이에 17세기에는 모든 면에서 일본의 어업기지 역할을 했으며, 1697년 일본 막부가 일본인 도해금지령을 내린 이후에도 조선의 공도정책은 변함이 없었으며 일본인의 울릉도 인근 어로 활동은 계속되었다. 메이지 초기부터 일본인들이 다시 울릉도에 가기 시작했고, 조선 정부의 개발 노력은 별다른 성과가 없었다.[65] 이 문서는 결론적으로 일본이 울릉도에 오랜 연고를 갖고 있으며 조선보다 더 많이 활용해 왔음을 강조함으로써 이 섬의 영유권에 대한 욕심을 노골적으로 드러냈다.

그러나 미국이 SCAPIN 제677호를 통해 울릉도를 일본에서 제외한 이래 미 국무부 내 평화조약 준비 작업에서 울릉도는 일관되게 한국령의 일부로 포함되어 있었다. 울릉도가 한국령의 일부라는 점에 대해 주요 연합국 사이에 이견이 없었다. 무엇보다도 울릉도 주민의 대

65 Minor Islands Adjacent Japan Proper IV (June 1947): Minor Islands in the Pacific, Minor Islands in the Japan Sea. 이 문서의 내용은 정병준, 『독도 1947』(돌베개, 2010), 342-345쪽 수록.

부분이 한국인이라는 점은 연합국도 다른 고려를 하기 어렵게 만들었다. 대일평화조약 제2조 제1항이 "일본은 제주도, 거문도, 울릉도를 포함하는 한국에 대한 모든 권리, 권원, 청구권을 포기"한다고 규정함으로써 울릉도의 한국령이 확인되었다.

독도

독도가 오늘날까지 일본과 갈등의 대상임은 널리 알려져 있다. 지금은 독도의 위치와 형상을 모르는 국민이 없을 정도지만, 광복 직후 독도는 일반 국민에게 그다지 잘 알려진 존재가 아니었다. 일제강점기 국내 언론(「동아일보」, 「조선일보」 등)에서는 독도에 관한 기사를 찾을 수 없다. 독도가 화제가 될 만한 특별한 사건이 없었다는 의미이다. 관련 어민이 아닌 한 당시 대부분의 일반인은 독도의 존재 자체를 몰랐을 것이다. 앞서 설명한 바와 같이[66] 미군정기에 발생한 1947년 울릉도 어선에 대한 일본 측 총격 사건과 1948년 6월 미 공군 오폭으로 독도 부근에서 조업 중이던 울릉도 어민 대량 피해 사건은 독도에 대한 국민적 관심을 불러일으켰고, 독도 영유권에 대한 믿음을 확산시켰다. 독도를 한반도 부속도서의 하나로 확보하는 일은 정부 수립 초기부터 중요한 외교 현안으로 대두되었다.

제2차 세계대전 후 일본 역시 독도를 자국령으로 만들려고 여러 노력을 기울였다. 일본 정부가 1947년 6월 연합국에 제공한 영문자료에서 동해의 울릉도와 독도를 자신의 인접 도서로 설명했음은 앞서 지적한 바 있다. 일본은 자신이 고대로부터 독도(다케시마竹島)를 알고 있었으며, 이 섬에 대해서는 한국식 명칭조차 없으며, 한국에서 제작된 옛

66 제3장 136-138쪽 해당 내용 참조.

지도에 나타나지 않는 반면, 자신은 1905년 2월 22일 이 섬을 시마네현 고시로 자국 영역으로 편입했다고 설명했다.[67] 한국 측 반박 자료가 없는 가운데 일본이 제공한 영문자료는 후일 미국 관계자들의 독도 인식에 커다란 영향을 미쳤다. 일본 정부 관리들은 주일 미군정청 인사와 지속적으로 접촉하면서 다케시마=일본령이라는 인식을 주입하기 위해 노력했다.

미국 정부는 독도를 당초 한국령으로 인식한 듯하다. 1946년 1월 SCAPIN 제677호 제3항은 독도를 일본의 부속도서에서 제외시켰다. 1947년부터 시작된 국무부 내 대일평화조약 준비작업에서도 독도는 일본령에서 배제되었다. 적어도 1949년 11월까지 미 국무부가 작성한 모든 대일평화조약 초안에서는 독도가 일본 아닌 한국에 소속될 지역으로 예정되어 있었다.[68]

이에 변화를 초래한 계기는 1949년 11월 작성된 도쿄의 미 정치고문 시볼트W. Sebald 문서임은 잘 알려져 있다. 시볼트는 독도에 관한 한 일본 측 논리를 그대로 받아들이고 있었다. 그는 독도를 한국령에 포함시키고 있는 국무부 초안에 대해 재고를 요청했다. 시볼트는 이 섬에 대한 일본의 주장이 오래되었으며, 유효하다고 생각되며, 안보적으로도 이 섬에 기상 및 레이더 기지 설치를 고려하라고 제안했다.[69] 후속 문서에서 그는 더욱 적극적으로 독도를 일본령으로 특정하라고 요청하며, 이를 한국 해안 외곽 섬으로 간주하기 어렵다고 주장했

67 정병준(앞의 주 65), 348-349쪽.

68 이 점에 대해서는 기존 국내 연구가 적지 않다. 대표적인 성과물은 정병준(앞의 주 65), 402-455쪽 등.

69 The Acting Political Adviser in Japan (Sebald) to the Secretary of State(1949. 11. 14.), 740.0011 PW (Peace) /11-1449: Telegram, *FRUS 1949*, The Far East and Australasia, Vol. VII, Part 2, pp.900-901.

다.[70] 시볼트 문서 이후 미 국무부 작성 대일평화조약 초안에서는 다케시마(독도)가 일본령에 소속되기 시작했다.

당시 대일평화조약과 관련해 한국 정부의 주요 관심사는 연합국 자격으로 대일평화회담 참여를 비롯해 대일 배상청구권, 맥아더 라인 유지, 영토 문제 등이었다. 그중 영토 문제에서 1차적 요구는 대마도 할양이었다. 한국 정부는 일본의 독도 확보 공작에 경계심이 없었는지 처음에는 독도에 별다른 주의를 하지 않았다. 잘 알려진 바와 같이 1951년 7월 9일 양유찬 주미대사와 미 국무부 덜레스 면담에서 대마도 확보에 성과를 거두지 못하자, 7월 19일 양유찬 대사가 다시 덜레스를 방문해 한국 정부의 새로운 의견서를 전달했다. 이때 대마도에 관한 요구를 빼고, 대신 평화조약에 독도와 파랑도를 한국령으로 명기해 달라고 비로소 요청했다.

그러나 이 요구도 성사되지 못했다. 파랑도는 실재하지 않는 섬이었으며, 미국은 독도Dokdo라는 명칭 자체에 생소해했다. 미국은 한국이 주장하는 독도가 서양에서 통용되는 리앙쿠르암Liancour Rocks 또는 일본명 다케시마竹島와 동일한 존재라는 사실도 제대로 몰랐다. 미 국무부는 러스크Rusk 극동담당차관보 명의로 양유찬 주미대사에 보낸 1951년 8월 10일 자 공한을 통해 독도가 대일평화조약에 한국령으로 표기될 수 없음을 통지했다.[71] 그렇다고 독도를 일본령으로 확정하지

---

70 The Acting Political Adviser in Japan (Sebald) to the Secretary of State (November 19, 1949). 이 문서 영인본은 이석우(앞의 주 62), 124-129쪽 수록.

71 독도 부분의 원문은 다음과 같다. "As regards the island of Dokdo …… this normally uninhabited rock formation was according to our information never treated as part of Korea and, since about 1905, has been under the jurisdiction of the Oki Islands Branch Office of Shimane Prefecture of Japan. The island does not appear ever before to have been claimed by Korea." 이석우(앞의 주 62), 264-265

도 않았다. 독도는 한일 양국 간 문제로 남겨졌다.

독도가 평화조약에서 한국령으로 명기되지 않는다는 사실을 안 일본 정부는 1951년 9월 3일 다케시마가 일본령이 되어야 할 섬이라는 점을 공식 주장했다. 이 소식을 접한 한국 외무부는 바로 다음 날 독도가 한국에 속한다는 사실은 여러 증거상 명백함에도 불구하고 일본이 "이러한 물적 증거에 나타난 사실을 왜곡하여 일본 영역에 귀속시키려는 것은 영토적 야심에서 우러난 온당하지 않은 행위이다. …… 일본이 이러한 영토적 야심을 마땅히 포기하여 줄 것을 믿는 바이다."라는 반박성명을 발표했다.[72] 이는 현재까지 이어지는 한일 간 외교 공방의 시작이었다.

파랑도

파랑도는 제주 마라도에서 서남쪽으로 149km, 중국 서산다오余山島에서 287km, 일본 나가사키현 도리시마鳥島에서 서쪽으로 276km가량 떨어진 지점에 위치한 수중 암초이다. 최고봉이라도 항상 수면 몇 미터 아래로 잠겨 있어 큰 파도가 칠 때 수중 암초가 일시 드러나 보일 수는 있으나 법적으로 섬은 아니다. 1900년 영국 상선 소코트라Socotra호가 이를 발견·보고한 후 국제적으로는 소코트라암으로 표기되고 있다. 일본 정부는 1938년 이를 측량하고, 해저 암반에 나가사키와 상하이를 연결하는 해저전선 중간기지를 설치할 계획을 세웠다가, 제2차 세계대전으로 무산된 일이 있다. 제주도에서는 파랑도가 이어도라는 전설의 섬으로 알려져 있었지만, 1974년 발표된 이청준의 소설 「이

쪽에 영인 수록.

72 「민주신보」, 1951. 9. 5.(http://db.history.go.kr/contemp/level.do?levelId=dh_022_1951_09_03_0010)(2025. 7. 18. 확인).

어도」 이전에는 국내에서 주로 일본명인 파랑도로 알려져 있었다.

존재하지 않는 섬인 파랑도에 대해 광복 전후 영유권 논란이 벌어지고, 한국 정부는 대일평화조약에 파랑도를 한국령으로 명기해 달라고 요청했다.

1947년 10월 22일 자 「동아일보」 기사는 파랑도가 국내에서 일반인에게 알려진 첫 계기로 보인다. 이 기사는 "일본의 침략적 야욕"이라는 제목으로 한국의 판도에 속해야 할 파랑서波浪嶼라는 한 무리 섬을 일본이 자기네 영토라고 주장하며 야욕의 마수를 뻗치고 있다고 보도하며, 대강의 위치를 보여 주는 지도를 함께 수록했다. 아울러 이 기사는 일본이 독도와 함께 이 섬을 침략하려 한다고 비판하며, 제주도나 목포, 중국 상하이, 일본 나가사키와의 거리를 보면 위치상 이 섬이 한국에 속함은 두말할 필요조차 없다고 강조했다.[73]

민간의 관심으로 끝날 수 있었던 파랑도 영유권론은 대일평화조약 준비 과정에서 한국 정부의 공식 입장으로 등장했다. 그 배경은 다음과 같다. 1951년 3월 말 대일평화조약에 관한 미국 측 초안이 한국에 전달되자 국내에서는 이 문제를 범정부적으로 논의하기 위해 1951년 4월 16일 '대일강화회의준비위원회'(약칭 '외교위원회')가 구성되었다.[74] 구성원인 유진오는 당시 논란이 되던 대마도와 독도 영유권 문제에 관한 자문을 구하러 최남선을 방문했다. 최남선은 독도에 대해서는 역사적 근거가 많다고 설명해 유진오를 안심시켰다. 이어 유진오가 이승만 대통령의 대마도 반환론이 근거가 확실한 주장이냐고 묻자, 최

73 「동아일보」, 1947. 10. 22., 2면.

74 유진오, 『한일회담－제1차 회담을 회고하면서』(외무부외교안보연구원, 1993), 27쪽. 이는 유진오가 「중앙일보」에 1983년 8월 29일부터 10월 31일에 걸쳐 연재한 "남기고 싶은 이야기들"에서 한일회담 관계 내용만을 정리해 발간한 책자이다.

남선은 빙그레 웃으며 고개를 좌우로 저었다고 한다. 그는 대신 파랑도 영유권을 주장하라고 조언했다. 목포, 나가사키, 상하이의 중심쯤 되는 곳에 파랑도라는 섬이 있는데, 차제에 이 섬이 대일평화조약에 한국령으로 명기되면 우리나라는 제주도 훨씬 서남방으로 영역을 넓힐 수 있다는 설명이었다. 당시 유진오는 이 말을 듣고 광희狂喜했다고 회고했다.[75]

최남선의 의견은 유진오를 통해 외교위원회에 전달되었고, 후일 한국 정부 공식 입장으로 채택되었다. 1951년 7월 19일 양유찬 주미대사가 덜레스를 방문해 대일평화조약에서 '독도와 파랑도'를 한국령으로 명기해 달라는 요청서를 전달했다.[76] 덜레스가 새로운 요구사항으로 등장한 독도와 파랑도의 위치를 묻자 배석한 주미대사관 한표욱 서기관은 이 2개의 섬은 울릉도 인근에 있다고 설명했다.[77] 파랑도에 관해 엉뚱한 소리를 한 셈이었다.

이후 미 국무부가 파랑도의 위치를 조사했으나, 존재하지 않는 섬을 물론 찾을 수 없었다. 한국 정부 역시 파랑도에 대한 정보를 제공할 수 없었다. 후일 유진오도 파랑도 건은 대미교섭상 실수였다고 후회했다.[78] 결국 변영태 외교장관은 8월 1일 기자회견을 통해 부분적으로 변경된 대일평화조약 관련 4개 항을 요구했는데, 파랑도에 관한 주장은 더 이상 담겨 있지 않았다. 한반도 부속도서의 하나로 파랑도 논란은 일단락되었다.

75 유진오(위의 주), 26-27쪽.

76 이석우(앞의 주 62), 249쪽에 영인 수록.

77 Memorandum of Conversation, by the Officer in Chargé of Korean Affairs in the Office of Northeast Asian Affairs(Emmons)(1951. 7. 19.), *FRUS 1951*, Asia and the Pacific, Vol. VI, Part 1, p.1203.

78 유진오(앞의 주 74), 28쪽.

한국 정부가 파랑도(이어도)를 공식 확인한 시점은 훨씬 뒤의 일이다. 한국은 2003년 6월 이어도 수중 암반 위에 종합해양과학기지를 완공해 운영하고 있는데, 현재 이 일대 수역 관할에 대해서는 한국과 중국 간 입장이 충돌하고 있다. 다만 양국은 이 수역이 어느 나라의 배타적 경제수역에 속하느냐에 관해 이견을 보이고 있을 뿐, 수중암초인 파랑도(이어도)가 특정 국가의 영유권 대상이 될 수 없음에는 견해가 일치한다.[79]

영해와 영공

「제헌헌법」 이래 우리 「헌법」에는 영토 조항이 설치되어 있으나, 영해나 영공에 대해서는 별다른 언급이 없다. 국회에서 「제헌헌법」을 심의할 때도 영해나 영공에 대한 논의는 전혀 없었다. 과거에는 헌법에 영해나 영공에 관한 조항을 두는 경우가 드물었다.[80] 영토가 확정되면 영해와 영공은 그에 수반되어 결정될 사항으로 생각했기 때문이다. 영토가 확정되면 국가는 연안선을 따라 영해에 대한 주권을 자동적으로 취득하며, 영토와 영해의 상공은 그 국가의 영공으로 인정된다.

대한민국 출범 당시 우리의 영해는 어디까지였을까? 정부 수립 당시 한국의 영해 폭을 암시하는 법령으로는 미군정법령 제189호(1948년 5월 20일 시행) 「해안경비대의 직무」가 있다. 이 영 제3조 나항은 38선 이남 조선의 영해를 연안으로부터 1리그 또는 3마일이라고 규정하

---

79 2012년 3월 중국 해군의 이어도 수역 순찰 문제가 불거졌을 때도 3월 12일 중국 외교부 류웨이민(劉爲民) 대변인은 정례브리핑에서 이 문제가 영토 분쟁은 아님을 재차 확인했다. 「조선일보」, 2012. 3. 13., A1면.

80 반면 근래 제정된 헌법에는 이에 관한 조항을 설치하는 예가 늘고 있다고 한다. 도회근, 「헌법의 영토조항에 관한 비교헌법적 연구」, 『법조』 2009년 11월호, 297-300, 323-325쪽 참조.

고 있다. 여기서의 마일은 해리를 의미한다고 보았을 때, 남한에도 당시 미국의 입장이던 3해리 영해를 적용한 법령으로 판단된다. 미군정 법령은「제헌헌법」제100조에 의해 대한민국 정부 수립 이후에도 적용될 수 있었으나, 과거 법제처는 이 조항이 1948년 11월「국군조직법」발효와 동시에 실효되었다고 해석한 바 있다.[81]

한국은 1977년 비로소「영해법」을 제정해 1978년 4월 30일부터 시행했다. 이에 따르면, 동해안 대부분에는 연안 저조선을 의미하는 통상기선을 적용하고 서해안과 남해안에는 직선기선을 적용해 그로부터 12해리 영해를 선언했다.[82] 그러나 제헌 당시는 12해리 영해가 국제사회에서 보편화되기 이전으로 다수의 국가가 3해리 영해를 시행하고 있었다. 직선기선도 일반적으로 알려지기 전이었다.[83] 정부 수립 당시 또는 직후 별도의 영해 주장을 하지 않았기 때문에 당시 한국의 영해는 "한반도 및 그 부속도서"의 통상기선인 연안 저조선으로부터 3해리 폭 수역이라고 볼 수밖에 없다. 영공은 영토와 영해의 상공이므로 자동 결정된다.

(3) 대마도 반환론 주장

대마도 반환론의 제기

이승만 대통령은 정부 수립 직후인 1948년 8월 19일 외신기자 회견에서 대마도는 수백 년 전 일본에 탈취된 땅이므로 이의 반환을 요구

81 법제처, '법제1' 제29호(1958. 1. 30.),『법제월보』1958년 6월호, 95-96쪽.

82 현재는「영해 및 접속수역법」으로 개정.

83 직선기선제도는 ICJ의 Fisheries case(U.K. v. Norway), 1951 ICJ Reports 116 판결을 계기로 국제사회에서 일반화되었다.

하겠다고 밝혔다.[84] 이후 한국 정부의 대마도 반환 요구는 여러 차례 계속되었고, 국회에 대마도 반환을 촉구하는 결의안이 제출되기도 했다. 이러한 주장에 대해 일본 정부는 근거 없는 요구라며 강하게 반발했다. 한국은 「샌프란시스코 대일평화조약」에 대마도 반환 조항을 포함시키기 위해 조약 성안 마지막 단계까지 노력했으나, 최종적으로는 성공하지 못했다.

대마도는 면적이 709km^{2}로 울릉도의 거의 10배 정도 되는 섬이다. 부산에서부터의 거리(53km)가 규슈로부터의 거리(147km)의 약 3분의 1에 불과할 정도로 한반도와 가깝다. 야간에 대마도 북단 높은 곳으로 올라가면 부산 야경을 육안으로 볼 수 있다. 조선시대 대마도가 대일 외교의 중간 창구 역할을 했고 왜관을 통한 경제교류가 지속되어 여러모로 밀접한 관계를 유지했던 사실은 잘 알려져 있다.

당시 대마도 반환론은 어떠한 의도에서 주장되었을까? 한국 정부는 대마도를 한반도의 부속도서로서 되찾아야 할 영토로 확신했는가? 한국은 일제 피해국이자 전승국 자격에서 패전국 일본에 일종의 전리품으로 대마도 할양을 요구했는가? 아니면 향후 전개될 대일 국교정상화 협상에서 주도권을 잡기 위한 공세적 외교전략의 일환으로 주장했을 뿐인가? 이승만 대통령의 정확한 의도는 확인하기 어렵다. 대마도 반환론의 반추는 광복과 대한민국 출범 시 영토 범위가 어떻게 구상되었는가에 대한 생각을 살피는 길이기도 하다.

역사 속의 대마도

대마도에 관한 가장 오래된 기록은 3세기 중국 사서 『삼국지』「위서

---

84 「동아일보」, 1948. 8. 20., 1면; 「조선일보」, 1948. 8. 20., 1면 등.

魏書』 동이전東夷傳 왜인조倭人條 속에 나타난다. 대마도가 왜인조에 나오는 의미는 당시 중국도 이를 일본의 일부로 보았다는 표시이다. 일본 사서 『고사기古事記』(712년)에는 신神인 이자나기와 아지나미가 아이를 낳듯 토지 8개를 낳아 일본을 이루었는데 그중 하나가 대마도이다.[85] 『일본서기日本書紀』(680~720년)에서는 신대神代에 대팔주국大八洲國을 낳아 일본을 형성하고, 주위 바닷물 거품이 응고되어 대마도 등 작은 섬들이 생겼다고 기록하고 있다.[86] 둘 다 신화이기는 하나, 대마도가 일본 고유의 영토라는 생각이 자리 잡고 있다. 이상과 같이 중국과 일본 사서는 일찍부터 대마도를 일본 영토의 일부로 취급하고 있다.

수백 년 전 대마도가 탈취되었다는 주장의 근거는 무엇일까? 대마도와의 역사적 관계를 간단히 회고해 본다. 고려는 일본과 중앙정부 차원의 교류가 없었으나, 왜구를 억제하기 위한 수단의 하나로 대마도주에게 관직을 수여하고 조공무역을 허가했다. 그래도 왜구가 번창하자 1389년 도원수 박위가 이끄는 원정대가 대마도를 정벌해 300여 척의 배를 소탕했다.

조선의 대마도 인식 역시 고려의 연장선상에 있었다. 왜구의 발호를 막기 위해 군사력도 행사했으나, 전반적으로는 회유책을 사용했다. 대마도인에게 관직을 제수하고 교역상 특권을 보장해 주었다. 세종조 시절 이종무의 대마도 정벌(1419년) 이후 상왕 태종이 대마도주에게 보낸 교유문에서 "대마도라는 섬은 경상도의 계림鷄林에 예속했으니, 본디 우리나라 땅이란 것이 문적에 실려 있어, 분명히 상고할 수가 있다."고 밝혔다.[87] 『신증동국여지승람』에도 "대마도는 곧 일본의

85 『古事記』(노성환 역주)(민속원, 2009), 33-34쪽.
86 『역주 일본서기 1』[연민수(외) 역](동북아역사재단, 2013), 107쪽.
87 『세종실록』 세종 1년 기해(1419) 7월 17일(경신)조.

대마주이다. 옛날엔 우리 신라(계림)에 예속되었는데, 어느 때부터 일본 사람들이 살게 되었는지 모르겠다."고 기록되어 있었다.[88] 이같이 대마도가 본래 우리 땅이었다는 고토故土 의식은 그 기원이 확실치 않으나, 조선 학자들의 기본적 인식으로 작용했다. 다만 근거 문적이 무엇인지 구체적으로 제시된 바는 없다.

잘 알려진 바와 같이 조선은 조공무역을 통해 대마도민에게 일정한 경제적 이익을 보장하는 한편, 관직을 주어(수직왜인) 이들을 정치·경제적으로 통제하려 했다. 적어도 조선 전반기 대마도는 일본 막부보다 조선과의 교류가 더 많았으며, 경제적으로 조선에 더 의존적이었다.

도요토미 히데요시豊臣秀吉가 일본을 통일한 이후 대마도는 막부에 예속성이 높아졌다. 임진왜란 후 조선은 쇠약해졌고, 도쿠가와德川시대인 17세기 초반부터 대마도의 조선 외교에 대한 막부 감독이 강화되었다. 17세기 중반 이후 대마도 외교는 사실상 막부 감독 아래 진행되었다. 왜관 무역이 쇠퇴하고 막부의 재정 지원이 늘어나면서 18세기 중엽 이후 대마도는 막부의 형식적 외교 창구일 뿐이었다.[89] 이러한 현실 변화와 달리 조선에서는 대마도 고토 의식이 관념적으로 지속되었다. 이것이 조선에서 제작된 지도에 대마도가 자주 등장하는 이유이다. 메이지유신 이후 대마도의 조선 외교 업무는 1872년 외무성으로 이관되고 부산 왜관도 외무성이 접수함으로써 대마도의 외교적 역할은 완전히 종료되었다.[90]

---

88 『신증동국여지승람』 권23 경상도 동래현 산천조. 한국고전종합DB 번역본(db.itkc.or.kr/dir/item?itemId=BT#/dir/node?dataId=ITKC_BT_B001A_0240_010_0010).

89 하우봉, 「한국인의 대마도 인식」, 한일관계사연구회 편, 『독도와 대마도』(지성의 샘, 1996), 146쪽.

90 하우봉(위의 주), 152-153쪽.

대마도 반환론의 전개

대마도에 대한 이승만 대통령의 관심은 역사가 깊다. 미주 구미위원부에서 이승만과 독립운동을 함께한 임병직 전 외무장관에 따르면, 일제강점기 대일對日전쟁에 대한 대한민국 임시정부의 목표를 설명하는 문서에 이미 대마도 반환 주장이 포함되어 있었다. 본래 이 문서는 미국에 체류 중인 중국 후스쩌胡世澤(Victor Hoo) 외무차관에게 전달할 목적으로 작성된 서한으로 임병직이 직접 그에게 수교했고, 같은 내용을 미국 헐Cordell Hull 국무장관에게도 보냈다고 한다.[91]

광복 후 국내에서는 일반인 사이에 대마도 영유권 주장이 등장하기 시작했고, 제헌국회에서 대마도가 한국의 고유 영토라는 주장이 나오기도 했다.[92]

한편 1948년 8월 이승만 대통령의 대마도 반환 주장에 대해 일본은 즉각 반론을 제기했다. 아시다 히토시芦田均 수상은 8월 27일 자 도쿄 외신클럽 기자회견에서 대마도는 어떠한 조선 구 왕국에도 소속된 일이 없었으며, 이러한 영토병합 요구는 「대서양헌장」이나 포츠담 선언에 표시된 연합국의 원칙에 위배된다고 반박했다.[93] 이승만 대통령은 1949년 1월 7일 내외기자단 신년 회견에서 대마도가 우리 섬이라는 점은 더 말할 것도 없다며 실지 회복의 견지에서 반드시 환부받아야 한다고 다시 강조했다.[94] 한국 정부의 대마도 할양 요구는 「샌프란

---

91 이는 중국 정부가 후스쩌(胡世澤) 차관을 통해 대일(對日)전쟁에 대한 임시정부의 목적을 분명히 해 달라는 요청을 구미위원부에 전달해 와 작성된 문서이다. 임병직 장관 회고록에 전문이 수록되어 있다. 임병직, 『임병직 회고록』(여원사, 1964), 247-249쪽.

92 제1회 국회속기록 제22호(1948. 7. 1.), 14쪽 김경배 의원 발언.

93 「대한일보」, 1948. 8. 30., 1면.

94 「동아일보」, 1949. 1. 8., 1면; 「경향신문」, 1949. 1. 8., 1면.

시스코 대일평화조약」 체결 시까지 이어졌다.

패전 직후 일본 정부는 대마도 영유권이 위협받으리라고 예상하지 못했다. 일본은 오히려 한국과의 관계에서 울릉도와 독도를 확보할 가능성에 관심을 기울였다. 그런데 이승만 대통령이 대마도 반환을 적극적으로 주장하자, 패전국 일본으로서도 나름 긴장했다. 한국에서 대마도 반환론이 나올 때마다 적극 반박하며, 아울러 대마도에 관한 연구도 진행했다. 일본 정부는 맥아더 사령부에 한국 측 주장을 막아 달라고 요청하는 한편, 외무성 차원에서도 대마도가 일본 영토에 속함을 주장하는 문건을 여럿 작성해 미국에 전달했다.[95]

당시 일본은 미국 점령 아래에 있었기 때문에 전후 영토처리는 미국 주도로 진행될 전망이었다. 1945년 11월 1일 미국 정부는 “일본 점령관리를 위한 연합국 최고사령관에 대한 항복 후 초기 기본지령”을 발표했는데, 이의 적용 범위를 일본 4개 본도와 ‘대마도’를 포함한 약 1,000개의 인접 소도로 규정했다.[96] 이어 1946년 1월 29일 발표된 SCAPIN 제677호[97]는 일본 정부의 행정 권한 행사의 지리적 범위를 설정하며, 1,000여 개의 인접 소도에 ‘대마도’와 북위 30도 이북의 류큐제도(단 쿠치노시마는 제외)를 포함시켰다. 이어 일본 어업의 장소적 한계를 규정한 SCAPIN 제1033호(1946년 6월 22일)(맥아더 라인)도 ‘대마도’를 포함 그 외곽 3해리까지는 어로 가능 수역에 포함시켰다. 미군정 당국의 이러한 조치는 대마도가 본래 일본령의 일부라는 인식을 반영한다.

---

95 정병준(앞의 주 61), 187-193쪽 참조.

96 Basic Initial Post-Surrender Directive to the Supreme Commander for the Allied Powers for the Occupation and Control of Japan.

97 앞의 주 62 참조.

점령 기간 초기부터 진행된 여러 정책으로 보아 미국은 대마도가 역사적으로 일본령이라는 점에 별다른 의심을 하지 않았다. 미 국무부는 한국의 대마도 반환 요구가 전혀 설득력 없으며 미국을 귀찮게 하는 근거 없는 요구라고만 생각했다.

흥미롭게도 제2차 세계대전 직후 유엔 안전보장이사회 상임이사국인 중국(국민당 정부)과 소련이 한때 대마도의 한국 귀속을 검토한 적이 있다. 1945년 런던 외상회의를 위해 소련 외무부가 준비한 "과거 일본 식민지들 및 위임통치 지역들의 문제에 대한 노트"는 부산·진해, 제주도, 제물포(인천)는 소련군 통제를 받아야 하며, 단 제주도는 중국 점령지역으로 지정하고, 대마도는 한국으로 이전시키자는 구상을 담고 있었다. 이는 대마도가 과거 대륙국가에 대한 일본의 공격적 행동의 교두보였다는 이유로 일본을 약화시키려는 의도에서 비롯되었다. 다만 소련의 대마도 한국 이양론은 일시적 내부 구상에 불과했던 듯하다.[98]

중국 또한 대마도의 한국 귀속을 지지하는 입장을 일시 검토했다. 중국은 일본이 대마도를 영유한다면 대한해협 정세를 일본이 주도하게 되리라고 우려했다. 중국 정부는 동아시아 해양안보적 관점에서 일본의 대마도 지배를 저지하고 싶어 했다. 일본보다는 차라리 한국 귀속이 더 바람직하다고 판단한 듯하다.[99] 이러한 중국의 입장은 동북아시아에서 일본을 견제하기 위해 대마도 분리를 검토한 소련의 시각과 일맥상통한다.

98 대마도 처리에 관한 소련 입장에 관한 분석은 정병준(앞의 주 61), 159-165쪽 참조.
99 유미림(앞의 주 60), 331쪽.

대일평화조약과 평화선: 반환론의 종말

일본 영토의 최종 처리는 평화조약에 의할 예정이었다. 미국은 1951년 3월 23일 대일평화조약 잠정 초안을 성안해 관계국에 회람했다. 당시 한국의 가장 큰 관심사는 대일평화조약에 전승국 자격으로 참여할 수 있는가와 대일배상청구였다. 미국 초안을 보면 제3조에 일본은 한국Korea의 독립을 승인하고 이에 관한 모든 권리, 권원, 청구권을 포기한다는 내용뿐, 양국 간 배상이나 영토 문제에 관한 구체적 내용은 없었다.

초안을 통지받은 후 국내에서는 이 문제를 범정부적으로 논의하기 위해 1951년 4월 '대일강화회의준비위원회'가 구성되었다. 그 결과 작성된 한국 정부의 논평 및 제안서(1951년 4월 27일 자)가 5월 초 미국 정부로 전달되었다.[100] 그중 영토 부분에서는 대마도가 원래 일본이 무력과 불법으로 점령하기 전까지 역사적으로 한국령이었으므로, 대마도의 영토적 지위에 관해 철저한 연구가 필요함을 요구하면서, 궁극적으로 일본은 대마도에 대한 모든 권리, 권원, 청구권을 포기하고, 이를 대한민국에 반환하라고 요청했다.[101]

양유찬 주미대사는 1951년 7월 9일 국무부로 덜레스를 방문해 한국이 대일평화조약의 당사국이 되어야 함과 아울러 대마도는 원래 한국령이었다며 평화조약에 이 점을 명기해 달라고 요청했다. 이때 덜레스는 분명한 어조로 한국은 대일평화조약 당사국이 될 수 없으며, 일본이 매우 오랫동안 대마도를 지배해 왔으므로 평화조약을 통해 이의

100 장박진, 「대일평화조약 제4조의 형성과정 분석」, 『국제지역연구』 제20권 제3호(2011), 24-25쪽; 박진희, 『한일회담』(선인, 2008), 73쪽.

101 정병준(앞의 주 61), 182쪽.

지위를 바꿀 수 없다고 답했다.[102]

결과적으로 1951년 9월 8일 서명된 대일평화조약은 "일본은 한국의 독립을 승인하고, 제주도, 거문도, 울릉도를 포함하는 한국에 대한 모든 권리, 권원, 청구권을 포기한다."(제2조 제1항)고 규정했다. 일본이 포기할 대상에서 대마도가 빠진 점은 이것이 일본 영토에 포함된다는 사실을 의미했다. 평화조약을 통해 대마도 확보를 원하던 한국으로서는 마지막 기대가 사라졌다.

한국 정부는 대일평화조약이 발효하기 약 3달 전인 1952년 1월 18일 "인접해양에 대한 주권에 관한 선언"(평화선)을 발표했다(국무원 고시 제14호). 이 선언에서 대마도는 한국 측 수역에 포함되지 않았다. 직접적인 언급은 없었지만 이는 한국 정부가 대마도 반환 주장을 포기했다는 의미로 해석된다. 대일평화조약 이후 한국 정부가 더 이상 대마도 반환론을 주장한 바 없다. 반세기도 더 지나 2008년 국회에서 대마도 반환론이 다시 제기되었을 때, 한국 정부는 이 주장이 국제법적 근거가 취약하고, 잘못하면 독도 영유권에 대한 의구심을 유발할 가능성이 있어 적절하지 않다는 입장을 취했다.[103]

대마도가 조선과 특수관계에 있었던 점은 사실이나 조선의 일부였다고 보기는 어려웠다. 고려시대에도 대마도는 일본령으로 인식되고 있었으며, 이 같은 인식은 조선시대에도 계속되었다. 인류학적으로나 문화적으로 대마도가 일본에 더 가깝다는 현실 역시 부인하기 어려웠

---

102 Memorandum of Conversation, by the Officer in Chargé of Korean Affairs in the Office of Northeast Asian Affairs(Emmons)(1951. 7. 19.), *FRUS 1951*, Asia and the Pacific, Vol. VI, Part 1, pp.1182-1183.

103 유명환 외교통상부 장관 국회 답변. 제279회 국회(임시회) 외교통상통일위원회 회의록 제1호(2008. 12. 10.), 23쪽.

다. 대일평화조약을 통한 대마도 확보 시도가 실패하자, 이승만 정부도 6·25전쟁 와중에 이를 실현시킬 방안을 더 이상 찾기 어려워 포기했다고 보인다.

3
국민의 출발

대한민국은 누구를 국민으로 하여 출범했는가? 일반인들은 과거의 조선인이 대한민국 국민이 되었으리라고 생각할 것이다. 이는 좀 막연하기는 하나 실제와 크게 다르지 않다. 그러나 누가 과거의 조선인이었냐와 그들이 모두 자동으로 대한민국 국민으로 되었는가를 구체적으로 따지고 들면 이의 정확한 파악이 쉬운 일은 아니다. 과거의 조선인이란 대한민국 출범 직전 일제 치하 조선인을 의미하는가? 좀 더 거슬러 올라가 대한제국 말기 조선인을 의미하는가? 양자는 서로 차이가 없었나? 대한제국 또는 일제강점기에 조선인을 파악하는 법적 기준은 무엇이었는가? 모두 쉬운 질문이 아니다.

(1) 1948년 국적법 제정

「제헌헌법」 제3조는 "대한민국의 국민이 되는 요건은 법률로써 정한다."라고 규정했다. 이는 국가 구성원을 '국민'으로 표현하고 이의 결정 기준을 법률로 정한다고 선언한 국내 최초의 공식 문서이다. 「제헌헌법」 제3조는 현행 「헌법」 제2조로 유지되고 있다. 이를 근거로

1948년 12월 「국적법」이 제정되었다. 국민의 범위는 국가의 기본 틀에 해당하므로 정부 수립 후 비교적 이른 시기에 「국적법」이 만들어졌다. 조선은 대한제국 말까지 독립된 국적법을 갖고 있지 않았으므로, 1948년 「국적법」을 통해 국내 최초로 근대적 국적제도가 실시되게 되었다.

1948년 「국적법」은 부계혈통주의를 국적 취득의 기본원칙으로 삼았다. 당시 이인李仁 법무부장관은 "우리는 단일민족으로 다른 나라와 같이 복잡다단한 여러 복합체인 민족이 아닌 것만큼" …… "남성 혈통을 보존하고" 국민이 "이 원칙 밑에 국적을 가지게 해야겠다."는 점이 국적법의 입법 정신이라고 설명했다.[104]

정부 수립 당시 강력한 영향력을 행사하던 미국이 출생지주의 국적법을 가졌음에도 불구하고 이의 채택은 전혀 검토되지 않았다. 그 이유는 무엇일까? 한국 사회에서 국적 외 개인의 신분 파악 기능을 담당하던 호적이나 사회적 제도로서 상당한 영향력을 행사하던 종중과 족보가 부계혈통주의를 기반으로 운영되고 있던 사정을 감안하면 국적법이 출생지주의를 채택하기는 어려웠을 것이다. 이에 강력한 단일민족 의식까지 겹쳐 국민의 파악에서 혈통주의는 매우 당연한 원칙으로 받아들여졌다. 다만 부父를 모르거나 부가 국적이 없는 경우 모계 혈통주의를 적용하고, 최종적으로는 출생지주의로 보완하도록 했다. 이중국적을 원칙적으로 배척해 단일 국적주의를 추구하며, 가족 국적 동일주의·부夫 중심주의적 내용을 갖고 있었다. 이후 「국적법」이 1997년 부모 양계 혈통주의로 전면 개정되기 전까지 1948년의 기본 골격이 그대로 유지되었다.

104 제1회 국회속기록 제118호(1948. 12. 1.), 3쪽.

(2) 최초 국민의 판단기준

1948년 「국적법」에는 대한민국 국민을 부父로 하여 태어난 자子가 대한민국 국적을 취득한다고만 규정되어 있지, 법 제정 당시 누가 대한민국 국민인가에 대한 명문 규정이 없었다. 과거 국내 일각에서는 1948년 「국적법」에 최초 국민에 관한 경과 조항이 설치되지 못한 부분이 중대한 법적 흠결이라는 비판도 제기되었다. 「국적법」은 과연 누구를 대한민국 국민의 출발점으로 생각하고 제정되었는가?

1948년 「국적법」 제정 시 이 점에 대한 문제의식이 없지는 않았다. 국회 심의 과정에서 8·15 이전 과연 '대한민국 국민'이 존재했는가에 대해 논란이 벌어졌다. 광복 이전의 사람을 대한민국 국민으로 호칭함은 적절하지 않다고 생각해 국회 법제사법위원회에서는 '대한민국 국민'이란 표현을 '한인韓人'으로 수정하는 안이 통과되었다. 그러나 이인 법무부장관은 8·15 이전 정부는 없었을지라도 정신적으로나 법률적으로 대한민국 국민이 있었다는 전제하에 국적법을 제정한다고 설명했으며, '한인'으로의 수정안은 최종 부결되었다.[105] 일제 식민지배의 합법성 자체를 부인하려는 의도에서 일제강점기 중에도 대한민국 국민이라는 개념이 유지되었다고 전제한다면, 국적법 제정 당시 최초 국민의 확정 기준을 별도로 설치할 필요성이 없다고 생각한 점도 이해가 간다.

그러나 위와 같은 입장을 취한다 해도 1948년 「국적법」 제정 당시 최초 국민 문제가 모든 면에서 해결되지는 않는다. 그 이유는 첫째, 대한제국 시절에는 오늘날의 국적법에 해당하는 법률이 없었으므로, 단순히 구 대한제국 신민의 연속이라는 주장만으로는 국적법 제정 당시

105 제1회 국회속기록 제118호(1948. 12. 1.), 4쪽 및 제1회 국회속기록 제119호(1948. 12. 2.), 5쪽.

국민의 범위를 명확히 확정하기 어렵다. 둘째, 대한제국이 법적으로 계속되었다는 입장을 취한다고 가정하더라도 일제강점기 중 일본인과 결혼, 입양 등에 따른 호적이동이나 국제결혼 결과를 광복 후 국적 처리에 어떻게 반영해야 할지는 여전히 미결의 문제로 남는다. 일제강점기 중 발생한 개인적인 신분행위를 법적으로 모두 무효라고 할 수는 없기 때문이었다.[106]

그렇다면 1948년 「국적법」이 최초 국민에 관한 정의 조항을 포함하지 않은 점은 역시 중대한 결함이었는가? 이에 광복 이전에 조선인은 법적으로 어떻게 파악되었고, 그러한 판단기준이 1948년 「국적법」과 어떻게 연결되었는가를 검토한다.

(3) 1948년 국적법 이전 조선인 판단기준

조선시대 조선인의 범위

조선시대에는 오늘날 국적법과 같이 조선인의 범위를 정하는 단일한 법적 기준은 없었다. 다만 조선 초기부터 3년마다 백성의 호적을 작성해 이를 과세와 군역 부과의 기준으로 삼았으므로 호적 등재자가 법률상 조선인으로 전제되었으리라 생각된다. 인구의 국제 이동이 거의 없던 당시 조선인 판단기준을 특별히 마련하지 않았어도 이상한 일이 아니었다. 다만 여진 등으로부터 귀래하는 자를 향화인向化人이라 해 3년간 면세하고 10년간 복호復戶한다는 규정이 있던 사실에서 당시에도 귀화라는 개념이 있었음을 알 수 있다.[107]

조선은 1876년 「강화도조약」 이후 차츰 대외문호를 개방하기 시작

---

106 정인섭, 「우리 국적법상 최초 국민 확정기준에 관한 검토」, 『국제법학회논총』 제43권 제2호(1998), 237쪽.

107 『經國大典』 卷2 戶典 收稅 및 卷4 兵典 復戶.

했다. 외국인의 조선 거주와 조선인의 대외진출이 늘었다. 조선 후기 생계를 찾아 만주나 연해주로 이주한 조선인도 적지 않았다. 조선은 1894년 갑오개혁 시 근대국가로서의 제도 정비를 위해 정확한 인구 파악이 필요하다고 판단했다. 이에 내무아문內務衙門을 설치해 판적국版籍局에서 호수와 인구를 조사하고 출생, 사망에 관한 문서를 관장했다. 1895년부터는 내부 판적국 호적과가 설치되어 호적업무를 담당했다. 1896년 9월에는 「호구조사규칙」과 「호구조사세칙」이 발표되었다. 이는 거주지를 중심으로 한 인구 파악으로 오늘날 주민등록에 가까운 제도였다. 단순히 주민뿐만 아니라 집의 형태(기와, 초가 등)와 크기, 자가 또는 임차 여부도 내용에 포함되었다.[108]

「을사조약」 이후 일제 통감부가 조선에 설치되었다. 일제는 조선을 지배하기 위한 사전 준비로서 조선인의 범위를 명확히 파악하고자 했다. 「호구조사규칙」을 대체하는 「민적법民籍法」이 제정되어 1909년 4월 1일부터 시행되었다. 일본인이 중심이 되어 민적 정리작업을 지휘했다. 일본인 순사가 민적 조사에 동원되었고, 민적부는 경찰관서에 비치되었다.[109]

「민적법」에 국적 취득과 상실을 규정한 내용은 없었다. 「민적법」은 국적법보다는 호적법에 가까웠으며, 주민등록법과 같은 성격도 포함했다. 그래도 민적 입적은 조선인만 가능했으므로, 당시로서는 가장 법률적인 조선인 파악 방법이었다. 1909년 7월부터 1910년 12월 사이 조사에서 12,935,282명의 인구가 집계되었다고 한다.[110] 민적 업

108 조성구, 『民籍法規詳解』(수문서관, 1914), 3쪽 참조.
109 1909년 3월 20일 내부훈령 제39호, 「民籍法 執行心得」 제1조.
110 이정선, 「민적법 시행기(1909-23) 일제의 '日鮮結婚' 관련 법규정비와 日鮮人 구별」(서울대학교 석사학위논문, 2008), 14-15쪽.

무처리를 토대로 당시 조선인 신분 파악 기준을 다음과 같이 정리해 볼 수 있다.

첫째, 직접적인 규정은 없으나, 당시 관습과 실행으로 보아 조선인 여부는 혈통주의에 따라 처리되었다. 단 부모를 알 수 없는 기아棄兒는 그가 일단 조선에서 발견되었으므로 조선인으로 추정되고, 일가 창립시켰다.[111]

둘째, 별도 허가가 없는 한 외국 귀화를 통한 조선적 이탈은 인정되지 않았으며, 이는 「대명률」 모반죄에 따른 처벌대상이 되었다.[112] 다만 이 처벌 조항이 엄격히 시행되지는 않은 듯하다.

셋째, 허가 없는 외국 귀화가 인정되지 않았으므로 장기간 해외 거주로 국내 민적이 제대로 정리되어 있지 않아도 조선인 신분은 계속되었다. 수 대를 만주에 거주해 조선에 아무 적이 없어도, 조선인 부모의 자손임이 입증되면 취적을 인정했다.

일제강점기 조선인의 범위

일본 국적법 적용 문제

대한제국은 1910년 8월 29일 일제 식민지로 전락했다. 합병조약에 조선인 국적 처리에 관한 조항은 없었으나, 이후 해외 거주자를 포함한 모든 조선인이 대외적으로 일본인으로 처리되었음은 부인할 수 없다. 그러나 일제강점기 내내 일본 「국적법」은 조선인에 적용되지 않았다. 일제가 1899년 「국적법」을 제정함과 동시에 식민지배를 하던 타이

111 「民籍法 執行心得」 제4조.

112 「依賴外國致損國體者處斷例」 改正(1900년 9월 29일: 법률 제7호)을 통해 제2조에 "본국 정부의 特准 除籍을 經치 아니하고 외국에 入籍하므로 籍托한 자"는 "기수 미수를 불문하고 明律 賊盜篇 謀叛條에 照하야 처단할 事"라는 조항이 추가되었다.

완에 적용했고 남사할린에 대해서도 1924년부터 「국적법」을 시행했던 사실과 비교할 때 특이한 일이었다. 그렇다고 총독부가 조선인 신분 득상을 위한 별도 법령을 만들지도 않았다.

일제가 조선에 국적법을 실시하지 않았던 가장 큰 이유는 조선인의 국적이탈을 막아 이들에 대한 인적 관할권을 최대한 확보하기 위한 목적이었다고 알려져 있다. 당시 일본 「국적법」에는 "자기의 지망에 의해 외국의 국적을 취득한 자는 국적을 상실한다."는 조항이 있었다(제20조).[113] 조선 말기부터 수많은 조선인이 만주와 연해주 등지로 이주했고, 이들 중 일부는 현지 국적을 취득했다. 조선인에 일본 「국적법」이 적용된다면 해외에서 외국적을 취득한 조선인은 자동적으로 일본 신민의 자격을 상실하게 되었다. 한편 「제령」 제1호에 의해 조선에서 기왕에 시행되던 법령은 일제에 의해 새로운 내용으로 대체되지 않는 한 "당분간 조선 총독이 발한 명령으로서 여전히 그 효력을 가진다."고 선언되었다. 앞서 설명과 같이 조선은 정부의 허가 없는 조선 국적 이탈을 허용하지 않았다. 조선에 일본 「국적법」이 시행되지 않았기 때문에 결국 허가 없는 외국 귀화를 금지하는 조선의 구법이 일제강점기 내내 적용되었다. 조선인은 자의로 일본 국적을 이탈할 수 없었다.

일제강점기 중 조선에도 일본 「국적법」을 시행하라는 요구가 여러 차례 제기되었다. 그 배경은 다음과 같다. 구한말부터 많은 조선인이 만주로 이주했는데, 당시 만주에서는 외국인 토지 소유가 제한되었다. 따라서 대부분의 조선인은 소작농 형태로 생계를 꾸려야 해 생활이 비참했다. 만주로 이주한 조선인은 중국 입장에서 보면 적과 동지

113 현행 일본 「국적법」이나 한국 「국적법」(제15조 제1항)에도 동일한 내용의 조항이 유지되고 있다.

의 성격을 동시에 지녔다. 항일연대의 우군이었지만, 반면 일제 만몽 침략의 선봉으로도 인식되었다. 만주 벼농사 개척의 공로자였지만, 관내 중국인과 경제적 경쟁자이기도 했다. 그런데 조선인의 만주 진출이 늘어나자 1927년부터 대규모 조선인 배척운동이 벌어졌고, 현지 정부 역시 조선인 토지취득에 대한 법적 규제를 강화했다. 이에 만주에서 조선인 배척운동이 벌어지거나 법적 규제가 강화될 때마다 조선에서는 일본「국적법」시행 요구가 대두되었다.[114] 만주 동포들의 중국 귀화가 허용되어야만 이들의 곤경이 근본적으로 해결될 수 있으며, 이를 위해서는 일본「국적법」이 조선에도 적용되어 자유로운 국적이탈이 가능해져야 한다는 주장이었다. 당시 이인 변호사는 "백여만 생령에게 개죽음을 줄 것인가 귀화의 자유를 주어 그 생명을 구출할까 함에 있다. 목하의 형세 추이가 여하할 것이냐 예측할 만큼 조선에 국적법 시행이 급중의 급무이다."라고 주장했다.[115] 그러나 일제는 끝까지「국적법」을 조선에 시행하지 않았다.

조선인 파악 기준

일제는「국적법」적용 없이 어떠한 기준에서 조선인을 파악했는가? 일제강점기 중 조선인의 공식 국적은 일본이었을지라도, 일제는 대내적으로 일본인과 구별되는 조선인이라는 법적 신분을 유지했다.

일제는 제국의 판도를 본래 일본 영토인 내지內地와 청일전쟁 이후 획

---

114 당시 이에 대한 보도로는「조선일보」, 1925. 6. 10.(석간), 1면;「조선일보」, 1926. 7. 10.(조간), 1면;「조선일보」, 1927. 12. 11., 1면;「동아일보」, 1927. 12. 18., 1면;「조선일보」, 1930. 8. 1., 1면 등 참조.

115 이인,「법률전선에서의 우리의 최소 요구, 변호사대회의 제안해설」,『동광』제29호(1931. 12.).

득한 외지外地로 구분했다. 일제는 본래의 일본인을 내지인이라고 불렀고, 외지에 속하는 사람들은 외지인으로 구분했다. 외지에 속한다는 말은 외지에 신분상 본거를 갖는다는 의미였다. 신분상 본거를 표시해 주는 제도가 호적이었다. 일본「호적법」은 내지인에게만 적용되고, 외지에는 각각 별도의 호적법령이 있었다. 조선인에서는 1923년부터 시행된「조선호적령」이 이에 해당했다. 즉 조선인이란「조선호적령」에 의한 조선 호적 입적자를 의미했으며, 조선 호적에 소속된 조선인은 하나의 독자적 외지인을 구성했다. 각 지역별 호적 간 임의 전적은 금지되었고, 혼인이나 입양 등 법정사유가 있어야만 이동이 가능했다. 전적되면 새롭게 소속된 호적에 따라 신분이 변경되었다. 예를 들어, 일본 여자가 조선인 남자와 혼인해 조선 호적에 편입되면, 법적으로는 조선인이 되었다. 조선 남자가 일본인 처의 가家로 입부혼을 하면 그는 법적으로 일본인이 되었다. 이들이 이혼을 하면 원래의 실가 호적으로 복적되고 신분도 다시 변경되었다. 일제는 호적을 기준으로 법적 조선인을 파악했으며, 이는 혈통상 조선인과는 다른 개념이었다.

이상과 같이 일제강점기 조선인은 국제법적으로 일본 신민의 일부였으나, 국내법적으로는 일본인(내지인)과 구별되는 별도 집단으로 존재했다. 일제는 대한제국 말 조선인의 법적 범위를 수용하고, 초기에는 민적으로, 1923년부터는「조선호적령」에 근거한 호적제도를 통해 조선인을 파악했다.[116]

116「조선호적령」이 시행되자 기존의 민적은 호적으로 변경되어 효력을 계속했다.「조선호적령」제128조 및 제132조.

미군정기 국적에 관한 임시조례

일제 패망과 동시에 한반도는 미군과 소련군 점령 아래 놓였다. 당시 38선 이남을 통치했던 미군정청은 식민지배로부터 해방되어 독립국가의 국민으로 예정된 조선인의 법적 범위를 어떻게 파악했는가? 미군정은 점령 기간 동안 여러 차례 조선인 또는 일본인의 범위를 결정해야 할 상황에 부딪쳤다. 예를 들어, 귀국 명령 대상인 일본인 결정, 적산 몰수 대상인 일본인 범위 결정, 5·10 선거 시 조선인 유권자 확정 등이었다. 미군정의 조선인 파악 기준이 항상 일관되지는 않았으나, 제정 취지나 내용에서 후일 대한민국 국민 개념과 직접 연결되는 것은「국적에 관한 임시조례」였다.

1948년 5월 11일 남조선과도입법의원은「국적에 관한 임시조례」를 제정했다. 이 임시조례가 만들어진 배경은 다음과 같다. 미군정청은 1945년 12월 6일 공포된 군정법령 제33호를 통해 남한 내 일본 정부와 국민의 모든 재산을 적산敵産으로 몰수했다. 이때 미군정청은 1945년 8월 9일 자 호적 입적을 기준으로 조선인과 일본인을 구별했다. 즉 1945년 8월 9일 자로 일본 호적에 입적되어 있던 자의 재산은 적산으로 간주해 몰수했다. 이 처리에 대해서는 적지 않은 이의가 제기되었다. 혈통상 조선인이지만 혼인이나 입양 등을 통해 일본 호적에 입적되어 있던 자들이 자신은 본래 조선인임을 주장하며 적산 몰수 대상에서 제외시켜 달라는 소청을 많이 제기했다. 실제 딱한 사정도 적지 않았다. 예를 들어, 일본인과 혼인해 일본 호적에 입적되어 있지만 혼인관계가 오래전 파탄 나고 일본인 배우자는 행방불명인 경우라도, 새로 호적정리가 되어 있지 않다면 그는 일본인 취급을 받았기 때문이다.

군정장관 대리 C. G. 헬믹Helmick 준장은 1947년 9월 30일 남조선

과도입법의원에 "후일 조선이 통일되고 전 민족을 일관한 입법기관이 법률 제정을 할 때까지 시행할 국적에 관한 법률"을 한국인 스스로가 만들어 달라고 요청했다. 이러한 군정청 요구에 따라 과도입법의원은 "국적법이 제정될 때까지 조선인의 국적을 확립하여 법률관계의 귀속을 명백히 함을 목적"(제1조)으로 임시조례를 제정했다.

이 임시조례는 국적의 취득과 상실을 종합적으로 규정한 국내 최초 법령이다. 미군정기에 제정·공포되었지만, 내용은 미군정의 지시나 영향을 전혀 받지 않고 남조선과도입법의원이 자주적으로 결정했으며, 「제헌헌법」 제100조에 의해 1948년 8월 15일 정부 수립 이후에도 효력이 유지되었다는 점에서 특별한 의의가 있다.

임시조례의 기본내용은 그해 연말 국회가 제정한 「국적법」과 유사했다. 출생에 의한 국적취득의 경우 부계혈통주의를 기본원칙으로 규정하고, 모계혈통주의와 출생지주의를 보충원칙으로 채택했다(제2조). 조선인의 처에게는 조선 국적을 부여하고, 귀화를 통한 국적취득도 인정했다. 외국에 귀화를 하거나 외국인의 처 또는 양자가 된 자는 국적을 상실했다(제4조).

그런데 임시조례 역시 "조선인을 부친으로 하여 출생한 자"가 조선 국적을 가진다고만 규정했지, 제정 당시 누가 조선인이냐에 대한 적극적 정의 규정은 두지 않았다. 대한제국 시절 민적이 일제강점기 조선 호적으로 연계되었으므로 조선 호적 입적자가 곧 대한민국 국민이 된다는 점에는 별다른 이의가 없었다. 근거법인 「조선호적령」도 법적 효력을 지속하고 있었다. 또한 원래 조선인이나 일제강점기 중국 등 외국에서 생활의 방편이나 현지 관헌의 보호를 받기 위해 외국 국적을 취득했다가 귀국한 사람들을 우리 국민으로 수용하자는 점에도 큰 이견은 없었다.[117] 현실적인 난제는 혈통상 조선인으로 태어났으나 일제강점기 중 신분행위를 통해 일본 호적에 입적된 자를 우리 국민으로 수용할지 여부였다. 이 점이 광복 후 최초 국민 파악기준 설정에서 핵심 쟁점이었다.

임시조례 제5조는 바로 일제강점기에 외국 국적이나 일본 호적을 취득한 자에 대한 국적 처리기준을 담고 있었다. 즉 "외국의 국적 또는 일본의 호적을 취득한 자가 그 국적을 포기하거나 일본의 호적을 이탈한 자는 단기 4278년 8월 9일 이전에 조선의 국적을 회복한 것으로 간주함"이라는 규정을 두어, 혈통상 조선인으로 일제강점기 중 신분 변동이 있었던 자의 국적 처리 기준을 제시했다. 이는 임시조례 심의 과정에서 가장 큰 논란이 벌어진 조항이었다.

여기서 "외국 국적 포기" 또는 "일본 호적 이탈"이란 구체적으로 무엇을 의미하는가? 임시조례 초안 책임자인 백관수 법사위원장은 별다른 절차 없이 본인 자유의사에 맡길 수밖에 없으며 신청 절차가 없다는 점이 좀 막연하지만 그래서 '간주'라고만 표현했다고 설명했다.[118] 심의 과정에서 이와 관련해 긴 논란이 벌어졌다. '포기'나 '이탈'을 위해서는 공식적인 절차를 밟아야 하며 표현도 '탈적'으로 수정하자는 주장이 강력히 제기되었다.[119] 단순히 외국 국적을 포기하겠다는 의사표시만으로 조선 국적을 인정하면 2중 국적 상태가 된다는 지적도 있었다.

그러나 현실적인 문제로 몇몇 입법의원조차 독립운동 과정에서 중국의 보호를 받기 위해 중국 국적을 취득한 바 있었고, 이들은 중국 국적에 관해 별다른 포기 조치 없이 귀국했다. 이들이 국공國共 내전으로

117 南朝鮮過渡立法議院 속기록 제216호(1948. 3. 19.), 7쪽.
118 南朝鮮過渡立法議院 속기록 제208호(1948. 2. 17.), 15, 17쪽.
119 南朝鮮過渡立法議院 속기록 제208호(1948. 2. 17.), 15-18, 23쪽 등.

혼란에 빠져 있는 중국으로 돌아가 국적이탈 조치를 취하고 와야 국민으로 인정하겠다면 현실을 무시한 처사가 아닐 수 없었다. 심의 과정에서 이 문언에 관해 많은 논란이 벌어졌으나 구체적 개정안은 제출되지 않았고, 최종적으로는 원안이 그대로 확정되었다. 결국 외국 국적의 '포기'란 별다른 법적 절차를 요구하지 않는 취지로 이해되었다.

제5조와 관련해 외국 국적 취득자 문제는 당시 핵심 관심사가 아니었다. 문제는 일본 호적 입적자들이었다. 일본 호적에 입적되었지만 혈통상 조선인을 조선인으로 간주하느냐, 일본인으로 간주하느냐는 이들 재산이 적산 몰수 대상이 되느냐와 직결되었다. 임시조례의 의도는 이들이 일본 호적을 이탈하면 소급적으로 조선인으로 간주해 이들 재산을 일단 조선 재산으로 만들자는 취지였다. 그러면 일본 호적에 대해서는 왜 포기와 달리 '이탈'이라는 별도의 표현이 사용되었는가? 백관수 위원장은 원 제안설명에서 포기와 이탈의 의미를 특별히 구별하지 않았다. 토의 과정에서 명확하게 결정되었다고는 할 수 없으나, 여기서 단순히 '포기'라 하지 않고 '이탈'이라는 별개의 표현을 사용한 의미는 일정한 법절차를 전제로 한다는 사고의 발로라고 추정된다. 호적은 당시 남한에서 실제 적용되던 법제도였기 때문에 이를 무시하고 내심의 의사만을 기준으로 조선인 여부를 결정할 수 없었으리라 생각된다. 후일 우리 법원의 실행도 일본 호적을 실제 이탈하고 한국 호적에 입적해야만 한국인으로 인정했다.

결론적으로 임시조례에 의한 국적판단 기준은 다음과 같이 요약할 수 있다.

첫째, 조선 호적 입적자("입적되어야 할 자" 포함)는 혈통과 상관없이 모두 조선 국민으로 인정되었다. 본래 혈통상 일본인이나 조선 호적에 입적되어 있다면 일본 호적으로 복귀해야만 조선 국적을 상실했다.[120] 반면 일본 호적에 입적되어 있던 혈통상 조선인의 경우 임시조례 유효 기간 중 일본 호적을 이탈해 조선 호적으로 복적하면 소급적으로 조선 국민으로 인정되었으나,[121] 복적하지 않은 자는 일본인으로 처리되었다.[122]

둘째, 일제강점기 외국 국적을 자진해서 취득한 자는 외국 국적자로 되었으며,[123] 단 임시조례 유효 기간 중 이를 포기하면 소급적으로 조선 국민으로 인정되었다. 본인 의사와 무관하게 미국에서 출생해 자동적으로 미국 국적이 부여된 조선인의 경우는 한·미 이중국적자로 인정되었다.[124]

결국 임시조례에 의한 조선인의 파악은 일제가 조선 호적이란 법제도를 통해 조선인을 파악하던 방법을 기본적으로 계승한 결과가 되었다. 다만 일제하에서는 조선인이 외국 국적을 취득해도 조선인 신분을 이탈할 수 없었으나, 임시조례는 이들의 외국 국적 취득을 인정하

---

120 대법원 1976. 4. 23. 자 73마1051 결정은 일제강점기 조선인 남편과 혼인한 일본인 처가 1945년 9월 6일 협의 이혼했더라도, "이혼한 사유만으로 한국 국적을 상실하고 일본 국적을 다시 취득하는 것은 아니고, 동녀가 일본국에 다시 복적할 때까지 여전히 한국 국적을 그대로 유지한다고 보아야 할 것"이라고 판시했다.

121 서울고등법원 1967. 6. 30. 선고 67나15 판결은 1937년 일본 여자와 데릴사위 혼인을 해 일본 호적에 입적했다가, 협의 이혼해 "1945. 9. 26. 한국 호적에 복적함으로써 남조선과도정부 법령 제11호 국적에 관한 조례 제5조에 의하여 1945. 8. 9. 이전에 대한민국 국적을 회복한 것으로 되지만"이라고 전제해 임시조례의 국적 처리를 그대로 인정했다. 대법원 1962. 1. 31. 선고 4294민상651 판결도 같은 취지.

122 대법원 1963. 11. 21. 선고 63누130 판결; 대법원 1974. 8. 30. 선고 74도1668 판결 등. 일제강점기 일본 호적에 입적한 조선인을 일본인으로 취급한 판결은 이 이외에도 적지 않다. 또한 1958년 1월 30일 법무부장관의 대 외무부장관 유권해석 역시 일본 호적 입적자는 한국 국적을 상실했다고 답했다.

123 대법원 1981. 2. 10. 선고 80다2189 판결은 1925년경 자진해서 미국 국적을 취득한 자를 외국인으로 판단했다.

124 대법원 1973. 10. 31. 선고 72다2295 판결.

고 반대로 외국 국적을 포기해야 조선인 신분을 인정했다는 점에서 약간 차이가 있었다.

미군정청은 이 같은 임시조례에 당황했다. 이에 따르면 기왕의 적산 처리 결과 일부가 소급적으로 무효로 되기 때문이었다. 새로운 혼란에 직면한 미군정청은 임시조례 공포 다음 날인 1948년 5월 12일 군정법령 제191호 "법령 제33호의 석명"을 통해 "법령 제33호에 의하여 미군정청에 이미 귀속된 재산은 원소유자의 소급적 조선 국적 회복에도 불구하고 귀속재산임에 변함이 없다."고 발표했다. 당시 남조선과도입법의원은 미군정청 휘하에 있었으며 군정법령 제191호 효력은 임시조례에 우선했다. 결국 미군정청의 기존 적산 처리 결과는 고수되었고, 일본 호적에 입적되어 있던 혈통상 조선인의 법적 지위를 조선인으로 인정해 이들 재산을 적산 취급하지 말라는 임시조례의 의도는 달성되지 못했다. 군정기 적산 처리의 법적 효과는 「대한민국 정부 및 미국 정부 간의 재정 및 재산에 관한 최초 협정」 제5조에 따라 한국 정부에 의해 수락되었고, 광복 후 한국의 「귀속재산처리법」에 의해서도 유지되었다.

임시조례와 국적법의 관계

임시조례는 정부 수립 이후 효력이 어떻게 되었는가? 미군정법령은 「제헌헌법」 제100조에 의해 현행 법령으로 효력을 지속했으므로 임시조례 역시 「국적법」 제정 시까지는 효력을 유지했다. 법원 역시 「국적법」 시행 이전에는 임시조례가 국적 문제를 규율했음을 일관되게 인정하고 있으며, 임시조례의 유효성을 부인한 판결은 한 건도 발견되지 않는다. 다음은 이에 관한 대표적인 판결이다.

"남조선과도정부법률 제11호 국적에 관한 임시조례 제2조 제1호는 조선인을 부친으로 하여 출생한 자는 조선의 국적을 가지는 것으로 규정하고 있고, 제헌헌법은 제3조에서 대한민국의 국민되는 요건을 법률로써 정한다고 규정하면서 제100조에서 현행 법령은 이 헌법에 저촉되지 아니하는 한 효력을 가진다고 규정하고 있는 바, 원고는 조선인인 위 이승호를 부친으로 하여 출생함으로써 위 임시조례의 규정에 따라 조선국적을 취득하였다가 1948. 7. 17. 제헌헌법의 공포와 동시에 대한민국 국적을 취득하였다 할 것이고 …… 위 사실인정과 판단은 정당하고 …… 국적법에 관한 법리를 오해한 위법이 있다고 할 수 없다."[125]

결론적으로 임시조례는 1948년 정부 수립 이후 「국적법」으로 대체되기 전까지 대한민국의 국적을 결정하는 법률로서 기능했으며, 이 점은 우리 법원도 일관되게 지지해 온 입장이다. 그런 이유에서 1948년 「국적법」에 최초 국민에 관한 별도의 정의 조항이 없더라도 이를 특별한 흠결이라 볼 수 없다.

(4) 평가

일제의 식민 피지배 경험과 광복 직후 국가적 혼란은 우리 현대사를 여러모로 굴곡지게 만들었다. 「국적법」상 최초 국민 확정기준에 관한

125 대법원 1996. 11. 12. 선고 96누1221 판결. 대법원 2016. 1. 28. 선고 2011두24675 판결; 서울행정법원 1998. 12. 23. 선고 98구17882 판결(확정); 서울행정법원 2010. 11. 26. 선고 2010구합38899 판결; 서울행정법원 2012. 5. 4. 선고 2012구합3217 판결; 서울행정법원 2014. 6. 19. 선고 2012구합26159 판결(확정) 등도 같은 취지.

논란 역시 그러한 사례 중 하나이다. 외국의 통치를 받다가 20세기에 독립을 쟁취한 상당수 국가의 국적법은 최초 국민의 범위를 확정하는 이른바 경과 규정을 설치한 예가 많다.[126] 그러나 우리는 1948년 「국적법」을 제정할 당시 누가 대한민국 국민이냐에 관해 명문의 정의 조항을 설치하지 않아 후일 소급 입법조치가 제안되기까지 했다. 임시 조례 또는 「국적법」에 최초 국민에 관한 보다 명시적인 정의 조항이 설치되었으면 좀 더 명확했을 수 있으나, 앞서의 설명과 같이 1948년 임시조례와 이를 대체한 「국적법」의 해석을 통해 최초 국민 확정기준은 넉넉히 도출된다고 판단된다. 그 내용은 결과적으로 일제 때부터 사용되던 조선 호적을 기준으로 그 입적자를 대한민국 국민의 기본으로 수용하는 의미였다. 이 점은 광복 이후 사법부에 의해서도 일관되게 지지되었다. 일제강점기 외국 국적 취득자에 대해서만 부분적인 예외가 적용되었다.

실제로 혈통주의 국적법을 채택하는 경우 완벽한 경과 규정의 설정은 이론상 불가능하다. 어느 나라나 합리적인 수준까지만 소급해 인위적 경계선을 그을 수밖에 없다. 오히려 한국은 20세기 여타 독립국과 달리 일제와의 피병합 기간이 비교적 짧았고, 대한제국 시절의 민적과 일제강점기의 호적, 광복 후의 호적이 법률적으로 동일한 연장선상에서 승계되어 왔기 때문에 광복 후 최초 국민을 비교적 용이하게 확정할 수 있었던 사례다.

결과적으로 1948년 대한민국은 일제강점기부터 시행되던 조선 호적

126 이라크의 1924년 「국적법」, 아프가니스탄의 1936년 「국적법」, 인도네시아의 1946년 「국적법」, 미얀마의 1948년 「국적법」, 스리랑카의 1948년 「국적법」, 리비아의 1951년 「헌법」, 쿠웨이트의 1959년 「국적법」, 아랍에미리트 아부다비의 1967년 법 등이 그러한 예에 속한다.

을 출발점으로 삼고, 단일 민족주의·부계혈통주의·국적 단일주의·가족 국적 동일주의 등의 실현을 목표로 하는 「국적법」 적용을 통해 국민의 범위를 결정했다.

4
국가 법률 체제의 시작

(1) 제헌헌법 제100조: 구 법령의 수용

1948년 8월 15일 대한민국 정부 수립 당시 우리 국회가 제정한 법률은 「헌법」, 「국회법」, 「정부조직법」 등 극소수에 불과했다. 5·10 선거에 의해 구성된 국회가 우선 전력을 다해야 할 임무는 헌법 제정이었다. 제헌 이후 8월 15일까지의 짧은 시간 동안 국회가 할 수 있는 일은 많지 않았다.

정부 출범 당시 국내 질서는 어떠한 법률에 의해 규율되었는가? 일제가 패퇴하고 대한민국 정부가 수립되면 과거 일제가 한반도에 적용하던 법령은 존립 근거가 상실된다. 구법은 없어지고 새 법은 만들어지지 않은 법적 진공이 발생한다. 새롭게 출발하는 국가의 법적 공백을 대비하기 위해 「제헌헌법」은 제100조에 "현행법령은 이 헌법에 저촉되지 아니하는 한 계속 효력을 가진다."라는 조항을 두었다. 이는 1948년 정부 수립 이전 이 땅에 적용되던 기존 법령이 위헌이 아니라면 계속 유지된다는 의미이다. 「제헌헌법」의 산파역인 유진오는 이 조항이 "헌법 실시와 동시에 기존 법령이 전부 무효하게 된다면 법적 진공상태가 출현하여 모든 질서는 수습할 수 없는 혼란에 빠질 것이므로 부득이한 경과 조치로서 기존 법령 중에서 헌법에 저촉되지 않는 것은 효력을 지속할 것을 특별히 규정한 것"이라고 설명했다.[127]

국가의 통상적 입법활동은 정식 국가조직이 성립한 이후에나 가능하므로 일제 식민지배 35년과 미군정 3년을 거쳐 대한민국을 출범시킨 당시로서는 이 같은 구 법령의 의용이 불가피했다. 외세 통치에서 벗어나 새로이 주권국가를 성립시킨 경우, 기존 법령의 잠정적 존속을 헌법으로 수용했던 예는 외국에서도 쉽게 찾을 수 있다.[128]

(2) 구 법령의 내용

「제헌헌법」 제100조에서 "계속 효력을 가진다"고 규정한 '현행법령'은 무엇이었나? 이는 1948년 「헌법」 시행 당시 국내법으로서 적용되고 있던 법령을 의미한다. 그 내용은 제정 주체에 따라 구 대한제국 법령, 일제 법령, 미군정법령 등 크게 세 가지로 구분될 수 있었다.

첫째, 구 대한제국 법령. 대한제국은 1910년 일제에 의해 강제 합병됨으로써 이 땅의 통치권을 빼앗겼지만, 일제가 조선총독부 설치와 동시에 발표한 제령 제1호 「조선에 있어서의 법령 효력에 관한 건」(1910년 8월 29일)에 의해 기존 법령은 "당분간 조선 총독이 발한 명령으로서 여전히 그 효력을 가진다."고 선언되었다. 대한제국 법령은 일본 통치 기간 중 점차 일제 법령으로 대체되었으나 일부 법령은 일제

127 유진오, 『헌법해의』(명세당, 1949), 207쪽.

128 1925년 3월 21일 자 이라크 「헌법」 제113조, 1947년 9월 24일 자 버마 「헌법」 제226조, 1950년 8월 15일 자 인도네시아 「헌법」 제142조, 1950년 11월 25일 자 아이티 「헌법」 제157조, 1951년 10월 7일 자 리비아 「헌법」 제210조 등은 그러한 예의 일부다. 이상 각국 헌법 조항은 A. J. Peaslee(ed.), *Constitutions of Nations*, 2nd ed., Vol. 1-3(Martinus Nijhoff, 1956)에 의거함.

말까지 존속하며 미군정 시절로 이어졌다. 그중에는 미군정청이 명시적으로 폐지시킨 것도 있으나,[129] 나머지 법령은 1945년 11월 2일 자 미군정법령 제21호에 의해 군정 기간 중 계속 적용되었다.[130]

둘째, 구 일제 법령. 1945년 일제 패망 당시 조선에 적용되던 법령 대부분은 일제 법령이었다. 이는 발령 형식에 따라 칙령, 법률, 제령, 총독부령, 도령 등 다양했다. 정부의 구조나 공무원제도, 교육제도 등은 당시 일본「헌법」상 천황의 권한으로 규정되어 천황 칙령으로 발표되었다. 다음으로 일본 의회가 조선에 시행하기 위해 직접 제정한 법률이 있었으나, 그 수는 많지 않았다. 1911년 3월 25일 자「조선에 시행할 법령에 관한 법률」제1조가 "조선에 있어서 법률을 요하는 사항은 조선 총독의 명령"으로 제정하도록 규정해 당시 조선에 관한 입법권은 사실상 조선 총독에 의해 행사되었다. 이러한 조선 총독의 명령이 제령制令이었다(제6조). 총독부령과 도령은 위 열거된 법령보다 하위 법규의 효력을 지녔다. 일제 법령 중 일부는 미군정기에 폐지·대체·개정되었으나, 상당수는 역시 미군정법령 제21호에 의해 군정 기간 중 효력이 계속 인정되었다.

셋째, 미군정법령. 일반적으로 전시점령군은 국제법에 의해 금지되지 않은 한 점령지 치안 유지와 군사상 필요에 따라 현지 법령을 개폐시키고 새로운 입법을 할 수 있다.[131] 태평양 미 육군 총사령관 맥아

---

129 예를 들어, 1945년 10월 9일 자 군정법령 제11호에 의한 1910년 2월「출판법」의 폐지, 1948년 4월 8일 자 군정법령 제183호를 통한 광무 11년 7월「보안법」의 폐지 등.

130 미군정법령 제21호 제1조 "모든 법률 또한 조선 구정부가 발포하고 법률적 효력을 有한 규칙, 명령, 고시, 기타 문서로서 1945년 8월 9일 실행 중인 것은 其間 이미 폐지된 것을 제하고 조선군 정부의 특수명령으로 폐지할 때까지 全效力으로 此를 존속함."

131「헤이그 육전의법및관습에관한협약(IV)」제43조는 "정당한 권력이 사실상 점령군

더는 1945년 9월 7일 포고 제1호(조선 주민에게 포고함)를 통해 38선 이남지역과 그 주민에 대한 "모든 행정권은 당분간 본관의 권한하에서 시행"하며(제1조), "이후 공포하게 되는 포고, 법령, 규약, 고시, 지시 급及 조례는 본관 우又는 본관의 권한하에서 발포하여 주민의 이행하여야 될 사항을 명기"한다고(제6조) 발표해 38선 이남 조선에 대한 모든 입법·행정권이 자신에게 있음을 선언했다.

통상적인 전시점령이라면 전쟁 종식 후 기존 국가의 주권 회복이 예상되므로, 점령군은 현지 질서유지와 군사상 필요에 절대적 지장이 없는 한 피점령지 법령을 가급적 존중하도록 요청된다.[132] 그러나 미군정기 한반도는 일반적 경우와 다른 상황에 놓여 있었다. 제2차 세계대전 중 연합국의 카이로 선언과 포츠담 선언에 의해 한반도는 일본의 노예 상태로부터 독립이 예정되어 있었고, 일본 지배로의 복귀는 원천적으로 부정되었다. 이에 군정 기간 중 독립국가 수립에 필요한 폭넓은 입법 작업이 진행되었다. 이 같은 미군정법령에는 재조선 미육군사령부 군정청이 군정장관 명의로 제219호까지 공포한 이른바 통상의 미군정법령과 태평양 미 육군 총사령관 포고, 남조선과도정부 법률, 군정장관실 행정명령, 군정청 각부의 부령 및 지령, 미군정청 포고, 서한 형식의 군정장관 지령 등이 포함된다. 미군정법령은 형식이 무엇이든 간에 일제 법령보다 우월한 효력을 지녔다. 예를 들어, 일제

에게 이관되면 점령군은 절대적인 지장이 없는 한 점령지의 현행법을 존중하며, 가능한 한 공공의 질서 및 안녕을 회복하고 확보하기 위하여 권한 내에 있는 모든 조치를 취하여야 한다."고 규정하고 있다. 이는 곧 점령군은 질서유지에 필요하면 현지 법제를 정지 또는 수정할 수 있다는 의미로 해석되고 있다. M. Kuhn, Military Government, in R. Wolfrum ed., *The Max Planck Encyclopedia of Public International Law*, Vol. VII(Oxford UP, 2012), p.195.

132 M. Kuhn(*ibid.*) 참조.

강점기 법률의 형식으로 제정된 것일지라도 군정청의 일개 부령에 의해 개폐될 수 있었다. 군정장관(또는 그의 대리인) 서한 형식의 지령도 법규범으로서의 효력을 인정받았다.[133]

이상 크게 세 가지 범주의 구 법령이 대한민국 정부 수립 당시 '현행 법령'에 해당해 「제헌헌법」 제100조에 따라 헌법에 저촉되지 않는 한 계속 효력을 갖게 되었다. 그중 가장 많은 부분은 일제 법령이었다. 미군정 기간 중 공식적으로 폐지된 일제 법령은 의외로 많지 않았다. 악명 높던 일부 일제 법령이 폐지되는 데 불과했다. 일제 억압으로 고통을 당한 경험이 생생함에도 왜 많은 일제 법령이 정부 수립 이후에도 오랫동안 유지되었는가?

한반도에 진주한 미군정은 당장 사회운영을 담당할 기술관료 technocrats가 필요했다. 군정 당국은 기존 행정체제를 되도록 유지시키려 했다. 때문에 당시 근무하던 실무 공무원 다수는 일제강점기부터 같은 업무에 종사하던 자들이었다. 이들은 엊그제까지 자신들이 합법적으로 적용하던 법률을 갑자기 부당한 차별입법으로 인식하기 어려웠을 듯하다. 일제강점기 법령은 개인 인권보호보다 행정편의적 관점에서 제정된 경우가 많았기 때문에 법집행자 입장에서 그 같은 편리함을 포기하고 싶지 않았을지 모른다. 광복 직후 국내 정국의 혼란은 치안유지를 위해 어느 정도 엄격한 구 법령의 존속이 불가피하다는 명분을 제공해 주기도 했다. 적지 않은 일제 법령은 정치적 색채를 띠

133 예를 들어 당시 1948년 7월 28일 자 관보에 발표된 '管財廳·司法部長·大法院長에 대한 軍政長官의 지령' 서한은 광복 후 귀속재산 관련 사건에서 주요 근거 법령으로 적용되었다. 대법원 1953. 4. 14. 선고 4285민상145 판결; 대법원 1955. 6. 23. 선고 4288민상2 판결; 대법원 1960. 1. 14. 선고 4292민상371 판결; 대법원 1962. 4. 12. 선고 4294민상918, 919 판결; 대법원 1965. 6. 22. 선고 65다856 판결 등 참조.

지 않고 개인의 일상생활을 규율하는 내용이었기 때문에 광복 후에도 별다른 문제의식 없이 유지될 수 있었다.

(3) 구 법령의 법적 성격

구 법령은 구성 요소가 다양한 만큼이나 다양한 형식으로 발령되었지만, 대부분 법률보다 하위 형식인 영令이나 규칙의 형태로 공포되었다. 내용상으로는 많은 부분이 대한민국 「헌법」상 법률로 규정되어야 할 사항에 해당했다. 그렇다면 당초 법률보다 하위 형식으로 공포된 구 법령이 대한민국 정부 수립 후 어떠한 효력을 지니는가에 관한 의문이 제기되었다. 이에 대해 제1공화국 시절 헌법위원회와 대법원은 모두 발령 당시 형식에 상관없이 일단 「헌법」 제100조에 의해 유효한 현행 법령으로 승인된 구 법령은 그 내용이 국회가 법률로 제정할 입법사항에 해당한다면 법률과 같은 효력을 지닌다고 해석했다. 다음은 그에 해당하는 사례들이다.

남조선 과도정부 행정명령 제9호에 의해 미군정 시절 설치된 비상전력위원회는 비상시 전력의 생산·분배·사용에 관계된 일반적 명령, 지시, 우선순위 및 제한을 발령할 수 있었고, 위반자는 형사처벌 대상이 되었다. 대한민국 정부 출범 후 이는 행정명령으로 국민을 처벌하는 결과가 되어 위헌이라는 위헌심사가 신청되었다. 이에 대해 1954년 헌법위원회는 행정명령 형식으로 발령된 경우라도 성립 당시 이를 제정할 권한이 있는 행정기관의 공포였다면 법률적 효력을 갖는다고 보아 위헌성을 부인했다.[134]

대법원도 1939년 5월 26일 공포된 충청북도령 제14호 충청북도 목

134 헌법위원회 1954. 2. 27. 4286헌위1 결정.

탄검사규칙이 헌법상 위임명령의 한계를 초월하는 내용을 갖고 있어 위헌이라는 청주지방법원 판결에 대해 "왜정하 적법히 제정·공포된 명령은 그것이 부령이거나 도령이거나 형식 여하를 불구하고 헌법 시행 당시 그 효력이 계속되어 있는 것은 헌법 제100조의 소위 현행법령에 해당하므로 그 내용이 실질적으로 헌법정신에 저촉되지 아니한 것이면 법률사항을 규정한 명령이라도 이를 개정할 때까지 …… 법률과 동일한 효력을 지속하는 것이다."라고 보아 위 헌법위원회와 판단을 같이 했다.[135]

따라서 입법사항을 규정한 구 법령은 국회 입법을 통해서만 개정이나 대체가 가능했으며, 행정부의 시행령이나 규칙만으로는 개폐될 수 없음이 당시의 실행이자 학설이었다.[136]

(4) 구 법령의 청산

「제헌헌법」 제100조에 따라 우리 법질서의 일부로 수용된 구 법령은 대체 작업이 원활하게 진척되지 않아 그 후 무려 13년 이상 국내법 질서의 중요 부분을 차지했다. 1950년대 말기까지도 민법, 상법 등 한국인의 일상생활을 규제하던 법령으로는 광복 후 국회가 제정한 법률보다 오히려 구 법령의 숫자가 더 많은 실정이었다.[137] 심지어 대한제

135 대법원 1955. 3. 4. 선고 4287형상101 판결.

136 유진오(앞의 주 127), 206쪽; 이창석, 「구 법령의 효력」, 『법제월보』 1959년 12월호, 12쪽.

137 대한민국 수립 이후 1959년 말엽까지 국회가 제정한 법률은 총 516건이었는데, 그 중 개정 법률과 폐기 법률을 제외하면 당시 시행되던 법률은 281건이었다. 이 중 정부조직에 관한 법률이 80건, 재정 및 조세에 관한 법률이 92건을 차지했으므로 행정작용, 민상사 분야, 형사 분야에서는 오히려 구 법령의 숫자가 많았다. 이창석(위의 주), 7쪽.

국 시절 법령이 1960년대 초까지 여전히 적용된 예도 있었다.[138] 마침내 5·16 이후 군사정부는 1961년 7월 15일 「구 법령 정리에 관한 특별조치법」을 제정했다. 이에 따르면 1961년 연말까지 구 법령을 대체하는 새 법령을 마련하되, 그때까지도 정리되지 않고 남아 있는 구 법령은 1962년 1월 20일 자로 효력을 일괄 상실시켰다. 반년이 채 못 되는 기간 중 561건의 구 법령이 정리되고,[139] 나머지 구 법령은 모두 실효되었다. 다만 「상법」은 1962년 1월 20일 간신히 제정되었으나 일정한 적응 기간이 필요하다고 인정되어 그 해 연말까지 일제 구법을 좀 더 유지시키고, 새로운 상법은 1963년 1월 1일부터 시행되었다.

일제가 우리 민족을 지배하기 위해 실시한 구 법령이 일제 패망 이후에도 그렇듯 장기간 폭넓게 우리 일상생활을 지배했다는 사실은 부끄러운 일이었다. 이는 다른 한편 법제도란 한번 뿌리내리면 그 땅의 모든 개인의 일상이 그와 일체가 되어 버리기 때문에 얼마나 바꾸기 어려운가 하는 점을 보여 준다.

---

138 예를 들어, 대한제국 시절 공포된 1908년 國有土石採取規則, 1908년 享祀釐正에 관한 건, 1909년 郵便振替貯蓄規則 등은 1960년대 초까지 현행 법령으로 존속했다. 법제처, 「구법령 정리사업의 현황」, 『법제월보』 1962년 1월호, 104, 113, 128쪽 참조.

139 문홍주, 『한국헌법』(제3판)(법문사, 1963), 138쪽.

당신의 인권이 침해되면 국제기구에 구제를 호소할 수 있다 10

국가기관에 의해 개인의 인권이 침해된 경우 어떻게 대응할 수 있는가? 보통 잘못한 국가기관에 시정을 요구하고 필요한 이의절차를 밟거나, 그래도 해결되지 않으면 법원에 소송을 제기할 수 있다. 예를 들어, 통상적인 집회를 열려고 관할 당국에 신고했는데, 집회가 부당하게 금지되었다고 가정하자. 당사자는 우선 행정당국에 이의신청을 할 수 있고, 이를 통해 해결되지 않으면 법원에 집회불허처분취소 소송을 제기할 수 있다. 그로 인한 손해에 대해서는 국가를 상대로 배상청구소송을 할 수도 있다. 그런데 최고법원까지의 소송을 통해서도 자신의 권리를 제대로 보호받지 못한다면 어떻게 하나? 과거 같으면 개인으로서는 아무리 억울해도 법적으로 더 이상 다툴 방법이 없었다. 그러나 국제인권법이 발전하면서 오늘날에는 최고법원에서도 인권을 정당하게 보장받지 못한 개인에게 추가적인 국제적 구제절차가 마련되었다. 이를 국제인권조약의 개인통보제도Individual Communication라고 한다.

예를 들어, 한국도 당사국인 「시민적 및 정치적 권리에 관한 국제규약」(이하 '인권규약') 선택의정서에 그러한 제도가 마련되어 있다. 인권규약에 규정된 권리를 침해당했는데 최고법원 판결을 통해서도 구제받지 못한 경우, 피해자는 이 규약을 통해 설치된 '인권위원회Human Rights Committee'에 자신의 억울함을 호소할 수 있다. 개인이 자기 나라를 상대로 국제무대에서 직접 판단을 요구하는 제도이다.

다만 권리 침해가 발생하자마자 곧바로 인권위원회에 사건을 제출할 수는 없다. 국내에서 할 수 있는 모든 법적 수단을 다했어도 구제받지 못한 사건만 제출할 수 있다(국내적 구제 완료 원칙). 국내에서 벌어진 일이라면 외국인도 대한민국을 상대로 사건을 호소할 수 있다. 인권위원회는 접수된 사건 내용을 검토한 후 국가가 개인의 권리를 부당하게 침해했다고 판단되면 시정을 요구한다. 예를 들어, 억울하게 형을 받아 수감 중인 피해자가 있는 경우, 그를 석방하고 잘못된 수형생활에 대한 형사보상을 하라고 요구한다.

이러한 개인통보는 모든 나라를 상대로 제기할 수 있지는 않다. 사전에 인권규약에 가입하고, 이에 더해 자신을 상대로 한 개인통보 제출을 수락한 국가에 대해서만 제기할 수 있다. 현재 한국을 포함한 전세계 116개국이 인권규약상 개인통보제도를 수락하고 있다. 지금까지 인권침해를 주장하며 한국 정부를 상대로 인권위원회에 개인통보를 제기한 한국인이 근 1,000명에 달하며, 그중 600명에 육박하는 개인에 대해서는 한국 정부가 부당한 권리침해를 했다는 판정이 내려졌다. 절대다수는 양심적 병역거부 관련 사건이었다. 2018년 헌법재판소가 양심적 병역거부를 인정하지 않는 (구)「병역법」 조항에 관해 헌법불합치 결정을 내리고 대법원도 양심적 병역거부 행위에 무죄를 선고했다. 그 배경에는 한국의 양심적 병역거부 불인정이 양심과 종교의 자유 침해라는 인권위원회 판정이 십수 년에 걸쳐 지속적으로 내려진 사실이 자리 잡고 있다.

이러한 개인통보제도는 국제인권규약에만 마련되어 있지 않다. 「인종차별철폐협약」, 「여성차별철폐협약」, 「고문방지협약」, 「아동권리협약」, 「장애인권리협약」, 「강제실종방지협약」 등 다른 중요한 국제인권조약에도 역시 유사한 청원제도가 마련되어 있다.

구속영장 실질심사제가 정착되었다 11

수사기관이 형사 피의자를 구속하려면 판사가 발부한 구속영장이 필요하다. 피의사실에 관해 수사기관이 작성한 서류 내용의 진정성을 확인하기 위해 판사가 당사자를 직접 면담하고 구속 필요성을 결정하는 제도를 구속영장 실질심사제라고 부른다. 피의자가 수사기관에 장기간 격리되어 조사를 받는다면 그 과정에서 가혹행위를 통한 허위자백 등이 있을 수 있기 때문에 피의자가 판사 앞에서 직접 발언할 기회를 주는 제도이다.

「시민적 및 정치적 권리에 관한 국제규약」(이하 '인권규약') 제9조 제3항은 형사 피의자로 체포된 자는 "법관 또는 법률에 의하여 사법권 행사 권한을 부여받은 그 밖의 공무원"에게 신속히 회부되어야 한다고 규정하고 있다. 한국은 1990년 인권규약 당사국이 되었다. 당시 정부는 검사도 인권규약 조항에서 말하는 사법권을 행사하는 "그 밖의 공무원"에 해당한다고 생각하고 체포된 자가 검사에게 회부되면 문제가 없다고 해석했다. 이에 1996년 말까지 우리나라에서는 판사가 구속 피의자와 직접 대면하지 않고 검사 등 수사기관이 작성한 서류만 검토하고 구속영장을 발부했다.

그러나 인권규약 제9조 제3항은 체포된 자의 신병이 판사 면전에 신속히 직접 회부되기를 요구하는 조항이다. 검찰이나 경찰과 같은 수사기관은 여기서 말하는 사법권을 행사하는 "그 밖의 공무원"에 해당하지 않는다. 오직 수사기관으로부터 독립된 관헌만이 이에 해당한다. 결국 한국은 인권규약 당사국이 된 후에도 상당 기간 이를 위반하고 있었다.

차츰 국내에서 구속영장 실질심사제 도입 필요성이 강조되었다. 피의자의 인권 보호를 위해서는 물론, 인권규약 위반 상태를 해소하기 위해서도 구속영장제도 개선이 필요하다는 주장이었다. 1997년 「형사소송법」이 개정되어 구속영장 실질심사제가 부분적으로 도입되었다. 구속영장을 청구받은 판사가 구속 여부를 판단하기 위해 필요하다고 인정할 때에는 피의자를 직접 심문할 수 있다는 「형사소송법」 조항이 신설되었다(제201조의2). 이 정도만 해도 오랜 관행에 젖은 수사기관은 일하기 힘들다고 아우성이었다. 그러나 구속영장 실질심사제는 피의자의 권리이지 판사의 권리가 아니므로 이러한 부분적 제도 개선이 인권규약 제9조 제3항의 요구를 충족시킬 수 없었다. 이 조항은 모든 피구속자를 자동적으로 판사 면전으로 데려가라는 취지이기 때문이다.

당시 국내 법원, 수사기관, 학계에서는 구속영장제도 운영개선에 관한 논란이 크게 일어났고, 인권규약 조항은 실질심사제 확대를 요구하는 측에 강력한 지지 논거를 제공했다. 마침내 2007년 「형사소송법」 해당 조항이 재개정되었다. 현재는 "체포된 피의자에 대하여 구속영장을 청구받은 판사는 지체 없이 피의자를 심문하여야 한다."로 개정되어, 모든 피체포자는 구속영장 발부 여부를 결정하기 위해 자동적으로 판사 앞에 회부되어야 한다고 규정하고 있다. 다만 본인이 자발적으로 실질심사를 포기하는 경우에는 그 의사가 존중된다.

구속영장 실질심사제는 오랜 역사적 경험을 통해 볼 때 피구속자의 기본적 인권을 보호하기 위해 반드시 필요하다고 판단되어 인권규약에 삽입된 제도이다. 국내에서도 이제는 너무나 당연한 제도로 인식되고 있다. 인권규약은 수사기관의 반발에도 불구하고 국내에서 구속영장 실질심사제도가 정착되는 데 커다란 역할을 했다.

본국의 박해를 피해 온 자는 난민으로 보호된다 12

중국 내 탈북자가 난민 아니냐는 주장이 뉴스에 자주 등장하므로 난민이란 단어가 익숙해진 지 오래이다. 아프가니스탄 사태로 현지 한국 관련자를 국내에 정착시키는 과정에서 난민 문제가 사회적 논란으로 부각되기도 했다. 본국의 박해가 우려되어 국적국을 나와 국적국의 보호를 받을 수 없거나 받기 원하지 않는 자를 난민이라고 한다(난민지위협약 제1조).

국제사회가 난민 문제에 본격적인 관심을 보이게 된 계기는 1917년 러시아 혁명이었다. 당시 약 150만 명의 러시아인이 국외로 탈출해 유럽 대륙을 비롯한 각지를 떠돌았다. 그 가운데 일제강점기 조선으로까지 흘러와 정착한 사람도 있다. 어느 한 국가가 난민에게 호의적 대우를 베풀면 난민이 그 나라로 몰려 사회적 부담을 가중시키게 되므로, 러시아 난민 문제 해결을 위해서는 국제적 협력이 필요했다. 국제연맹은 노르웨이인 난센Nansen을 이 문제를 담당할 난민 고등판무관으로 임명했다. 난센이 소집한 국제회의 결과 러시아 난민들에게는 보통 난센여권이라고 부르는 신분증명서가 발급되었다.

난민 문제는 러시아 사태에서 그치지 않았다. 국제적 격동이 있을 때마다 국제사회를 배회하는 난민 숫자는 늘어 갔다. 이에 유엔이 탄생하자 난민 보호를 위한 국제조약의 작성을 추진해 마침내 1951년 「난민의 지위에 관한 협약」(이하 '난민지위협약')이 채택되었다. 이 협약은 인종, 종교, 국적, 특정 사회집단 소속, 정치적 의견 등 때문에 박해가 우려되어 본국으로 돌아갈 수 없는 난민에 대해 거주국에서 안정된 생활을 보장하기 위한 내용을 담고 있다. 난민보호의 핵심은 생명이나 자유가 위협받을 곳으로의 강제송환 금지이다. 유엔에서는 난민문제 책임자로 난민고등판무관(최고대표)이란 직책을 만들었다.

단일민족 사고가 뿌리 깊은 한국 사회는 오랫동안 외국인의 국내 정착에 거부감이 강했다. 1975년 베트남 패망 이후 발생한 보트피플 가운데 한국 선박에 구조되어 국내로 온 사람이 적지 않았다. 베트남 난민들은 일부 초기 입국자를 제외하고 1977년 국내에 베트남난민구호소가 설치된 이후 입국한 2,357명 전원이 제3국으로 다시 송출되었다. 한국 정부가 단 1명의 난민에게도 국내 정착을 허용하지 않았기 때문이다. 이는 국제적으로 유래를 찾기 어려운 인색한 정책이었다.

한국도 국제인권조약들을 더 이상 외면하기 어려워 1992년 난민지위협약을 비준했다. 1994년부터 한국 정부에 난민 지위를 신청하는 외국인이 생기기 시작했다. 한국은 협약 가입 초기 약 10년간 난민을 전혀 받아들이지 않는 엄격한 태도를 취했으나, 2001년부터 난민을 인정하기 시작했다. 특히 2013년 「난민법」이 독립된 법률로 시행되게 되자 난민신청이 급증했다. 2024년 말 기준 국내에 1,544명의 외국인이 난민지위를 인정받아 거주하고 있고, 이와는 별도로 2,696명이 인도적 체류허가를 받아, 총 4,240명이 사실상 난민으로 거주하고 있다. 현재 국내 법원에서는 매년 수백 건의 난민재판이 진행되고 있어 난민지위협약은 국내 판결에서 가장 빈번히 인용되는 조약이기도 하다. 한편 소수이기는 하나 한국인이 외국에서 난민지위를 인정받은 사례도 있다. 한국에서는 박해가 우려된다고 인정된 셈이다.

이제 난민이란 존재는 우리 사회에서도 익숙한 존재가 되었다. 그 배경에는 난민지위협약이 자리 잡고 있다. 난민 보호는 인류애의 발현이다.

V

대한민국의 국제법적 도전

1
평화선 선언

(1) 평화선 추진배경

대한민국 정부는 1952년 1월 18일「인접해양에 대한 주권에 관한 선언」을 발표했다. 이는 한반도 연안으로부터 부분적으로 최장 200해리에 육박하는 바다와 대륙붕에 관해 대한민국이 주권을 보지한다는 선언이었다. 후일 국내에서는 이 선을 동북아 해역의 평화를 지키기 위한 '평화선'이라고 불렀고, 일본에서는 의미를 깎아내리기 위해 '이승만 라인'이라고 불렀다.

일본은 평화선이 공해어업 자유의 원칙을 침해하는 국제법상 불법 조치라고 시종 비판한 반면, 한국은 국제 선례에 입각한 정당한 권리 주장이라고 반박했다. 한국이 평화선을 침범한 일본 어선을 나포하면, 일본 정부는 한국이 인질 외교를 벌인다고 비난했다. 평화선은 1965년 한일 국교 정상화 회담이 타결되기 전까지 13년 동안 한일 양

* 이 주제에 관해 좀 더 상세한 내용은 정인섭,「1952년 평화선 선언과 해양법의 발전」,『서울국제법연구』 제13권 2호(2006), 1-28쪽 참조. 본 항목은 이 논문 내용을 바탕으로 재구성 및 보완을 했다.

국 관계에서 가장 큰 갈등 요인으로 작용했다. 국내에서 한일회담 반대자론들이 국민의 심정적 동조를 쉽게 얻은 구호 중 하나가 "평화선을 팔아먹지 말라"는 요구였다.

평화선은 발표 당시 이를 기초한 실무자들조차 국제법 위반의 개연성을 부인하지 않았으며, 국제적 파장이 만만치 않으리라는 점을 각오했다고 한다. 평화선 선언은 전통 해양법 질서에 대한 한국 외교의 도전이었다. 국제법상 공해어업 자유에 반기를 든 약소국의 외침이었다. 평화선은 발표 당시 미국, 영국, 중국(타이완) 등 최우방조차 반론을 제기할 정도로 고립무원 같은 존재였으나, 한국 정부는 이를 포기하지 않았다. 6·25전쟁이 계속 중이라 모든 면에서 국제적 지원이 절실하던 한국 정부는 왜 평지풍파를 일으킬 평화선을 선언했는가?

제2차 세계대전 이전 일본은 세계 최대 어획고를 자랑할 만큼 수산업이 발달했으며, 일본 어민의 원양어업 진출은 각국과 분쟁을 야기하기도 했다. 1945년 9월 28일 미국 트루먼Truman 대통령이 「인접 공해에서의 연안어업에 관한 미국의 정책선언」을 발표한 이유도 전쟁 전 일본 어선이 미국 코앞까지 몰려와 어로작업을 했기 때문에 이를 제한하려는 목적이 가장 컸다. 일본 어민들의 발달된 어로 기술과 어선, 어구로 인해 한반도 주변 어장은 일제강점기부터 이미 남획 위협을 받고 있었다. 조선총독부가 어장 보호를 위해 1929년 12월 「조선어업보호 취체규칙」(조선총독부령 제109호)을 제정해 한반도 주변 조업을 통제할 정도였다.

제2차 세계대전 종료 후 한국과 일본은 미군정 지배를 받았다. 미국은 우선 일본 어선의 대외 진출을 통제하기로 했다. 이에 1945년 9월 27일 미국 태평양함대 사령관은 일본 어선의 조업 구역을 일본 열도 주변으로 한정한다는 각서를 발표했다. 이것이 이른바 제1차 맥아더 라인이다.[1] 맥아더 라인은 그 후 몇 차례 확장되어 1950년 5월 이후에는 남태평양에서 일본의 모선식 참치어업도 허용되었다.

한반도 주변 수역은 맥아더 라인 밖이었다. 한반도 주변에서 일본인의 어로는 금지되었으나, 상당수 일본 어민들은 맥아더 라인을 몰래 넘어 서해까지 몰려 와 조업을 했다. 그런데도 일본 정부는 별달리 이들을 단속하지 않았다. 어선 대부분이 무동력선이던 당시 한국 수산업계로서는 일본 어선이 맥아더 라인을 넘어 한반도 주변에서 고기를 잡는 행위를 속수무책으로 바라볼 수밖에 없었다. 드디어 1949년 6월에는 남해안 일대 어민들이 곳곳에서 일본 어선 침범 규탄대회를 벌였다. 1949년 6월 13일 국회는 맥아더 라인 확장을 반대하고 일본 어선의 한반도 연안 출몰을 비난하는 결의를 채택했다.

6·25전쟁이 발발하자 일본 어선의 한반도 연안 출몰은 더욱 심해졌으나, 전쟁 중 단속은 어려웠다. 한국이 연합국 사령부에 이 문제를 제기하면 양국 간 어업협정 체결을 권할 뿐이었다. 이에 상공부 수산국에 근무하던 지철근 수산과장 등이 중심이 되어 한반도 주변에 어로관할수역을 설정하자는 아이디어를 제기했다. 수산국이 상공부에 소속되어 있었던 이유는 당시 수산물이 그만큼 한국의 주요 수출 품목이기 때문이었다. 지철근은 과거 조선총독부가 한반도 연안 어족자원 보호를 위해 트롤어업 금지 수역을 실시했던 예에 착안해 한국도 유사한 어로관할수역을 설정하면 일본으로서도 반발할 명분이 없으리라고 기대했다.

---

1 지철근, 『평화선』(범우사, 1979), 89-90쪽.

(2) 평화선 준비작업

일본 북해도北海道대학 수산전문부에서 공부한 지철근은 일본인 동문을 통해 한반도 주변 어장도를 구하고, 이를 바탕으로 1950년 10월부터 주요 어장을 포함하는 어로관할수역을 설정하는 작업을 시작했다. 통일에 대비해 전체 한반도 주변에 어로관할수역을 설정하기로 했다. 일제강점기 트롤어업 금지 구역선을 기반으로 하되, 동남해는 일본과의 중간선을 기준으로 하고 어족자원이 많은 제주 서남해 방면은 외곽으로 돌출시켜 넓게 포섭하고 소흑산도 이북 서해지역은 트롤어업 금지선과 일치시켰다. 동해에서는 울릉도까지만 포함시켰다. 지철근을 중심으로 만들어진 첫 번째 수산국 안은 주로 수산업계의 관점에서 한국 어민들의 주요 어장을 보호하려는 목적에서 작성되었다.[2]

조선총독부 당시 한반도 주변의 어로 제한은 국내법상 규제였다. 그 자체는 국제법적 문제가 아니었다. 한국이 독립한 후에는 사정이 같을 수 없었다. 이제는 외국(일본) 어선에 대한 국제법적 규제의 시도였다. 지철근은 어로수역 설정안을 실현시키기 위해 국내 국제법학자, 법조계 인사, 외무부 관계자와 상의했다. 공해자유 원칙과 영해 3해리설이 주류를 이루던 당시, 영해 바깥에 일방적으로 어로수역을 설정하자는 주장에 처음에는 한결같이 부정적이었다.[3]

그러나 우군도 있었다. 일본 어선의 남획으로부터 어족자원을 보호할 필요성을 느끼고 있던 당시 외무부 정무국장 김동조는 외무부 내에서 이 문제의 대변인이라고 할 정도로 어로수역 설정에 적극적이었다.[4] 그는 한국의 어로수역 설정이 공해어업 자유 침해라는 반발을 예

2 지철근(위의 주), 115-118쪽. 이 책 118쪽에는 구체적인 좌표점이 제시되어 있다.
3 지철근(앞의 주 1), 111쪽.
4 지철근(앞의 주 1), 120쪽.

상하면서도 해양법의 새로운 추세상 충분히 근거를 인정받을 수 있다고 확신했다.

평화선을 추진한 초기 주역들이 일정한 국제적 파장을 각오하면서도 평화선 선포를 밀고 나갔던 근거는 무엇일까? 이는 나름대로 국제해양법의 변화 움직임을 파악하고 이를 적극 활용한 결과였다.

제2차 세계대전 이후 연안국은 마치 경쟁이나 하듯이 고전적인 3해리 영해를 넘어서는 해양관할권 확장에 나섰다. 직접적인 계기가 된 사건은 미국의 트루먼 선언이었다. 1945년 9월 28일 미국 트루먼 대통령은 이후 해양법 발전에 중대한 영향을 미친 「대륙붕 자연자원에 대한 미국 정책에 관한 대통령 선언」(제2667호)과 「공해 일정지역 연안어로에 대한 미국 정책에 관한 대통령 선언」(제2668호)이라는 2개의 정책선언을 발표했다. 전자는 미국 연안 수심 약 180m까지 대륙붕에서의 천연자원은 미국의 관할권과 통제권에 복종한다는 내용이었다. 후자는 미국 연안에 인접한 일정한 공해수역을 어업자원보존수역으로 선포하고, 이 수역에서 어업활동을 하고 있던 타국과는 협정을 체결해 어족자원을 보존하겠다는 내용이었다. 트루먼 선언은 훗날 국제사회에서 대륙붕과 배타적 경제수역 제도가 정립되는 출발점이 되었다.

이후 중남미 국가들을 필두로 연안국이 인접수역에서 관할권을 확장하는 경쟁에 불이 붙었다. 미국에 이어 멕시코가 1945년 10월 29일 수심 200m까지의 대륙붕은 연안국의 불가분의 일부이며, 인접 해역 수산자원을 보호하기 위한 어로 구역을 설정한다고 발표했다. 이후 각국별로 주장 내용은 조금씩 달랐지만, 파나마, 아르헨티나, 페루, 코스타리카, 온두라스, 엘살바도르, 니카라과, 브라질, 에콰도르 등 중남미 국가와 사우디아라비아, 필리핀, 아부다비, 바레인, 두바이, 쿠웨이트, 카타르, 파키스탄 등 아시아 국가가 1951년 초까지 자국 연안의 관할권을 확대시키는 선언을 발표했다. 당시 각국의 주된 관심은 대륙붕 자원이었다. 마침 유엔 국제법위원회는 이러한 추세를 정리한 자료집을 발간했다.

김동조는 주로 외무부 정무국 내 장윤걸, 김영주 등과 함께 이 문제를 검토했는데, 유엔 한국통일부흥위원회UNCURK에 근무하는 김윤태를 통해 유엔 국제법위원회에서 발간한 해양법 자료집을 구하게 되었다.[5] 여기에는 국제사회의 새로운 변화 움직임이 담겨 있었다. 이 책을 얻자 김동조는 마치 어두운 밤에 전등을 주운 듯 용기를 얻어 자신감을 가질 수 있었다고 한다.[6] 변영태 외무장관도 김동조의 의견에 따라 업무를 추진하라고 허가했다. 당시 한국 정부 실무자들은 이 같은 해양법의 변화추세를 읽고 있었으며, 이는 이승만 대통령에게도 보고되었다.[7] 평화선 선언 전문의 "확정된 국제적 선례"에 의거하고 있다는 문구는 이러한 사실을 가리키는 표현이었다. 1952년 한국 정부가 평화선 선언을 할 수 있었던 배경에는 이 같은 국제적인 해양관할권 확장 움직임이 자리 잡고 있었다.

(3) 평화선 설정

외무부는 지철근이 작성한 어로수역 원안에서 독도를 포함시키도록 수정했다. 지철근은 어업 보호를 위해서는 울릉도 외곽 수역을 포함시킬 필요가 없다고 생각했다. 당시 한국 어업 실정상 독도 부근까

5 UN Legislative Series, *Laws and Regulations on the Regime of High Seas* [UN Doc. ST/LEG/Ser.B/1(1951)]. 이 책자는 나중에 법무부가 원문을 영인 수록하고 전문을 번역해 『공해에 관한 법령집』 상하 2권으로 발간했다(상세 발간일자 미상).

6 김동조, 『회상 30년 한일회담』(중앙일보사, 1986), 15-16쪽.

7 1951년 11월 29일 이승만 대통령에게 영해선포에 관한 타국의 법령자료가 보고되었다. 오제연, 「평화선과 한일협정」, 『역사문제연구』 제14호(2005), 18쪽.

지 출어하는 경우는 많지 않았기 때문이었다. 그는 독도를 포함시키면 오히려 어족자원 보호라는 명분이 퇴색된다고 반대했다.[8] 그러나 김동조는 향후 한일 간 영유권 분쟁을 대비하려면 독도를 포함시켜야 한다고 주장했다. 독도를 이 선 밖으로 배제시키면 대외적으로 예상치 못한 오해를 불러일으킬 수 있다고 생각해 독도를 포함하는 형태로 넓게 확장시켰다.[9] 「샌프란시스코 대일평화조약」이 1951년 9월 초 채택될 예정이었기 때문에 외무부는 평화조약 서명 이전에 어업수역을 선포할 목표로 작업을 서둘렀다. 1951년 9월 7일 자 제98회 임시국무회의에서 어업보호수역 선포에 관한 안건이 통과되었다. 이 의결안은 샌프란시스코에서 대일평화조약이 서명되던 바로 9월 8일 이승만 대통령에게 제출되었으나 당시는 재가가 나지 않았다.

1951년 10월 20일부터 한일회담 예비회담이 시작되었다. 예비회담은 양측의 기본입장을 탐색하는 자리였다. 한국은 한반도 주변에서 일본 어선의 활동을 규제하기 위한 어업협정 체결을 희망했으나 일본은 별다른 반응을 보이지 않았다. 일본은 평화조약 발효 이후 주권을 완전히 회복한 다음 본격적인 회담을 진행하고자 했다. 반면 한국으로서는 평화조약이 발효하면 맥아더 라인이 철폐되어 곧바로 일본 어선이 한반도 연안까지 몰려오리라고 걱정했다.

초반 예비회담을 진행한 결과 김용식 대표 등 한국 외무부 관계자들은 협상에서 주도권을 잡기 위해 어업자원보호수역 선포가 필요하다고 판단했다. 다시 경무대와 접촉하며 단순한 어업자원 보호만이 아니라 대륙붕 자원도 대상으로 하고 안보·국방 차원의 성격도 가미한

8 지철근(앞의 주 1), 69-70쪽.
9 김동조(앞의 주 6), 16쪽.

해양주권 선언을 추진하기로 했다.[10] 이에 어업보호수역 선포에서 인접 해양에 대한 주권 선언으로 변화된 안이 1952년 1월 중순 다시 국무회의를 통과했고, 이승만 대통령도 이를 재가했다. 이는 1952년 1월 18일 국무원 고시 제14호로 공포되었다.

평화선 선언은 모두 4개 조항으로 구성되어 있었다. 전문은 확정된 국제적 선례에 의하고 국가의 복지와 방어를 보장하기 위해 이를 선언한다는 취지를 담고 있다. 제1항은 인접 대륙붕의 자원을 보호, 보존, 이용하기 위해 국가의 주권을 보존, 행사한다고 선언했다. 제2항은 어족자원 등 인접 해양의 자원에 대한 주권의 보지와 행사를 선언했다. 제3항은 위와 같은 주권행사의 대상이 될 수역을 좌표를 통해 밝혔다.[11] 이 구획선이 바로 평화선이다. 다만 이 경계선은 장래 정세변화에 따라 수정될 수 있음을 첨부했다. 제4항은 수역 내에서 공해 자유항행권을 방해하지 않는다고 규정했다.

평화선이 이후 한국인의 마음이나 대일외교에서 차지했던 중요성에 비하면 발표 당시에는 국내 언론조차 크게 주목하지 않았다. 1월 20일

10 김동조(앞의 주 6), 35-36쪽.

11 평화선은 다음 지점을 연결하는 선이다.
(1) 함경북도 경흥군 우암령 고령으로부터 북위 42도 15분, 동경 130도 45분을 연결하는 선.
(2) (1) 선의 종점으로부터 북위 38도, 동경 132도 50분을 연결하는 선.
(3) (2) 선의 종점으로부터 북위 35도, 동경 130도를 연결하는 선.
(4) (3) 선의 종점으로부터 북위 34도 40분, 동경 129도 10분을 연결하는 선.
(5) (4) 선의 종점으로부터 북위 32도, 동경 127도를 연결하는 선.
(6) (5) 선의 종점으로부터 북위 32도, 동경 124도를 연결하는 선.
(7) (6) 선의 종점으로부터 북위 39도 45분, 동경 124도(평북 용천군 신도 열도)를 연결하는 선.
(8) (7) 선의 종점으로부터 마안도 서단을 연결하는 선.
(9) (8) 선의 종점으로부터 북으로 한만 국경의 양단과 교차되는 직선.

자 「동아일보」에는 뒷면 기사로 보도되었으나, 「조선일보」에서는 언급조차 되지 않았다. 이 선언에 대해 일본 정부가 항의하고 반박성명을 내자 나중에 그 사실이 1단 또는 2단 기사로 보도되었을 뿐이다.[12]

「인접해양에 대한 주권에 관한 선언」이 후일 평화선으로 불리게 된 이유는 다음과 같다. 선포 초기에는 정식 명칭이 긴 편이므로 주로 해양주권선으로 불리었고,[13] 영해와 동일시되기도 했다. 그런데 이 선언에 우방국들까지 반발을 하자 한국 정부는 1953년 2월 8일 이 선언의 목적이 한일 양국의 평화유지에 있다는 성명을 발표했다. 이후 차츰 평화선이란 명칭 사용이 국내에서는 일반화되었다.

처음에는 평화선 선언의 법적 성격이 명확하지 않았다. 이는 국무원(오늘날 국무회의) 고시로서 발표되었으므로 그 자체로 법적 구속력을 가질 수 없었다. 결국 평화선 내용에 구속력을 부여하기 위해 약 2년 후인 1953년 12월 「어업자원보호법」이 법률로 제정되었다. 이 법은 평화선의 대상수역을 "어업자원을 보호하기 위한 관할수역"으로 규정하고(제1조), 관할수역 내에서는 어업허가를 받은 자만이 어업에 종사할 수 있도록 제한했으며(제2조), 위반자는 3년 이하의 징역 또는 50만 환 이하의 벌금에 처하도록 하는 처벌조항을 두었다(제3조). 이후 평화선 집행을 위한 추가적인 법률은 만들어지지 않았다. 그렇다면 몇 가지 의문이 제기된다.

첫째, 원래의 대통령 선언은 제1항에서 대륙붕 자원에 대한 권리도 주장했는데, 이는 법적으로 어떻게 실현될 수 있는가이다. 이 부분에 대해서는 후속 법제가 이루어지지 않았다. 당시로서는 한국이 대륙붕

12 「조선일보」, 1952. 1. 26., 2면; 「조선일보」, 1952. 1. 30., 2면.
13 「조선일보」, 1953. 2. 9., 2면; 「조선일보」, 1953. 8. 5., 1면 등.

자원을 개발할 자금도 기술도 없었으므로 대륙붕은 관심사가 되지 못했다. 일반인들도 평화선은 어업 보호를 위한 수역으로만 인식했다. 한국은 1970년 「해저광물자원개발법」을 제정하고 한반도 주변에 7개의 대륙붕 광구를 설치했는데, 이 내용 역시 평화선 범위와는 차이가 있었다. 대륙붕에 대한 한국의 구체적 권리 주장은 1970년 이후라고 볼 수 있다.

둘째, 평화선의 또 다른 목적은 국가방위라고 표방했으나, 그러한 내용은 전문에만 지적되고 있을 뿐 구체적인 내용이 선언에 담겨 있지 않았다. 이에 관한 후속 입법도 없었다. 더욱이 제4항에서 평화선이 공해상 자유항행권을 방해하지 않는다고 규정했으므로 군함의 통항 역시 제한되지 않았다. 상공비행 역시 아무런 제한을 받지 않았다. 평화선은 안보와 직접적인 관련이 없었다.

결국 평화선의 목적은 당초의 표방과 달리 어업자원 보호만으로 한정되었으며, 일반인들도 그렇게 이해했다.

(4) 평화선의 집행

일본 어선의 침범을 막기 위해 평화선을 선언했지만 실제 집행은 쉽지 않았다.

평화선 선포 이전부터 한일 간에는 일본 어선의 맥아더 라인 월선이 문제가 되었다. 미군정 시절인 1947년 2월 4일 제주 근해에서 일본 어선 한 척(幸漁丸)을 조선 해안경비대가 나포한 행위가 최초의 실력행사였다.[14] 그때는 주한 미군정청도 맥아더 라인을 침범하는 일본 어선의 나포를 지시해, 미군정 시절 약 20척의 일본 어선이 나포되었다.

---

14 지철근, 『한일어업분쟁사』(한국수산신문사, 1989), 100쪽.

그러나 1948년 7월 28일 미군정청은 조선 영해를 침범하지 않는 한 맥아더 라인을 넘어선 어선을 나포하지 말고 침범 사실을 통고만 하라고 지시했다. 그동안 나포한 일본 어선도 정부 수립 직전 모두 석방했다. 이후에도 연합군 사령부는 맥아더 라인을 넘은 일본 어선을 나포하지 말라고 요구했으나, 한국 해군은 종종 일본 어선을 나포했다. 이에 연합군 사령부에서 항의를 제기했고, 미국의 압력으로 한국 정부는 1950년 1월 27일 자로 나포 중지를 약속했다.[15]

1952년 1월 평화선이 선포되었으나 이를 위반한 경우의 대응책은 포함되어 있지 않았다. 평화선이 발표되자 일본은 1952년 1월 28일 자 구상서를 통해 이는 국제적으로 확립된 공해자유 원칙에 전적으로 배치된다는 항의를 제기했다. 일본 정부는 이후 평화선이 국제법상 불법이라는 입장을 한 번도 굽힌 적이 없다. 일본 학자들 역시 평화선은 불법이라고 주장했다. 한국이 선례라고 제시하는 중남미 국가의 200해리 주장은 학설상 일고의 가치도 없는 잘못된 주장으로 입법론으로서 가치조차 없으며, 평화선 선언은 한국 외교 당국의 무지를 폭로하는 행위에 불과하다고 신랄히 비판했다.[16]

평화선 선언 이후 잠시 관망하던 일본 어선들은 몇 달 뒤부터 다시 평화선을 넘기 시작했다. 1952년 7월 18일 이승만 대통령은 해군에 평화선 침범 외국 어선을 나포하라고 지시했다. 한국은 평화선을 침범한 외국 선박과 선원을 심판하기 위해 1952년 10월 4일 자 대통령 긴급명령 제12호로써 「포획심판령」을 제정하고 포획심판소와 고등포획심판소를 설치했다. 또한 평화선 선언을 법률적으로 뒷받침하기 위해 1953

15 오제연(앞의 주 7), 14-15쪽.

16 小田滋, 「日韓漁業紛争をめぐって」, 『ジョリスト』 1953. 4. 15., 27쪽; 小田滋, 「李承晩宣言の違法性」, 『法律時報』 1953년 10월호, 85쪽.

한국에 나포된 일본 어선 척수와 선원 수

연도	나포 어선(척)/억류 선원(명)	송환 어선(척)/ 송환 선원(명)
1947	7/81	6/81
1948	15/202	10/202
1949	14/154	14/151
1950	13/165	13/165
1951	45/518	42/518
1952	10/132	5/131
1953	47/585	2/584
1954	34/454	6/453
1955	30/498	1/496
1956	19/235	3/235
1957	12/121	2/121
1958	9/93	0/93
1959	10/100	2/100
1960	6/52	0/52
1961	15/152	11/152
1962	15/116	4/116
1963	16/147	13/147
1964	9/99	7/99
1965	1/7	1/7
합계	327/3911	142/3903

출처: 小田滋, 『海の資源と國際法 I』(有斐閣, 1971), 196쪽. 1965년 통계는 최종화, 『현대한일어업관계사』(세종출판사, 2000), 27쪽.

년 12월 「어업자원보호법」을 제정했다. 이 법이 평화선 침범 어선에 대한 단속과 처벌의 근거가 되었다. 이후 1965년 한일협정이 체결될 때까지 평화선을 침범하는 일본 어선의 나포는 지속되었다. 평화선 선언 이후 총 233척의 일본 어선과 2,956명의 일본 선원이 나포되었다.

대한국제법학회의 창설도 평화선이 계기가 되었다. 한국 정부는 평화선 선언이 전통적 국제법과는 충돌될지 모르나 새로이 부각되는 연안국의 해양관할권 확대 경향과 부합된다는 사실에 대해 좀 더 체계적 연구가 진행되기를 원했다. 정부로서는 평화선이 발등의 불이기도 했다. 국제법 연구 진흥을 위해서는 이를 위한 학술단체가 필요하다고 생각한 외무부가 앞장서서 학회 창설을 독려했다. 아직 부산 피난 시절이던 1953년 6월 16일 부산 앞바다 해군 함정 내에서 대한국제법학회 창립 총회가 거행되었다. 창설 경비는 외무부가 지원했고, 연락을 담당할 학회 사무국도 외무부 내에 설치되었다. 이는 6·25전쟁 와중의 열악한 한국 사회 실정 속에서도 누가 왜 국제법을 필요로 했는지를 잘 보여 주는 증거였다.

(5) 평화선 선언 이후 해양법의 발전

평화선 선언 이후 한국 외교의 한 축은 평화선 보호에 있었다고 해도 과언이 아닐 정도로 이 문제는 정치적으로 중요한 의미를 지녔다. 이는 당시 한국 경제에서 수산업이 차지하는 비중이 그만큼 컸음을 의미했다. 이후 한국은 국제무대에서 기회 있을 때마다 공해어로에서도 연안국의 특수 이익이 존중되어야 한다는 입장을 관철시키려고 노력했다.

유엔 식량농업기구FAO는 1955년 4월 로마에서 수산자원 보호에 관한 국제회의를 개최했다. 이 회의에서는 인접한 공해에서 생물자원의 보호에 관해 연안국의 특수이익을 인정할지 여부가 쟁점의 하나로 부각되었다. 여기서도 평화선의 타당성에 관해 한일 간 치열한 논전이 벌어졌다.[17] 표결 끝에 한국의 주장과 같이 연안국의 특수이익을 인정

17 당시 상황에 관하여는 지철근(앞의 주 1), 214-219쪽에 상세.

하는 안이 1표 차인 18(찬성)-17(반대)-8(기권)로 간신히 통과되었다.

유엔은 제2차 세계대전 후 급격히 변화하는 해양환경에 발맞추어 해양법을 법전화하기 위한 회의를 소집했다. 첫 번째 회의가 1958년 제네바에서 개최된 제1차 유엔 해양법회의이다. 공해어로에 대한 연안국의 통제권 문제는 당시 회의에서 주요 쟁점이었다. 한국으로서는 평화선이 객관적 타당성을 인정받을 수 있느냐에 촉각을 곤두세우지 않을 수 없었다.

유엔 국제법위원회가 해양법협약 초안을 작성해 회의에 제출했다. 당시 국제법위원회 보고서는 기존 해양법이 해양생물자원 남획과 멸종을 방지하기에 충분치 못함을 인정했다.[18] 이에 연안국은 자국 영해에 인접한 공해에서의 생산성 유지에 특별한 이해를 가지며(초안 제54조 제1항), 합리적 기간 내 타국과 합의가 성립되지 않으면 인접 공해에서의 생산성 유지를 위해 연안국은 일방적 보존조치를 취할 수 있도록 하자고 제안했다(초안 제55조 제1항). 국제법위원회 제안은 공해 어족자원을 보존할 필요성이라는 제한을 달고 있었지만, 고전적 공해어로 자유를 수정할 필요가 있음을 국제사회가 공식화한 첫걸음이었다.

당시 제네바 회의에서 가장 큰 관심사는 영해 폭이었는데, 전통적인 3해리 고수는 어려운 분위기였다. 제3세계와 동구권 국가들은 12해리 영해를 지지했으나, 미국과 서구 국가들은 6해리 영해에 6해리 어로수역을 추가하는 안을 제안했다. 그중 캐나다는 추가 6해리 어로수역에서 연안국의 독점적 어업권을 인정하자고 주장했으나, 미국은 과거 5년간 12해리 이내 어로수역에서 어업 실적이 있는 타국의 어로권은

---

18 ILC Commentary on Article 49, *Yearbook of International Law Commission*(1956), Vol. II, pp.286-288.

기득권으로 계속 존중되어야 한다고 주장했다. 한국 대표단은 영해 폭은 가급적 넓은 편이 좋으나 평화선은 영해가 아닌 일종의 독점적 어로수역이므로 이 문제와 직접 관련된 사항은 아니라고 판단했다.[19] 반면 영해 밖 인접 공해에서도 연안국의 독점적 어로권이 보장될 필요가 있다는 방향으로 논의가 흘러가도록 노력했다.

미국 정부의 협조 요청을 받은 한국 정부는 회의 대표단에게 표결에서는 미국안을 지지하라는 훈령을 내렸다. 그러나 김용우 수석대표(주영 대사)는 분과위원회와 전체회의에서 모두 미국안에 반대하고 캐나다안에 찬성표를 던졌다. 그는 12해리 이내에서도 연안국의 독점적 어로권을 보장하지 않으려는 미국안은 평화선에 불리한 영향을 미치리라고 우려했다.[20] 본국 정부 지시를 무시하고 미국안에 반대표를 던진 김용우 대표는 표결 시 다른 한국 대표단을 모두 회의장 밖으로 퇴장시키고 홀로 남아 반대표를 던졌다. 결과에 혼자 모든 책임지겠다는 생각이었다. 미국안은 분과위 표결에서 38(찬성)-36(반대)-9(기권)로 과반수를 얻지 못했으며, 같은 안이 재차 회부된 총회에서 45(찬성)-33(반대)-7(기권)로 당시 나온 각종 제안 중 가장 많은 표를 얻었으나, 이 역시 통과에 필요한 3분의 2에 미달되어 결국 부결되었다. 결국 제1차 해양법회의에서는 영해 폭에 대한 국제적 합의가 성립되지 못했다.

1958년 제1차 해양법회의는 영해 폭을 합의하지 못해 해양법상 가

19 문철순, 「제네바 국제해양법회의 경과」, 『국제법학회논총』 제4호(1958), 82쪽.

20 문철순(위의 주), 85쪽; 지철근(앞의 주 1), 224-225쪽. 당시 일본은 캐나다안에는 반대, 미국안에는 기권을 했다. 한국의 반대표에 주한 미국대사는 이승만 대통령을 방문해 유감을 표했고, 김용우 대사는 다음 달인 5월 업무차 귀국했을 때 사표를 제출해 수리되었다. 박실, 『증보 한국외교비사』(정화출판사, 1984), 360-361쪽.

장 중요한 숙제를 해결하지 못했으나, 공해 생물자원 보존에 관한 포괄적 조약을 성립시킨 점은 중요한 업적이었다.[21] 이 조약이 연안국의 해양 관할권 확대 주장을 정면으로 수용하지는 않았으나, 영해 바깥 공해에서 어로에 연안국의 특별이익을 인정했다는 점에서 국제법의 새로운 변화를 보여 주었다. 이는 훗날 배타적 경제수역 제도로 발전되는 중간 과정이었다.

평화선 고수라는 사명을 지녔던 한국대표단은 해양법회의에서 의미 있는 성과를 거두었다. 12해리 영해 및 어로수역 외곽에 대한 연안국 통제권 확보를 위한 노력의 일부가 최종 협약에 반영되었다. 인접 공해에서도 연안국 통제권을 확대하자는 한국 측 입장은 국제사회 다수 의사와 대체로 일치했다.[22] 이는 평화선이 내포하는 권리 주장이 국제사회의 장기적 흐름과 큰 격차가 없다는 의미였다. 제1차 해양법회의가 끝난 후 일본은 자국 외교의 실패였다고 평가했다. 그러나 이는 외교의 실패였다기보다는 과거 기득권을 고수하려는 일본 입장이 해양법의 새로운 추세와 조화되지 못한 결과였다.[23]

유엔 해양법회의는 1960년 다시 한번 소집되었으나 이때에도 영해 폭에 대한 합의가 이루어지지 않았다. 새로운 해양법회의를 소집하자는 제안조차 부결되었다.

---

21 A. Dean, "The Geneva Conference on the Law of the Sea: What was accomplished", *American Journal of International Law*, Vol. 52(1958), p.625.

22 제네바 회의에서 한국 대표단의 활동에 관해서는 정인섭, 「1952년 평화선 선언과 해양법의 발전」, 『서울국제법연구』 제13권 2호(2006), 16-17쪽 참조.

23 문철순(앞의 주 19), 110쪽.

(6) 한일 국교 정상화와 평화선

한일회담에서 평화선은 청구권 협상과 함께 가장 타결이 어려운 주제였다. 1950년대 회담 과정 내내 한국은 국내 어업 실정이 열악하고 일본 어선 남획이 빈번한 상황에서 평화선 선포는 한반도 연안 어족자원을 보호하기 위한 불가피한 조치라고 주장했다. 「샌프란시스코 대일평화조약」에 따라 일본은 한국과 어업협정을 체결할 의무가 있으나 일본이 이를 회피하므로 부득이 일방적으로 선언할 수밖에 없었다는 논리를 폈다.[24] 국제적으로 연안국이 영해 바깥 어족자원을 보호하기 위해 관할권을 행사하는 경향이 확산되고 있는 사실도 지적했다. 일본 역시 북태평양 공해에 관해서는 미국·캐나다와 협정을 체결해 어로 제한에 합의했고, 중국 및 소련과도 인접 공해에서 유사한 제한협정에 합의하고 있는데, 왜 한반도 주변에서는 동일한 조치에 비협조적이냐고 비난했다. 고전적 공해어로 자유 원칙이 국제사회에서 이미 수정되고 있다는 주장이었다. 반면 일본은 공해자유 원칙상 당사국들 합의 없이 일방적으로 배타적 어로수역을 설정하는 조치는 위법이며, 평화선을 폐지해야만 한일회담이 타결될 수 있다고 주장했다.[25]

평화선은 한일회담 과정에서 한국이 유일하게 협상의 칼자루를 쥐고 있던 지렛대였다. 한일관계가 경색되면 평화선을 침범한 일본 어

---

24 "Official Views of the Republic of Korea Government on the Regime over the High Seas", *The Ministry of Foreign Affairs, The View of the Korea Government: Selected Documents and Thesis on Peace Line*, Vol. I(발행일자 미상), pp.12-15; 대한민국 정부, 『한일회담백서』(1965), 75-76쪽.

25 평화선과 관련된 한일회담의 경과는 지철근(앞의 주 1), 235-497쪽 및 지철근(앞의 주 14), 141-540쪽에 상세. 기타 최종화,『현대한일어업관계사』(세종출판사, 2000), 45-54쪽 등 참조. 특히 제3차 회의까지 진행에 대해서는 외무부, 「한일회담약기」(1955)에 상세.

선 단속이 엄격해졌고, 원만한 관계가 필요하면 붙잡은 일본 어민을 석방했다. 특히 1950년대 말 일본이 재일교포 북송을 추진하자 이를 막기 위한 외교적 수단으로 한국 정부가 사용할 수 있는 거의 유일한 협상카드이기도 했다. 당시 한국 정부는 처음으로 평화선에 대한 양보 가능성을 내비치기도 했으나 북송은 강행되었고, 1960년대 초까지 평화선에 대한 양국의 기본 입장은 변함이 없었다. 평화선은 점차 대일외교에서 상징적 수호 대상으로 한국인에게 인식되었다.

5·16군사정변 이후 1962년 김종필·오히라 합의를 통해 청구권 문제 해결 방향이 잡히자, 이후 회담의 초점은 평화선에 집중되었다. 일본은 제2차 해양법회의 다수 의견과 같이 6해리 영해와 6해리 어업전관수역안을 한국에 제시했으나(단, 어로수역에서 10년간 일본 어선의 어로 보장), 한국은 공해어로에 대한 연안국의 특별이익을 인정하라고 요구했다. 1963년 7월 회의에서 한국이 40해리 어업전관수역안을 제시함으로써 처음으로 평화선을 축소시키는 구체안을 내놓았다. 그러나 일본은 일부 개별 어종 규제는 가능하나 12해리 이상의 어로전관수역은 인정할 수 없다고 반발했다.[26] 결국 1965년 「한일어업협정」에서 최종적으로 타결된 결과는 양국 연안 기선으로부터 12해리까지만 서로의 전관수역으로 인정하고, 그 외곽 공동규제수역에서는 양국 모두 동일한 어로규제를 받기로 합의했다.

한일회담에서 12해리 어업전관수역에 합의하게 된 데에는 해양법회의 영향이 컸다. 두 차례 해양법회의를 통해 3해리 영해는 국제사회에서 이미 지지기반을 상실했음이 확인되었고, 최소한 12해리까지 연안국의 어로권 보장이 다수 의견임도 확인되었다. 1960년대 전반 유럽

26 최종화(위의 주), 50-51쪽.

국가 간 체결된 어업협정도 대체로 12해리 어업수역을 인정했다.[27] 한일협정 이후 일본이 체결한 어업협정 역시 대체로 12해리 어업수역을 바탕으로 했다.[28] 1960년대 중후반은 국제사회에서 영해 12해리가 형성되는 일종의 중간단계였다.

「한일어업협정」 결과 평화선은 어떻게 되었는가? 평화선을 집행하기 위한 국내법인 「어업자원보호법」은 형식적으로 아직도 존속하고 있으며, 평화선을 구성하는 좌표점 역시 이 법 제1조에 유지되고 있다. 그렇다면 특별법 성격의 「한일어업협정」(현재는 신한일어업협정)으로 일본에 대해서만 적용이 배제되었을 뿐, 일반법으로서 평화선은 아직도 존재한다고 보아야 하는가?

평화선은 당초 일본 어선 배제를 목적으로 실시된 조치였다. 일본에 대한 적용이 배제되었다면 그 실질적 생명은 종언을 고했다고 해도 과언은 아니다. 1990년 이후 중국 어선이 한반도 서남해로 몰려오기 시작했을 때에도 이 법이 엄격히 적용되지는 않았다. 중국과는 현재 별도 어업협정이 체결되어 적용되고 있다. 한국은 1996년 「유엔해양법협약」 당사국이 되었고, 1996년 「배타적 경제수역법」을 제정함으로써, 평화선을 통한 어로관할수역 개념은 국내법적으로 배타적 경제수역에 의해 대체되었다. 관할어로수역 침범도 평화선에 근거한 「어업자원보호법」이 아닌 「배타적 경제수역에서의 외국인 어업 등에 관한 주권적 권리의 행사에 관한 법률」에 의해 규율되고 있다. 현재 「어업

27 1961년 영국-아이슬란드, 서독-아이슬란드, 1962년 노르웨이-소련, 1964년 영국-폴란드, 영국-노르웨이, 영국-소련 간 양자협정이나, 1964년 유럽어업협정은 모두 12해리까지 어업수역을 인정했다. 최종화(앞의 주 25), 74쪽.

28 1967년 일본-미국(3해리 영해, 9해리 어업수역), 일본-뉴질랜드(6해리 영해, 6해리 어업수역), 일본-멕시코(9해리 영해, 3해리 어업수역), 1969년 일본-오스트레일리아(3해리 영해, 9해리 어업수역) 등.

자원보호법」 제1조에 표시되어 있는 평화선은 아직도 법전 속에 형식상 존재하고 있지만 실제로는 오래전 법률로서의 기능을 상실했다.

(7) 평가

평화선은 1952년 1월 18일 대통령 선언으로 선포되었다가, 1965년 6월 「한일어업협정」이 체결되면서 실질적으로 종언을 고했다. 국제법적으로 평화선은 어떻게 평가되어야 할까?

분명 1952년 시점에서 영해 바깥에 평화선과 같이 폭넓은 어로수역 설치가 당시 한국 정부 주장과 같이 국제법상 합법이었다거나 "확정된 국제적 선례에 의거"했다고는 단언하기 어렵다. 영해 3해리설이 중대한 시련을 겪고는 있었지만, 이후 제네바 해양법 회의에서 12해리 어로수역에 반대가 만만치 않았던 사실을 감안하면 당시 평화선의 입지는 그다지 탄탄하지 못했다. 아마 1952년에 한국과 일본이 평화선의 합법성을 국제재판에 회부했다면 한국이 승소할 가능성은 없었다고 본다.

그러나 당시 연안국이 영해 바깥에 배타적 어로수역을 설치하는 조치가 중남미 국가들을 중심으로 새로운 국제 추세로 등장하고 있었다. 한국의 평화선은 바로 이런 국제사회 흐름을 이용한 권리 주장이었다. 평화선은 중남미 국가들을 중심으로 확산되던 200해리 영해 또는 어로수역 개념을 아시아 지역으로 도입시킨 기폭제였다. 평화선 이후 1956년 인도가 100해리 어로수역을 주장하면서 아시아에서는 처음으로 유사한 주장이 나오게 되었다. 일본 측이 불법이며 입법론으로조차 일고의 가치도 없다고 비난하던 영해 너머 어로수역 개념은, 결국 1970년대 이후 국제사회에서 200해리 배타적 경제수역으로 일반화되었고, 1982년 「유엔해양법협약」에도 수용되었다. 평화선은 1965

년 「한일어업협정」 체결이라는 정치적 결정에 의해 역사의 뒤안길로 사라졌지만, 그것이 내포하던 개념은 결국 국제사회에서 수용되었다.

결론적으로 평화선은 발표 당시 각국의 비판도 적지 않게 받았지만, 이후 국제사회에서 해양법의 발전 방향과 일치했다. 평화선 수호를 위해 한국은 제1차 및 제2차 해양법회의에서 영해 바깥 인접수역에서 연안국의 이익 보호 조치가 수용되도록 의미 있는 외교활동을 벌였으며, 이는 일정 부분 성공했다. 당시 한국 주장은 대체로 국제사회의 다수 의사와 일치했고, 평화선 반대에 입각한 일본 입장은 소수 의견인 경우가 대부분이었다. 한국 외교의 목표는 국제사회의 미래 방향과 일치했지만, 일본 외교는 지나간 관행만 고수하려 했기 때문이었다.

한국 외교는 평화선을 옹호하는 과정에서 영해 바깥 인접 수역에서 연안국 이익 보호라는 국제법 발전에 기여했고, 이러한 행위는 후일 국제사회에서 배타적 경제수역제도가 수립되는 데 일조했다. 평화선 선언은 국제법 발전 방향을 정확히 간파해 외교와 정치에 활용한 훌륭한 사례였다. 이를 통해 한반도 주변 어장에서 일본 어선의 남획을 막고 국내 어업을 그나마 보호할 수 있었다.

뒤늦게 평화선의 존재를 알게 된 오스트레일리아 해양법 전문가 케이S. Kaye 교수는 20세기 후반 해양법 발전에서 평화선은 여러 가지로 중요했으며, 특히 배타적 경제수역 형성에 관한 국제관행에서 중요한 이정표였다고 평가했다. 그는 서구 학자들이 평화선의 의미를 제대로 평가하지 못한 사실은 불행하기도 하고 유감스러운 일이었으며, 심지어 부끄러운 일이라고 고백했다.[29]

---

29 S. Kaye, 「The Relevance of the Syngman Rhee Line in the Development of the Law of the Sea」, 『서울국제법연구』 제18권 2호(2011), 233-235쪽. 케이 교수는 이 논문을 서울국제법연구원이 2011년 11월 25일 주최한 평화선 선언 60주년 국제세미

그렇다면 1965년 한국이 「한일어업협정」 체결을 통해 평화선을 포기한 결과는 국제사회의 흐름을 간과한 실수였는가? 「한일어업협정」 체결은 한일 국교 정상화라는 보다 큰 틀의 외교 속에서 이루어졌기 때문에 그것 하나만 따로 떼어 잘잘못을 가리기는 어렵다. 평화선 양보를 통해 얻어낸 다른 성과를 종합적으로 평가해야 하기 때문이다.

한일 국교 정상화 당시 한국 어선은 9할 이상이 무동력선이었다. 「한일어업협정」 체결 이전에는 평화선 주장에 대한 보복으로 일본은 한국에 중고 어선조차 판매하지 않았다. 1960년대 중반까지 한국은 국제사회에서 차관을 빌릴 수 없을 정도로 신용도가 낮았다. 저개발국에 제공하는 세계은행 융자도 1968년 처음으로 도입할 수 있을 정도였다. 한국은 한일 국교 정상화를 통해 도입한 자금을 바탕으로 원양어업을 진흥시킬 수 있었다. 한국이 북태평양 수역으로 본격적인 원양어업을 나갈 수 있었던 것은 국교 정상화를 통해 확보한 청구권 자금을 어업에 투자했기 때문이었다. 이를 계기로 한국 수산업은 급속히 발전했고, 원양어업 성장을 바탕으로 1970년대 말 한국은 세계 5위권 어업국으로까지 성장할 수 있었다. 결국 1970년대 중반 이후 한국은 연안국의 통제권을 확대하자는 주장에 반대하고 오히려 공해어로 자유를 옹호하는 입장으로 뒤바뀌게 되었다. 이에 한국은 평화선 개념의 현대판이라고 할 수 있는 배타적 경제수역도 국제사회 일반적 추세보다 훨씬 늦은 1996년에야 선포했다. 이는 시대와 환경이 바뀜에 따라 국가의 외교정책도 변할 수밖에 없음을 보여 주는 좋은 예이다. 외교정책 수립과 집행에서 또 다른 중요한 점은 이를 추구하는 '시점'임을 깨닫게 된다.

나에서 발표했는데, 부끄러운 일(shame)이라는 표현은 세미나 장에서 한 말이다.

또한 평화선을 팔아먹은 굴욕외교라고 비판받던 1965년 「한일어업협정」은 불과 10여 년이 지나서부터 한국에 색다른 유리한 입장을 제공했다. 「한일어업협정」은 양국 연안 기선 12해리까지를 전관수역으로 인정하고, 한국 쪽 전관수역 외곽에는 공동규제수역을 설정했다. 이 수역에서는 한국과 일본에 공히 연 15만 톤이라는 어획 상한선이 설정되고, 위반 선박은 기국주의에 따라 단속하기로 합의했다. 그런데 공동규제수역은 한국 주변 수역에만 설정되었고 일본 전관수역 외곽에는 설정되지 않았다. 「한일어업협정」은 평화선에 대한 대체물로 생각되었기 때문에 과거 평화선 구역에서의 어로에 관해서만 규정했기 때문이다. 1965년 실정상 한국 어선이 일본 측 연안 외곽까지 출어한다는 일은 상상하지도 못했기 때문에 일본으로서는 이곳에서 자국 어업에 대한 규제를 설정할 이유가 없었다.

한일 국교 정상화를 계기로 한국의 원양어업이 발전하게 되자 1970년대 말부터 상황이 바뀌었다. 일본은 1977년 200해리 어업보전수역을 선언했으나, 「한일어업협정」 때문에 이를 한국 측에는 적용하지 않았다. 1977년 소련과 미국이 200해리 어로수역을 선언하자 북태평양에 진출했던 한국 원양어선단은 하루아침에 조업 장소를 상실했다. 이에 이들 어선은 일본 홋카이도 수역 등으로 대량 출어하게 되었다. 「한일어업협정」상 일본 연안 12해리 외곽에서 한국 어선은 자유로이 어로를 할 수 있었기 때문이었다. 홋카이도 부근으로 한국 어선이 대량 출어하자 일본 어민들이 격렬하게 반발했다. 일본 어민들은 여러 가지 조업자제 규칙을 설정하고 있었는데, 한국 어선들은 이에 구속되지 않았기 때문이었다. 1979년에는 이에 분노한 일본 어민들이 한국 어선을 습격한 무로랑 사건까지 발생했다.

이후에도 「한일어업협정」으로 한국 연안에서는 일본 어선의 조업이 제한되나, 한국 어선은 일본 연안 인근에서 제한 없이 조업하는 상황이 계속되었다. 점차 일본은 「한일어업협정」이 일본에 일방적으로 불리하다고 느끼게 되었다. 일본은 1965년 어업협정이 200해리 배타적 경제수역 시대에 맞지 않는다고 주장하며 개정을 요구하기 시작했다. 반면 한국으로서는 가급적 「한일어업협정」 체제를 유지하기 원하며, 일본 측 개정 요구를 피하려 했다. 1998년 1월 일본이 「한일어업협정」을 일방적으로 폐기하게 된 배경에는 이러한 누적된 불만이 쌓여 있었다. 평화선을 팔아먹은 굴욕 협정이라고 비판받던 1965년 「한일어업협정」이 불과 10여 년이 지난 다음에는 오히려 일본이 자국에 일방적으로 불리한 협정이라는 불만을 갖게 된 결과를 보면 한국의 입장에서 볼 때 1965년 어업협정이 잘못된 협상이 아니었다고 평가할 수 있다.

2
반공포로 석방

(1) 이승만-세계를 경악시키다

이승만 대통령은 1953년 6월 18일 새벽 유엔군 사령부 산하 포로수용소에 수용되어 있던 3만 명 이상의 반공포로를 아무 조건 없이 전격 석방해 세계를 놀라게 했다. 포로 석방에 맞서 저항하는 미군 지휘관을 한국군이 힘으로 제압하고 단행한 조치였다. 이승만 대통령은 같은 날 발표한 성명에서 유엔사가 공산 측과 협의한 휴전 조건이 "필경은 우리 원수에게 만족을 주고 우리 민족에게 오해를 주는 험상을 일으킬 염려가 있게 되었다. 그러므로 이 험상한 결과를 피하기 위해서 내가 책임을 지고 반공한인反共韓人 포로를 오늘 6월 18일로 석방하라고 명령했다."라고 발표했다.[30]

전쟁 도중 적군 포로 수만 명을 자국 내로 무조건 석방한 사건은 세

---

* 이 주제에 관해 좀 더 상세한 내용은 정인섭, 「한국전쟁이 국제법 발전에 미친 영향-포로송환문제를 중심으로」, (서울대학교) 『법학』 제41권 제2호(2000), 217-236쪽 참조. 본 항목은 이 논문 내용을 바탕으로 재구성 및 보완을 했다.

30 「동아일보」, 1953. 6. 19., 1면.

계 전쟁사에서 찾기 힘든 사례이다. 아이젠하워Eisenhower 미국 대통령은 즉각 이승만 대통령의 행동이 유엔군 사령부 권위에 대한 심각한 범죄라고 반발했다.[31] 영국에서는 각료회의가 소집되어 파장을 논의했다. 한국전 참전국들은 반공포로 석방이 임박한 휴전협정 타결에 악영향을 줄까 우려했다.

이승만 대통령은 왜 그러한 결정을 했을까? 외국 지원에 국가의 명줄이 달려 있었다고 해도 과언이 아닌 6·25전쟁 도중 이승만은 도대체 무슨 배짱으로 동맹국에 경악과 분노를 안기는 조치를 감행했을까? 국제법 측면에서 반공포로 석방은 송환을 거부하는 포로를 무조건 출신국으로 돌려보내야 하는가라는 질문을 국제사회가 다시 한번 숙고하게 만들었다. 반공포로 석방은 포로 송환에 관한 기존 국제인도법 원칙에 대한 한국의 도전이었다.

(2) 제네바협약 포로 송환 조항

국제사회에서 포로에 관한 가장 기본적인 조약은 제네바협약이다. 「포로의 대우에 관한 1949년 8월 12일자 제네바협약」 제118조는 "포로는 적극적인 적대행위가 종료한 후 지체 없이 석방하고 송환하여야 한다."라고 규정하고 있다. 이는 평화조약 발효를 통한 전쟁의 법적 종료 이전이라도 적대행위가 실질적으로 종료하면 포로를 바로 본국으로 송환하라는 취지이다. 이 조항이 만들어진 배경은 다음과 같다.

국제적십자위원회 후원으로 성립된 1929년 「포로 대우에 관한 제네바협약」은 포로만을 주제로 한 최초의 조약이다.[32] 이 협약 제75조는

---

31 「동아일보」, 1953. 6. 20., 1면.

32 Convention relative to the Treatment of Prisoners of War(1929).

평화조약 이후 포로는 가급적 신속히 송환되어야 한다고 전제하고, 휴전협정을 체결할 때 원칙적으로 포로 송환에 관한 조항을 삽입하라고 규정했다. 그러나 1929년 협약도 제2차 세계대전 대처방안으로는 무력했다. 제2차 세계대전은 휴전 합의 없이 무조건 항복을 통해 적대행위가 종료되었기 때문이었다. 제2차 세계대전 후 유럽 전승국들은 노동력으로 활용하기 위해 포로를 장기간 억류한 사례가 많았다. 1950년까지도 약 150만 명의 독일군 포로와 약 35만 명의 일본군 포로가 소련에 억류되어 있었다.[33] 미국은 1946년 7월, 영국은 1948년 7월이 되어서야 독일군 포로를 모두 송환했다.[34] 국제적십자위원회는 포로를 포함한 전쟁 희생자 보호를 위해 새로운 조약이 필요하다고 판단했다.

새로운 협약 준비를 위한 정부 전문가 회의가 1947년 4월 제네바에서 소집되었다. 참석자들은 적대행위만 종료되면 포로는 평화조약 체결 이전이라도 즉각 송환되어야 한다는 데 의견을 같이했다. 한편 제2차 세계대전이 끝난 후 특히 소련 출신 포로들이 본인 의사에 반해 본국으로 송환되게 되자 자살을 기도한 사례가 다수 보고된 바 있었다. 이 같은 경험 때문에 국제적십자위원회는 각국 대표에게 본국 귀환을 원치 않는 포로 문제에 관해 주의를 환기시켰으나, 이에 대한 실질적인 토의는 이루어지지 않았다. 회의 참석자들은 포로 전원송환 원칙을 중요시해 협약 속에 이 내용을 약화시킬 수 있는 예외를 포함시키지 않으려 했다. 포로에게 선택권을 준다면 억류국으로부터 과도한 압력이 행사되리라고 걱정했고, 억류 상태인 포로가 자유로운 의사표

33 C. Delessert, *Release and Repatriation of Prisoners of War at the End of Active Hostilities*(Schulthess Polygraphischer Verlag, 1977), p.171.

34 H. Levie, *Prisoners of War in International Armed Conflict*(59 U.S. Naval War College of International Studies, 1978), p.418.

시를 할 수 있을지도 의심스러웠다. 예외가 설정되면 이를 핑계로 억류국이 포로 송환을 거부할지 모른다고 우려했다. 또한 포로에게 송환 거부권을 인정하면 1차적으로 억류국이 그들을 수용해야 하는 결과도 각국에는 부담스러웠다. 따라서 송환 거부자 문제는 협정에 포함시키지 않는 편이 바람직하다고 생각했다.[35]

이러한 분위기는 1949년 제네바협약 채택 회의에서도 지속되었다. 제2차 세계대전이 종료되고 4년이나 지난 당시까지도 상당수 포로가 갖가지 명목으로 억류되어 본국으로 귀환하지 못하고 있다는 사실이 회의 분위기를 지배했다. 많은 회의 참가자가 포로의 강제 억류를 방지하고 빠른 송환을 확보함을 중요한 목표의 하나로 삼았다. 이에 각국 대표들은 적대행위 종료 후 포로의 즉각 본국 송환을 지지했다. 이 같은 사고의 배후에는 포로는 당연히 신속한 본국 귀환을 원하리라는 전제가 자리 잡고 있었다. 송환을 원치 않는 포로가 있다고 해도 그 숫자는 매우 적을 것이므로 이러한 소수로 인해 다수의 이익이 위협받을 수 없다고 생각했다.[36]

회의에서 오스트리아는 협약 제118조 다음에 송환을 원치 않는 포로를 본국으로 강제 송환시키지 말자는 조항을 추가하자고 제안했다. 현대전은 본국의 급격한 정치·경제적 변화를 야기해 포로가 본국 귀환을 원하지 않는 경우가 많다는 점을 이유로 들었다. 그러나 이 수정안에는 미국과 소련을 비롯한 주요 국가들이 반대했고, 결국 큰 표차

---

35 ICRC Commentary(2020) on the Third Geneva Convention: Convention (III) relative to the Treatment of Prisoners of War(Cambridge UP, 2021), para.4440 (https://ihl-databases.icrc.org/ihl/full/GCIII-commentary); C. Delessert(*supra* note 34), pp.168-169; J. Gutteridge, The Repatriation of Prisoners of War, *ICLQ*, Vol. 2(1953), p.211.

36 C. Delessert(*supra* note 33), p.172.

로 부결되었다.[37] 특히 소련은 포로에게 선택권을 주면 발트 국가나 서부 우크라이나 등 적지 않은 비러시아 출신 포로들이 귀환을 거부할지 모른다고 우려했다.[38]

이러한 배경 속에 성립된 제네바협약 제118조는 적극적 적대행위가 종료되면 지체 없이 포로를 석방·송환해야 하며, 아울러 휴전협정에 포로 송환에 관한 규정이 없는 경우 적대행위 종료 후 즉각 송환 원칙을 실행하기 위해 억류국이 송환 계획을 작성, 실천해야 한다고 규정했다.

결국 제118조는 송환을 희망할 다수의 포로를 보다 확실히 보호하기 위해 이에 반대하는 소수에 대한 배려를 외면한 조항이다. 포로가 본국으로 송환된 후 받게 될 처우는 당사자와 본국 간 국내법 문제로만 간주했고, 제네바협약은 이에까지 관여하지 않으려 했다. 즉 제네바협약 기초자들은 일단 포로의 전원송환을 원칙으로 생각했다.[39]

(3) 6·25전쟁 포로 상황

6·25전쟁 초기 압도적 군사력을 바탕으로 승승장구한 북한군은 많은 수의 한국군 포로를 생포했다고 자랑했다. 인천상륙작전 이후 전세가 역전되자 이번에는 대량의 공산군 포로가 발생했다. 1951년 7월 10일부터 시작된 휴전회담 과정에서 가장 합의를 보기 어려운 난제가 포로 문제였다. 북한군과 중공군 포로 중 상당수가 반공反共 성향으로 본국 귀환을 원치 않았기 때문이었다.

37 ICRC Commentary(2020)(*supra* note 35), para.4440.

38 J. Charmatz & H. Wit, Repatriation of Prisoners of War and the 1949 Geneva Convention, *Yale Law Journal*, Vol. 72(1953), pp.404–405.

39 C. Delessert(*supra* note 33), p.171.

6·25전쟁이 1년여를 넘기자 전선은 차츰 교착상태에 머물렀다. 1951년 7월 10일 개성에서 휴전협상이 시작되었다. 그해 12월 유엔군 사령부와 공산 측은 처음으로 포로 명단을 교환했다. 유엔사가 132,474명의 명단을 전달한 반면[40] 공산 측은 불과 11,559명의 명단만을 제시했다. 이는 개전 초기 북한군이 자랑하던 포로 숫자와 거리가 너무 멀었다. 유엔사가 파악하고 있는 미군 실종자 11,500명과 한국군 실종자 88,000명의 10분의 1을 약간 넘는 수치에 불과했다.[41]

유엔사는 1952년 1월 2일 포로 교환 방식으로 자원송환 원칙에 입각한 1:1 교환을 제의했다. 유엔사는 구체적으로 송환을 원하는 포로는 1:1 비율로 교환하고, 송환을 원하는 나머지 공산 포로들은 공산 지역 내 민간인과 교환하자고 제안했다.[42] 유엔군보다 훨씬 적은 포로만을 확보하고 있다던 공산 측은 이 제안에 크게 반발하며 포로의 무조건 전원송환을 주장했다. 그때까지만 해도 유엔사는 과연 어느 정도의 공산 포로가 복귀를 거부할지 정확히 알지 못했다.

유엔사는 1952년 6월 포로들의 귀환 희망 여부를 조사했다. 당시 유엔사가 수용하고 있던 약 17만 명의 공산 측 포로 중 무려 86,867명이 송환을 거부했다. 포로의 과반수가 본국 송환을 거부한 결과에는 유엔사도 놀랄 정도였다. 이는 유엔사를 고민에 빠뜨렸다.

포로의 자유의사를 존중하자는 측에서는 동서 이념대결 전쟁에서 반

---

40 이 수치에 포로수용소 억류자 중 36,000여 명의 남한 민간인 출신자는 포함되지 않았다. J. Schnabel & R. Watson, *The History of the Joint Chiefs of Staff*, Vol. Ⅲ(Korean War), Part Ⅱ(1979); 채한국 역, 『미국합동참모본부사 제3집 한국전쟁(하)』(국방부전사편찬위원회, 1991), 130쪽. [이 책은 이하 미국합동참모본부사(앞의 주 40)로 약칭].

41 미국합동참모본부사(앞의 주 40), 129-131쪽.

42 미국합동참모본부사(앞의 주 40), 131-132쪽.

공산 포로 송환 희망 여부 조사 결과(1952. 6.) (단위: 명)

출신	송환 희망자	송환 불원자	계
북한군	62,169	34,373	96,542
중공군	6,388	14,412	20,800
남한(군인)	4,560	11,744	16,304
남한(민간인)	9,954	26,338	36,292
계	83,071	86,867	169,938

출처: 채한국 역, 『미국합동참모본부사 제3집 한국전쟁(하)』(국방부전사편찬위원회, 1991), 278쪽.

공포로를 공산 측에 넘겨줄 수 없다고 생각했다. 스스로 항복한 자에게는 안전이 제공되어야 한다는 취지에서 자유송환이 인도주의원칙에 부합하며 자유송환 원칙 적용은 국제법의 바람직한 혁신이 된다고 보았다. 이에 반대하는 측에서는 희망자만 송환함은 제네바협약 위반이며, 이는 유엔군 포로 복귀에 장애가 되리라고 우려했다. 제네바협약의 엄격한 준수가 미국의 국익에 보다 도움이 된다고 주장했다.[43]

당시 유엔사에 잡혀 있던 포로는 출신이 복잡했다. 그중 52,600명 정도는 남한 출신으로 북한군에 징집되거나 민간인 자격으로 동원된 사람들이었다. 1952년 10월 유엔사는 남한 출신으로 북한 송환을 원치 않는 약 38,000명을 민간인으로 분류해 일방적으로 석방했다. 북한이 남한 주민을 징집하거나 전쟁 역무에 동원한 사실 자체가 전시 국제법 위반이었다. 진짜 문제는 북한으로 송환을 원치 않는 34,400여 명의 북한군 출신자와 중국으로 귀환을 거부하는 14,400여 명의 중공군 포로였다.

유엔사가 포로의 자유송환 방침을 제의하자, 공산 측은 격렬히 반발

43 미국합동참모본부사(앞의 주 40), 113-115쪽.

해서 1952년 내내 포로협상은 아무런 진전이 없었다. 휴전협상이 포로 문제로 난항을 거듭하자 1952년 12월 3일 유엔 총회는 모든 포로의 석방·송환은 제네바협약에 따라 실시되어야 함을 전제로 하나, 포로 송환 과정에서는 본인 의사에 반하는 강제력이 사용되지 말아야 한다는 결의를 채택했다[결의 제610호(Ⅶ)]. 이는 유엔사의 입장을 강화시켜 주었다.

(4) 포로 송환 협상

유례없는 규모의 포로가 본국 귀환을 거부했다는 사실은 6·25전쟁이 심각한 이념 충돌의 전쟁이었음을 상징한다. 그런 점에서 포로의 전원송환과 자유송환 간 대립은 본질적으로 정치 문제였다. 그러나 휴전협상에서 포로 송환에 관한 충돌은 국제조약 해석 문제로 제기되었고, 법적 공방 형태로 전개되었다. 송환협상에서 유엔사 측과 공산 측이 각기 제시한 주요 논거는 다음과 같았다.

공산 측은 제네바협약 제118조 규정과 같이 적대행위가 종료되면 포로는 즉각 전원송환 되어야 한다고 주장하며, 이유를 다음과 같이 설명했다.[44]

협약 제118조는 적대행위 종료 후 포로는 지체 없이 석방·송환되어야 한다는 점과 이의 이행이 억류국의 의무라는 점을 명확히 표현하고 있으므로shall be released and repatriated, 포로는 무조건 전원송환 되어야

44 포로 송환에 관한 공산 측 입장은 주로 1952년 11월 10일 및 24일 자 유엔 총회 제1위원회에서 소련 대표 Vyshinsky의 발언을 정리한 내용이다. UN Doc. A/C.1/SR.521(1952. 11. 10.), p.85 이하 및 A/C.1/SR.529(1952. 11. 24.), p.135 이하. ICRC Commentary on the Geneva Conventions of 12 August 1949, Vol. III(ICRC, 1960), pp.543-544 참조.

한다. 특히 1949년 제네바 회의에서 본국 송환을 원하지 않는 포로를 위한 예외 조항을 설치하자는 오스트리아의 제안이 부결되었다는 사실은 제118조가 포로의 전원송환을 의미함을 보여 주는 증거이다. 포로가 귀환을 원하지 않는 경우 억류국이 송환을 유보하거나 지체시킬 수 있는 근거 조항이 협약에는 마련되어 있지 않은 반면, 협약 제6조는 제118조상 권리를 침해하는 당사국 간 별도 협정 체결도 금지하고 있다. 따라서 제118조가 규정하고 있는 포로의 본국 귀환은 어떤 경우에도 포기되거나 침해될 수 없다. 군인은 본국에 충성 의무를 지는 국가기관이므로 일반인과 달리 외국에 비호를 청구할 수 없다. 과거에도 전쟁 종료 후 포로는 전체로서 송환됨이 통례였다는 점 등을 들었다.

한편 유엔사는 초기에는 자원송환voluntary repatriation을 주장했으나, 뒤에는 비강제송환non forced repatriation으로 표현을 바꾸었다. 유엔사는 주로 제네바협약의 일반정신과 인도주의원칙을 강조했다. 원하지 않는 포로를 강제로 송환시킨다면 협약이 달성하고자 하는 인도주의 정신에 위배된다고 주장했다.[45] 또한 「베르사유조약」 포함 제1차 세계대전 후 유럽에서 체결된 26개의 전후 처리 조약에서 포로의 귀환 거부가 인정되었으며, 그중 17개는 소련도 당사국이었음을 지적했다.[46]

송환협상에서 공산 측은 협약 조문의 구체적 해석론을 전개한 데 반해, 유엔사는 협약의 정신과 원칙을 주로 강조했다. 그런 점에서 협약 해석 공방에 관한 한 유엔사가 수세적 입장에 처한 것이 사실이었다.[47]

협상이 타결 기미를 보이지 않자 국제적십자위원회는 상호 신뢰 구

---

45 J. Mayda, "The Korean Repatriation Problem and International Law", *AJIL*, Vol. 47(1953), p.427.

46 J. Charmatz & H. Wit(*supra* note 38), p.408; J. Mayda(*ibid.*), p.434 등 참조.

47 J. Mayda(*supra* note 45), pp.418-419.

축을 위해 부상을 입거나 질병에 걸린 포로를 우선 송환하라고 촉구했다. 유엔사가 이에 동의하자 공산 측도 수락했다. 1953년 4월 20일부터 5월 3일 사이 유엔군은 6,224명(북한 출신 5,194명, 중국 출신 1,030명)의 상병포로와 446명의 민간인을 공산 측으로 송환했고, 공산 측은 684명의 상병포로를 넘겨주었다.[48]

상병포로 우선 송환 방침이 합의된 직후인 1953년 3월 30일 중국 저우언라이周恩來는 복귀를 희망하는 포로를 우선 송환하고 나머지는 중립국으로 인도해 신병을 처리하자는 제안을 내놓았다. 이는 1952년 12월 3일 자 유엔 총회 결의와 거의 같은 내용이었다. 드디어 포로협상에 물꼬가 트이기 시작했다.

변화된 환경을 배경으로 1953년 4월 26일 휴전협상이 6개월 만에 재개되었다. 포로협상은 저우언라이 제안을 바탕으로 진행되었다. 한국의 반대에도 불구하고 휴전협상은 빠르게 진척되어 마침내 1953년 6월 8일 포로교환에 관한 합의가 이루어졌다. 요지는 다음과 같았다.

① 복귀를 희망하는 모든 포로는 60일 내 송환시킨다. ② 그 기간 중 송환을 선택하지 않은 포로는 스웨덴, 스위스, 폴란드, 체코슬로바키아, 인도로 구성되는 중립국 송환위원회로 인계한다. ③ 그 후 90일간 포로의 소속국 대표는 중립국 송환위원회 관리하에 포로에게 복귀 이후 처우에 관해 설명한다. ④ 90일이 지나도록 복귀를 희망하지 않는 포로는 휴전협정 초안 제60조에 규정된 정치회담으로 넘겨 30일 이내에 이를 해결한다. ⑤ 그 이후에도 여전히 송환을 거부하는 포로는 민간인 신분으로 된다. ⑥ 만약 그들이 중립국을 송환선으로 선택하면 중립국 송환위원회는 이에 협조한다.

---

48 미국합동참모본부사(앞의 주 40), 362쪽.

(5) 반공포로 석방 단행

한국 정부는 휴전 자체에도 반대했지만 포로 처리 과정에서 혹시 반공포로가 본인 의사와 달리 공산 측으로 인도되는 일이 있을까 우려했다. 그 배경에는 6·25전쟁 포로수용소의 특수한 상황이 있었다.

6·25전쟁에서 대규모 공산 포로가 발생하자, 공산군 측은 고위 간부를 일종의 위장포로로 침투시켜 수용소 내 친공포로를 지휘했다. 최대 규모였던 거제도 포로수용소의 경우 일부 막사동은 친공포로에 의해 완전 장악되어 유엔군 조사단이 진입을 못할 정도였다. 수용소 내에서는 친공포로와 반공포로의 충돌이 빈번했고 피살자도 속출했다. 친공포로는 수시로 소요사태를 일으켰다. 1952년 5월 7일 거제도 포로수용소장인 미국군 도드Dodd 준장이 제76동 수용소 입구에서 포로 대표와 면담 중 친공포로들에게 납치되는 사건까지 발생했다. 포로수용소장이 포로에 의해 인질이 된 기상천외한 사건이었다. 도드 준장은 친공포로들의 요구사항 몇 가지를 들어주기로 하고 5월 10일 풀려났다. 수용소 상황이 이러했기 때문에 한국 정부는 반공포로의 자유의사가 제대로 보장될지 걱정했다.

포로교환협정이 서명된 바로 1953년 6월 8일 이승만 대통령은 원용덕 헌병총사령관을 불러 반공포로 석방명령서를 직접 주면서 이를 극비리에 수행하라고 지시했다. 당시 포로수용소는 미군 병참관구 사령부 소관으로 미군이 관할하고 외곽경비만 한국군이 담당했다. 한국군에 대한 작전지휘권도 유엔군 사령관이 행사했으므로 합법적 명령 계통으로는 석방작전이 불가능했다. 원용덕 사령관은 약 열흘간 준비 끝에 헌병계통을 통한 작전계획을 수립하고, 비밀누설을 우려해 각 포로수용소에 근무하는 한국군 책임자에게 인편으로 명령을 전달했다.

약속된 6월 18일 새벽 포로수용소에 근무하는 한국군 헌병대는 반공포로 석방을 단행했다. 한국군은 수용소 내 미군 지휘관들을 완력으로 제압하고 수용소 철조망을 절단해 포로들을 탈출시켰다. 당시 대부분의 수용소가 반공포로와 친공포로 간 충돌을 막기 위해 양측을 분리 수용하고 있었기 때문에 반공포로만 석방할 수 있었다. 그날 오후까지 25,000명이 넘는 반공포로가 수용소를 탈출했고, 혼란 통에 20일까지 부분적인 탈출이 계속되었다. 반공포로들은 빈손으로 무작정 수용소를 뛰쳐나와 민간인 속에 숨었다. 한국 정부는 별다른 후속 대책 없이 이들에게 각자 알아서 도망가라고 했다. 당시 한국인 사이에는 휴전 반대 여론과 반공포로에 대한 동정심이 강했기 때문에 주민들은 낯도 모르는 반공포로를 자기 집에 숨겨 주었다. 미군은 도망간 포로를 체포하려고 노력했지만, 탈출 현장 부근에서 체포된 일부를

반공포로 수용 및 석방 상황(1953. 7. 2. 기준) (단위: 명)

포로수용소	반공포로 총원	석방된 포로	사망	잔류 수용 인원			
				부상	체포	미탈출	계
부산지구 거제리 제2수용소	3,065	392	1		116	2,556	2,672
부산지구 가야리 제9수용소	4,027	3,930				97	97
광주 제5수용소	10,610	10,432	5	8		165	173
논산 제6수용소	11,038	8,024	2	2	336	2,674	3,012
마산 제7수용소	3,825	2,936	3	11	144	731	886
영천 제3수용소	1,171	904	1		116	150	266
부평 제10수용소	1,486	538	42	60	39	807	906
대구 제4수용소	476	232	2		180	62	242
계	35,698	27,388	56	81	931	7,242	8,254

출처: 육본, 「6·25 사변 후방전사」(인사편)(1956), p.137.[49]

49 원본 자료 숫자 일부에 오타로 판단되는 부정합이 발견되어 수정했음.

제외하고는 포로를 거의 발견할 수 없었다. 최종 집계로는 27,388명의 반공포로가 탈출했다.[50]

한국 정부의 독단적인 반공포로 석방은 세계를 놀라게 했고 공산 측은 물론 미국의 분노를 샀으나, 그렇다고 휴전협정 체결을 막지는 못했다. 마침내 1953년 7월 27일 3년 이상을 끈 6·25전쟁의 휴전이 성립되었다.

(6) 포로 송환의 진행

휴전 성립에 따른 포로 송환은 1953년 8월 5일부터 9월 6일 사이에 진행되었다. 이 기간 중 유엔사는 북한행을 원하는 70,183명과 중국행을 원하는 5,640명 등 총 75,823명의 포로를 공산 측에 인계했다. 반면 공산 측은 한국군 7,862명, 미군 3,597명 등을 포함한 총 12,773명의 포로를 송환했다.

그 결과 유엔사 측에는 22,604명의 송환 거부자가 잔류했고, 공산 측에는 359명의 송환 거부자가 남았다고 보고되었다. 이들의 신병은 9월 23일과 24일 양일간 비무장지대 내 설치된 중립국 송환위원회로 인계되었다.

1953년 10월 15일부터 중립국 송환위원회 관리 아래 송환 거부자에 대한 본국 측 설명회가 진행되었다. 그러나 대부분의 송환 거부 포로들은 정치적으로 조직화되어 공산 측 복귀 설명회에 협조하지 않았다. 포로들의 비협조로 설명 절차는 매우 느리게 진행되었다. 90일 설명 기간이 만료되는 12월 23일까지 공산 측은 귀환 거부 포로의 7분

50 반공포로 석방 과정에 대한 상세는 김행복, 『한국전쟁의 포로』(국방군사연구소, 1996), 192-232쪽.

의 1에도 못 미치는 3,190명만을 면담할 수 있었다. 그중 137명이 마음을 바꾸어 공산 측으로 귀환하기로 결정했다. 포로송환협정에 따르면, 90일 설명 기간이 지나면 포로 처리는 추가로 30일간 예정된 정치회담에 회부되도록 예정되었다. 그러나 정치회담은 시작도 하지 못하고 있었다. 이 30일도 그냥 지나자 중립국 송환위원회는 결단을 내려야 했다. 원래 송환협정에 따르면 120일의 기간이 지나도록 송환을 거부하는 포로들은 민간인 신분임이 선언될 예정이었다. 그러나 전제가 되는 본국 측 설명회가 제대로 진행되지 못했기 때문에 중립국 송환위원회는 이러지도 저러지도 못할 난처한 입장에 처했다. 중립국 송환위원회 의장국인 인도는 새로운 추가 합의가 성립되지 않는다면 포로를 원래의 억류국으로 돌려보낼 수밖에 없다고 판단했다. 결국 남은 포로들은 원래의 억류국으로 다시 인도되었고, 중립국 송환위원회는 1954년 2월 1일 해산했다.

유엔사 측으로 다시 인도된 포로들은 1954년 1월 23일 민간인 신분으로 선언되어 석방되었다. 한국인은 한국 정부에 인계되었고, 중국 출신자의 대부분은 타이완으로 송환되었다. 특기할 사항은 공산 포로 86명과 남한 출신 포로 2명은 어느 쪽으로의 송환도 거부하고 중립국인 인도행을 선택했다는 점이었다. 88명의 중립국 선택자는 1954년 2월 인도 마드라스로 이송되었다. 이들 중 60명 이상이 미국행을 원했으나, 인도 정부는 미국이 6·25전쟁에서 중립국이 아니므로 최종 정착지가 될 수 없다고 설명했다. 나중에 69명은 남미로 갔고, 5명은 인도에 정착, 8명은 다시 북한과 중국으로 돌아갔다.[51]

최종적으로 공산 측에 억류되었던 한국군 포로는 8,321명만이 귀환

51 S. Bailey, *How Wars End*, Vol. 1(Clarendon Press, 1982), p.314.

6 · 25전쟁 포로 처리 결과[52] (단위: 명)

국적	상병 포로 교환	포로 송환	계
계	6,670	75,823	82,493
북한	5,640	70,183	75,823
중국	1,030	5,640	6,670
계	684	12,773	13,457
미국	149	3,597	3,746
한국	471	7,862	8,333
영국	32	945	977
튀르키예	15	229	244
필리핀	1	40	41
캐나다	2	30	32
콜롬비아	6	22	28
오스트레일리아	5	21	26
프랑스	-	12	12
남아프리카공화국	1	8	9
그리스	1	2	3
네덜란드	1	2	3
벨기에	-	1	1
뉴질랜드	-	1	1
일본	-	1	1

출처: 채한국 역, 『미국합동참모본부사 제3집 한국전쟁(하)』(국방부전사편찬위원회, 1991), 496-497쪽.[53]

했다. 이는 북한군 포로 송환 75,823명의 11%에 불과했다. 나중에 알려진 바로 북한은 적어도 5만 명 이상의 한국군 포로를 송환하지 않고 비밀리 억류해 오지에 수용하며 노동력 착취의 대상으로 삼았다. 이들

52 자료 중 한국과 튀르키예 포로 합계 숫자에서 부정합이 발견되어 필자가 수정했음.
53 위 출처 447쪽 주 133은 자료에 따라 이 수치에 약간의 차이가 있음을 인정하고 있음.

중 일부는 21세기까지도 자력으로 북한을 탈출해 한국으로 귀환했다.

(7) 6·25전쟁 포로 처리방식의 의의

6·25전쟁 발발 당시 1949년 제네바협약은 아직 발효조차 되지 않았고, 전쟁의 주요 참가국 중 1953년 휴전이 성립되기 전에 이를 비준한 국가도 없었다.[54] 그렇다면 제네바협약, 특히 제118조 내용이 6·25전쟁에 적용되었다고 보아야 하느냐는 문제부터 제기된다.

6·25전쟁이 발발하자 남북한, 미국, 영국, 중국 등 주요 참전국들은 한결같이 제네바협약의 원칙과 정신을 준수하겠다는 의사를 표명했다. 전쟁 과정에서 제네바협약 당사국이 아니라는 이유로 협약 적용을 공개적으로 거부한 국가는 없었다. 그러나 6·25전쟁 참전국들이 1949년 제네바협약 당사국은 아니었으므로 전쟁에 제네바협약이 '조약'으로서 적용되었다고는 볼 수 없다. 관계국들도 협약의 전 조문을 적용한다는 약속은 하지 않았고, 협약의 원칙과 정신을 준수한다는 의사표시를 했을 뿐이었다. 실제로 전쟁 과정 중 제네바협약 전 내용이 준수되지도 않았다. 예를 들어, 공산 측은 전쟁 초기부터 국제적십자위원회 대표의 포로수용소 방문을 거절하고 포로 명단도 제대로 통보하지 않았다. 또한 양측 모두 포로의 가족 서신 연락, 가족으로부터 소포 수령권 등은 보장하지 않았다.[55]

송환 거부 포로가 6·25전쟁에서만 발생한 특별한 현상은 아니었다. 어느 전쟁에서나 본국 송환을 거부하는 포로는 있었다. 그러나 과거 어떠한 전쟁에서도 6·25전쟁에서처럼 송환 거부자가 대규모로 발생

---

54 한국은 1966년 8월 16일, 미국은 1955년 8월 2일, 영국은 1957년 9월 23일, 북한은 1957년 8월 27일, 중국은 1956년 12월 28일 협약에 가입했다.

55 ICRC Commentary(1960)(*supra* note 44), p.546.

하지는 않았다. 이전에는 송환 거부자의 숫자가 미미해 별다른 주목을 받지 못했다.

6·25전쟁 휴전협상에서는 포로의 전원송환 원칙과 자유송환 원칙 간 대립이 첨예했으나, 결과는 포로 본인의 희망에 따라 행선지를 결정하는 인도주의적 방식이 적용되었다. 본인 의사 확인을 제3자적 기관인 중립국 송환위원회에 맡겨 공정성을 담보했고, 그 과정에서 본국 대표들의 포로 설득 절차를 보장하고, 포로의 제3국행까지 알선함으로써 포로 처리에서 외견상 모범적인 사례가 되었다. 문제는 북한 측이 한국군 포로 수만 명을 비밀리에 억류해 이들이 돌아오지 못한 점이다. 북한 측 행위는 전쟁범죄에 해당한다.

이승만 대통령의 반공포로 석방이 없었어도 6·25전쟁 후 실제 포로 처리 결과를 보면 본인 의사에 반하는 강제송환은 발생하지 않았을 듯싶다. 그러나 당시 포로수용소 실정을 보면 포로의 자유의사가 잘 존중될 수 있을까 하는 의구심을 가져도 이상하지 않았다. 반공포로 석방에는 포로의 자유의사 존중이라는 인도적 의도 외 휴전 자체에 반대하는 정치적 이유도 크게 작용했다. 그렇지만 반공포로의 일방적 석방은 송환 거부 포로 처리에 관한 국제적 주목을 극적으로 고조시켰으며, 포로는 신속한 본국 귀환을 희망한다는 통상적 관념에 타격을 가했다. 아울러 향후 국제사회가 제네바협약 제118조를 어떻게 운영해야 할지에 숙제를 던졌다. 제118조 자체에는 송환 의무에 관한 예외 사유가 규정되어 있지 않지만, 실제로는 포로가 본국으로 송환된 후 기본적 권리를 침해당할 실질적 위험에 처한다면 예외가 적용되어야 한다는 해석이 지지받게 되었다.[56] 포로의 자유의사 존중이라는 방향

56 ICRC Commentary(2020)(*supra* note 35), para.4469.

은 강제송환금지원칙principle of non-refoulement 등 이후 본격적으로 발달한 국제인권법에도 부합한다.

한편 한국은 주요 국가들보다 비교적 늦게 제네바 4개 협약에 가입했다. 이유는 포로 대우에 관한 협약 제118조가 당사국에 포로 전원 송환 의무를 부담시킬지 모른다는 우려 때문이었다. 베트남전 파병으로 한국군이 전쟁포로가 될 수 있는 상황이 발생하자 한국은 1966년 8월 16일에야 제네바 4개 협약에 가입했다.[57] 다만 한국은 다음과 같은 유보를 첨부했다.

> "대한민국은 제118조 제1항의 규정을 포로를 억류하고 있는 국가가 공개적으로 자유로이 발표된 포로의 의사에 반하여 그 포로를 강제 송환할 의무는 지지 아니하는 것으로 해석한다."

57 정부가 국회로 제출한 「1949년 8월 12일자 전쟁희생자의 보호에 관한 제네바 4개 협약 가입에 대한 국회동의안」(1966. 6. 8.), 2-3쪽에 따르면, 가입 의의를 "월남전에 국군을 파견하고 있는 대한민국은 국제적 신의와 위신을 위해서 또한 파월장병과 민간인 중 적의 수중에 들어가는 전쟁희생자의 보호를 위해서 제네바협약의 당사국이 되고 협약에 의거한 권리옹호와 아울러 의무를 수락할 것이 절실히 요구되고 있다."고 설명했다. 당시 월맹(북베트남)도 제네바협약 당사국은 아니었으나, 한국이 이에 가입하는 편이 협약상 권리와 처우를 주장할 수 있는 근거가 되리라 생각했기 때문이었다.

3

제7광구 대륙붕 선언

한국 정부는 1970년 5월 30일 한반도 주변 해저에 7개의 광구를 설정하는 대륙붕 선언을 발표했다. 당시 한국 정부가 선포한 대륙붕은 제주도 아래 마라도에서 남쪽으로 280해리나 뻗어 가는 등 일본의 규슈 남단보다 훨씬 더 아래까지 전개되었다. 그 면적은 남한 영토의 3배인 근 30만km²에 육박한다. 특히 제7광구 구역은 한반도보다 일본 규슈에 더 가까우며, 일본령인 단조군도男女群島와 조도鳥島 연안 12해리까지 바짝 다가가 있었다. 중간선을 기준으로 한다면 제7광구 대부분이 일본에 근접한 구역이다. 한국은 무슨 근거로 한일 간 중간선을 훨씬 넘어 일본 영토 코앞까지를 한국 대륙붕이라고 주장할 수 있었나? 한편 그로부터 4년 뒤인 1974년 한일 양국은 제7광구 등을 공동 개발하기로 합의하고 개발 수익이 발생하면 절반씩 나누기로 했다. 1978년 발효된 이 합의는 최소 50년간, 즉 2028년까지 효력이 지속된다. 한국은 왜 자국 대륙붕이라고 주장하던 지역을 일본과 공동 개발하기로 합의했을까? 일본은 왜 자국에 더 가까운 대륙붕에서의 개발 수익을 한국과 절반씩 나누기로 동의했을까?

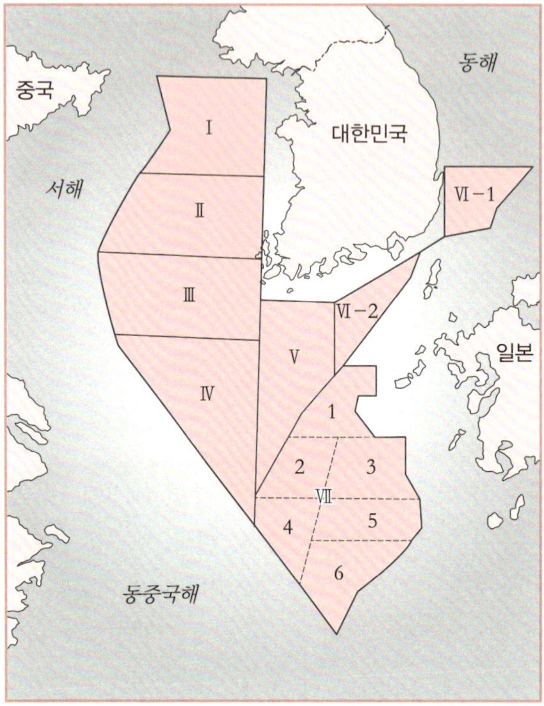

한국의 대륙붕 선언도

이러한 배경에는 국제법의 새로운 동향을 입수해 외교에 시의적절하게 활용한 한국 정부의 결단이 자리 잡고 있었다. 대륙붕에 관한 한 당시 한국 외교는 일본에 완승을 거두었다고 평가해도 과언이 아니다. 비록 한반도 주변 대륙붕에서 아직까지 석유가 나오지 않아 경제적 수익은 얻지 못했지만, 한국의 1970년 대륙붕 선언과 이후의 처리 과정은 외교가 국제법을 어떻게 활용해야 하는가를 교과서적으로 보여 주는 사례이다.

(1) 대륙붕 개념의 발달

국제사회에서 대륙붕에 대한 연안국의 권리 주장이 본격화된 계기는 1945년 트루먼 선언이다. 1945년 9월 28일 미국 트루먼 대통령은 미국 연안에 인접한 대륙붕의 해저, 해상, 하층토의 천연자원이 미국의 관할권과 통제에 속한다고 선언했다. 대륙붕은 연안국 육지의 연장으로 간주될 수 있다는 점이 근거였다.[58]

육지에 인접한 대륙붕 지역에 석유나 천연가스가 매장되어 있다는 사실은 20세기 초엽부터 알려졌다. 그러나 제2차 세계대전 전까지는 채굴기술 미비와 경제성 문제로 대륙붕에서 석유나 가스가 본격적으로 개발되지 못했다. 제2차 세계대전 전까지는 바다 아래 대륙붕에서의 자원개발이 채산성을 맞추기 어려웠기 때문이다. 그러나 전쟁을 치르면서 수요가 늘은 석유 가격이 급등했다. 채굴기술도 발달했다. 해저 석유 개발도 점차 경제성을 확보할 수 있었다. 전통적으로 연안국은 영해에 대해서만 주권을 행사할 수 있었는데, 트루먼 선언은 변화된 경제환경에 발맞추어 영해 너머 해저의 자원에 대해서까지 연안국의 권리를 주장했다.

트루먼 선언은 공해자유 원칙을 수정하는 새로운 주장이었다. 이에 대해 국제사회는 반발하기보다는 호응했다. 미국에 이어 중남미 국가들이 인접 대륙붕에 대해 권리를 주장하기 시작했고, 이러한 경향은 아시아 국가로 확산되었다. 유엔 국제법위원회에서 공해에 관한 특별보고자로 이 문제를 검토한 프랑소아J. François는 1950년 제출한 보고

58 "since the continental shelf may be regarded as an extension of the land-mass of the coastal nation and thus naturally appurtenant to it." Policy of the United States with Respect to the Natural Resources of the Subsoil and Sea Bed of the Continental Shelf(1945).

서에서 대륙붕 개념이 관습국제법화되었다고 평가했다.[59] 그러나 대륙붕이 과연 무엇을 의미하는지, 대륙붕에 대한 연안국 권리의 근거는 무엇인지, 어디까지를 연안국 대륙붕으로 인정할지 등 구체적 사항에 대해서는 국제사회가 뚜렷한 합의를 보지 못하고 있었다.

한국도 1952년 평화선 선언을 통해 제1항에서 인접 대륙붕의 자원을 보호, 보존, 이용하기 위해 국가의 주권을 보존, 행사한다고 선언한 바 있다.[60] 그러나 평화선 선언의 내용을 법제화한 1953년 「어업자원보호법」은 대륙붕에 관해 아무런 내용도 담고 있지 않았다. 평화선을 통해 대륙붕에 대한 한국 정부의 의지는 대외적으로 과시되었으나, 이를 구체화하는 법률은 제정되지 않았다. 평화선은 일본에 대항하는 어업수역으로만 의의를 지녔고, 대륙붕과의 관계는 이후에도 사실상 실종되었다.

국제사회는 1958년 제네바에서 개최된 제1차 유엔 해양법회의를 통해 대륙붕 개념을 정립하는 첫 번째 기회를 맞았다. 지질학적 의미의 대륙붕은 연안에 인접한 수심 200m 정도까지의 해저 및 하층토를 가리킨다. 연안에서 대체로 수심 200m 정도까지는 완만한 경사를 이루다가 그 이후에는 경사가 급해지는 대륙사면continental slope이 나타난다. 지질학에서는 대륙사면 이전까지를 보통 대륙붕이라고 부른다. 그러나 제네바 회의에서 채택된 대륙붕협약은 이러한 자연과학적 개념과는 관계없이 대륙붕을 법률적으로 새롭게 정의했다. 이 협약은 대륙붕을 영해 바깥의 수심 200m까지, 그리고 그 외곽이라도 천연자

---

59 S. Kaye(앞의 주 29), 212쪽 참조.

60 평화선 선언에서는 대륙붕이 아닌 '해붕'이란 용어가 사용되었다. 평화선 설계의 주역들은 후일 이때의 해붕이 바로 현재의 대륙붕을 가리키는 의미라고 설명했다. 지철근(앞의 주 1), 128쪽 및 김동조(앞의 주 6), 36쪽.

원 개발이 가능한 곳까지의 해저 및 하층토라고 정의했다(제1조). 수심 200m 지점은 객관적으로 확정이 가능하나, 개발 가능한 곳까지라는 개념은 기술발전에 따라 항상 변하게 되므로 대륙붕의 한계를 객관적으로 확정하기 어렵다.

제네바 회의는 왜 이렇듯 불명확한 대륙붕 정의를 채택했을까? 수심 200m라는 기준은 대륙붕의 지질학적 정의에서 차용된 개념이다. 당시까지 인류는 아직 수심 200m 지점에서 자원을 개발할 기술을 갖고 있지 못했다. 그보다 수심이 더 깊은 해저에서 인류가 자원을 개발할 기술을 실용화하는 데는 적어도 한 세대의 세월이 더 걸리리라고 예상되었다. 후일 인류의 해저 채광기술은 예측보다 훨씬 빠르게 발전했지만, 1958년에는 수심 200m 기준만으로 인류는 상당 기간 별다른 혼선 없이 자원개발을 진행할 수 있으리라 기대했다. 그리고 대륙붕협약은 인근 국가 간 대륙붕 경계는 1차적으로 당사국의 합의에 의하나, 합의가 없는 경우 특별한 사정이 없다면 중간선·등거리선 원칙에 따라 경계를 획정하도록 규정했다(제6조). 제네바 회의에서 한국은 대륙붕 개념에 수심 기준이 도입된다면 평화선 선언 내용과 충돌된다고 생각해서 이를 삭제하자는 제안에 동참했으나, 이 수정안은 13(찬성)−48(반대)−13(기권)으로 부결되었다.[61]

1958년 협약은 대륙붕에 관한 최초의 일반 다자조약이었다. 그러나 협약에 규정된 대륙붕 개념과 대륙붕 경계획정 원칙이 과연 어떠한 지위를 갖느냐에는 논란이 많았다. 한국은 이 협약을 비준하지 않았다.[62] 당시 외교부는 대륙붕협약 가입은 평화선을 통한 권리 주장을 스

---

61 문철순(앞의 주 19), 105쪽.

62 1960년대까지 39개국이 대륙붕협약을 비준했다. 한국은 제네바 유엔 해양법회의 결과 채택된 4개 조약을 하나도 비준하지 않았다.

스로 포기하는 결과가 되므로 비준이 바람직하지 않다고 생각했다.[63]

(2) 북해대륙붕사건 판결

1969년 2월 국제사법재판소는 독일과 네덜란드 및 덴마크 간 북해대륙붕사건 판결을 내렸다. 이 사건 배경은 다음과 같다. 네덜란드, 독일, 덴마크는 유럽 대륙에서 나란히 북해를 면하고 있는 인접국이다. 북해 해저는 북쪽 노르웨이 해구에 이르기 전에는 평균 수심이 200m 이하인 전형적인 대륙붕 지형이다. 북해 동남부 해안은 주로 덴마크, 독일, 네덜란드 연안으로 구성되어 있다. 그런데 네덜란드와 덴마크 해안선은 북해를 향해 돌출적인 모습을 띠고 있으나, 독일 해안선은 안으로 오목하게 들어가 있다. 이 같은 해안선 모양으로 등거리선 원칙을 적용하면 독일은 해안선 길이나 육지 영토 규모에도 불구하고 대륙붕 할당에서 네덜란드나 덴마크에 비해 크게 불리해졌다. 등거리선에 따라 경계를 획정하면 육지 영토가 서로 떨어진 네덜란드와 덴마크 대륙붕이 북해 중앙부에서 직접 맞닿게 되고 독일 대륙붕은 그 안으로 봉쇄되는 특이한 형상이 된다. 네덜란드와 덴마크는 1958년 대륙붕협약 제6조 규정과 같이 등거리선 원칙에 의해 경계획정을 하자고 주장했으나, 이 협약 당사국이 아닌 독일은 반대했다. 네덜란드와 덴마크는 등거리선 원칙이 관습국제법에 해당하므로 비록 독일이 1958년 협약 당사국이 아니라도 이의 적용을 받아야 한다고 주장했다. 독일은 이를 부인하며 대륙붕의 정당하고 형평한 배분을 주장했다. 결국 3국은 북해대륙붕 경계획정에서 적용될 수 있는 국제법 원

63 「조선일보」, 1967. 8. 23., 1면. 1967년 7월 20일 과학기술심의회는 주변 대륙붕 개발을 위해 정부가 대륙붕 선언을 하고 1958년 대륙붕협약에도 가입하라고 건의했다. 「조선일보」, 1967. 7. 21., 1면.

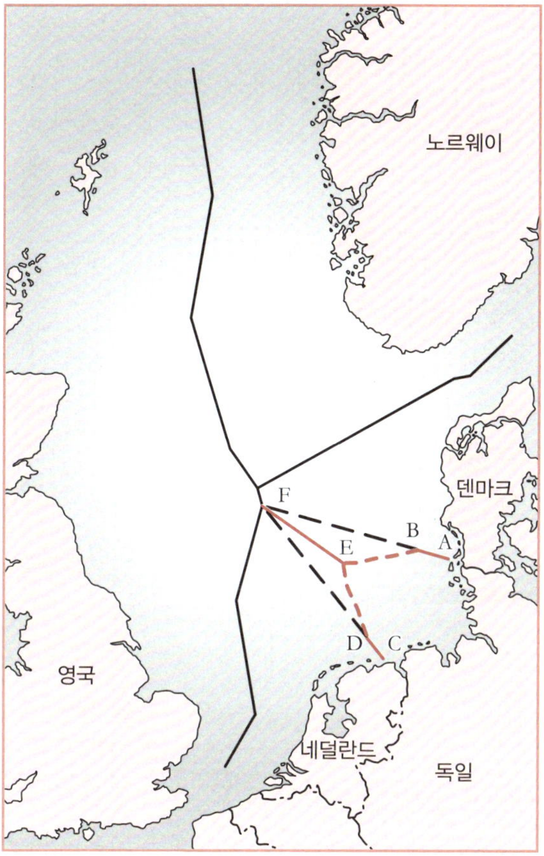

※ 그림에서 A, B, C, D, E 선은 등거리선에 따른 경계이다. 이에 따르면 덴마크와 네덜란드의 대륙붕이 E-F에서 만난다.

※ 굵은 실선은 국경을 염두에 두지 않고, 유럽 대륙과 스칸디나비아반도, 영국의 지형 전체를 기준으로 한 중간선이다.

북해대륙붕사건 개념도

칙이 무엇인가를 국제사법재판소에 묻기로 했다.

국제사법재판소는 판결에서 연안국이 무슨 근거로 대륙붕에 대한 권리를 갖는가를 검토했다. 재판소는 대륙붕이 육지의 '자연적 연장'이기 때문에 연안국이 이에 대한 권리를 갖는다고 판단했다. 즉 대륙붕은 육지 영토가 바닷속으로 연장된 것이므로 육지 영토에 대한 주권의 결과 연안국은 대륙붕에 대해서도 당연한 권리를 갖는다고 보았다. 그리고 재판소는 경계획정에서 중간선·등거리선 원칙이 관습국제법에 해당하지 않는다고 평가했다. 형평에 맞는 대륙붕 경계획정을 위해 당사국들은 연안의 형태, 지질학적 구조, 천연자원 분포, 해안선 길이와 방향 등을 고려하라고 제시했다.[64]

대륙붕이 육지의 자연적 연장이기 때문에 연안국이 이에 대한 권리를 갖는다는 사고는 트루먼 선언에서 출발한다. 이미 일부 국가는 대륙붕이 자국 영토의 자연적 연장이므로 이의 자원에 대한 권리를 갖는다는 국내법을 제정하고 있었다. 그러나 1960년대만 해도 연안국이 대륙붕에 대한 권리를 주장할 수 있는 국제법상 근거가 무엇인지는 분명하지 않았다. 국제사법재판소 판결은 바로 이 점을 명확히 해주었다. 북해대륙붕사건 판결은 국제사회에서 오랫동안 대륙붕 문제에 관한 한 가장 영향력 있는 판결 중 하나로 기억되었다.

(3) 한국의 대륙붕 선언

유엔 극동경제위원회ECAFE(현 아시아·태평양 경제사회위원회ESCAP 전신)는 1966년 동북아시아 해역 광물탐사를 목적으로 아시아 연안 광물자원 공동탐사조정위원회CCOP를 설치했다. 이 위원회는 미국 해양조사선 헌트Hunt호를 이용해 1968년 10월 12일부터 11월 29일 사이 약 6주 동안 타이완 부근부터 서해(황해)에 이르기까지 약 12,000km 항로에 걸쳐 광범위한 동북아시아 수역 해저의 광물탐사를 실시했다. 책임자는 웨이즈만J. Wageman이었고, ECAFE 연락책임자는 에머리

64 North Sea Continental Shelf(Germany/Denmark, Germany/Netherlands), 1969 ICJ Reports 3.

Emery 박사였다. 세 차례로 나누어 진행된 이 탐사에는 한국, 일본, 타이완 학자들도 약간 명씩 참여했다. 1969년 초 발표된 ECAFE/CCOP 보고서는 "타이완과 일본 사이 대륙붕은 세계에서 가장 풍부한 석유매장지대일 개연성이 크다. …… 석유와 가스 매장지로 두 번째 유망구역은 3개의 거대한 해분이 있는 황해 해저이다."라고 평가했다.

이 보고서는 석유에 목말라 하던 한국, 일본, 타이완, 중국 모두를 흥분시켰다. 나중에 알려진 바로 이 탐사대 장비만으로는 위와 같은 결론을 내리기 어렵다고 평가되었지만, 이 같은 후일담은 세간의 주목을 끌지 못했다. 동북아시아 각국은 갑자기 경쟁적으로 대륙붕에 대한 권리 주장을 시작했다.

한국은 경제개발계획을 시작하던 1960년대 중반부터 한반도 주변 석유탐사에 관심을 갖고 탐사대 조사를 예의 주시하고 있었다. 한국 정부는 1968년부터 대륙붕 자원개발을 위한 법률 제정을 준비했다. 우선 외교부 조약과가 중심이 되어 한국의 대륙붕을 어디까지로 선포할지 검토했다. 초기에는 일단 1958년 대륙붕에 관한 협약에 규정된 바와 같이 중간선 원칙을 바탕으로 한반도 주변의 대륙붕 경계를 획정하려고 생각했다. 외교부 조약과에는 마침 1969년 2월부터 김석우 사무관이 발령을 받고 이 일을 담당하게 되었다. 그런데 1969년 2월 20일 북해대륙붕사건 판결이 내려졌다. 이 판결은 위의 지적과 같이 대륙붕을 육지의 자연적 연장으로 파악하고 있었다. 김석우 사무관은 국제사법재판소 판결이 입각하고 있는 개념을 동아시아 해저지형에 적용하면 한국의 대륙붕은 전혀 새롭게 전개될 수 있다고 착안했다.

한반도 주변 해저는 동해에서만 심해를 이루고 서해와 남해는 대륙붕으로 이어져 있다. 즉 서해와 남해는 전반적으로 평균 수심이 50m

남짓에 불과할 정도로 얕은 바다이다. 이러한 해저지형은 타이완에서 오키나와를 거쳐 규슈 북방으로 연결되는 오키나와 해구까지 이어지며, 이 선까지의 평균 수심은 약 100m에 불과하다. 서해와 남해에는 지리학적 의미에서 전형적인 대륙붕이 육지의 자연적 연장으로 넓게 펼쳐져 있다. 오키나와 해구는 절반 이상의 수심이 1,000m에 해당하며, 20% 정도는 수심이 2,000m에 달한다. 최고 수심은 2,717m로 알려져 있다.[65] 그렇다면 한국 대륙붕은 저 멀리 남쪽 오키나와 해구까지 자연적으로 연장되어 있는 반면, 일본 대륙붕은 오키나와 해구에서 단절된다고 해석할 수 있었다.

김석우 사무관은 중간선·등거리선 원칙에 따라 마련된 기존 초안에다 자연적 연장설에 입각한 광구를 한국 대륙붕으로 추가하는 작업을 시작했다. 이를 통해 나중에 제7광구로 선언된 약 6만km^2 지역이 더해졌다. 훗날 그는 이 일이 가슴이 마구 뛸 정도로 흥분된 사건이었다고 회고했다.[66] 북해대륙붕사건 판결문의 논리를 근거로 김석우 사무관이 제안한 새로운 시도에 대해 당시 외교부 윤석헌 차관, 김인권 방교국장, 조광제 조약과장 모두 전폭적인 지지를 표시했다. 외교부 조약과에는 해도나 지질학 전문가가 없었기 때문에 상공부 광무국 광산과와 교통부 수로국 해도과 직원의 도움을 받아 구체적인 경계획정 작업을 진행했다. 한국 정부가 육지의 자연적 연장 개념에 입각한 대륙붕 선언을 준비 중이라는 사실은 극비로 추진되었다. 이 작업은 1969년 여름 무렵 거의 마무리되었다.[67] 내부적으로 한국이 너무 과도한

65 김영구, 『한국과 바다의 국제법(신판)』(21세기북스, 2004), 553쪽.

66 "특별좌담: 한국의 대륙붕 선언 40주년"에서 김석우의 설명, 『서울국제법연구』 제17권 1호(2010), 196쪽.

67 특별좌담(위의 주), 196쪽.

주장을 하지 않는가라는 우려도 있었지만, 조약과 직원들은 북해대륙붕사건 판결에 비추어 볼 때 법논리적으로 한국이 절대 우세하다고 확신했다. 이러한 방향에 대해 박정희 대통령도 동의했다.[68]

대륙붕 선언을 하기 위해서는 먼저 국내법제 정비가 필요했다. 당시에는 대륙붕 자원개발에 관한 국내법이 없었다. 우선 필요한 국내법을 만들어야 했다. 1969년 4월 해저광물자원개발법안이 국무회의를 통과해 국회로 회부되었다. 이 법은 그해 정기국회에서 통과되어 1970년 1월 1일부터 발효했다. 다만 이 법률에 한국 대륙붕이 구체적으로 어디까지인가를 좌표로 표시하는 조항은 포함되어 있지 않았다. 해저 광구 설정은 대통령령에 위임되어 있었다(제3조). 구체적인 한국 대륙붕을 좌표로 적시한 대통령령은 1970년 5월 30일 공포되었다. 이에는 총 7개의 해저광구가 설정되었다. 그 내용이 바로 한국의 대륙붕 선언에 해당한다.

이에 따르면, 중국과 면한 서해와 일본과 면한 동남해 수역은 중간선을 기준으로 한국의 대륙붕 경계를 획정했다. 그러나 제주도 남방 오키나와 방향으로의 제7광구는 한반도 대륙붕이 오키나와 해구 직전까지 자연적으로 연장되고 있다는 이론에 근거해 설정되었다. 최남단은 마라도로부터 약 280해리 지점까지 뻗어 나가 일본 규슈섬보다 훨씬 더 남쪽으로 전개되었다. 제주도 아래 펼쳐진 대륙붕 길이가 남한 영토의 남북 방향 길이보다 더 길었다. 중간선 원칙에 따른다면 제7광구는 대부분 일본에 속할 구역이었다.

한국의 대륙붕 선언에 일본은 크게 당황했다. 일본은 오키나와 해구가 일본의 대륙붕을 결정적으로 단절시키지 않는다고 반박했다. 한

68 특별좌담(앞의 주 66), 201쪽.

국의 제7광구는 인접국 간 합의가 없을 경우 중간선을 경계로 한다는 1958년 대륙붕 협약 위반이라고 주장하며, 이 문제를 협의하자고 제안했다. 한국 외교부는 처음에는 협의할 필요도 없다고 거절했다. 국제법적으로 한국의 주장이 옳기 때문에 특별히 일본과 상의할 이유가 없다는 입장이었다.[69] 일본이 한국과의 협상을 갈구한 이유는 국제법적으로 한국의 주장을 무시할 수 없기 때문이었다. 더욱이 북해대륙붕사건 재판에서 사실상 승소한 독일 측 변호인단에는 일본인 오다 시게루小田滋 교수가 포함되어 있었다. 오다 시게루 교수는 이 사건에 참여해 세계적으로 유명해졌고, 후일 국제사법재판소 판사를 27년간 역임했다. 일본은 여러 경로를 통해 집요하게 직접 협상을 요구했다. 아울러 이 문제를 국제조정이나 국제사법재판소에 회부하자고도 제안했으나, 한국이 응하지 않았다.[70]

(4) 각국의 대륙붕 탐사 시도

ECAFE/CCOP 탐사가 진행되는 전후 무렵 동북아시아 각국은 갑자기 대륙붕에 대한 권리를 주장하기 시작했다. 세계 거대 석유회사들도 동북아시아에서의 석유탐사에 관심을 갖기 시작했다. 한국은「해저광물자원 개발법」이 제정되기도 전인 1969년 4월 15일 걸프사와 서해와 제주 서남방 광구(제2 및 제4 광구) 탐사계약을 체결했다. 1970년 1월 28일에는 로열 더치 쉘사와 제3 및 제6 광구 개발계약을 체결했다. 2월 27일에는 칼텍스사와 제1 및 제5 광구 개발계약을 체결했다. 마지막으로 9월 24일에는 웬델 필립스사와 제7광구 개발계약을 체결했다.

69 특별좌담(앞의 주 66), 201-202쪽.
70 小田滋,『海洋法研究』(有斐閣, 1975), 166-167쪽.

타이완 역시 신속하게 대륙붕에 관한 권리를 선언했다. 타이완은 1969년 7월 17일 자국 영해와 인접 해저, 하층토에 대한 주권적 권리를 선언하고, 1970년 9월 원해지역 석유탐사개발법을 제정했다. 그리고 동지나해 대륙붕 탐사를 위해 6개의 미국 회사와 합작개발을 추진했다.[71]

일본은 자국 대륙붕 범위를 공식적으로는 발표하지 않고 있었으나, 1967년부터 동지나해 광구개발신청을 받았다. 1969년부터 일본 석유회사에 오키나와 해구 인근 4개 해저 광구에서의 자원개발을 허가했다. 그 범위가 일본의 대륙붕 주장을 의미한다고 볼 수 있었다.

장밋빛 에머리 보고서를 계기로 조용하던 동북아시아 해역에서 갑자기 긴장이 높아졌다. 1970년까지 한국, 일본, 타이완 3국은 동아시아에 모두 17개 광구를 선포했는데, 그중 13개 광구는 서로 중복되었다.[72] 당시 중국은 한국, 미국, 일본 어느 나라와도 국교를 맺고 있지 않았는데, 중국 역시 3국의 대륙붕 권리 주장을 격렬히 비난했다. 센카쿠열도 문제가 부각된 시점도 이 무렵이다. 이 섬의 소속이 대륙붕 주장에 커다란 영향을 미칠 수 있다고 생각했기 때문이었다. 중국과 일본 해군 함정이 센카쿠열도 부근에 교대로 출현했다. 중국과 일본 간 군사적 충돌도 우려되었다. 어떠한 형태로든 관련국들 사이 협의와 조정이 필요했으나, 원만한 타결은 난망이었다. 1970년 3월 서울에서 한국, 일본, 타이완 3국 민간협력위원회가 개최되었으나, 민간 차원에서 각국의 대륙붕 권리 주장을 조정하기는 어려웠다.

당시 미국은 막후에서 중국과의 관계 개선을 모색하고 있었다.

---

71 김영구(앞의 주 65), 559쪽.

72 Choon-Ho Park, *East Asia and the Law of the Sea*(Seoul National University Press, 1983), p.13.

1971년 4월 미국 탁구 선수단이 중국을 방문한 이른바 핑퐁외교가 실시되었다. 1971년 7월에는 키신저Kissinger 미국 국가안보담당 보좌관이 극비리에 중국을 방문했다. 그리고 1972년 2월 역사적인 미국 닉슨Nixon 대통령 방중이 실현되었다. 이런 상황이었으므로 미국은 동북아시아 해역에서 돌발상황이 발생하기를 원치 않았다. 미국 정부는 1971년 4월 이 수역에서 미국 선박이 자원탐사에 참여하는 경우 자신의 위험부담으로 하라는 지침을 관련 회사에 통보했다. 이는 미국 선박이 중국에 의해 공격받거나 나포되더라도 보호하지 않겠다는 취지였다. 또한 나포되면 기술이 적성국에 넘어갈 우려가 있다는 이유로 비밀에 속하는 미국 기술은 이 지역 탐사에 사용하지 말라고 요구했다. 이는 중국과의 마찰이 우려되는 탐사에 미국 회사는 더 이상 관여하지 말라는 소리나 마찬가지였다.[73] 이 같은 방침은 한국, 일본, 타이완 정부에도 통지되었다. 일본 정부 역시 1972년 5월로 예정된 오키나와 반환에 앞서 이 지역에서 분쟁이 발생하기를 원하지 않았다. 일본은 1971년 3월 11일 대만해협과 센카쿠열도 부근 대륙붕에서의 석유개발을 보류한다고 발표했다. 이 지역에서 미국과 일본 석유회사들이 갑자기 사라지고, 비미국계 회사인 로열 더치 쉘사만 남게 되었다.[74] 결국 이 회사도 얼마 후 철수했다.

(5) 한일 대륙붕 공동개발협정

대륙붕 자원개발을 위한 자금도 기술도 없었던 한국은 고립된 상황에 빠졌다. 당시 한국으로서는 설사 석유매장이 확실시된다 해도 혼

73 유병화, 『동북아지역과 해양법』(진성사, 1991), 48쪽.

74 Choon-Ho Park(앞의 주 72), pp.18-19.

자서 채굴할 능력이 없었다. 해저 석유탐사는 비용도 많이 들고 성공률도 그다지 높지 않다. 한국은 누군가 협력자를 구해야만 했다. 현실과 타협이 불가피했다.

동북아시아 해저 대륙붕 공동개발은 타이완이 일본에 먼저 제안했으나, 일본은 중국을 의식해 타이완과 협력에 부정적이었다.[75] 한국 역시 타이완과 협력에는 소극적이었다. 1971년 후반부터 한국과 일본은 대륙붕 공동개발 가능성을 논의하기 시작했다. 1972년 9월 개최된 제6차 한일 정기각료회의에서 양국은 권리 주장이 중복되는 광구의 공동개발 원칙에 합의했다. 그 직후부터 양국은 본격적인 협상에 들어가 1973년 여름에는 기본 내용에 관한 합의가 이루어졌다. 마침 1973년 10월 제4차 중동전이 발발했고, 석유 가격이 하루아침에 몇 배로 뛰는 석유파동이 발생해 공동개발협정 체결을 촉진하게 되었다.

드디어 1974년 1월 30일 한일 양국은 공동개발협정에 서명했다.[76] 대상은 한국의 제7광구 전역과 제5광구 일부 지역을 합한 구역이었다. 한일 간 권리 주장이 중첩되는 대륙붕의 경우 귀속은 일단 미정으로 두고, 양국이 공동으로 개발을 하기로 했다. 양국이 개발 비용을 공동으로 부담하고, 수익이 나면 공동으로 나누기로 합의했다. 이 협정은 일본 국회에서의 동의가 늦어져 1978년에야 발효했다. 유효기간은 최소 50년으로 예정되어 일단 2028년까지 유효하다. 그 이후에는 일방 당사국이 종료를 통고하면 3년 후 종료된다.

한일 간 1974년 협정이 국제사회에서 권리 주장이 중첩되는 지역에서 처음 있는 공동개발 합의는 물론 아니었다. 공동개발에 합의하는

75 Choon-Ho Park(앞의 주 72), p.15.

76 당시 한일 양국은 남해의 경우 중간선 원칙에 입각해 대륙붕 경계를 획정하는 별도의 조약도 체결했다.

경우에도 실행 유형은 여러 가지로 구분될 수 있다. 그렇지만 1974년 한일 간 협정은 이후 국제사회에서 표준적인 공동개발협정의 하나로 주목을 받았다.[77]

다만 당초 기대와 달리 제7광구를 포함해 동북아시아 해저에서는 아직 석유가 나오지 않았다. 제7광구 탐사도 1988년 이후에는 저조해졌으며, 근래에는 사실상 중단 상태이다. 한국은 다시 탐사를 재개할 의향을 갖고 있으나 일본이 소극적이다.

(6) 평가

한국의 대륙붕 정책은 2단계로 나누어 볼 수 있다. 첫째, 1970년 대륙붕 선언이다. 이는 육지의 자연연장설에 입각해 한반도 남부에서 오키나와 해구까지 펼쳐진 광대한 면적의 대륙붕을 주장했다. 둘째, 1974년 한일 대륙붕 공동개발협정 체결이다. 자연연장설에 입각한 한국의 권리 주장과 중간선 원칙에 입각한 일본의 권리 주장이 중첩되는 구역에서 공동개발, 공동수익에 합의했다. 1970년 주장에 비하면 1974년 공동개발협정 합의는 한국이 당초의 입장을 상당히 후퇴시킨 결과라고 할 수 있다. 당시 한국 야당은 권리의 절반을 포기하는 협정이라며 공동개발협정에 반대했고, 국회 외무위원회에서의 처리도 야당 불참 속에 진행되었다.[78] 이는 국제법적으로 어떻게 평가될 수 있을까?

첫째, 1970년 한국의 대륙붕 선언이 1969년 국제사법재판소 북해 대륙붕사건 판결의 법리를 적용한 권리 주장이었음을 이미 지적했다.

77 김영구(앞의 주 65), 569쪽.

78 「조선일보」, 1974. 12. 17., 1면.

당초 중간선 기준에 의해 대륙붕 광구 설정을 검토하던 정부는 1969년 2월에 내려진 이 판결을 보고 대륙붕은 육지의 자연적 연장이라는 개념을 한반도 주변에 바로 적용했다. 일본과의 중간선 너머 거대한 제7광구에 대한 한국의 권리 주장은 일본으로서 예측하지 못한 결과였다. 예상을 뛰어넘은 한국의 공세적 주장에 일본은 허를 찔리게 되었으나, 그렇다고 한국 주장이 무조건 틀렸다고 무시하기도 어려웠다. 나중에 일본이 한국과 공동개발협정에 합의했는데, 이는 일본으로서도 한국의 당초 주장을 무시할 수 없었기 때문이었다.[79] 북해대륙붕사건 법리를 적용하지 않았다면 한국은 제7광구를 제외하고 단지 한일 간 중간선에 따른 대륙붕만을 주장했을 것이다. 그런 점에서 1970년 대륙붕 선언은 국제법의 새로운 동향을 외교에 바로 적용한 훌륭한 사례였다. 당시 초임 사무관으로 제7광구 확대의 실무를 담당했던 김석우는 후일 필자와의 면담에서 이 건만으로도 자신이 평생 공무원으로 월급을 받았던 밥값을 하지 않았겠냐는 농담을 건넸다. 필자 역시 동의한다.

둘째, 그러면 1974년 공동개발협정 체결은 한국이 자신의 권리 일부를 포기한 잘못된 후퇴였는가? 답은 반대이다. 이 역시 한국 입장에서는 국제법상 절묘한 시점에 이루어진 절묘한 합의였다. 이러한 평가를 할 수 있는 배경은 국제해양법의 새로운 변화였다.

1973년부터 제3차 유엔 해양법회의가 개시되었다. 유엔 해양법회

79 일본 오다 시게루 교수는 한일 대륙붕 공동개발협정이 서명된 직후 『海洋法研究』라는 책자를 발간했는데, 그도 여기서 대륙붕에 대한 한일 양국의 주장을 단지 소개만 하고 한국의 주장이 특별히 국제법상 근거가 없다는 비판은 하지 않았다. 이는 그가 한국의 평화선 주장에 대해 시종일관 국제법 위반이라고 비판했던 점과 대비된다. 小田滋(앞의 주 70), 166쪽.

의는 그 전부터 국제사회에서 대두되고 있던 배타적 경제수역이 국제법상 제도로 정착되는 계기가 되었다. 1960년대 중반부터 국제사회에서는 200해리 수역을 주장하는 국가가 급속히 늘기 시작했다.[80] 제3차 해양법회의에서는 아시아, 아프리카, 중남미 국가들의 적극적인 지지를 바탕으로 200해리 배타적 경제수역 제도 도입이 대세를 형성했다. 1975년 발표된 비공식 단일교섭 초안 역시 이의 도입을 제안했다. 1977년 미국, 소련, 일본 등 해양 강국이 200해리 어로수역을 공표하는 등 이를 국내법적으로 도입하는 국가가 늘었다. 해양법협약에 최종적으로 채택된 배타적 경제수역 제도는 연안 기선으로부터 200해리까지의 수역뿐만 아니라, 해저 및 하층토도 적용 대상으로 한다(해양법협약 제56조 및 제57조). 그런 점에서 'Exclusive Economic Zone'을 단순히 배타적 경제'수역'으로 번역함은 오해의 소지가 있는 표현이다. 대륙붕이 바다 아래 해저와 하층토를 대상으로 하는 데 비해 배타적 경제수역은 사실상 이를 모두 포괄하고 이에 더해 상부 수역까지 포함한다. 결국 배타적 경제수역을 선언하면 200해리까지의 해저와 하층토는 바로 연안국의 주권적 권리에 속하게 되고, 200해리까지는 대륙붕 제도가 별도로 존재할 의의가 거의 사라지는 결과가 된다. 이에 해양법협약도 200해리까지의 해저 지역은 바로 연안국의 대륙붕으로 인정하고 있다(제76조).

이러한 국제해양법 변화가 한국에는 어떠한 의미를 갖는가? 당초 1970년 한국이 제7광구에 대한 권리 주장을 할 수 있었던 근거는 한국 대륙붕은 오키나와 해구까지 자연적으로 연장되는 반면, 일본 대륙붕

---

80 이 과정에 대한 상세한 내용은 정인섭(앞의 주 22), 19-21쪽; 김영구(앞의 주 65), 355-359쪽; D. Attard, *The Exclusive Economic Zone in International Law*(Oxford University Press, 1987), pp.13-23.

은 오키나와 해구에서 단절된다는 사실이었다. 그러나 200해리 배타적 경제수역 제도가 정착되면 연안으로부터 200해리 이내 대륙붕에 대해서는 육지의 자연연장이란 개념이 중요성을 상실하게 된다. 해저지형이 설사 육지의 자연적 연장이 아니더라도 200해리까지의 해저는 연안국 대륙붕으로 인정될 가능성이 높기 때문이다. 1985년 내려진 리비아/몰타 대륙붕 사건에서도 국제사법재판소는 배타적 경제수역 제도가 관습국제법화된 시점에서 200해리 이내 지역의 대륙붕 경계를 획정해야 하는 경우 해저의 지질학적·지형적 요소에 결정적 의미를 부여할 이유가 없으며 거리 기준이 우선으로 적용되어야 한다고 판결했다. 200해리 이내에서는 해저지형에 갈라진 단층이 있다 해도 대륙붕의 연장을 결정적으로 중단시키지 않는다고 평가했다.[81] 이 같은 국제판례 입장은 기본적으로 현재까지도 지속되고 있다.[82]

국제법에서 이 같은 대륙붕 개념의 변화가 한국에는 불리하고 일본에는 유리한 상황을 의미한다. 제7광구 대부분이 일본으로부터 200해리 이내에 위치한다. 200해리 이내에서는 자연연장 여부가 중요성을 상실하면 제7광구에 대한 한국 측 권리 주장의 가장 중요한 근거가 무너지게 된다. 해양법협약에서 대륙붕이나 배타적 경제수역의 경계를 반드시 중간선에 의해 획정하라고 규정하고 있지는 않다. 그러나 다른 특별한 사정이 없다면 중간선이 가장 합리적인 기준이라는 점을 부인할 수 없기 때문에 현재의 해양법협약 아래서는 제7광구에 대한 한국의 권리 주장이 심각한 타격을 받게 되었다.

81 Continental Shelf. Libya/Malta, 1985 ICJ Reports 13, paras.34, 39.

82 Question of the Delimitation of the Continental Shelf between Nicaragua and Colombia beyond 200 Nautical Miles from the Nicaraguan Coast, 2023 ICJ Reports 413, para.75 참조.

1974년 한국과 일본은 공동개발구역에서의 권리를 절반씩 나누자고 합의했다. 이 같은 합의가 몇 년이라도 늦어졌다면 과연 일본이 현재와 같은 공동개발협정에 동의했을까 의심스럽다. 1970년대 중반 해양법회의에서는 200해리 이내 대륙붕의 경우 육지의 자연연장설이 퇴조하고 거리 개념의 중요성이 부각되고 있었기 때문에, 일본으로서는 이 구역에서의 수익을 한국과 절반씩 나누려 하지 않았을 것이다. 1974년 1월 시점에 한국 정부가 이후 해양법 변화를 정확히 예측하고, 제7광구 등의 개발이익을 절반이라도 확보함이 현명하다는 판단 아래 공동개발협정을 체결했다고는 보지 않는다. 여하튼 이후 국제법 변화는 마치 한국만 현명하게 판단한 듯한 결과가 되었다. 한국 입장에서는 1974년 대륙붕 공동개발협정이 국제법상 절묘한 시점에 타결된 절묘한 합의였다는 평가를 할 수 있다. 물론 제7광구에서 석유가 쏟아져 나와야만 이 같은 평가가 현실화되겠지만, 이론적인 측면에서 대륙붕 문제에 관한 한 한국 정부의 대처는 훌륭했다.

덧붙이는 글

① 한일 양국은 1974년 1월 대륙붕 공동개발협정에 서명했으나, 이 협정은 1978년 6월 22일 발효했다. 한국은 1974년 12월 국회 동의를 받아 협정의 신속한 발효와 빠른 개발 착수를 원했으나, 일본 측 국회 동의가 늦어져 양자조약으로는 이례적으로 발효가 늦어졌다. 왜 일본 정부는 4년 반이나 시간을 끌며 협정을 비준하지 않았는가? 일각에서는 공동개발협정 서명 시보다 유엔 해양법회의 분위기가 일본에 유리한 방향으로 진행되어 일본이 협정 체결을 후회하고 있지 않느냐는 의구심도 가졌다. 그러나 일본이 비준에 시간을 끈 진짜 이유는 다른 데 있었다.

일본 외무성 관리들은 일단 성립된 국가 간 합의이므로 공동개발협정을 발효시키는 데 별다른 이의가 없었다. 지연 이유는 당시 일본 국회 다수당인 자민당 수뇌부가 협정 발효에 주저했기 때문이라 한다. 이들은 공동개발이 진척되어 동북아시아, 특히 오키나와 부근 해저에서 석유가 쏟아져 나올까 봐 걱정을 했다. 오키나와는 원래 독자의 언어와 문화를 가진 독립 왕국으로 번성하다 일본에 강제 병합되었다. 근대 일본 내에서는 차별의 대상이었으며 자연 일본에 대한 반감을 가진 오키나와인도 적지 않았다. 오키나와는 제2차 세계대전 후 미군정 지배를 받다가 1972년 5월 통치권이 일본에 반환되었다. 자민당 수뇌부로서는 일본이 오키나와 통치권을 막 회복한 직후 인근에서 해저 유전이 발견되면 오키나와 독립운동을 자극할지 모른다고 우려했다. 북해 유전 발견이 스코틀랜드 독립운동의 불을 지핀 사실과 유사한 상황이 오키나와에서도 일어날 수 있다고 걱정했기에 공동개발협정 비준을 망설였다고 한다.

② 한일 대륙붕 공동개발협정은 최소 50년간 유효하도록 예정하고, 이후 유지를 원하지 않는 측은 3년간 유예를 둔 통고로 협정을 폐기할 수 있다. 이에 일본이 2025년 6월 이후 폐지 통고를 하면 그로부터 3년 후 협정을 종료시킬 수 있다. 협정 체결 시에는 멀게만 느껴졌던 50년 시한이 코앞에 다가온 결과가 되었다. 대륙붕에 관한 해양법 환경이 자국에 유리해졌다고 판단한 일본이 협정 폐기를 통고하면 한일 양국은 미루어 두었던 대륙붕 경계획정을 해야 한다. 그런데 동북아시아 해역 경계획정이 최종적으로 마무리되려면 중국의 참여가 필수이다. 3국의 권리가 만나는 교차점을 확정해야 하기 때문이다. 한일 양국 협상은 멀고도 힘든 길이 되며, 중국까지 포함된 3국 협상은 더욱 지난한 과정이 되리라고 예상된다. 합의가 이루어지기 전 해저 개

발에 적극적인 국가가 나타나면 예기치 못한 갈등이나 충돌이 발생할 수 있다. 한일 대륙붕 공동개발협정으로 어느 정도 관리되던 이 수역의 긴장이 급격히 높아지거나 폭발할 수도 있다.

한편 일본이 공동개발협정 폐기를 한국에 통고하면 그 판단의 합리성을 따지지 않고 국내에서는 커다란 반일 감정이 분출될지도 모른다. 한국 사회는 1998년 일본이 한일 어업협정을 폐기했을 때 유사한 경험을 한 바 있다. 유엔해양법협약 발효라는 변화된 해양법 환경과 어업협정 운영 상황에 대한 누적된 불만이 일본으로 하여금 협정의 일방적 폐기라는 강수를 두게 만들었는데, 국내 여론은 현실에 대한 합리적 대처보다 엄청난 반일 감정만 토해낸 적이 있다. 인접국으로서 상호 불행한 사태였다. 유사한 사태가 재발되지 않기를 희망한다. 한국은 기존 공동개발협정 유지가 최선의 희망이지만, 이 문제에 대한 칼자루는 현재 일본이 쥐고 있다.

동해에서 고래 떼를 다시 만나게 되었다 13

울산에 가면 고래 관광선이 있다. 배를 타고 인근 바다로 나가 고래 구경을 하는 관광이다. 한때 남획으로 한반도 주변에서는 고래 보기가 힘들었는데 근래 개체수가 많이 회복되었다. 운이 좋으면 한꺼번에 100마리, 200마리의 고래 떼도 볼 수 있다. 사라졌던 고래를 우리 주변에서 다시 만나게 됨은 즐거운 일이다. 고래 관광이 가능해진 배경에는 국제법이 자리 잡고 있다.

인류는 대체로 3,000년 전부터 세계 각지에서 고래사냥을 시작했다. 주로 생활의 필요 때문에 사냥되던 고래는 17세기경부터 상업 포경의 대상이 되었다. 고래기름에 대한 수요가 크게 늘어난 19세기부터 점차 남획이 고래 생태계에 직접적인 영향을 미치기 시작했다. 1930년대에는 전 세계에서 고래가 매년 약 5만 마리나 포획되었다. 이때부터 고래 보호 운동이 시작되었다. 구체적인 국제법적 결실은 1946년 채택된 「국제포경규제협약International Convention for the Regulation of Whaling」이다. 이 협약으로 국제포경위원회International Whaling Commission가 설치되어 고래 남획을 막기 위한 규제를 시작했다. 그럼에도 불구하고 고래 생태계가 계속 위협받게 되자 국제포경위원회는 1985~1986년 시즌부터 과학조사 목적이 아닌 상업용 고래사냥을 전면 금지시켰다. 40년이 지난 오늘날 세계적으로 고래 숫자가 많이 회복되었다고 평가된다. 다만 아직 고래 생태계가 안정적이라고 할 정도로 충분히 회복되지 않았다는 판단 아래 상업용 포경은 계속 금지되고 있다.

고래 사냥 금지에는 전통적 포경국들이 반발했다. 대표적인 국가는 일본이다. 일본은 과학조사용으로만 고래를 잡는다고 주장했으나, 환경단체들은 일본이 과도하게 포경을 한다고 비판했다. 일본은 2019년 「국제포경규제협약」을 탈퇴해 국제적 비난을 사고 있다.

신석기 시대 내지 청동기 시대에 새겨졌다고 추정되는 울산 반구대 암각화(국보, 유네스코 세계유산)에 고래사냥 모습이 그려진 사실에서도 알 수 있듯이 한국의 포경 역사 역시 매우 오래다. 과거 울산 장생포는 국내 포경의 중심지였으며, 고래고기는 경남지방의 흔한 반찬 중 하나였다. 한국도 1978년 「국제포경규제협약」을 비준해 현재는 고래사냥을 금지하고 있다.

국내에서 종종 밍크고래가 잡혀 고가로 팔렸다는 보도가 나온다. 이는 어찌 된 일인가? 고래를 고의로 잡을 수는 없지만, 다른 물고기를 잡으려고 친 어망에 우연히 고래가 잡혀 죽으면, 이는 당국의 확인을 거쳐 판매될 수 있다. 신선한 대형 고래는 경매가가 1억 원을 넘기도 해 흔히 바다의 로또라고 부른다. 이렇게 연안 어망에서 혼획된 고래가 적지 않은 수에 이른다. 한국에서 혼획되는 고래 수가 다른 국가에 비해 많아 밀렵을 의심받기도 한다. 하여간 이것이 경남 일대에서 아직도 고래고기 식당이 100여 곳이나 영업 중인 이유이다. 단 혹등고래, 대왕고래, 범고래 등 해양보호생물로 지정된 15종의 고래는 혼획되어도 판매할 수 없다.

전 세계를 누비는 고래의 보호는 몇몇 고래 사랑국의 노력만으로 이룰 수 없다. 많은 포경국이 협력해야만 전 세계 고래 생태계가 보호될 수 있다. 이를 위한 효과적인 국제협력에는 국제법이 필요하다. 구체적으로 「국제포경규제협약」이 그러한 역할을 하고 있다.

순천만 갯벌이 국제적 보호를 받는다 14

전라남도 순천만은 드넓은 갯벌에 펼쳐지는 갈대밭과 칠면초 군락, S자형 수로 등이 어우러진 우리나라의 대표적 해안 습지다. 경치가 아름답기로 유명하다. 순천만 갈대밭은 천연기념물 제228호인 흑두루미를 포함해 먹황새, 노랑부리저어새, 흰목물떼새 등 국제적 희귀조류 25종을 포함해 모두 220여 종에 이르는 조류의 서식지와 월동지이다.

습지는 흔히 자연의 심장이라고 부른다. 습지는 수많은 생명체에게 서식처를 제공하며 생태계의 순환을 지원한다. 습지는 지하수위 조절을 통해 원활한 물 공급을 보장하고 홍수와 한발을 방지하는 기능을 한다. 연안 침식 방지, 수질 정화, 자연경관 보존 등의 역할도 한다. 그러나 산업화와 개발의 영향으로 20세기 이후 지구상 습지의 절반 이상이 사라졌다. 20세기 후반부터는 습지 소멸 속도가 한층 가속화되었다. 습지 소멸은 자연 생태계 파괴로 인한 생물 다양성 감소, 수질 악화, 자연경관 훼손, 기후변화 등을 초래한다. 습지의 훼손과 소멸은 궁극적으로 인류 삶의 터전이 위협받는 결과를 가져온다.

1971년 이란 람사르Ramsar에서는 18개국 대표가 모여 생태학적·사회경제적·문화적으로 중요한 가치를 지니고 있는 습지를 국제적으로 보호하고 자연생태계를 보전하자는 목적에서 「물새 서식처로서 국제적으로 중요한 습지에 관한 협약」(일명 '람사르협약')을 채택했다. 이 협약에서 말하는 습지란 습토, 소택지, 토탄지 또는 물로 된 지역을 말하며 바닷가 해안의 경우 썰물 시 수심이 6m 이하인 해역을 포함한다. 물이 고여 있든 흐르고 있든 상관없으며, 담수와 바닷물 모두 포함될 수 있다. 즉 갯벌, 호수, 하천, 해안은 물론 논도 해당될 수 있다.

람사르협약은 당사국의 습지 중 생태학상이나 생물학상 또는 수문학상 국제적으로 중요한 습지를 협약 사무국에 등록하도록 요구하고 있다. 특히 물새에게 국제적으로 중요한 습지를 포함하라고 요구하고 있다. 협약은 물새 서식지를 특히 강조하고 있으나, 반드시 물새가 서식하는 습지만을 등록대상으로 하지는 않는다. 람사르협약의 습지로 등록되면 당사국은 해당 습지를 보호하고 이의 현명한 이용을 촉진하기 위한 국가 차원의 계획을 수립하고 이행해야 한다.

2025년 현재 람사르협약에는 모두 172개국이 당사국으로 참여하고 있으며, 전 세계 2,542개소의 습지가 보호대상으로 등록되어 있다. 한국은 이 협약에 1997년 가입해 총 26개 습지를 보호대상으로 등록하고 있다.

이제 협약상 보호지구로 등록된 순천만 갯벌, 인제 대암산 용늪, 창녕 우포늪, 전라남도 무안 갯벌 등의 보존과 보호는 지방자치단체 차원의 책임에 머물지 않는다. 이들 습지와 물새의 보호는 한국의 국제적 약속이다. 환경오염과 같은 인간 활동으로 이들 습지의 생태학적 특성에 변화가 발생하면 즉시 람사르 사무국에 보고해야 한다. 우리 땅이라 해도 개발 논리에 따라 마음대로 매립하거나 간척할 수 없음은 물론이다. 순천만 갯벌과 우포늪의 생태계와 경관은 이제 단순히 환경운동가나 그 지역 공무원의 보호만 받지 않는다. 국제조약을 통한 국제사회의 보호를 받고 있다. 람사르협약에 의해 우리의 미래 세대도 습지를 보장받게 되었다. 람사르협약이 채택된 2월 2일은 각국에서 '세계 습지의 날'로 기념되고 있다.

오존층을 보존해 자외선으로부터 지구를 보호한다 15

1974년 몰리나M. Molina와 롤런드F. Rowland 2명의 과학자가 일상생활에서 널리 사용되는 프레온가스가 지구 상공 오존층을 파괴할 가능성이 있다는 논문을 발표했다. 당시만 해도 추정에 불과하던 이 주장은 1985년 남극 상공에 전례 없는 오존층 구멍이 발견되면서 현실로 받아들여지게 되었다. 그 후 오존층 구멍은 날로 커진다고 관측되었다.

지구 상공 20~50km 성층권에 형성된 오존층은 태양으로부터 나오는 자외선 97~99%를 차단함으로써 지구에 대한 보호막 역할을 한다. 오존층이 파괴되어 지구로 도달하는 자외선이 증가하면 생태계에 광범위한 영향을 미치게 된다. 예를 들어, 피부암과 백내장 증가, 기온 상승으로 인한 기후변화, 광합성 억제에 따른 플랑크톤 감소와 생태계 먹이사슬 파괴, 식물 생장 저하 등이 예상된다. 오존층 파괴 물질로는 프레온가스 외에도 할론, 염화탄소 등 여러 화학물질이 거론되었는데, 이러한 물질은 냉장고와 에어컨 냉매, 각종 스프레이, 단열제, 전자기판 세정제 등으로 산업현장과 일상생활에서 폭넓게 사용되고 있었다.

프레온가스 등은 매우 안정적 물질이라 한 번 발생하면 50년 내지 100년 가까이 지구 상공을 떠돌게 된다. 이미 생산된 프레온가스는 향후에도 수십 년을 더 성층권에 머물며 오존층을 파괴할 가능성이 있다는 이야기다. 프레온가스나 할론가스가 오존층 파괴의 주범이냐에 대해서는 당시 과학적 논란이 완전히 종식되지 않았지만, 이 점이 과학적으로 충분히 입증된 후 인류가 대처한다면 너무 늦으리라 우려되었다. 이에 유엔환경계획UNEP을 중심으로 대책이 숙의되었고, 1985년 「오존층 보호를 위한 비엔나 협약Vienna Convention for the Protection of the Ozone Layer」이 채택되었다. 단 이 협약 내용은 오존층 변화의 악영향으로부터 인류의 건강과 환경을 보호하기 위해 행동이 필요하다는 원칙을 확인하는 선에 그쳤다.

구체적 행동의무는 1987년 추가의정서 형식으로 채택된 「몬트리올의정서」를 통해 마련되었다. 일단 각국은 프레온가스와 할론가스의 소비를 1986년 수준으로 동결시키고, 향후 이를 50%까지 감축하기로 합의했다. 이들 물질이 워낙 광범위하게 사용되고 있었으므로 당장 생산을 금지시키지는 못했다. 이후 몬트리올의정서는 1990년, 1992년, 1997년 및 1999년 개정을 통해 규제물질을 확대시키고 감축 일정을 단축했다. 현재 근 100종의 화학물질의 생산과 소비를 규제하고 있고, 궁극적으로 이러한 물질 생산을 완전히 중단할 예정이다. 그중 상당수 물질은 대체제 마련 등으로 이미 생산이 중단되었다. 일단 과학자들은 오존층이 조금씩 회복되고 있다고 보고 있다.

현재 1985년 비엔나협약과 1987년 「몬트리올의정서」 당사국은 유엔 회원국 수를 넘는 198개국이다. 이후의 개정 조항도 197개국 내지 163개국이 비준했다. 한국은 두 협약을 모두 비준했다. 유엔환경계획은 이들 협약이 잘 준수된다면 2060년대 정도에는 지구 오존층이 완전히 회복되리라 기대하고 있다.

오존층 보호와 같이 인류 공동의 노력이 필요한 문제는 오직 국제법을 통한 강제적 제도 수립을 통해서만 실질적 대처가 가능하다. 이를 개별국가의 선의에만 맡겼을 경우 인류 문명은 최악의 상황을 맞이할 수도 있다.

VI

국제법이 대한민국에 중요한 이유

국제법은 어떠한 존재일까? 국제법이란 국가 간 평화관계 구축에 봉사하는 존재요 인류의 더 나은 미래를 위한 수단으로 인식하는 입장이 있는가 하면, 국제 자본주의 시녀이자 강대국이 약소국을 억압하는 도구로 보는 입장도 있다. 국제법을 힘없이 억압받는 자를 위한 희망의 받침대로 생각하는 입장이 있는 반면, 국내 문제에 대한 외부 개입 통로이자 주권국가의 자율을 침해하는 존재로 인식하는 입장도 있다. 국제법을 보는 시각은 나라와 개인마다 각기 역사적 경험, 현재 처한 상황, 부딪치는 사안에 따라 다양할 수 있다. 위의 어느 입장도 전적으로 틀렸다고는 할 수 없다. 그러면 한국과 한국인은 국제법을 어떻게 바라보고 어떻게 이용해야 현명할까?

1
한국의 지정학적 위치

국제법이 본격적으로 발전한 19세기부터 20세기에 이르는 동안 한국은 국제질서 형성 과정에서 소외되어 있었다. 외세에 강요된 개방과 일제 강박에 의한 식민지 전락, 광복 후 국토분단에 따른 제약 등으로 한국은 국제규범 형성에 참여할 기회를 사실상 박탈당했다. 제2차 세계대전 후 유엔 체제가 성립되자 북미와 유럽 같은 세계정치 '중심 지역'에서는 적어도 2022년 우크라이나전쟁 발발 이전에는 장기간 평화와 번영이 구가되었으나, '주변 지역'은 여전히 중심 세력들의 각축장이었다.[1] 냉전의 최일선 충돌 지점이 된 한반도는 6·25전쟁이라는 미증유의 민족적 비극을 경험했다.

20세기 종반부터 한국의 경제력은 비약적으로 신장했으나, 동북아시아에서 한국은 여전히 주변 강국에 포위된 형상이다. 한반도는 러시아, 중국, 일본과 직접 맞대고 있으며, 미국 역시 동북아시아에서 확고한 세력을 구축하고 있다. 한국이 이들 중 어느 한 나라라도 혼자

1 김용구, 『만국공법』(소화, 2008), 188쪽.

힘으로 다루기는 여전히 벅차다. 핵무기 보유를 과시하는 북한과는 상시적 긴장관계에 놓여 있으며, 우방국이라는 일본과는 끊임없이 과거사 갈등을 겪고 있다. 정치체제가 다른 중국의 급속한 부상은 남북 분단 상황에서 자칫 한국의 입지를 더욱 곤란하게 만들 거라는 우려를 제기한다.

동북아시아에 중국과 일본이라는 양강이 위치함으로써 국제사회에서 아시아 지역을 안배할 때마다 한국은 존재감 확보에 어려움을 겪는다. 예를 들어, 국제사법재판소 판사는 아시아에 관행적으로 3석이 배정되는데,[2] 안전보장이사회 상임이사국인 중국이 통상 1석을 차지하고 일본 역시 관례적으로 1석을 차지함으로써, 나머지 한 자리를 가지고 전 아시아 국가가 각축해야 했다. 이때 같은 동북아시아 국가인 한국이 나머지 1석을 차지하겠다고 나서면 다른 아시아 국가들의 지지를 얻기 어렵다. 그럼에도 불구하고 국제정치 무대에서 한국 외교는 사사건건 같은 민족 간 남북 대결에 발목을 잡혀 왔다. 한민족은 아직도 통일국가 설립이라는 19세기적 과제도 해결하지 못하고 있다. 결국 동북아시아에서 한국은 자신보다 우월하거나 적대적인 경쟁자들은 여럿이나 친구는 적다. 또한 한국은 세계 7, 8위권 무역 대국이며 석유를 100% 수입하는 국가임에도 한반도 주변 해양 수송로의 안전을 독자적으로 확보할 능력은 미미하다.

국내 언론에는 언제부터인가 한국이 처한 상황을 구한말에 비유하는 기사가 종종 등장한다. 당시 조선을 노리는 열강은 많았으나, 조선의 국력이 이를 독자적으로 물리치기에는 너무나 미약했다. 사회 지

---

2 2018년부터 영국 판사가 처음으로 탈락하고 아시아 판사가 4명으로 늘었다. 이 수치가 앞으로도 유지될지는 미지수이다.

도층은 지나치게 교조적 고정관념에 사로잡혀 있었고, 개방보다는 쇄국을 통한 기존 질서 유지를 선호했다. 변화된 국제질서를 객관적으로 평가하지 못하고 자아도취 식으로만 이해했다. 만국공법이라는 새로운 국제질서 규칙이 동북아시아에 도래하자 일본 지식인들은 너나없이 이의 학습과 활용에 열심이었으나, 조선 지도층은 갑론을박으로 세월을 보냈다. 내부적으로 민생과 경제는 피폐한 수준이었으나 지도층은 현실을 직시하지 못했다. 선각자들이 이러한 여러 사실을 심각하게 받아들였을 때는 이미 너무 늦었다. 열강의 세력 정치는 그들의 눈에 "한심하게만 보이는" 조선을 일제가 식민지화하는 데 동의했다.

물론 오늘날은 19세기 말과 상황이 크게 다르다. 우리 사회가 19세기 말 조선처럼 패쇄적이지 않고 경제력 성장도 괄목할 만하다. 그러나 국제정치의 중심 세력은 여전히 국제질서를 자신의 입맛대로 요리하기 원하며, 자국이 영향력을 강제할 수 있는 국가를 확보하기 위해 노력한다. 비록 형태와 성격은 달라졌어도 중심과 주변의 관계는 좀처럼 변하지 않는다. 지난 반세기 동안 한국의 국력은 비약적으로 발전했는데, 과연 앞으로도 한국이 동북아시아 강국들 틈바귀에서 국가 발전을 지속하고 주권국가로서의 자존을 지킬 수 있을까?

2
유럽의 강소국들

눈을 밖으로 돌리면 이 같은 지정학적 상황이 비단 한국만의 일은 아니다. 유럽의 네덜란드, 덴마크, 노르웨이, 스웨덴, 핀란드, 스위스 같은 국가들도 지난 역사에서 인근 강대국들의 끊임없는 정치적·군사적 위협과 경제적 압박에 노출되어 있었다.[3] 이웃 국가의 침략과 지배를 받기도 했다. 그럼에도 불구하고 오늘날 이 국가들은 영국, 프랑스, 독일, 러시아 등 인접 강대국보다 한층 높은 수준의 경제적 번영을 구가하며 보다 자유로운 사회제도를 향유함은 물론, 국제정치에서도 나름의 독특한 역할을 수행하고 있다. 흔히 이런 국가를 작지만 강한 '강소국强小國'이라고 부른다.

이들 강소국은 어떠한 발전 전략을 추구하는가? 상대적으로 작은 규모의 국내시장을 가진 이들 국가가 남보다 높은 수준의 경제적 번영을 유지하기 위해서는 해외시장에 적지 않게 의존할 수밖에 없다. 자연 이들 국가의 경제는 대외개방 체제를 지향하게 된다. 개방적 대외

3 과거에는 제국을 이루었지만 현재의 오스트리아도 이런 국가군에 포함될 수 있다.

정책을 취하려면 이를 경제 분야로만 한정시킬 수 없으며, 사회 각 분야의 개방화도 병행되어야 한다. 개방은 사회적 가치로서 관용을 필요로 하며, 관용은 보편적 가치를 중시하는 사회에서만 실현이 가능하다.

관용은 강소국에만 필요한 가치는 아니다. 과거 모든 초강대국이 제국을 이루고 패권을 장악하는 데 필수 불가결한 요소 중 하나가 관용이었다. 반면 제국의 쇠퇴는 불관용과 외국인 혐오, 인종적·종교적·민족적 순수성에 대한 촉구와 함께 시작되었다는 분석 역시 교훈으로 삼아야 한다.[4] 역사에서 쇄국을 통해 국가 번영을 이룩한 사례가 과연 있었는가? 쇄국은 국가를 외부 위협으로부터 일시적으로 보호해 줄지 모르나, 궁극적으로는 국가를 후퇴시키며 주권 유지마저 위태롭게 만든 경우가 더 많았다. 개방이 외세 침투 통로가 되어 몰락의 길을 걸을 국가라면 쇄국을 통한 국가 보전도 일시적 수준에 그치기 쉽다.

대외 의존도가 높은 국가는 안정적 국제질서 확보에 높은 우선순위를 둘 수밖에 없다. 높은 대외 의존도는 때로 이들 국가를 외부적 충격에 취약하게 만드나, 강대국 수준의 협상력을 확보하기 어려운 중위국으로서는 위기 시 충격의 비용을 외부로 전가시키기도 어렵다. 결국 중위권 강소국으로서는 안정적 국제질서 확보와 강대국을 상대로 한 협상력 제고를 위해 어떤 국가도 부인하기 어려운 보편적 가치와 국제법을 더욱 중요시하지 않을 수 없다. 주권평등을 기본 원칙의 하나로 하는 국제법은 이들이 강대국을 상대로 할 때 가장 효과적인 교섭 수단이 되기 때문이다. 국제사회에서 신뢰는 강대국 외교에서도 포기할 수 없는 자산이므로 아무리 강대국이라 할지라도 자신의 동의하에 성

---

4 에이미 추아(이순희 역), 『제국의 미래』(비아북, 2008), 7쪽.

립된 국제법을 쉽게 '감탄고토甘呑苦吐'[5]하지는 못한다.

국가가 국제법을 대외정책에만 한정해 활용할 수는 없다. 국가가 자신은 국내적으로 국제법을 실천하지 않으면서 상대방에게만 이를 지키라고 요구할 수는 없다. 이에 강소국들은 국내적으로도 국제기준을 충실히 이행하며 높은 수준의 인권보호를 실천하고 있다. 이를 통해 이들 국가는 국제사회에서 평화애호와 인권존중에서 특별한 국가이미지를 구축하고 있으며, 그러한 이미지 자체가 대외교섭과 국가안보에 도움이 된다. 결국 이들 중위권 강소국 대외전략의 특징은 적극적 대외 개방, 대립되는 이념의 관용적 수용, 인류의 보편적 가치 중시, 국제규범에 입각한 대외관계 처리, 국제분쟁의 평화적 해결에 대한 적극적 기여 자세 등으로 요약될 수 있다.

또한 이들 국가의 공통점 중 하나는 위와 같은 원칙을 수행하기 위해 국내적으로 국제법에 관한 탄탄한 지식기반을 구축하고 있다는 사실이다. 전 세계적으로 중요한 국제법 이론서의 상당 부분이 네덜란드 출판사에서 출간되고 있다거나, 강소국들의 경우 모두 국제적으로 유명한 국제법연구소 또는 평화연구소를 갖고 있는 사실이 좋은 예이다.

5 달면 삼키고, 쓰면 뱉는다(Swallow the sweet and spit out the bitter).

3
네덜란드 헌법

이러한 강소국 중에는 국제법에 특별한 지위를 부여하는 헌법을 갖고 있는 국가들이 있다. 오늘날과 같이 국제화된 시대에도 대부분의 국가가 적어도 국내적으로는 자국 헌법의 최고성에 대해서는 양보하지 않으려 한다. 헌법이 자기 나라 법질서의 토대를 제공한다는 점에서 대부분 법률가는 헌법의 국내적 최고성을 당연한 일로 받아들이며, 이러한 현상은 어느 나라에서나 마찬가지라고 생각한다.

이러한 결론이 모든 나라에서 통용되는 상식은 아니다. 네덜란드 헌법은 국내 법률보다 조약에 더 우월한 효력을 인정할 뿐만 아니라, 헌법과 모순되는 조약이라도 의회에서 3분의 2 이상의 동의를 받는다면 헌법보다 우월한 효력을 인정하고 있다.[6] 즉 개헌 없이도 헌법과 모순되는 조약에 우선적 효력을 인정할 수 있다. 왜 네덜란드는 조약에 헌법 이상의 효력을 부여하는 제도를 갖고 있을까?

네덜란드는 유럽에서 비교적 작은 나라이다. 국토 상당 부분이 바다

6 네덜란드 「헌법」 제91조 제3항.

를 메워 얻은 땅일 정도로 자연환경이 열악하다. 국토의 4분의 1이 해수면보다 낮아 국가 이름조차 '낮은 땅'이다. 천연자원도 별달리 내세울 게 없다. 한국도 크지 않지만 네덜란드는 더 작아 인구는 한국의 3분의 1을 조금 넘고(2024년 1,790만 명), 국토 면적도 남한의 40% 남짓이다(41,553km²). 그러면서도 프랑스와 독일이라는 강대국에 둘러싸여 있다. 국가의 독립을 유지하기 쉽지 않은 형세이다. 이러한 네덜란드가 살길은 개방과 대외진출뿐이었다.

네덜란드는 오래전부터 대외무역을 통해 국가 경제를 발전시켜 왔다. 오늘날 네덜란드 수출 규모는 세계 4위(2023년 IMF 발표)로 프랑스, 이탈리아, 영국보다 더 크다. 네덜란드 경제에서는 국내총생산보다 무역 비중이 더 커서 무역의존도가 늘 100%를 넘는다. 네덜란드 교역의 상당 부분이 중개무역이기 때문이다. 이러한 독특한 상황에 놓여 있기 때문에 네덜란드는 원활한 국제관계를 중요시하지 않을 수 없다. 국가의 대외적 약속은 반드시 지키는 편이 국익 보호에 중요하다고 판단했다. 이러한 배경 속에서 네덜란드는 때로 헌법보다 조약을 우위에 놓는 법전통을 수립했다.[7]

룩셈부르크 역시 조약에 대해 국내 법률뿐만 아니라 헌법보다도 우월한 효력을 인정한다. 룩셈부르크 헌법에 조약의 국내적 위계에 관한 구체적 규정은 없으나, 법원은 오래전부터 일관되게 조약의 우위를 선고해 왔다. 신법률도 구조약에 우선하지 못한다. 또한 룩셈부르크 헌법재판소는 발효 중인 조약을 위헌으로 판정할 수 없다. 네덜란드보다 더 작고 강대국에 둘러싸인 소국 룩셈부르크 역시 국내법을 이

7 P. Malanczuk, *Akerhurst's Modern Introduction to International Law* 7th revised ed.(Routlege, 1997), pp.67-68.

유로 대외적 약속을 위반할 수 없다는 사실을 명심하고 있다. 이러한 태도가 사법운영에도 그대로 반영되어 있다.[8]

유럽의 가운데 알프스산맥에 둘러싸인 스위스 역시 지정학적 형편이 애처롭다. 서유럽 가운데서 프랑스, 독일, 이탈리아, 오스트리아에 포위된 형상이다. 국토가 비옥한 평원이었다면 이웃 강대국이 일찍부터 욕심을 부렸을 위치이나, 높은 산악지형으로 사람 살기 힘들고 물산이 풍부하지 못해 이웃 강국들이 탐내지 않았다. 스위스는 과거 남자들이 유럽 각국으로 용병을 나가 돈을 벌어야 할 정도로 먹고 살기조차 힘들었다. 전통적으로 교황청 호위대는 스위스인 용병들이다. 프랑스 대혁명 시절 루이 16세 왕실을 호위하던 병사 역시 스위스인 용병이었다. 그런데 혁명의 대세가 판가름 나면서 용병들로서는 루이 16세 왕실을 더 이상 보호하기 어렵게 되었다. 스위스 용병들은 도망치거나 투항할 수도 있었지만, 만약 그러면 비겁하다는 평판을 받으리라 고민했다. 후손들이 더 이상 용병 자리조차 얻지 못해 먹고 살기 힘들게 되면 어쩌나 걱정한 끝에 그들은 항전과 죽음을 택했다.

이러한 척박한 상황의 스위스가 오늘날에는 영세중립국으로서 국가안보를 보장받으며 경제적 번영을 구가하고 있다. 과거 역사상 여러 국가가 영세중립을 선언했지만, 2세기 이상 영세중립국 지위를 유지한 나라는 스위스가 유일하다. 구한말 유길준을 비롯 샌즈Sands 등 몇몇 주한 외교관이 영세중립을 통해 조선의 독립을 보전하자고 제안했으나, 조선은 이를 실현시킬 능력이 없었다. 영세중립을 실현하기 위해서는 고도의 외교력과 이를 유지할 힘을 갖추어야 한다. 또한 이의

8 P. Kirsch, Luxembourg, in D. Shelton ed., *International Law and Domestic Legal System*(Oxford University Press, 2011), pp.400-404.

바탕에는 풍부한 국제법 지식이 필요함은 물론, 대외정책에서 국제법을 존중하는 자세가 필요하다. 오늘날 스위스 헌법에는 개헌 시 국제법상 강행규범을 위반하지 않아야 한다는 조항이 있다.[9] 국제법의 근본 원칙은 누구도 위반할 수 없으며, 이는 자국의 헌법보다 중요한 법원칙이라고 인정한 셈이다. 이는 대외적 약속과 국제법의 소중함을 역사 속에서 체득한 스위스인의 생각이 반영된 결과이다.

9 스위스 「헌법」 제193조 제4항 및 제194조 제2항.

4
한국에서 국제법의 의미

빈약한 천연자원, 높은 인구밀도, 남북분단 상황, 강국으로 둘러싸인 지정학적 위치에도 불구하고 한국이 20세기 후반부터 유례없는 고속성장을 할 수 있었던 요인은 무역을 통한 적극적 대외진출 전략이 성공했기 때문이다. 한국은 경제 규모 세계 14위, 수출 규모 6위, 수입 규모 9위(2024년 IMF 발표)로 전 세계적으로 최상위권이다. 인구수는 26위, 우리 스스로 매우 좁다고 생각하는 국토 면적도 108위로 세계 국가 중 중간 정도 순위이다(남북한을 합하면 면적 84위). 모국어 사용자 수를 기준으로 할 때 한국어는 세계 13, 14위권 언어에 해당한다. 이러한 통계에 비추어 볼 때 한국은 결코 작은 나라가 아니며, 중위권 강소국 이상의 기반을 갖추고 있다. 다만 강국에 둘러싸인 한국의 지정학적 위치가 한국을 실제보다 더 왜소해 보이도록 만든다. 지정학적 위치가 만족스럽지 않다고 해서 국가가 이사 갈 수는 없기 때문에 한국은 지금의 조건 속에서 국가 발전을 모색해야 한다. 동북아시아 국가인 한국이 앞으로 유럽의 중위권 강소국들처럼 현재 이상의 경제적 번영을 이루고 국제정치 질서에서도 자신의 입지를 확보하려면 어떻게 해야 하는가?

인접 강국의 틈바귀 속에서 공존해야 하는 한국으로서는 유럽 강소국들의 생존전략을 눈여겨볼 필요가 있다. 한국이 인접 국가와의 관계를 힘의 논리로 풀어 가기보다는, 주변국을 상대로 교섭을 하고 국익을 보전하고 국가 발전을 지속하기 위해서는, 누구도 부인할 수 없는 보편 규범을 바탕으로 자신의 주장을 전개해야 한다. 국제사회의 공통언어Common Language of International Society라고 할 수 있는 국제법이 바로 그런 보편규범의 중심을 이룬다. 여기에 한국이 남달리 국제법의 중요성에 주목해야 할 이유가 있다. 국제법이 강대국의 선도로 만들어졌다는 사실은 물론 부인할 수 없으나, 중위권 국가가 강국을 상대할 때는 이보다 더 유용한 틀이 없기 때문이다.

대외관계를 중시해야 하는 한국에서도 필요한 경우 헌법보다 국제법을 우위에 놓자고 제의한다면 국내 법률가들은 어떻게 반응할까? 해보지도 않은 조사에 대한 답을 미리 가정할 필요는 없다. 다만 국제적으로 널리 수용되고 있는 투자자-국가 간 소송제도Investor-State Dispute Settlement; ISDS 도입조차 사법주권 침해라고 주장하는 법조인이 있다면 그들의 귀에는 당치도 않은 소리로 들릴 것이다. 실제로 국내 법률가들을 만나면 의외로 국제법에 대한 인식이 부족한 경우를 자주 접하게 된다. 이는 대부분의 법률가가 업무상 국내법만을 다룬다는 점에서 이해가 가기도 한다. 미국 국제법학회조차 오죽 답답했으면 여러 해 전『판사를 위한 국제법 안내서International Law: A Guidebook for Judges』(2014년 최신판: *Benchbook on International Law*)라는 소책자를 만들어 보급할 정도였다. 실제로 미국 법조인들은 세계 어느 나라 법조인들보다 국내법 중심 사고에 젖어 있다는 사실을 부인할 수 없다. 미국이라는 국가의 힘과 특성상 그래도 통용되기 때문이다. 미국과 같은 슈퍼파워는 국제법이 아예 없다면 세상을 자기 마음대로 요리할 수 있으므로 더 편리해진다고 생각할지도 모른다.

그러나 한국과 같은 규모와 지정학적 위치의 국가는 미국과 입장이 같을 수 없다. 한국의 처지는 유럽의 네덜란드, 스위스, 오스트리아 등과 비슷한 상황이다. 우리는 유럽의 강소국들이 국제법 실천과 존중에 적극적이고 국제법 연구에 남달리 진력하고 국내법적으로 국제법에 특별한 지위를 부여하기도 하는 태도에서 필요한 교훈을 얻어야 한다. 한국은 세계의 다른 어떤 국가들보다 '특별히' 더 국제법을 필요로 하고 대외관계 운영에서 국제법을 활용해야 하는 국가이기 때문이다.

현실주의자들은 의문을 제기할지 모른다. 여전히 국제사회는 정글의 법칙이 지배하는 약육강식의 세계인데, 한가하게 국제법 타령만 하느냐고? 어느 정도는 맞는 말이다. 그러나 현대사를 다시 한번 반추해 보자. 인류 역사상 처음으로 제2차 세계대전 이후 80년간 한 나라가 무력에 의해 타국에 완전히 병합된 사례가 한 건도 없었다. 이제는 재직 중 심각하게 국제법을 위반한 전현직 국가원수에 대해 국제형사재판이 진행되고 있다. 세르비아 밀로셰비치Milosevic 전 대통령과 필리핀 두테르테Duterte 전 대통령은 국제형사재판소에 기소되어 퇴직 후 형사재판을 받게 되었다. 러시아 푸틴Putin 대통령과 이스라엘 네타냐후Netanyahu 수상에게도 국제형사재판소 체포영장이 발부되어, 이들은 외국 방문을 할 때 자신이 체포되지 않을까를 고려해 행선지를 택하고 있다. 과거 같으면 인접국들에 의해 벌써 영토가 갈래갈래 찢어지고 먹혔을 파탄국가Failed State도 국제사회에 의해 국가로 유지되고 복원되고 있다. 전 세계 모든 국가의 인권 상황이 5년마다 유엔에 의해 검토를 받고 있다. 이 모두가 100년 전 세계에서는 상상할 수 없던 일이다. 국제사회는 비록 시대에 따른 부침이 있고 어떤 이에게는 답답할 정도로 느리게 보일지 몰라도 국제법의 지배가 실현되는 방향으로 조금씩 조금씩 전진하고 있다.

지난 1세기 정도의 세계 역사를 돌이켜 봐도 국제질서가 커다란 변화를 겪을 때마다 국제법의 중요성이 강화되는 경향을 뚜렷이 발견할 수 있다. 예를 들어, 국제법과 국내법의 관계에 관해 19세기 말까지 유럽 대륙에서는 국내법 우위론이 상당히 득세했지만, 제1차 세계대전이 지나자 그런 주장을 하는 학자를 더 이상 찾기 어렵게 되었다.

19세기 국가지상주의자들은 주권의 절대성을 강조했다. 국가는 자신의 최선 이익에 반하면 국제적 행동기준에 대한 지지를 언제나 철회할 수 있다고 생각했다. 자연 국제법은 구속력 있는 법규범이라기보다 국가에 대한 권장 행동지침 정도로 여겨졌다. 그런데 현실 세계에서 국제사회의 행동규칙을 자유로이 수정하거나 이탈할 능력이 있는 국가는 강대국뿐이었으므로, 결국 국제법에 대한 이러한 태도는 강대국의 극단적 자민족 중심주의의 발로요, 제국주의적 행동을 정당화시키는 도구가 되기도 했다.[10] 1914년 독일이 영세중립국 벨기에를 침공하면서 독일 민족의 필요성이라는 미명으로 합리화하려던 시도가 좋은 예이다.

제1차 세계대전의 경험과 전후의 국제질서는 국제법 지위에 대한 새로운 이론을 정립시키는 계기가 되었다. 패전 독일은 관습국제법을 독일법의 일부라고 선언한 바이마르 헌법을 제정했다. 전범국 독일로서는 국제법 준수 의무를 헌법에 명기함으로써 국제사회의 선량한 일

10 L. Ferrari-Bravo, "International Law and Municipal Law: The Complementarity of Legal Systems", R. MacDonald & D. Johnston ed., *The Structure and Process of International Law: Essays in Legal Philosophy Doctrine and Theory*(Martinus, Nijhoff. 1983), p.729.

원으로 인정받기 원했다. 제2차 세계대전 후 독일, 이탈리아, 일본과 같은 패전국이나 스페인과 그리스같이 내부적 문제가 많았던 국가에서 헌법에 국제법 존중 조항을 포함시킨 이유도 같은 맥락이었다. 1948년 한국 헌법을 포함해 많은 신생국 헌법이 국제법 존중 조항을 규정했다. 또한 1980년대 중반 이후 동구권에서 체제 변화가 일어나 새로운 헌법이 제정되는 과정에서도 비슷한 현상이 발생했다. 많은 구 공산국 국가의 헌법이 국내 법률보다 조약에 더 우월한 효력을 인정하고 있다. 이들 체제 변환국들 역시 대외적으로 국제법 준수국으로서의 이미지를 구축하고 자국 경제발전에 국제적 투자와 지원을 필요로 했기 때문이다. 국제교류가 활발해지면 해질수록 국제법에 대한 존중이 강화되는 추세는 역전되지 않으리라 예상된다.[11] 우크라이나 전쟁으로 국제사회가 새로운 무질서의 세계로 진입했다고 낙담할 필요는 없다. 국제법을 위반한 침략국 러시아는 이미 더 큰 피해를 겪고 있다.

한국과 같은 중견 국가가 미래 세계에 대비하기 위해 국제법을 어떻게 인식하고 어떻게 활용해야 할지는 자명하다.

11 V. Vereschchetin, New Constitution and the Old Problem of the Relationship between International Law and National Law, *EJIL*, Vol. 7(1996), p.41 참조.

5
한국의 대외전략

한국은 대외교류를 배제하고는 국가의 정상적 생존을 생각할 수 없는 단계에 진입한 지 이미 오래다. 우리가 원하든 원하지 않든 오늘날의 세계는 우리로 하여금 대외교류를 외면할 수 없게 만들고 있다. 이의 바탕이 되는 국제법 연구와 활용은 한국의 생존 및 발전 전략과 직결될 수밖에 없다. 전시에는 군인이 무기를 들고 국가의 존립을 수호한다면, 평시에는 국제법을 통해 국가의 주권과 이익을 보호해야 한다. 싸움은 이기는 일보다 방지하는 편이 더 현명하다. 탱크나 비행기 한두 대 살 돈이면 국제법 연구진흥에 획기적인 투자를 할 수 있으므로, 국제법 연구 활성화는 가장 가성비 높은 국익 수호의 길이기도 하다. 국제법만으로 국가를 수호하고 발전시킬 수는 없겠지만, 국제법을 외면하고 국가 안보를 확보하고 국가 발전을 기대할 수는 없다.

그렇다면 동북아시아 국가인 한국이 향후 추구해야 할 대외전략을 국제법 관점에서 정리해 본다.

첫째, 국제법과 같은 국제규범을 존중하며, 이의 발전에 기여한다.

국제법이 주로 강대국의 이해를 반영하는 방식으로 형성된 점은 사실이다. 그러나 일단 국제법이 성립되면 어떠한 국가도 국제법으로부터 완전히 자유로울 수 없다. 국제법이 강대국을 중심으로 운영되는 현실은 부인할 수 없으나, 어떠한 강대국이라도 국제법의 규범력을 아주 무시하지 못한다. 국제사회에서 법을 잘 준수하는 국가라는 신뢰는 강대국의 국익을 위해서도 필요한 자산이기 때문이다. 비록 국제법의 내용이 당장 다소 불만스럽더라도 한국으로서는 주변의 강국을 상대하는 데 국제법 이상으로 유용한 대체 수단을 찾기 어렵다. 주권평등, 민족자결, 내정불간섭, 국가의 정치적 독립과 영토적 단일성 존중과 같은 국제법의 기본 원칙은 동북아시아에 위치한 한국에는 그 필요성을 아무리 강조해도 지나침이 없다. 그런 의미에서 한국은 어느 인접국보다도 연성국력soft power인 국제법을 필요로 한다. 국제사회에서 국제법과 같은 일반규범이 좀 더 발달할수록 국제사회는 좀 더 예측 가능해지고 힘의 현실 정치가 억제된다.

둘째, 인권 존중이나 환경 보호와 같은 인류 공통 가치를 실현하려는 국제법적 노력을 지지하며, 이의 발전에 기여한다.

인류 공통 가치를 실현하려는 행동은 대외적으로 국가적 위상을 높이는 데 기여할 뿐만 아니라, 미래의 한국이 주변 강국으로부터 무시당하지 않을 바탕이 된다. 예를 들어, 인권의 존중도는 오늘날 군사력이나 경제력과 함께 국제사회에서 국가의 품격을 결정하는 중요 요소로 작용하고 있다.

한국의 목소리가 동북아시아에서 존중받기 원한다면 주변국들이 부인하기 어려운 공통 가치에 입각한 입장에 서야 한다. 한국 정부는 국제사회에서 인권 보호와 같은 공통 가치에 대한 지지 의사를 좀 더 적극적으로 표명해야 하며, 평상시 이를 국내적으로도 충실히 실천하려고 노력해야 한다.

셋째, 국제 문제의 다자적 해결 노력을 중시하며, 국제기구 활동에 적극 참여한다.

국제 문제의 양자적 해결에서는 힘의 논리가 작용할 가능성이 커진다. 협상 결과에 힘의 강약이 반영될 가능성이 높다. 따라서 중위국에는 국제 문제의 다자적 해결이 유리한 경우가 많다. 오늘날 강대국이라도 국제기구에서의 논의 결과를 쉽게 무시하지는 못한다. 다자적 해결을 중시하는 국가는 국제사회에서 평화 애호국으로 이미지를 구축하는 데도 유리하다. 이에 한국도 국제사회에서 다자적 활동에 적극적으로 참여해야 하며, 그 과정에서 때로 불리한 국제법의 준수를 필요비용으로 감내해야 한다. 군사 강국과 인접하고 있고, 특히 해양 수송로를 독자적으로 확보하기 어려운 한국으로서는 한반도를 포함하는 다자체제가 많을수록 좋다. 유럽 강소국들이 제2차 세계대전 후 오랫동안 국가안보를 안정적으로 확보할 수 있었던 이유도 유럽연합, 나토NATO 같은 지역적 다자체제가 여럿 작동하고 있기 때문이다.

넷째, 국제분쟁의 평화적 해결을 지지하며, 이를 위한 국제사회의 노력에 기여한다.

국제 위기 전개 과정을 독자적으로 통제하기 어려운 중위국으로서는 위기 발생 자체를 막는 일이 필요하다. 일단 발생한 위기는 평화적으로 해결하는 데 진력해야 한다. 어느 국가가 위기의 평화적 해결을 선호하지 않겠는가? 한국이 직면할 국제갈등을 평화적으로 해결하고 그 과정에서 최대한 국익을 확보하기 위해서는 사태를 국제법적으로 정확하게 분석할 능력을 갖추고 있어야 한다. 이를 바탕으로 한국은 자신의 입장을 관철시키려고 노력할지, 상대방의 입장에 보다 경청해야 할지 결정해야 한다. 국제분쟁의 사법적 해결도 두려워하지 말고 항상 가능한 선택지의 하나로 갖고 있어야 하며, 이를 활용할 수 있는 자체 능력을 키워야 한다. 또한 국제분쟁의 평화적 해결을 위한 기반 조성을 위해 평소 유엔 평화유지활동PKO과 같은 국제 노력에 자주 동참해야 하며, 저개발국에 대한 원조를 확대하고, 핵무기나 생화학무기 같은 대량학살무기의 감축이나 규제를 위한 국제법적 노력을 지지해야 한다.

다섯째, 이상과 같은 국제법적 노력을 국내적으로도 충실히 이행하며, 그 과정에서 과도한 민족주의 분출을 경계해야 한다.

이상과 같은 국제법적 노력은 국내적 실천이 전제되어야 대외적으로 설득력을 갖는다. 지난 역사 속에서 한국인들은 국제법이란 타자에 의해 강요된 질서로서 항상 국제규범의 피해자인 듯한 인식을 가져왔다. 국제법은 강대국 이해의 반영이므로 한국 같은 '약소국'은 지킬수록 손해라는 피해의식이 퍼지기도 했다. 국제법을 활용하기보다는 회피하고 싶은 마음이 앞서기도 한다.

언론 또한 국제법에 대한 부정적 이미지를 부추기는 보도를 자주 한다. 예를 들어, 한국의 산업화 수준은 국제환경 보호라는 측면에서는 가해자 수준에 이른 지 이미 오래지만, 환경에 대한 국제적 규제가 논의되면 마치 새로운 규제의 피해자로만 부각된다. 한국 기업이 수출과 관련해서 외국에서 규제를 받게 되면 상대국의 일방적 횡포로만 그려지지, 한국 기업의 수출 행태에서의 문제점은 제대로 언급되지 않는다. 새로운 국제무역 규범이 만들어지면, 경쟁력 없는 한국 농업이 당할 피해만 집중 보도되지, 새 질서에 참여해 얻게 될 국익에 대한 분석에는 상대적으로 인색하다. 이러한 언론의 보도 태도는 알게 모르게 일반 국민이 국제규범에 부정적 인식을 갖게 만든다. 19세기 조선에서의 오지적 사고가 부분적으로 오늘날에도 지속되고 있다.

이를 바탕으로 국민 여론에서 지나친 자민족 우선주의가 득세하면 인류의 보편적 가치가 힘을 발휘하기 어려워진다. 사태에 대한 객관적 분석과 평가를 어렵게 만든다. 과잉 민족주의 아래서는 보편성보다는 민족이, 이성보다는 감성이, 실리보다는 명분이 쉽게 힘을 얻는다. 그러면 자칫 한국 해외교포의 인권에는 사회적 관심이 높아도, 국내 화교의 인권이 무시되는 현실에는 무관심하게 된다. 한국 교민은 외국에 살더라도 한민족의 정체성을 유지하고 존중받아야 된다고 생각하면서도, 국내로 결혼 이주한 외국인들은 김치를 맛있게 먹어야 하고, 한시바삐 몸과 마음이 한국 사회에 동화되어야 한다고 생각한다. 한국의 전통과 풍습은 보존되어야 할 가치라고 생각하면서, 동남아시아나 아프리카 출신 사람들의 전통 가치는 쉽게 무시해 버린다. 보편 가치의 실현에서는 이러한 일방적 민족주의를 경계해야 한다.

나라를 팔아먹고 망하게 하는 자를 매국노라고 하지만, 때로 애국자가 나라를 망칠 수도 있다. 메이지유신 이후 승승장구하던 일본을 제2차 세계대전 패전의 구렁텅이로 빠뜨린 자는 바로 자민족 중심주의로 무장해 대일본제국의 영광만을 꿈꾸던 일본식 애국자들이었다.[12] 애국이 보편적 가치를 무시하고 그 방법이나 방향이 잘못된 경우 국가를 해칠 뿐이다. 한국 역시 보편적 국제법 문제를 민족주의로 무장한 우리 식 사고로 접근함을 경계해야 한다.

한국의 국제법학은 이제 지난 역사의 과거청산이라는 과제를 정리하고, 한국 사회의 발전과 번영, 미래를 위한 통일의 준비와 동북아시아 평화체제 구축에 기여해야 한다. 국제법이 국민감정의 포로가 되거나 평균인의 역사 인식의 종속물로 전락하지 않기 위해서는 국내적

12 권오기·와카미야 요시부미(이혁재 역), 『한국과 일본국』(샘터, 2005), 151쪽에서 와카미야의 발언.

으로 국제법에 관한 탄탄한 지식기반을 갖추어야 한다. 지식기반이 충실해야만 국제법과 관련된 사회적 쟁점이 제기되었을 때 국내적 갈등과 긴장을 쉽게 해소시킬 수 있다. 지식기반이 충실해야만 국제법의 충실한 국내적 실현도 기대할 수 있다. 강국을 상대로 한 외교에서 국제법 지식마저 충분히 갖추지 못하고 교섭에 임한다면 결코 만족스러운 결과를 기대하기 어렵다.

세계 어느 곳이라도 현재 날씨를 알 수 있다 16

해외여행이 일상화된 오늘날 출국 준비를 할 때는 목적지 날씨를 미리 알아보고 옷차림을 대비한다. 요새는 인터넷 포털 속 세계 날씨 항목을 통해 각국 주요 도시의 현재 날씨를 실시간으로 검색할 수 있어서 여행대비에 만전을 기할 수 있다. 며칠 후 세계 각지 일기예보도 손쉽게 알 수 있다. 이것이 어떻게 가능할까? 누가 돈도 받지 않고 이런 정보를 모아 공개하는 착한 일을 하는가? 이 역시 배후에는 국제법이 작동하기 때문에 가능한 일이다.

과거 전쟁에서는 기상정보가 매우 중요한 군사정보였다. 나관중羅貫中의 『삼국지연의三國志演義』에는 적벽대전에서 제갈량이 동남풍을 빌어 조조 함대에 화공을 가해 대승을 거두었다는 이야기가 나온다. 이 내용은 작가가 꾸며낸 이야기라고 하지만, 날씨만 정확히 예측할 수 있다면 실제로도 가능한 일이다. 독가스가 사용되었던 제1차 세계대전에서는 풍향 예보가 매우 중요한 군사정보였다. 레이더가 발달되지 않은 시절 전투기 출격과 작전은 날씨 영향을 크게 받았다. 경우에 따라 이렇게 중요한 각국 기상정보가 오늘날에는 전 세계 모든 사람에게 실시간 무료로 개방되고 있다.

기상현상에는 국경이 없다. 태풍은 누구 허락도 받지 않고 이 나라 저 나라를 넘어간다. 북극에서 찬 공기가 발달하기 시작하면 며칠 후 한국도 그 영향권에 놓이게 된다. 따라서 자국 날씨를 보다 정확히 예보하기 위해서는 인접국과 기상정보를 공유할 필요가 크다.

1873년 주로 유럽 국가 기상청 책임자들이 모여 국제기상기구International Meteorological Organization: IMO를 결성하고, 기상 분야에서 국제 협력 도모에 합의했다. IMO는 조약을 통해 설립된 정부 간 국제기구는 아니었으나, 각국 정부기관의 모임이라 일종의 반공식 기구 형태였다. 1947년 「세계기상기구조약Convention of the World Meteorological Organization」 채택을 통해 IMO는 정부 간 기구로 변모하게 되었다. 이 협정은 1950년 3월 23일 발효했고, 세계기상기구는 1951년 유엔 전문기구로 지정되었다. 현재 이 기구에는 187개 국가와 6개 지역이 회원국으로 가입되어 있어 사실상 거의 모든 국가가 참여하고 있다.

세계기상기구는 지구 전반의 기상관측 체계를 수립하고 기상관측의 표준화를 이룩하는 한편, 기상관측 자료의 국제적 교환을 목적으로 한다. 현재는 세계기상기구가 각국 기상청으로부터 날씨 자료를 받아 전 세계에 실시간 무료로 공개한다. 오늘날 이 기구가 활동하고 있기 때문에 전 세계 기상정보가 자유롭고 제한 없이 교환되고 있다. 이는 국제법을 통한 국제협력의 작동이며, 그 결과는 모든 사람에게 도움이 된다.

한국은 1956년 「세계기상기구조약」에 가입했으며, 당연히 국내 주요 도시 기상정보를 세계기상기구에 실시간 제공하고 있다. 「세계기상기구조약」이 발효한 3월 23일은 국제적으로 '세계기상의 날'로 기념되고 있다.

17 심각한 국제범죄를 저지르면 국제형사재판에 회부된다

국제재판은 19세기부터 본격적으로 발달하기 시작했지만, 어디까지나 민사적 성격의 국가 간 재판이었다. 국제법을 위반한 자에 대한 형사처벌은 개별 국가의 재량에 맡겨져 있었다. 제2차 세계대전은 국제형사재판에서 새로운 전기를 마련했다. 전쟁이 끝난 후 독일과 일본에는 각각 국제재판소가 설치되어 전쟁에 책임이 있는 양국 수뇌부를 심판했다. 연합국의 뉘른베르크 재판에서는 19명의 독일인이, 도쿄 극동군사재판에서는 25명의 일본인이 유죄판결을 받고 사형에 처해지거나 장기간 복역했다. 이후 오랫동안 국제사회는 국제형사재판에 다시 관심을 보이지 않았다.

1990년대 초반 구 유고슬라비아연방과 르완다에서 벌어진 학살 등 각종 잔혹 행위는 국제사회의 공분을 일으켰다. 유엔은 이들 책임자를 처벌하기 위한 2개의 특별 국제형사재판소를 설립했다. 구 유고슬라비아연방 밀로셰비치 대통령도 퇴직 후 구속되어 재판에 회부되었으나, 판결이 내려지기 전 옥중에서 사망했다. 구 유고슬라비아 국제형사재판소에서는 161명이 기소되어 90명이 유죄판결을 받았고, 르완다 국제형사재판소에서는 93명이 기소되어 62명이 유죄판결을 받았다. 이들 재판소는 임무를 종료했다.

1998년 로마에서는 보다 일반적인 국제형사재판소 설립을 위한 합의가 이루어졌다. 이른바 「국제형사재판소 규정Rome Statute of the International Criminal Court」(이하 '로마규정')이 채택되었다. 이 규정은 2002년 발효되어 네덜란드 헤이그에 18명의 판사로 구성된 국제형사재판소ICC가 설립되었다. 국제형사재판소는 제노사이드, 인도에 반하는 죄, 전쟁범죄, 침략범죄 등 4개 국제범죄의 책임자를 처벌하도록 예정되었다. 이제는 이러한 심각한 국제범죄를 저지르고도 본국에서 처벌되지 않거나 형식적인 처벌 시늉만 하다 흐지부지되는 경우, 국제사회가 직접 처벌할 수 있게 되었다. 현재 한국을 포함한 125개국이 로마규정을 비준했다. 다만 안전보장이사회 상임이사국인 미국, 러시아, 중국이 아직 가입하지 않고 있어서 실효성에 한계가 있는 것은 사실이다.

현재 우크라이나를 침공한 러시아 푸틴 대통령, 팔레스타인 문제와 관련해 이스라엘 네타냐후 수상에 대해 국제형사재판소 체포영장이 발부되어 있다. 이제 국제범죄를 저지르면 현직 국가원수라 할지라도 국제형사재판의 대상이 될 수 있다. 러시아와 이스라엘은 로마규정 당사국이 아니며, 이들이 자기 나라에서는 체포되거나 처벌될 가능성은 없다. 그러나 이들이 로마규정 당사국을 방문하는 경우 구속되어 헤이그의 국제형사재판소로 압송될 수 있으므로 외국 방문 행선지는 신중히 골라야 한다. 국가원수에게 국제 체포영장이 발부되어 있다는 사실만으로도 그 국가로서는 수치스러운 일이다. 푸틴이나 네타냐후가 실제 처벌되지 않을지라도 이런 사건은 각국 지도자에게 심각한 국제범죄 자행은 국제적 처벌이 뒤따를 수 있다는 예방적 경고를 준다.

이제 한국인이 국내에서는 물론 외국에서라도 위와 같은 심각한 국제범죄를 저지르면 국제형사재판소에 회부될 수 있다. 제한적이나마 이러한 국제형사재판이 진행된다는 사실은 국제사회가 주권 국가들의 분권적 국제사회에서 하나의 국제공동체로 발전해 가는 과정에 있음을 보여 주는 증거이다. 국제법이 그러한 발전 과정을 선도하고 있다.

외국으로 도망간 범죄인을 인도받을 수 있다 18

2009년 〈이태원 살인사건〉이라는 영화가 개봉되어 관객의 호평을 받았다. 이는 1997년 이태원 햄버거 가게에서 미국인이 한국인 대학생을 흉기로 찔러 살해한 실화를 바탕으로 한다. 당초 한국 관헌이 살인 용의자로 지목해 기소했던 미국인은 대법원에서 무죄 판결을 받았다. 그사이 진범은 단순 흉기 소지 등의 혐의로 가벼운 처벌만 받고 미국으로 출국했다. 사실상 미궁에 빠졌던 이 사건은 영화를 계기로 재조명되었다. 한국 정부는 당시 현장에 있던 또 다른 용의자를 범인으로 판단하고, 미국에 그를 인도해 달라고 요청했다. 용의자는 2011년 캘리포니아에서 체포되어 2015년 한국으로 인도되었다. 그는 사건 발생 18년 만인 2017년 징역 20년 형을 확정받았다. 이는 한국과 미국 간 범죄인인도조약이 체결되어 있기 때문에 가능했던 사례이다.

신문을 읽다 보면 종종 범죄자가 외국으로 도주해 수사를 더 이상 진행하기 어렵다는 보도를 접한다. 외국으로 도주한 범인을 우리 경찰이 강제로 잡아 올 방법은 없으니 그런 경우 일단 본인이 자진해서 귀국하기를 기다릴 수밖에 없다. 도망간 범인이 웬만해서야 스스로 돌아오겠는가? 그를 처벌할 다른 방안은 없을까?

해외로 도주한 범죄자를 처벌할 방법은 두 가지가 있다. 하나는 도피한 국가의 관헌이 그를 잡아 외국에서의 범죄를 확인하고 직접 처벌하는 방안이다. 그러나 도피국 입장에서는 외국에서 발생한 범죄를 반드시 처벌할 필요를 느끼기 어려우며, 범행에 관한 모든 증거나 증인이 외국에 있으므로 재판 진행도 쉽지 않다. 외국에서 발생한 범죄는 처벌이 제한되는 경우도 많다. 이에 발달하게 된 국제법적 방안이 범죄인 인도이다. 이는 자국으로 도피해 온 범죄 피의자나 피고인을 그의 재판이나 수감을 원하는 국가로 인도해 처벌받게 하는 제도이다.

역사적으로 범죄인 인도의 기원은 매우 오래되었다. 기원전 13세기 이집트 람세스 2세와 히타이트 하투실리 3세 간에 탈주범을 상호 인도하기로 하는 조약이 체결된 바 있다. 유럽에서 오늘날과 같은 형태의 범죄인인도조약은 19세기 초반을 지나면서부터 본격적으로 일반화되었다. 각국은 범죄인 인도에 관한 국내법을 제정하고 외국과 범죄인 인도조약을 체결하기 시작했다. 19세기 중엽부터 국제 열차가 운행되는 등 범죄인이 외국으로 도망치기 한층 쉬워져 범죄인 인도의 필요성을 본격적으로 깨달았기 때문이었다.

한국에서도 해외여행이 활성화된 1980년대부터 범죄인 해외 도피가 늘었다. 한국은 1988년 「범죄인 인도법」을 제정했고, 현재 미국, 일본, 호주 등 35개국(지역)과 양자 간 범죄인인도조약을 체결했다. 「범죄인인도에 관한 유럽협약」에도 가입해 이 협약 49개 당사국과 범죄인 인도조약을 체결한 효과가 발생했다. 세계 80개국 이상의 나라가 한국과 범죄인을 상호 인도하기로 합의한 셈이다. 한국과 교류가 많은 국가 대부분과 범죄인인도조약이 체결됨으로써 앞으로는 범죄인이 외국으로 도주해 숨을 곳이 많지 않다. 범죄인인도조약은 국제교류 활성화가 가져온 부작용에 대처하기 위한 국제법상 제도이다.

범죄인인도조약을 체결하지 않은 국가에 대해서는 범죄인 인도를 요청할 수 없는가? 국가가 외국의 범죄인 인도 요청에 응해야 할 일반 국제법상 의무는 없다. 그러나 인도조약이 없다고 해 범죄인 인도가 국제법상 금지되어 있지는 않다. 나중에 유사한 사례가 발생할 경우 상대국도 범죄인을 인도해 주겠다는 약속을 받고 인도하는 경우가 적지 않다.

VII

정동 구한말 외교가 산책

정동 외국공관 거리

구한말 정동은 조선의 외교 거리로 유명했다. 조선은 모두 11개국과 근대적 조약을 통한 수교를 했다. 그중 9개국이 서울에 공관을 개설했는데, 일본과 중국을 제외한 모든 서양 국가가 잠시라도 정동이나 바로 인접 지역에 공관을 두었다. 미국과 영국은 구한말 정동에 마련한 공관 부지를 현재까지도 계속 외교 목적으로 사용하고 있다.

당시 정동은 서울에 체류하던 서양인들이 가장 빈번히 모이는 곳이었고 외교관과 외국 상인의 사교 중심지였다. 정동은 서양 문물이 조선으로 들어오던 길목이었다. 국내 서양식 교육의 출발을 기록한 배재학당(1885년), 경신학교(1886년), 이화학당(1886년), 정동여학당(정신여학교)(1887년)이 모두 정동에서 학교를 시작했다. 국내 최초의 서양식 개신교 교회당(정동제일교회 벧엘예배당)이 들어선 곳도 정동이었다. 정동 일대는 또한 구한말 국제정치의 각축장이기도 했다. 국왕이 자국 내 외국공관으로 도피한 전대미문의 아관파천이 일어난 곳이요, 각국 외교관들이 조선에 대한 영향력을 확대하려고 호시탐탐하던 곳이기도 했다. 「을사조약」이 체결된 장소 역시 이곳이었다.

어떻게 정동이 외교공관의 거리가 되었을까? 어느 나라 공관이 어디에 있었고, 오늘날까지 남아 있는 흔적은 무엇인가? 지금부터 정동 거리 옛 외교공관의 자취를 찾는 여정을 시작한다.

조선 시대 외국인에게는 원래 서울 도성 거주가 금지되었다. 외국인이 서울에 정식으로 거주하게 된 계기는 1882년 임오군란을 배경으로 체결된 「조·청상민수륙무역장정朝淸商民水陸貿易章程」이었다. 이 장정 제4조가 중국 상민商民이 조선에 입국해 양화진과 한성漢城에서 좌매행상坐賣行商함을 준허准許해 청국 상인의 서울 도성 체류가 시작되었다.

미국 공사관은 구한말 정동이 외국공관 거리가 된 출발점이 되었다. 1882년 「조·미수호통상조약」이 제물포(인천)에서 서명되고, 이듬해 1883년 5월 푸트L. Foote가 내한해 서울에서 비준서가 교환되었다. 푸트는 바로 초대 주한 특명전권공사로 임명되었다. 공관 후보지를 물색하던 푸트 공사는 1883년 6월 현 정동 10번지 일대 가옥을 매입해 공사관으로 사용하기 시작했다. 이어서 수교한 영국도 1884년 현 정동 4번지 신석희 가옥을 매입해 영국 공관 부지로 삼았다. 1885년 수교한 러시아도 정동 15번지 지역 토지와 가옥을 구입해 공사관을 개설했다. 프랑스와 독일은 처음에는 다른 지역에 공관을 개설했다가 프랑스는 1889년, 독일은 1891년 정동 지역으로 공관을 이전했다. 1901년 수교한 벨기에는 정동 러시아 공관 입구에 짧은 기간이나마 첫 공관을 운영했다. 이탈리아도 정동 인접 서소문에 공사관을 두었다.

서양 공관이 정동 일대에 모이게 되자 선교 등을 목적으로 조선에 온 서양 민간인들도 정동 지역에 자리 잡는 경우가 많았다. 널리 알려진 사례로 미국 북장로교 선교사 언더우드Underwood가 1885년 입국해 정동 미국 공사관 인근에 정착했다. 경신학교를 세운 언더우드는 교육과 선교를 위해 이 일대 땅을 여러 필지 매입했다. 언더우드와 같은 배를 타고 와 1885년 4월 5일 서로 팔짱을 끼고 인천에 동시에 내린 감리교단의 아펜젤러Appenzeller 역시 정동에 자리 잡고 배재학당을 세웠다. 국내 주재 외교관들 모임인 외교구락부Diplomatic & Consular Club도 정동에서 출범했다. 외교구락부는 1892년 정동 프랑스 공관 앞 마르텔 하우스에서 모임을 시작했다. 외교관들의 사교장이자 외국인 영빈관 역할을 했던 손탁 호텔도 정동(현재 이화여고 구내)에 있었다. 정동은 이래저래 국내 서양인들 거주와 모임에 가장 편리한 곳이 되었다.

자연스럽게 정동 지역은 구한말 서울에서 외국공관이 가장 밀집해 있고 서양인이 많이 사는 거리가 되었다.

정동이란 지명

오늘날까지도 남아 있는 정동貞洞이란 지명은 어떻게 유래되었는가? 이 지명은 조선을 개국한 태조의 비 신덕왕후 강씨康氏(1356~1396년) 사후 무덤이 이곳에 자리 잡고 이를 정릉으로 불렀던 데서 시작한다. 신덕왕후는 태조 이성계의 두 번째 부인인데, 첫 번째 부인이 조선 건국 전 사망했기 때문에 신덕왕후가 조선의 첫 왕비다. 태조는 그와의 소생인 방석을 매우 총애해 왕세자로 지명했다. 신덕왕후는 태조보다 21살이 어렸으나, 나이 40에 일찍 죽었다. 태조는 이를 애통해하며 능을 가까운 곳에 두라 했다. 능을 도성 안에 두어서는 안 된다는 신하들의 반대를 무릅쓰고 현재의 서울 중구 정동을 능소로 정했다.

1398년 태조 첫 번째 부인의 아들인 이방원(태종) 주도로 왕자의 난이 일어났다. 이때 16세이던 왕세자 이방석은 폐위되고 피살되었다. 1408년 태조가 사망하자 태종은 곧바로 신덕왕후를 후궁으로 격하시키고, 그의 묘 정릉도 도성 밖 성북구 정릉동으로 몰아냈다. 이장할 때 기존 봉분과 부속 건물을 모두 없애 원래 정릉의 정확한 위치는 알려지지 않고 있다. 대략 오늘의 영국 대사관부터 구 러시아 공관지 사이로 추정될 뿐이다. 능의 묘석들은 후에 청계천 광통교 건설에 사용되었다. 광통교 기단에는 구름 문양과 당초 문양이 새겨진 돌이 오늘날까지 남아 있는데, 이는 원래 정릉의 묘지석이었다. 신덕왕후의 정릉에서 현재 중구 정동이란 이름이 유래했는데, 이장 후 성북구 정릉동 명칭의 기원도 되었다. 신덕왕후는 사후 서울에 2개의 동洞 이름을 남긴 셈이다. 신덕왕후는 1669년 현종 때 복위되어 종묘에 모셔지고 정릉도 왕비 능의 품격을 갖추게 되었다.

구한말 수교 상황

국가	수교조약 서명	비준서 교환, 수교	공관 개설
일본	1876. 2. 27.[1]	1876. 3. 22.	1880. 12. 27.
미국	1882. 5. 22.	1883. 5. 19.	1883. 5.
영국	1883. 11. 26.	1884. 4. 28.	1884. 5.
독일	1883. 11. 26.	1884. 11. 18.	1884. 11. 28.
러시아	1884. 7. 7.	1885. 10. 14.	1885. 10. 14.
이탈리아	1884. 6. 26.	1886. 7. 24.	1901. 12. 18.
프랑스	1886. 6. 4.	1887. 5. 30.	1888. 6. 6.
오스트리아	1892. 6. 23.	1893. 10. 6.	미설치
청	1899. 9. 11.	1899. 12. 14.	1899. 12. 28.
벨기에	1901. 3. 23.	1901. 10. 17.	1901. 10. 17.
덴마크	1902. 7. 15.	1903. 8. 11.	미설치

1 조약문에는 2월 26일(음력 2월 2일)로 기재되어 있으나, 실제 서명일은 그다음 날인 27일이다.

구한말 정동에 있던 외국공관의 흔적을 찾는 답사 여정은 2시간 정도의 도보 산책으로 가능하다. 3시간으로 일정을 잡으면 이 지역과 주변에 있던 우리 역사의 현장을 같이 돌아볼 수 있다. 경로를 따라 순서대로 각 장소의 위치와 역사적 유래를 설명한다.

출발은 지하철 시청역이나 덕수궁 앞 적당한 곳에서 시작함이 편리하다. 여기서는 지하철 1호선 시청역 3번 출구를 기점으로 한다. 지하철을 나와 덕수궁 담을 따라 북쪽으로 약 50m를 걸어가면 덕수궁이

구한말 외교공관 거리 산책 경로와 이동시간

끝나고 좌측으로 들어가는 길이 나온다. 덕수궁 돌담길을 따라 150m 정도 가면 주한 영국 대사관 입구가 나온다.

영국 공관

현 영국 대사관 건물과 부지는 구한말부터 유래한다. 대강의 역사는 다음과 같다.

「조·미수호통상조약」이 체결된 지 보름 만인 1982년 6월 6일 내용이 거의 그대로인 「조·영수호통상조약」이 제물포에서 서명되었다. 청의 마건충馬建忠과 정여창丁汝昌이 막후에서 주선한 결과였다. 그러나 이 조약이 영국 상인의 경제적 이익을 충분히 보호하지 못한다는 불만이 제기되어 결국 영국이 비준하지 않았다. 조·영 양국은 재협상을 통해 1883년 11월 26일 서울에서 새로운 수호통상조약에 서명했다. 영국은 1884년 특명전권공사 파크스H. Parkes를 서울로 파견해 4월 28일 비준서를 교환했다. 파크스는 5월 1일 고종을 알현하고 신임장을 제정했다. 주중 공사를 겸임하던 파크스는 곧바로 중국으로 귀임하고, 조선에서의 업무는 애스턴Aston 총영사에게 맡겼다.

당시 파크스가 임시로 체류하던 장소가 정동 4번지 현재 영국 대사관 부지다. 이곳이 위치나 가격도 적당하다고 판단한 파크스는 이를 구입해 공관으로 사용하기로 했다. 이 부지와 건물은 당시 신석희(조·일수호조규 조선 측 협상대표 신헌의 아들) 소유였는데, 파크스의 요청을 받은 조선 정부의 알선으로 거래가 성사되었다. 1884년 5월 10일 1,200멕시코 달러(조선 화폐 10,500냥)로 매매계약이 체결되었다.[2] 전

2 김갑득·김순일, 「구한말 서울 정동 영국공사관의 건립에 관한 연구」, 『대한건축학회논문집 계획계』 제18권 제10호(2002), 132쪽.

영국 공관 입구 및 건물

체 3,144평 부지와 약 177평 규모 한옥 6동이었다.[3] 후일 문일평은 신석희 가옥이 본래 "정원이 아주 광활하고 헌창軒窓이 매우 화미華美"해 이 집이 영국 공관이 된 점이 수긍된다고 설명했다.[4] 영국은 미국에 이어 정동에 공관을 설치한 두 번째 국가가 되었다.

건물은 전반적으로 낡아 우선 수리해 사용했으나, 영국은 주한 외교공관으로는 최초로 서양식 건물을 신축하기로 했다. 당시 서울의 한 서양 외교관은 주거 상태로 인해 어떤 사람도 건강을 좋게 유지할 수 없을 정도이며, 이곳에서 일하던 모든 공관원이 병을 얻었다고 술회했다. 이어 기존 건물을 개량하려고 노력하는 일은 공공자금 낭비라고 주장하며 건물 신축을 요청했다.[5] 드디어 1890년 5월 15일 신축 공사가 시작되었다. 1891년 5월 공사관 제1호 관사가 완공되고, 이어

3 이헌주, 「개항기 영국의 대한정책과 주한 영국공관」, 하원호(외), 『개항기의 재한 외국공관 연구』(동북아역사재단, 2009), 210쪽. 인접 성공회 부지 2,140평은 이와 별도이다.

4 문일평, 「금석을 말하는 외국 영사관의 기지유래」, 『조광』 1938년 4월호, 173쪽.

5 김갑득·김순일(앞의 주 2), 133쪽.

부민관

덕수궁 담 끝 태평로에서 영국 대사관 쪽으로 방향을 틀기 전 바로 앞 대로변에 서울시 의회 건물이 서 있다. 본관은 3층이나 왼쪽으로 건물 2배 높이 이상의 망루가 솟아 멀리서도 눈에 잘 뜨인다. 이 건물은 일제강점기 부민관府民館으로 지어졌다.

부민관은 일제강점기 경성부가 경성전기주식회사로부터 기부금을 받아 1935년 12월 10일 준공한 다목적 공연장이다. 1,800석 규모의 대강당은 일본을 제외하면 당시 동북아시아에서 가장 큰 공연장이었다. 지금도 체육관을 제외한 실내 전문 공연장으로 1,800석 이상 규모는 국내에 몇 되지 않는다. 조선에서 부민관 다음으로 큰 공연장이 648석 규모의 동양극장이었으니, 부민관의 압도적 규모를 상상할 수 있다. 연극 전용인 동양극장도 부민관 완공 직전인 1935년 11월 개관했으므로 서울에서는 비슷한 시기에 2개의 대극장이 생긴 셈이었다.

구 부민관

부민관은 원래 경성부 소속이었으므로 정부 수립 후 서울시 소유가 되었다. 잠깐 동안 국립극장으로 지정되었다가, 6·25전쟁 이후 1954년 6월부터 1975년 8월까지 국회의사당으로 사용되었다. 1991년부터는 서울시 의회 건물로 사용되고 있다. 2002년 '등록문화재 제11호 서울 구 국회의사당'으로 지정되었다.

1892년 5월 제2호 관사가 완공되었다. 영국 측 기록에 따르면 총공사비는 토지 구입비 225파운드, 건축비 5,988파운드, 도합 6,213파운드가 들었다고 한다.[6]

영국은 주청 공사가 조선 공사를 겸임하고 조선에는 영사만 파견하다가 1898년 2월 총영사 조던J. Jordan을 대리공사 겸 총영사로 임명해 공사관 체제를 갖추었다. 1905년 「을사조약」이 체결되자 영국은 1906년 2월 12일 자로 공사관 업무를 중단하고 영사 기능만 남겨 두었다. 일제강점기 영국 영사관은 소규모 출장소 수준으로 유지되다가, 1941년 태평양전쟁이 발발하자 이마저 폐쇄되었다.

광복 후 미군정 시절인 1946년 3월 영국 정부는 D. W. 더모트Dermott를 연락관이란 직함으로 서울 주재 영사 담당으로 파견했다. 1948년 5월에는 홀트V. Holt가 후임으로 부임했다. 전쟁과 영사관 폐쇄 기간에도 공관 건물과 부지의 소유권이 바뀌지 않았으므로 이들은 기존 시설을 계속 사용할 수 있었다. 1949년 1월 18일 영국이 한국을 승인하고 3월 17일 홀트를 대리공사로 임명해 공식 외교관계가 재개되었다. 그 결과 영국은 구한말 처음 개설한 외교공관을 같은 장소에서 오늘날까지 동일한 기능으로 사용하고 있는 유일한 국가가 되었다.

덕수궁 대한문과 덕수궁 돌담길

영국 대사관에서 다시 덕수궁 정문 쪽으로 나간다. 다들 알다시피 덕수궁의 정문은 대한문大漢門이다. 원래 이름은 대안문大安門이었는데, 고종 시절 덕수궁을 대대적으로 중창할 때 정문을 새로 세우며 대한문

6 이헌주(앞의 주 3), 212쪽. 영국 공관 건물 건축 경위는 김갑득·김순일(앞의 주 2), 134-138쪽에 상세.

으로 변경했다. 처음에는 시청 앞 광장 쪽으로 훨씬 앞에 있었는데, 광화문에서 남대문에 이르는 태평로 도로 확장 등으로 덕수궁 영역이 두 차례 축소되는 과정에서 문도 현 위치로 후퇴하게 되었다.

대한문을 우측으로 돌아 덕수궁 돌담길(덕수궁길)을 100m 정도 가다 보면 담 일부 모습이 확연히 다른 곳이 나타난다. 옛 운교(구름다리) 기반의 흔적이다. 구한말 고종이 덕수궁을 주궁으로 거처를 잡았으나 이곳이 본래 왕궁으로 예정했던 곳이 아니라 건물도 부족하고 장소도 협소했다. 아관파천 이후 본격적으로 덕수궁 중창 사업을 진행하는 한편, 왕실에서는 주변 땅을 사들여 덕수궁 부지를 확장하려 했다. 조선 정부는 외국인의 궁 주변 민가 매입을 금지하고, 궁궐 담장 500m 이내에는 새로 집을 짓지 못하게 막았다.[7] 덕수궁 옆 언덕 위 육영공원 자리에 있던 독일 영사관 부지도 왕실이 매입했다. 그런데 덕수궁과 영사관 부지 언덕 사이에는 그때도 지금처럼 덕수궁길이라는 도로가 나 있어 왕실로서는 왕래가 불편했다. 왕실은 이 길을 폐쇄해 부지를 직접 연결하려 했다. 정동 지역의 주 출입도로가 없어질 상황에 이르자 부근 외국공관과 여러 외국인 거주자가 크게 반발했다. 결국 도로 폐쇄는 이루지 못했다. 대안으로 덕수궁과 건너편 지역을 운교로 연결해 왕실 통행에 불편이 없도록 했다. 덕수궁 담장 중 돌의 모양이 다른 부분은 당시 운교의 기반을 이루던 곳이다. 다리 하중을 견디기 위해 일반 담장과 달리 큰 돌로 튼튼하게 기초를 쌓았다. 양쪽을 연결하던 다리는 없어졌으나, 석축은 덕수궁 담장 속에 옛 모습으로 오늘날까지 남아 있다.

---

7 김갑득·김순일, 「구한말 서울 정동 외국인 거주지의 형성과정에 관한 연구」, 『대한건축학회논문집 계획계』 제17권 제7호(2001), 159-161쪽.

대한문

운교 자리 돌담

독일 영사관(육영공원) 터

운교 자리에서 덕수궁길을 따라 250m(2~3분) 정도를 나가면 왼편 언덕 쪽으로 서울시립미술관 입구가 나온다. 대법원이 1995년 서초동으로 이사 가기 전까지 이 미술관 건물을 청사로 사용했다. 과거 이 일대에는 대법원뿐만 아니라 서울고등법원과 서울지방법원, 검찰청도 같이 있었다. 1928년 이래 일제 경성고등법원, 경성복심법원, 경성지방법원 등이 있던 자리를 광복 후 그대로 물려받았다. 미술관 입구에서 왼편 올라가는 길로 접어들면 길가 오른쪽에 육영공원, 독일 영사관, 독립신문사 터라는 표지판이 나온다. 이 언덕 일대가 구한말 육영공원과 독일 영사관이 있던 자리이다. 안내판이 서 있는 바로 그 자리는 아니고 미술관 건물이 있는 언덕 저 위쪽에 있었다고 한다. 독일 공관은 어떤 경위로 이곳에 있었는가?

영국과의 「조·영수호통상조약」이 1882년 6월 6일 서명되자 독일도 조약 체결을 서둘러 곧이어 6월 30일 「조·독수호통상조약」이 제물포에서 서명되었다. 그러나 영국과 비슷한 이유에서 독일도 이 조약의 비준을 거부하고 재협상을 요구했다. 이에 1883년 11월 26일 새로운 수호통상조약이 서명되고, 1884년 11월 18일 서울에서 비준서가 교환되었다. 요코하마 총영사 자페E. Zappe가 특사로 파견되어 비준서를 교환했다. 당시 외교 고문이던 독일 출신 묄렌도르프의[8] 알선으로 현재 충무로 1가 중앙우체국 뒤편 낙동駱洞에 조선 정부 소유 한옥을 월 15원에 임대해 첫 독일 공관을 개설했다. 공사는 상주시키지 않고 젬브쉬Zembsch를 총영사로 임명해 영사 체제로만 운영했다. 이 건물은

8 Paul Georg von Möllendorff: 청 정부의 추천으로 1883~1885년 사이 약 2년 10개월간 조선 정부 외교 고문으로 근무한 독일인.

너무 낡고 협소해 사용하기 매우 불편했다. 이에 민겸호의 구 저택으로 묄렌도르프가 1885년 말까지 거주하던 박동(현 종로구 수송동 지역) 주택을 조선 정부가 필요로 하면 언제라도 내준다는 조건 아래 1886년 11월 2년 임대계약을 하고 공관을 이전했다.[9]

독일영사관(육영공원) **터 표지판**

1889년 조선에 진출해 있던 독일 기업 세창양행이 묄렌도르프 가옥의 소유권을 주장해 법적 다툼이 벌어졌다. 독일 정부는 조선 정부에 육영공원(현 서울시립미술관 부지)과 공관 부지를 맞바꾸고 싶다고 요청했다. 이 요청이 받아들여져 독일 영사관은 1891년 말 육영공원 자리로 이전하게 되었다. 독일 영사관도 정동 권역으로 진입한 셈이다. 독일 영사관은 약 11년간 이곳에 자리 잡았다. 영사관 체제로 운영되는 동안에는 타국 공사관보다 격이 낮고 예산도 넉넉지 못해 어려움이 많았던 모양이다. 1901년 조선을 방문했던 독일인 겐테S. Genthe는 "독일 정부가 굳이 조선의 독일 외교관을 이렇게 비참하게 만들어 놓고, 자부심 강한 위대한 조국의 위신을 떨어뜨릴 뿐 아니라, 영사까지 종종 아주 곤혹스럽게 하는 이유"는 아무도 모른다고 풍자했다.[10]

고종이 덕수궁에 기거하면서 조선 정부는 덕수궁을 확장하려 했다. 이에 조선 왕실이 1900년 3월 대금 5만 5천 원과 대체 부지를 제

9 이순우, 『정동과 각국공사관』(하늘재, 2012), 158-159쪽.
10 지그프리트 겐터(권영경 역), 『독일인 겐테가 본 신선한 나라 조선, 1901』(책과 함께, 2007), 201쪽.

육영공원

육영공원은 조선 정부가 1886년 9월 설립한 신식 교육기관이다. 고종이 1884년 9월 푸트 공사를 통해 미국 정부에 교사 파견을 요청한 결과, 1886년 7월 3명의 미국인 교사가 조선에 당도했다. 벙커D. Bunker, 길모어G. Gilmore, 헐버트H. Hulbert로 모두 유니언신학교 출신이었다. 교육은 영어 학습에 중점이 주어졌으나, 그 외에도 서양 문물 전반을 널리 가르쳤다. 학생은 고위 관리의 추천을 받아 선발했고, 일정한 수는 젊은 현직 관리였다. 육영공원은 처음에는 현 서울시립미술관 자리에 터를 잡았으나, 1891년 말 부지를 독일 영사관과 맞바꾸게 되어 박동 구 묄렌도르프 가옥으로 이전했다. 육영공원은 약 8년간 운영되다가 1894년 폐지되고, 영국인 허치슨Hutchison이 인계하면서 영어학교로 변신했다.

공하는 조건으로 독일 영사관 부지를 매입했다. 독일은 이때 조선 정부로부터 제공받은 회동 대지에 새 공관을 건축했다(남창동 9번지). 1901년 3월 공사를 시작해 지상 2층, 지하 1층, 연건평 252평의 벽돌조 건물이 완공되자 독일 공관은 1902년 5월 16일 이곳으로 이전했다.[11] 이어 독일은 1903년 5월 6일 잘데른C. von Saldern을 판리공사로 임명해 처음으로 조선에 공사를 상주시켰다.[12] 「을사조약」이 체결되자 1905년 12월 4일 독일 공사관은 폐쇄되고 영사관 체제로만 운

11 이순우(앞의 주 9), 168쪽.
12 이순우(앞의 주 9), 119쪽.

정동제일교회

서울시립미술관 입구를 나오면 건너편에 정동제일교회가 있다. 이는 1885년 아펜젤러가 세운 국내 최초 개신교 교회로 감리교단 소속이다. 아펜젤러는 같은 해 인근에 국내 최초 신식 교육기관인 배재학당도 설립했다. 1897년 준공된 이 교회 벧엘예배당은 국내 개신교 최초의 서양식 예배당으로 사적 제256호로 지정되었다. 1919년 3·1운동에는 이필주 담임목사가 민족대표 33인의 1명으로 참여했다. 유관순도 이 교회를 다녔으며, 순국 후 장례식을 여기서 치렀다. 배재학당을 졸업한 초대 대통령 이승만은 이 교회 장로를 지냈다.

정동제일교회 벧엘예배당

영되었다.

독일 공관 건물은 이후에도 여러 변천을 겪었다. 독일 영사관은 1906년 초 서대문 밖 평동 26번지 한미전기회사 콜브란H. Collbran과 보스트윅H. Bostwick 공동 소유 건물로 축소 이전했다. 회동 공관은 왕실 궁내부에 매입되어 일제강점기 여러 용도로 사용되다가 광복 후 1970년 민간에 불하되어 철거되었다.

중명전

서울시립미술관 입구 앞은 작은 광장과 네거리이다. 여기서 제일 오른편 길은 덕수궁 담을 따라 미국 대사관저와 덕수초등학교로 넘어가는 덕수궁길이고, 가운데는 이화여고 방향의 정동길, 왼편은 현 러시아 대사관과 옛 배재학당을 지나 서소문 방향으로 나가는 서소문로 11길이다. 네거리에서 가운데 정동길을 따라 80m 정도 전진하면 오른편에 국립정동극장이 나온다. 정동극장을 끼고 돌아 오른쪽 골목길로 약 60m 들어가면 중명전重明殿에 도착한다.

중명전은 1901년 황실 도서관으로 지어진 지상 2층, 지하 1층의 벽돌조 서양식 건물이다. 미국 공사관 바로 옆인 이 부지는 덕수궁에 포함되지 않았던 터로 원래 정동여학당(정신학교)이 있던 자리다. 정동여학당이 1895년 연지동으로 이전하자, 덕수궁을 확장하던 대한제국 정부가 1897년 이 부지를 매입해 궁의 일부로 편입시켰다. 왕실은 이 자리에 있던 기존 건물을 철거하고, 1899년 서양식 단층 건물 수옥헌漱玉軒을 지어 이를 황실 도서실로 사용했다. 수옥헌이 1901년 화재로 불타 없어지자 2층 벽돌조 건물을 다시 지었다. 1904년 덕수궁에 큰 화재가 발생해 많은 전각이 불타자 수옥헌은 임시로 고종의 집무실이자 침실로 사용되었다. 수옥헌이 왕의 처소가 되기에는 너무 협소했지만, 고종은 미국 공관에 바로 붙은 이 위치를 편안해하며 창덕궁이나 경복궁으로 가려 하지 않았다.

1907년 헤이그 특사 사건으로 고종이 강제 퇴위될 때까지 약 3년간

중명전 현판
중명전

이 건물은 대한제국의 정치 중심지 역할을 했다. 고종은 이곳에서 외국 사절을 접견했다. 1906년 순종과 윤비가 가례를 올린 곳이 중명전이며, 순종은 1907년 즉위 직후 일시 이곳에서 집무했다. 중명전에서는 1905년 11월 18일 새벽 일제의 강박에 의한 「을사조약」이 서명되어 이곳은 한민족에게 비운의 장소가 되었다. 고종은 「을사조약」 체결이 자신의 뜻이 아니라며 비준을 거부했지만, 열강은 모두 이의 효력을 인정하고 서울에서 공사관을 철수시켰다. 「을사조약」에 의해 외교권이 박탈당한 대한제국은 결국 5년 후 일제 식민지로 전락하게 된다.

수옥헌 대신 중명전이란 이름은 1906년부터 사용되었다. 중명重明이란 "광명이 계속 이어져 그치지 않는다" 또는 "거듭해 밝히다"는 의미이다. 두 번째 글자 명明은 흔히 사용되는 밝은 명明이 아니고, 눈 목目 변이 들어가 있는 점에서 특이하다. 의미는 같다. 현재의 현판은

2010년 복원 시 새로 만들었다.

1915년 일제가 덕수궁 영역을 축소하면서 중명전은 궁궐 영역에서 제외되고, 건물은 경성구락부Seoul Club에 임대되었다.[13] 1925년 중명전에 다시 화재가 발생해 외벽만 남기고 건물이 전소되었다. 이후 재건되었으나, 아무래도 원형과는 크게 멀어졌다. 광복 후 중명전은 국유재산으로 편입되었는데, 1963년 영친왕 부부가 영구 귀국하자 정부는 이들에게 소유권을 이전해 주었다. 1977년 이 건물은 민간에 매각되어 민간회사 사무실 등으로 사용되었다.

1983년 서울시는 이 건물을 유형문화재 제53호로 지정했다가 2007년 해지하고 사적 제124호로 덕수궁에 편입시켰다. 이후 대대적인 복원 작업을 거쳐 2010년 8월부터 일반에게 공개했다. 2016년 다시 일부 시설을 추가 복원하는 작업을 하고 2017년 7월 재개관했다. 현재 1층만 일반에게 개방되는데 모두 4개 전시실로 구성되어 있다. 각방의 주제는 제1실 중명전의 탄생, 제2실 「을사조약」을 증언하는 중명전, 제3실 주권 회복을 위한 대한제국의 투쟁, 제4실 헤이그 특사의 도전과 좌절이다.[14]

미국 공사관(대사관저)

중명전 담 너머가 미국 대사관저이며 구한말 미국 공사관 부지이다. 담으로 가려 잘 보이지 않지만 원래 구 미국 공사관 건물과 중명전은 몇십 미터 거리밖에 되지 않았다. 과거 수옥헌과 미국 공관은 한 구내라고 할 정도였다. 현재 대사관저 부지는 일반인에게 개방되지 않아

---

13 외교구락부 후신이며, 현재 장충동에 있는 서울클럽 전신이다.

14 "문화재청 보도/설명: 100년 전 역사를 열어 중명전을 다시 보다"(2007), 나무위키, 위키피디아 종합.

담 너머로 조경수 정도만 볼 수 있다. 구한말 정동에 최초로 외교공관을 설치한 국가는 미국이다. 미국 공사관은 이 일대에 외국공관이 모이고 외국인 거주지로 변모하는 출발점이 되었다. 미국 공관의 역사를 간단히 살펴본다.

1882년 5월 22일 제물포(인천)에서 신헌과 슈펠트R. Shufeldt 사이에 「조·미수호통상조약」이 서명되었다. 청이 조·미 수교의 실질적 후원자였으며, 중요 내용은 북양대신 이홍장李鴻章과 슈펠트 사이에 협상되었다. 슈펠트가 서명하러 제물포로 올 때 이홍장은 마건충을 파견해 체결 과정을 지켜보게 했다. 청은 조선에 대한 자신의 종주권을 조약에 명기하라고 요구했으나, 슈펠트가 이를 끝까지 거부했다. 이는 조선과 서양 국가 간 첫 번째 수호조약이라 후일 다른 유럽 국가와 조약을 체결할 때 모델이 되었다. 조·미 조약은 미국 의회 동의를 받은 후, 1883년 5월 19일 외부대신 민영목과 특명전권공사 푸트가 서울에서 비준서를 교환했다. 푸트는 바로 초대 주한 공사로 임명되었다.

푸트 공사는 서울에 도착해서 박동 묄렌도르프 구가에 잠시 거처하다가 현 정동 10번지에 공관을 개설했다. 왕실의 주선으로 1883년 6월 민영교와 민계호의 가옥 및 토지와 김감역의 작은 가옥을 미화 총 2,200달러에 구입했다. 이 부지는 모두 8채의 가옥으로 구성되었다(총면적 3,152평).

푸트는 우선 개인 돈으로 정동 땅과 건물을 매입하고, 미국 정부가 그에게 임차료를 지불하며 빌려 쓰는 형식으로 공관을 운영했다. 미국 의회가 공관 구입 예산를 바로 할당해 주지 않아, 주한 공관은 상당 기간 푸트 개인 재산으로 유지되었다. 미국 의회는 1886년 7월 공관 구입비를 승인해, 1887년 9월 비로소 소유자가 미국 정부로 변경되었다.[15] 건물은 전반적으로 낡았으나, 부분 수리만 하고 공사관으로 사용했다. 주한 미국 공관에서는 본국 정부에 건물 신축을 여러 차례 요청했으나, 정부가 예산을 배정해 주지 않았다. 이후 수교한 영국, 프랑스, 러시아 등이 번듯한 서양식 건물로 공관을 신축해 세인의 이목을 끌었으나, 주한 미국 공관은 일제 말까지 정동 10번지에서 한옥 형태의 기존 건물을 고수했다. 주한 공사를 역임한 알렌Allen은 "공사관 건물이 매우 낡은 외관의 오래된 한옥이다. 우리 공사관과 가까운 다른 나라 공사관 건물과 비교해 초라한 건물이라 주한 미국인이 수치스럽다고 한다."라는 보고를 정부에 하기도 했다.[16]

1905년 「을사조약」이 체결되자 미국 정부는 공사관을 철수하라고 지시했다. 모건E. Morgan 공사는 11월 28일 이 사실을 조선 정부에 통지하고, 그 날짜로 공사관은 폐쇄되었다. 이후 일제강점기 동안 이 건물은 영사관으로 운영되었다. 1941년 12월 일본의 진주만 공격 이후 영사관도 폐쇄된 상태로 종전을 맞았다.

1945년 일제가 패전하고 미군정이 실시되었다. 폐쇄되었던 영사관 관리권은 다시 미국 정부에 돌아갔다. 1948년 대한민국 정부 수립 후 기존 영사관이 주한 대사관으로 변경되지는 않았다. 1948년 8월 초대 주한대사로 부임한 무초Muccio는 을지로 1가 구 반도호텔(현 롯데호텔 자리)에서 대사관 업무를 시작했다. 무초 대사는 1948년 8월 23일 서울에 부임했으나, 미국 정부가 대한민국 정부를 법률상 승인하기 전이라 그의 직함은 미합중국 대통령 특별대표Special Representative of the President of the United States였다. 주한 미국 공관도 미합중국 특별대표

15 손정숙, 『한국 근대 주한미국공사 연구』(한국사학, 2005), 44-45쪽.

16 Allen to Secretary of States, Sept. 20, 1897. 손정숙(위의 주), 45쪽에서 재인용.

공관Mission of the United States Special Representative으로 불렸다. 1948년 12월 12일 유엔 총회가 대한민국 정부를 합법정부로 승인하자(결의 제195호), 미국 정부는 1949년 1월 1일 대한민국 정부를 법률상 승인했다. 무초 대사도 1949년 3월 정식 대사로 발령받고, 4월 20일 이승만 대통령에게 신임장을 제정했다.[17]

이후 정동 구 영사관은 미국 대사관저로 이용되었다. 다만 미군정을 거치면서 원래의 부지보다 면적이 크게 넓어졌다. 주한 미군이 철수하면서 한·미 간 체결된 「대한민국 정부 및 미국 정부 간의 재정 및 재산에 관한 최초협정」에 따라 미군이 사용하던 미 영사관 인근 토지와 건물이 미국에 매각되었기 때문이다(제9조 「보충」).[18] 이로써 정동 미국 대사관저가 오늘과 같이 꽤 넓은 대지를 보유하게 되었다. 공사관으로 사용되던 구 가옥은 수리를 거쳐 현재 관저 내 게스트 하우스(하비브 하우스)로 사용되고 있는데,[19] 2002년 서울시 유형문화재 제132호로 지정되었다. 구한말 미국 공관과 용도는 달라졌지만 광복 후에도 소유권 변동 없이 계속 미국 외교시설로 사용되는 사례이다.

러시아 공사관 터 및 첨탑

중명전을 나와 다시 정동길을 따라 200m(2분) 정도를 전진하면 9층 높이 캐나다 대사관을 만난다. 대사관 옆 오른쪽 경사진 언덕길이 구 러시아 공사관(정동공원)으로 가는 길이다. 원래는 이 언덕 입구부

---

17 정인섭, 『신국제법강의』(제15판)(박영사, 2025), 878쪽.

18 미국은 정동 일대 토지 및 건물과 아울러 후일 미 대사관 직원 사택으로 이용된 송현동 부지와 반도호텔 등을 취득하고, 한국이 미국에 지불해야 할 채무 170여만 달러와 상계하기로 했다. 이를 당시 1달러 대 400원 환율로 계산하면 약 6억 8천만 원에 해당한다. 최초협정 제9조 참조. 이순우(앞의 주 9), 132-133쪽.

19 Philip Habib: 1971년부터 1974년 사이 주한 미국대사 역임.

구 러시아 공사관 첨탑

터가 구 러시아 공사관 부지였다. 러시아는 이곳에 개선문 형태의 커다란 정문을 세웠으나 지금은 없어졌다. 언덕길을 따라 조금만 걸으면 1895년 건설된 구 러시아 공사관 첨탑이 보인다.

러시아는 구한말 정동거리에서 가장 넓은 공관 부지를 확보하고 당시 서울 시가에서 단연 돋보이는 공관을 세웠다. 공관 입구에는 로마나 파리의 개선문을 닮은 커다란 아치형 대문이 위용을 자랑하며 서 있었다. 러시아 공관에서는 아관파천(1896년 2월 11일~1897년 2월 20일)이라는 기막힌 일이 진행되어 한국 근대사에서 잊지 못할 현장이 되었다. 이어 러·일전쟁, 한·일합병, 러시아 공산혁명, 제2차 세계대전, 6·25전쟁 등 역사의 길목마다 러시아 공관은 정치적 소용돌이에 휩싸였다. 원래 건물은 6·25전쟁 때 대부분 파괴되고 현재는 첨탑 1개만 남았는데, 한국과 소련이 근 반세기 동안 미수교 상태의 적대 국가였기 때문에 이곳 부지 처리는 한국 현대사에서도 특이한 경험으로 기록되고 있다.

조선과 러시아는 1884년 7월 7일 「조·러수호통상조약」에 서명하고, 1885년 10월 14일 비준서를 교환함으로써 수교했다. 이 과정에서 활약이 컸던 베베르Karl Waeber가 수교 즉시 조선 주재 초대 대리공사 겸 총영사로 취임했다. 베베르는 1884년 수교 협상이 타결되자 바로 정동 15번지 일대를 러시아 공관 부지로 삼겠다고 조선 정부에 신고했다. 수교가 성사되자 베베르는 우선 그곳 민가 수 채를 임차해 공관을 개설했다.[20] 이곳은 궁궐에서 멀지 않고 약간 높은 언덕 위라 주변 시야 확보에도 좋았다. 베베르는 이 일대 토지를 매입해 공사관 건물을 지으려 했다. 당시 러시아가 확보한 전체 부지 면적은 약 6,200평이었다(인접 러시아 정교회 부지 1,231평은 별도). 공관 신축 공사는 1890년 착공되었다. 러시아 세레딘-사바틴Seredin-Sabatin(우크라이나 출신)이 설계를 맡아 약 5년간 공사 끝에 1895년 르네상스풍 2층 벽돌 건물이 완공되었다.[21]

1904년 러·일전쟁이 발발하자 2월 12일 러시아 공사관 직원은 인천을 통해 본국으로 철수하고, 공관 관리권은 일시 프랑스에 위임되었다. 일본의 강요를 받은 고종은 1904년 5월 18일 조·러 간 기존 조약을 "일체 폐파廢罷하고 전연全然 실시하지 않는다."는 칙선서勅宣書를 발표했다.[22]

러·일전쟁이 종료되고 「포츠머스조약」이 발효하자, 러시아는 1906년 서울에 총영사관을 다시 열었다. 「을사조약」으로 조선의 외교권이 일본으로 탈취되었기 때문에 서울에는 오직 영사관만 개설될 수 있었다.

조선이 일제 식민지가 된 이후에도 러시아 영사관은 유지되었으나,

---

20 홍웅호, 「개항기 주한러시아 공사관의 설립과 활동」, 하원호(외)(앞의 주 3), 264쪽.

21 러시아 공사관 건립 과정에 관해서는 김정신·발레리 알렉산드로비치 사보스텐코·김재명, 「구한말 서울 정동의 러시아 공사관에 대한 복원적 연구」, 『건축역사연구』 제19권 제6호(2010) 참조.

22 칙선서는 제안 이유서에서 "지금 在俄 공사관을 철퇴했으니 이로써 韓俄間 외교관계가 실상인즉 단절되었음은 물론이지만, 금후 우리 大韓의 방향을 명백히 하고, 종래 俄國과 체결한 조약 및 특허조약을 폐기함으로써 …… "라고 설명했다. 국회입법조사국 편, 『구한말조약휘찬(하)』(국회입법조사국, 1965), 81-83쪽.

1917년 러시아 혁명으로 제정 러시아가 붕괴하자 일·소 관계는 단절되었다. 주한 영사관은 본국으로부터 더 이상 송금을 받지 못했다. 오갈 데 없는 러시아 부영사 1명이 몇 년간 건물을 지켰으나, 영사로서 활동은 하지 못했다.

1925년 1월 20일 「일·소기본조약」이 체결되고 국교가 재개되었다. 소련은 9월 24일 서울 총영사관을 다시 열었다. 당시 국내 좌익세력은 상당한 기대와 흥분으로 소련 총영사관 재개관을 맞았다. 일·소 국교 재개 직후 조선공산당이 결성되었다. 1925년 9월 8일 자 「조선일보」는 "조선과 아국俄國의 정치적 관계"라는 제목으로 소련의 힘을 빌려 독립을 쟁취하자는 내용의 사설을 게재했다가 무기한 정간을 당하고 관계자 다수가 재판에 회부되는 일도 발생했다.

일본과 동맹관계인 독일이 1941년 6월 22일 소련을 침공해 독·소 전쟁이 개시되었으나, 일본과 소련은 그 직전 4월 13일 불가침조약을 체결했기 때문에 서울 총영사관은 별다른 제약 없이 활동을 계속했다. 1945년 8월 9일 소련이 일본에 선전포고를 하자 일·소 외교관계는 단절되고 영사관도 봉쇄되었으나, 일주일도 되지 않아 8월 15일 일본이 무조건 항복을 했다. 소련은 전승국이 되었고 봉쇄는 즉시 풀렸다.

8·15 당시 소련 총영사관에는 폴리안스키Polianski 총영사 등 약 10명의 영사관원이 근무했다. 소련 영사관 측은 남한 내 친소 분위기 조성에 노력하며, 좌익세력이 국내 정국의 주도권을 잡도록 후원했다. 영사관 측은 일제강점기부터 박헌영을 비롯한 국내 좌익인사들과 은밀히 접촉하며 의견을 나누고 있었다. 종전 후 이들에게 자금 지원은 물론 소련과 북한 지역에서 발간되는 신문, 잡지 등 각종 자료를 제공했다.

남한에 진주한 미군은 북한의 소련군과 협조할 사항이 적지 않았다. 당시 남한은 전기를 북한에 크게 의존하고 있었으며, 여러 광물과 공산품도 마찬가지였다. 미군으로서는 북한의 소련군 당국과 원만한 관계 수립이 필요했다. 미군정은 소련 영사관의 존재와 특권을 묵인하며, 당시 혼란한 상황 속에서 이들에게 여러 편의를 베풀었다. 소련 영사관에 식량과 휘발유 제공, 미국 PX 이용, 도쿄로 출국 시 미군 비행기 이용 등의 편의를 제공했다.

주한 미군정청은 차츰 소련 영사관원들이 국제법상 영사 본연의 임무에 충실하지 않다고 우려했다. 특히 영사관원들이 남한 내 공산주의자들을 배후에서 지원하며, 암암리에 미군정 당국의 신뢰를 손상시키려는 공작을 벌인다고 의심했다. 총영사관에 각종 물자 지원과 아울러 정치적 지위를 보장해 주었음에도 그에 따른 대가는 전혀 없다는 불만을 가졌다. 미국은 소련이 남한에 특별한 현안이나 중요한 이해가 없는데도 대규모 영사관을 유지하는 의도를 수상하게 생각했다.[23] 미군정청이 소련 영사관의 유지를 일단 용인한 이유는 소련과의 원만한 관계 수립과 아울러 그 대가로 미국도 만주나 평양에 자국 관리 주재를 허용받기를 기대했기 때문이었다.[24]

한반도 미래를 결정할 미·소 공동위원회가 1946년 3월부터 서울에서 개최되었다. 회의가 지지부진해 성과를 기대하기 어렵게 되자 1946년 4월 27일 하지J. Hodge 미군정장관은 폴리안스키 총영사에게

---

23 The Acting Political Adviser in Korea(Langdon) to the Secretary of State(1945. 12. 14.), *Foreign Relations of the United States*(이하 'FRUS'로 약칭) *1945*, Vol. VI, pp.1143-1144.

24 Lieutenant General John R. Hodge to General of the Army Douglas MacArthur, at Tokyo(1945. 10. 12.), *FRUS 1945*, Vol. VI, p.1073.

소련 영사관 활동 중단을 요구했다. 그 이유는 다음과 같았다. 점령 지역 내 영사관 활동은 점령 당국의 허가가 필요한데, 소련 측은 영사관 활동에 관해 이제까지 미국과 어떠한 협의도 없었다고 지적하며, 일본의 승인을 근거로 활동하고 있는 현재 소련 영사관의 지위는 국제법상 매우 비정상적 상황이라고 주장했다. 이에 연합국 총사령관의 허가가 있을 때까지는 영사관 현판을 게시하지 말라고 요구하고, 자신은 소련 영사관원을 우호국 사인私人으로만 취급할 예정이라고 통지했다. 또한 북한에 미국 영사관이 없음을 지적하면서 서울의 소련 총영사관도 업무를 중단하라고 요청했다. 미국은 서울과 평양에 동일한 규모의 영사관을 상호 개설하기를 원한다고 전했다.[25]

미국 정부는 소련 주재 스미스Smith 대사를 통해서도 평양 미 영사관 개설 의지를 전달하고, 긍정적 답변이 없다면 서울 주재 소련 영사관 활동 중단을 요청하겠다고 알렸다.[26] 그러자 소련 정부는 주한 미군의 여러 자의적 조치로 서울의 자국 영사관이 정상적 활동을 할 수 없게 되었다고 비난하며, 서울 영사관을 폐쇄한다고 통보했다.[27] 결국 서울의 소련 영사관 직원과 가족은 1946년 7월 2일 열차 편으로 서울을 출발, 개성을 거쳐 평양으로 떠났다.[28] 서울에는 건물 관리인 몇 명만 남았다.

---

25 H. Larson ed., History of the United States Armed Forces in Korea(unpulished), Part II, Chapter IV, pp.303-304. 이는『주한미군사』(돌베개, 1988) 내에 영인되어 이를 이용했다.

26 The Acting Secretary of State to the Ambassador in France(Caffery)(1946. 5. 10.), *FRUS 1946*, Vol. VIII, pp.676-677.

27 The Ambassador in the Soviet Union (Smith) to the Secretary of State(1946. 6. 5.), *FRUS 1946*, Vol. VIII, p.691.

28 H. Larson(앞의 주 25), p.310.

1948년 8월 15일 대한민국 정부가 수립되었다. 한국 정부는 일단 소련 영사관 상황을 방임했다. 그런데 1949년 8월 소련 영사관 관리인으로 와 있던 크리보쉬프Nikolai Krivosheeff 부부가 국내 좌익활동과 연관되어 국가보안법 위반 혐의로 경찰에 체포되었다.[29] 한국 정부는 외교관계를 고려해 이들을 기소유예 후 추방하기로 결정했다. 이와 관련해 임병직 외무장관은 1949년 9월 13일 사건을 설명하는 담화문을 발표했다. 당시 발표문 주요 부분은 다음과 같다.

"소蘇 시민 니콜라이 크레오세브와 그 부인은 대한민국 정부 수립 이래 아무런 허가나 여행권이나 사증도 없이 한국 영토 내 서울에 거주하고 있었다. 해방 이후 대한민국 정부 수립 이전에는 그들은 전 소련 영사관 사옥의 관리인이었다. 증거에 의하면 크레오세브는 그의 부인과 같이 그 직장을 이용하여 소련의 이익을 위하여서 암약한 한국 공산당에 연락원 노릇을 하였다. 그러므로 그들은 한국을 파괴하려는 공산당원과 소련과의 비밀한 연락을 지음에 있어서 한국 정부에 대하여 범죄하였던 것이다. ……

대한민국의 주권이 완전 유효하게 실현되고 있는 영지 내에서 대한민국의 국법을 위반하여 대한민국 정부를 전복하려는 도전적 행동에 나간 사람에게는 원래 기其 국적 여하를 막론하고 주권에 고유한 사법과 경찰권의 발동에 의하여 법에 의한 처단이 있음은 당연한 일이려니와 금반 사건에 있어서는 우리 대한민국 정부는 …… 소련으로부터의 외교적 교섭에 응할 용의가 있으며 또한 친선을 도모코저 하는 바이다."[30]

---

29 「동아일보」, 1949. 8. 19., 2면.
30 「동아일보」, 1949. 9. 14., 1면에 전문 수록.

이 담화문에는 소련 영사관 지위에 관한 한국 정부 입장이 나와 있다. 첫째, 소련 영사관은 국제법상 영사관으로서의 지위를 갖지 못하며, 관리인 역시 영사관원의 지위를 갖지 않는다. 둘째, 관리인들은 미군정 시절의 연장선상에서 서울에 체류하고 있으나, 대한민국 정부로부터 사증이나 체류자격 등은 부여받은 바 없다. 결론적으로 소련 영사관과 관리인들에게는 어떠한 특권이나 면제도 인정되지 않는다. 체포된 영사관 관리인들은 소련과의 교섭 끝에 1949년 10월 4일 개성을 통해 북한지역으로 추방되었다.

이후 영사관은 빈집으로 남아 있다가 6·25전쟁으로 건물 대부분이 파괴되었다. 서울 복판에 커다란 폐허가 생긴 셈이었다. 영사관 부지에는 한때 피난민이 몰려와 무허가 판자촌이 난립했다. 이 부지 처리에 고심하던 정부는 1970년 5월 이 땅을 국유재산으로 보존등기를 했다. 공관 부지를 한국 재산으로 국유화한 것이다.[31] 이후 정부는 부지 상당 부분을 민간에 불하하고, 3분의 1 정도만 정동공원으로 남겨 오늘에 이른다.

1990년 9월 한국과 소련이 수교했다. 소련은 수교 직후부터 정동 부지 소유권을 주장하는 공한을 보내왔다. 양국 정부는 오랜 협상 끝에 1997년 상대국 수도에 외교공관 건축 부지를 상호 제공하는 한편, 한국은 추가로 러시아에 244억 6천만 원 상당 금원을 지급하기로 합의함으로써 이 문제를 마무리 지었다.[32] 이에 한국은 구 배재고등학교 자리를 구입해 러시아 대사관 부지로 제공했다. 러시아 대사관은 반세기

---

31 국유화 조치에는 당시 법무부의 유권해석 오류가 결정적인 근거가 되었다.

32 6·25전쟁 후 러시아 공관 부지 처리 과정에 대한 설명은 정세정, 「러시아 공사관 부지 처리과정의 국제법적 검토」, 『국제법학회논총』 제65권 제1호(2020), 290쪽 이하 참조.

공백에도 불구하고 여전히 정동권역에 자리 잡은 결과가 되었다.

벨기에 영사관 터

구 러시아 공사관 터에서 다시 캐나다 대사관 앞 정동길로 돌아온다. 주한 벨기에 영사관이 맨 처음 설치되었던 위치가 바로 현재 캐나다 대사관 자리이다.

조선과 벨기에는 1901년 3월 23일 서울에서 수호통상조약에 서명하고, 1901년 10월 17일 비준서를 교환해 수교했다. 벨기에는 비준서를 교환하러 온 뱅카르트L. Vincart를 첫 주한 총영사로 임명했다. 그는 러시아 공사관 입구 바로 옆(정동 16-1번지) 방 5개짜리 건물에 영사관을 개설했다. 이는 본래 고종이 1898년 3월 손탁A. Sontag 여사에게 하사한 집으로 벨기에는 이 건물을 임대해 영사관으로 사용했다.[33] 그러나 벨기에 영사관은 이 건물에서 오래 머물지 않고 2달 만에 서대문 밖으로 이전했다.

손탁 여사의 이 건물은 관립 한성영어학교 교관을 지낸 프램턴Framton이 사용하다가 1924년 이화학당이 사들였다. 이화학당은 이를 이화여전 음악관으로 개조해 사용했다. 이화여전이 1935년 현재 위치인 신촌 캠퍼스로 이전하면서 경비 마련을 위해 이 건물을 조선토지경영회사에 팔았다. 이 건물은 6·25전쟁 때 부서지고 이 자리에는 하남호텔이 새로 세워져 운영되었다. 하남호텔은 1969년 3층 높이의 신관을 증축해 한동안 서울의 유명 호텔 역할을 했다. 하지만 1990년대

33 Marie A. Sontag: 알자스-로렌의 독일계 집안 출신으로, 1885년 러시아 베베르 대리공사 입국 시 함께 조선으로 와 왕실 양식 조리사로 일했다. 고종의 신임을 받았으며, 정동에 손탁호텔을 개업해 당시 외국인 사교계 중심인물이 되었다. 1909년 출국해 프랑스에서 사망했다.

구 벨기에 영사관 터에 자리 잡은 캐나다 대사관

들어 운영난을 겪다 문을 닫고 캐나다 정부에 매각되었다. 하남호텔 건물은 1995년 철거되었다. 이 자리가 구한말 손탁 여사 소유 건물터였다는 이유로 당시 정동 외교가의 사교장 역할을 했던 손탁호텔 부지로 잘못 알려져, 서울시가 1990년 이곳에 손탁호텔 터라는 표지석까지 설치했다. 필자 역시 한동안 이곳을 그 유명한 손탁호텔 자리로 알고 있었다. 그러나 손탁호텔은 오늘날 이화여고 구내 100주년 기념관 자리에 있었음이 밝혀지고 잘못된 표지석은 철거되었다.[34] 이 자리에는 2007년 주한 캐나다 대사관이 신축, 준공되었다. 구한말 러시아 공사관 바로 입구였으며 벨기에 첫 영사관이 개설된 자리에 100여 년 후 다시 캐나다 대사관이 들어섰으니, 이곳은 외교공관 터로서 인연이 상당히 깊은 곳이다.

한편 벨기에는 1902년 11월 남창동(현 회현동 2가 78번지) 구 헐버트 가옥을 매수해 1903년 9월부터 이 자리에 새 영사관 건물을 짓기 시작했다. 지상 2층, 지하 1층, 연건평 454평 규모의 붉은 벽돌조 건물이 1905년 완공되었다.[35] 벨기에는 총영사만 주재시켰으므로 「을사조약」 이후에도 기존 영사관 체제를 그대로 유지했다. 벨기에는 1919년

34 이순우(앞의 주 9), 234쪽.
35 이순우(앞의 주 9), 223-224쪽.

남현동으로 이전한 구 벨기에 영사관

영사관 건물을 요코하마 생명보험회사에 매각하고 충정로 1가 18번지로 영사관을 이전했다가 영영 철수했다. 벨기에 구 영사관 건물은 매각된 후 1930년대 중반 기생조합인 본권번本券番이 사용하다가, 일제 말기에는 해군성에서 사용했다. 광복 후 적산으로 몰수되어 한국 해군과 공군이 사용하다가 1970년 상업은행에 매각되었다.[36] 이후 도심 재개발 사업으로 남산 3호 터널 입구에 위치한 이 건물은 1982년 관악구 남현동으로 이전 복원되었고, 그 자리에 상업은행 본관이 건립되었다. 상업은행이 우리은행에 통합되어 현재 주인은 우리은행 본점이다. 남현동으로 이전된 구 벨기에 영사관 건물은 서울시립 남서울미술관으로 활용되며 구한말 옛 모습을 우리에게 전해 주고 있다(관악구 남부순환로 2076, 서울시 사적 제254호).

36 이순우(앞의 주 9), 221-223쪽.

정동길 회화나무

캐나다 대사관 앞에는 수령 약 530년의 회화나무가 한 그루 서 있다(서울시 지정보호수 제2-3호). 지름이 5m가 넘고, 높이는 17m 정도이다. 나이로 보아 가히 이 지역 터줏대감 격이다. 이 나무는 2003년경 건강 상태가 나빠져 더 이상 새잎이 나오지 않는 상황에 달했다. 이는 바로 앞에 신축 예정이던 캐나다 대사관 설계에도 영향을 미쳤다. 비록 회화나무는 대사관 부지가 아닌 공용 인도에 속했지만, 캐나다 대사관 측은 나무 전문가에게 보호 방안을 자문했다. 그 결과 나무에 면한 대사관 건물 저층부를 약간 안쪽으로 들여 지어 회화나무에 조금이라도 더 많은 여유 공간을 제공했다. 그리고 유리 패널이 외관을 장식한 건물 상층부와 달리 1층과 2층 외벽에는 나무 스크린을 설치해 고목과 조화를 이루도록 했다. 현재 회화나무는 건재한다.

프랑스 공사관 터

캐나다 대사관 길 건너는 창덕여자중학교 입구이다. 구한말 프랑스 공사관은 지금의 창덕여자중학교 구내에 있었다.

병인양요 발생 꼭 20년 후인 1886년 6월 4일 「조·불수호통상조약」이 서울에서 서명되고, 이듬해 5월 30일 비준서가 교환되어 양국이 수교했다. 프랑스는 바로 주한 공관을 개설하지 않고 조선에서 프랑스인 이익 보호를 일단 러시아에 위임했다.[37] 프랑스는 1888년 6월에야 수표교 부근 관수동 126번지(허치슨Hutchson 주택)에 첫 공관을 설치했다. 프랑스 공관은 이듬해 1889년 10월 1일 정동 28번지 한옥으로 이전해 정동 외교가 일원이 되었다. 몇 년 후 프랑스는 그 자리에 서양식 공관을 신축했다. 1896년 착공해 완공 연도는 확실치 않으나 1897년에서 1899년 사이 준공되었다고 추정된다. 첨탑까지 지상 5층, 지하 1층 벽돌조 건물로 건평 423.72㎡, 연건평 1370.95㎡의 번듯한 규모였다. 조선의 서양 공관 건물 중 외관이 가장 아름답다는 소리를 들었다.[38] 건너편 러시아 공사관과는 정동길을 사이에 두고 마주 보는 지세였다.

「을사조약」이 체결되자 1906년 1월 6일 프랑스도 공사관을 폐쇄하고 영사관으로만 남았다. 한일합병 직후 프랑스는 20년 가까이 지내던 정동 부지를 매각하고, 그 장소에서 멀지 않은 합동 30번지 민영환 구옥을 구입해 1910년 10월 1일 이전했다. 이는 공관 규모를 축소하기 위한 이사였다. 영사관 구내에 있던 민영환 구옥 건물은 일제강점기 후반까지 유지되었다고 한다.[39] 이 자리는 현재도 프랑스 대사관으

37 김도종, 「단절된 아관의 역사에 대한 고찰」, 『국제정치논총』 제38집 제3호(1998), 85쪽.

38 이순우(앞의 주 9), 207-209쪽.

39 문일평(앞의 주 4), 173쪽.

프랑스 공사관 터 표지판

'RF 1896'이 새겨진 정초석

로 사용되고 있다.

정동의 구 프랑스 공관 자리에는 1914년 서대문소학교가 세워졌고, 공관 건물은 학교 운동장 속에 놓이게 되었다. 이 건물은 여러 기관에서 사용하다가 1935년 철거되었다. 서대문소학교는 광복 후 서대문국민학교로 되었다가 1973년 폐교되고, 창덕여자중학교가 이전해 와 현재까지 자리 잡고 있다. 학교 운동장 한편 화단에 'RF 1896'이라는 정초석이 남아 이 자리가 옛 프랑스 공관 건물터임을 보여 준다. RF는 République Française(프랑스 공화국)의 약자이며, 1896은 착공 연도를 가리킨다.

프랑스는 일제 말까지 서울에 영사관을 유지했다. 제2차 세계대전 중 프랑스 북부는 독일군에 지배되었으나, 남부에는 친 나치독일 비시 정부가 수립되어 형식상 국가가 지속되었다. 주일 프랑스 대사관은 비시 정부의 지휘를 받아 일본 항복 시까지 유지되다가 종전 직후

법어학교

법어法語는 법국어, 즉 프랑스어를 가리킨다. 1895년 「외국어학교관제」가 제정되자 프랑스어를 가르칠 학교로 법어학교가 설립되었다. 묄렌도르프 밑에서 상하이 세관에 근무하던 프랑스인 마르텔E. Martel(1874~1949년)이 교관으로 부임했다. 처음에는 정동 프랑스 공사관 입구 마르텔 자택에서 임시로 강의를 시작했으나, 1896년 5월 박동으로 이전했다. 법어학교는 1906년 관립 한성법어학교로 명칭이 변경되었고, 1908년 관립 한성외국어학교의 일부로 통합되었다. 한일합병 후인 1911년 폐교되었다. 캐나다 대사관 건너편 국토발전전시관 정문 옆에 법어학교 터라는 표지판이 세워져 있는데, 이 곳이 마르텔 구가의 정확한 위치인지는 분명하지 않다. 대강 이 부근에 있었으리라 추정된다.

법어학교 터 표지판

폐쇄되었다.[40] 서울 주재 프랑스 영사관도 이와 거취를 같이 했다. 미군정기인 1947년부터 프랑스 새 정부는 영사 담당자를 파견했다. 프

40 國際法事例研究會, 『國交再開·政府承認』(慶應通信株式會社, 1988), 75-76쪽 참조.

랑스가 1949년 2월 15일 대한민국을 승인하고 다시 수교하자 기존 영사관을 수리해 공관으로 그대로 사용했다. 현재의 대사관 건물은 대부분 후일 새로 세워졌다.

경교장

경교장은 백범 김구 선생이 광복 후 귀국한 1945년 11월부터 개인 사저 겸 집무실로 사용하다 생애를 마친 건물이다. 현재 강북삼성병원 구내에 있다. 경교장으로 가기 위해서는 정동길을 나와 새문안로를 건너야 한다. 정동길 끝 네거리에서 강북삼성병원은 바로 보인다.

경교장은 일제강점기 금광 재벌로 유명한 최창학이 1938년 완공한 지상 2층, 지하 1층의 서양식 건물로 처음에는 인근 지명을 따라 죽첨장竹添莊으로 불렸다. 최창학은 이 건물을 귀국 후 마땅한 거처가 없던 백범 선생에게 무상으로 빌려주었다. 죽첨장이란 이름이 일본풍이라, 백범 선생은 인근 경구교京口橋 이름을 본떠 건물명을 경교장으로 바꾸었다.

백범 선생이 자리 잡자 이곳은 귀국한 임시정부 세력의 집합소가 되었다. 경교장은 백범 선생을 비롯한 임시정부 요인과 지지자들의 집무실이자 회의실이었으며, 당장 서울에 거처가 없던 요인들의 숙소로도 사용되었다. 백범 선생은 1949년 6월 26일 이 건물 2층 집무실에서 안두희의 총탄에 피살되었다.

백범 서거 이후 경교장은 최창학에게 반환되었다. 이후 중국(타이완) 대사관저로 일시 사용되다가, 1956년부터 주한 베트남 대사관으로 사용되었다. 삼성재단이 1967년 최창학 후손으로부터 이 건물을 매입해 고려병원(현 강북삼성병원) 시설로 활용했다.

이 건물은 2001년 서울시 유형문화재 제129호로 지정되었다가,

경교장 전경

백범 선생이 피살된 집무실

2005년 사적 제465호로 승격되었다. 오랜 세월 여러 용도로 사용되어 원형이 많이 훼손되었으나, 경교장의 역사적 의의를 존중해 전면 복원하기로 결정했다. 2009년 복원작업이 시작되어 2013년 3월부터 일반에게 개방되고 있다. 건물 내부에는 백범 선생 및 임시정부 관련 자료들이 전시되어 있고, 2층 집무실에는 피살 현장의 총탄 흔적 등을 재현해 놓았다. 화요일에서 일요일 9~18시 무료 공개된다.

일본 공사관 터(청수관)

구한말 일본 공사관은 정동에 자리 잡지 않았다. 서대문 네거리에서 독립문 방향으로 400m 정도 거리에 첫 공사관을 개설했다. 이는 조선에서 첫 번째 외국공관이다. 정동길 끝이나 경교장 입구에서 약 750m, 도보 12분 정도면 도달하니 구한말 정동 외교가 산책에 포함시켜 방문할 만하다.

일본 공사관은 1880년 12월 조선 경기중군영京畿中軍營 내 청수관淸水館에 개설되었다. 경기중군영은 경기감영 소속 군사를 지휘하는 관청으로, 지금의 금화초등학교와 동명여자중학교가 있는 자리에 있었다. 이곳에 일본 공관이 개설된 경위는 다음과 같다.

1876년 체결된 「조·일수호조규」 제2조는 “일본국 정부는 지금부터 15개월 뒤에 수시로 조선국 한성에 사신을 파견해 예조판서와 직접 만나(親接) 교제 사무를 상의하며, 해당 사신의 머무는 기간의 장단(駐留久暫)은 모두 그때의 사정에 맡긴다.”라고 규정했다. 이는 상대국 외교관의 상주를 약속하는 의미는 아니었으나 일본은 상주 사절의 파견을 원했다. 수호조규 후속 조치를 위한 부록안 협상에서 일본은 외교사절 상주 조항을 포함시키려고 했으나 조선의 완강한 반대로 뜻을 이루지 못했다. 일본은 다음 해인 1877년 9월 하나부사 요시모토花房義質

청수관 터 표지판

경기중군영 터 표지석

를 대리공사 자격으로 파견해 상주 공관 개설과 사절의 주재를 요구했으나, 조선은 여전히 동래 왜관을 통한 교섭만을 고집했다.

일본은 1880년 12월 다시 하나부사를 변리공사 자격으로 파견해 고종에게 "한성에 주재시켜 교섭에 관한 일을 관장하게 한다."는 내용을 포함한 국서를 봉정하도록 했다. 조선 정부는 논란 끝에 이를 수락하기로 하고, 12월 말부터 서대문 바로 밖 구 경기중군영 청수관(천연동 31번지)에 일본 공사가 국기를 게양하고 장기 체류하며 외교교섭을 할 수 있도록 허용했다. 이곳은 1876년 「조·일수호조규」 이후 일본 사절이 내방할 때 몇 차례 접대관사로 사용되었고, 하나부사가 1877년 방문했을 때도 숙소로 사용된 이력이 있어서 양측이 비교적 익숙한 장소였다.[41] 서대문 밖이라 조선으로서는 도성에 일본 관리의 체류를 허가하지 않았다는 명분을 고수할 수 있었고, 일본으로서는 궁궐이나 관청가와 가까워 업무에 편했다. 당시 40명 내외의 일본인이 근무했다고 한다. 청수관 건물은 1882년 7월 임오군란 때 소실되어 현재는 남

41 이순우(앞의 주 9), 279쪽.

경인미술관

청수관이 불타자 일본 공사관은 남산 밑 이종승 저택으로 임시 이전했다가(1882년 8월~1884년 4월), 1884년 4월 교동 박영효 저택(대지 2,177평)을 매입해 이전하고 부지 내에 2층 목조 건물로 공사관을 신축했다. 새 공사관 건물이 1884년 11월 3일 완공되었는데, 불과 한 달 뒤인 12월 7일 갑신정변 와중에 불타 버렸다. 일본 공사관은 서대문 밖 임시장소를 거쳐 1885년부터는 남산 왜성대에 공사관을 신축해 이전했다.[42] 1905년 「을사조약」 체결로 조선의 외교권이 박탈되자 일본 공사관 건물은 1906년부터 통감 관저로 전환되었다. 한일합병 이후에는 1939년까지 총독 관저로 이용되다가 6·25전쟁 때 소실되었다. 1884년 잠시 공사관으로 사용되었던 박영효 고택지 일부에는 현재 경인미술관이 들어서 화랑과 찻집으로 운영되고 있으므로 누구나 쉽게 방문할 수 있다(인사동 10길 11-4). 한옥 구옥이 몇 채 남아 옛 흔적을 보여 준다. 다만 구 일본 공관지는 현재의 경인미술관 부지가 아니고 인근 천도교 교당에 속한 터에 있었다.

경인미술관(다원)

아 있지 않다. 청수관이란 이름을 보면 예부터 이곳 물이 맑고 좋았던 듯하다. 이 부근에는 영천동靈泉洞, 냉천동冷泉洞, 옥천동玉川洞 등 물에 바탕을 둔 동네 이름이 여럿이다.

지하철 5호선 서대문역 2번 출구에서 나와 400m 정도 북쪽으로 걸어가면 금화초등학교가 나오는데 학교 정문 왼편에 서울시에서 붙인 '청수관 터' 표지판이 있어 이곳이 우리나라 최초의 외국공관이 있던 자리임을 보여 준다. 학교 정문 오른편에는 경기중군영 터라는 표지석이 세워져 있다.

청국 공사관

청靑의 주한 공관 설치는 특수한 역사적 맥락 속에서 진행되었다. 구한말 청국 공사관은 정동 외교 거리에서 약간 벗어난 명동 지역에 자리 잡아, 오늘날까지 중국대사관으로 이어지고 있다.

조선은 청과 오랜 교류관계를 맺고 있었으나, 상주 사절은 교환하지 않았다. 1882년 조선의 임오군란을 계기로 「조·청상민수륙무역장정」이 체결되었다. 이로써 조·청 간 이른바 해관무역海關貿易이 시작되었다. 이는 종래 관 중심 조공무역이나 국경무역과는 다른 형식의 민간 중심 상거래였다. 자연 청국 상인의 조선 진출이 늘었다. 「조·청상민수륙무역장정」에는 청이 조선에 상무위원을 파견한다고 규정했다. 상무위원은 영사재판권을 행사하는 등 그의 역할은 서양식 영사와 유사

42 이순우(앞의 주 9), 281-282쪽.

했다. 다만 청은 조선을 대등한 외국으로 간주하지 않고 속방으로 취급하려 했기 때문에 서양식 영사와는 여러 가지 차이를 두었다. 상무위원은 북양대신 이홍장이 파견했고, 조선은 청의 톈진天津에 주진대원駐津大員을 파견할 수 있었다. 즉 조선 국왕은 청의 북양대신과 동격인 셈이었다. 합의서 제목도 조약이 아닌 장정章程이었다.[43]

이홍장은 천슈탕陳樹棠을 첫 총판상무위원으로 임명했다. 그는 1883년 9월 조선에 부임했다. 천슈탕은 회현방 낙동駱洞과 장동長洞 일대 민가와 토지를 매입해 조선 주재 상무서 설립을 시작했다. 1884년 한성상무총서가 개관했다. 이것이 오늘날 명동 중국 공관의 기원이다. 천슈탕은 1885년 9월까지 근무하고, 후임으로 위안스카이袁世凱가 부임했다. 위안스카이의 직함은 주찰조선총리교섭통상사의駐紮朝鮮總理交涉通商事宜였다. 이는 통상과 (외교)교섭을 임무로 한다는 취지로 제도적으로는 공사 정도에 해당한다.[44] 앞서 말한 대로 청은 조선을 속방으로 간주해 파견 관원의 명칭에 공사나 영사를 사용하지 않았다. 20대 중반에 불과한 위안스카이가 조선 재임 중 상당한 권력을 행사했음은 잘 알려져 있다.

청·일전쟁이 발발하자 주조선 상무서 인원은 모두 귀국하고, 청국인 보호는 주조선 영국 총영사에게 위임되었다. 일본의 강요로 조선은 1894년 6월 22일 「조·청상민수륙무역장정」 폐기를 선언했고, 조·청 간 공식 관계는 단절되었다.

1895년 「시모노세키조약」 체결로 청·일전쟁이 일본의 승리로 귀결되자, 조선과 청은 새로운 관계를 수립해야 했다. 1896년 5월 청은 주

43 이은자, 「개항기 주한 중국공관 연구」, 하원호(외)(앞의 주 3), 143-144쪽.
44 정동연, 「청의 주한공관과 한청 근대외교 연구」(서울대학교 박사학위논문, 2020), 119쪽.

조선 상무서에 마지막까지 근무하던 탕사오이唐紹儀를 일종의 민간인 신분인 총상동總商董 직함으로 파견했다. 이는 조선의 승인 없는 파견이었으나, 조선 정부는 그의 역할을 묵인했다. 탕사오이는 조선 상무서 복원을 준비했다. 민간인 신분으로는 한계가 있어서 청은 1896년 10월 탕사오이를 주조선 총영사관으로 임명했다. 초대 총영사인 셈이었다. 주조선 상무서의 명칭도 주조선 영사서로 변경되었다.[45] 이는 조·청 관계가 상하관계에서 대등관계로 변화하는 과정임을 상징했다. 1897년 고종은 칭제건원을 선언하고, 1899년 새로운 「조·청통상조약」이 체결·발효되었다. 드디어 조·청 간 공사급 정식 외교관계가 개설되었다. 기존의 청국 공관은 공사관으로 호칭되었다.

1905년 「을사조약」으로 조선이 외교권을 박탈당하자 중국 공사관 역시 철수하고, 서울에는 영사관으로만 남았다. 1912년 청이 멸망하고 중화민국이 수립되었다. 일본은 바로 중화민국을 승인했고, 조선의 기존 청국 영사관은 중화민국으로 소속이 변경되었다.

일제강점기 동안 중국 대륙은 정치적 혼돈 상태였다. 일제 말 일본은 1940년 설립된 친일 왕징웨이汪精衛 난징정부를 승인하고 지원했다. 조선 내 중국 영사관은 왕징웨이 정부의 지휘를 받았다. 이들 영사관은 1945년 일제 패전과 동시에 폐쇄되었다.

장제스蔣介石 국민당 정부의 중화민국은 연합국 일원이었다. 중국 정부는 1947년 2월 유어만劉馭萬을 서울 주재 총영사 상당으로 파견하고 영사업무를 개시했다. 아직 대한민국이 수립되기 전이었기 때문에 그의 국제법적 지위는 애매했으나, 국내에서는 그를 공식 외교사절의 일종으로 간주했다. 중국(타이완)은 대한민국 정부 수립 이후인 1949

---

45 정동연(위의 주), 165쪽 및 169쪽 참조.

년 총영사관을 대사관으로 승격시키고 대사를 파견했다. 1992년 8월 한국이 중국 베이징 정부와 수교하고 타이완과의 관계가 단절되자, 중국 대사관 부지 소유권은 베이징 정부로 넘어가 오늘에 이른다.

저작권이 국제적으로 보호된다 19

영국 작가 롤링J. K. Rowling이 쓴 해리 포터 시리즈는 전 세계적으로 대략 6억 권 이상이 판매되었다고 한다. 해리 포터는 영어를 포함한 85개 언어로 발간되었다. 웨일스어와 하와이어로도 번역되었으며, 심지어 이제는 더 이상 실생활에서 사용되지 않는 라틴어와 고대 그리스어로도 번역되었다. 생활비를 걱정하던 가난한 작가 롤링이 이 작품 하나로 세계에서 가장 부유한 소설가가 되었음은 잘 알려져 있다. 롤링은 해리 포터로 인한 수입의 대부분을 영국 아닌 다른 나라에서 거두었다. 어떻게 자기 나라가 아닌 외국에서도 롤링의 저작권이 보호될 수 있을까?

저작권 보호의 역사는 의외로 오래다. 유럽에서 출판이 대중화되면서부터 저작권 보호라는 개념이 생겨났다. 이탈리아 베네치아에서는 이미 1517년 저작권법이 제정되었다. 영국에서는 앤Anne 여왕 시절인 1709년 일정 기간만 원작자의 권리를 보호하고 그 이후에는 사회적으로 권리를 공유하는 오늘날과 같은 제도가 만들어졌다. 미국 「헌법」(1787년)에도 저작권 보호 조항이 포함되었다. 그러나 당시의 저작권 보호는 어디까지나 국내법 수준에 머물렀다.

산업화가 진전되고 국제교류가 활성화되자 저작권을 국제적으로 보호해야 할 필요성이 커졌다. 이에 프랑스 등 유럽 국가들이 중심이 되어 1886년 스위스 베른에서 「도서나 예술 저작자의 권리를 국제적으로 보호하기 위한 베른협약Bern Convention for the Protection of Literary and Artistic Works」(이하 '베른협약')을 채택했다. 베른협약은 이후 여러 차례 개정되었다. 그런데 이 협약은 저작권 보호 수준이 상당히 높아 개발도상국들이 참여를 주저했다. 그러자 유네스코 주도로 좀 더 많은 국가를 포용하기 위한 목적에서 1952년 「세계저작권협약Universal Copyright Convention」이 채택되었다. 이후 두 조약이 문학 등 예술 작품에 대한 저작권 보호의 기본조약 역할을 담당했다. 그런데 1995년 세계무역기구WTO가 출범하면서 같이 발효된 「TRIPs협정(무역관련 지적재산권 협정)」이 저작권의 소급적 보호 등 원칙적으로 베른협약 수준의 보호를 규정했고, 그동안 베른협약을 외면하던 국가들도 대부분 WTO 협정에 가입했다. 이에 현재는 베른협약이 문학이나 예술 작품 저작권 보호에 관한 기본조약 역할을 하고 있다. 현재 베른협약 당사국 수는 181개국이다. 한편 세계지식재산권기구WIPO가 중심이 되어 기술 발달에 따른 새로운 저작권 보호를 위한 국제규범 정립에 노력하고 있다.

한국은 1957년 「저작권법」을 제정하고 이후 여러 차례 개정을 거쳐 오늘에 이르고 있다. 국제적 저작물 보호에 관해 한국은 「세계저작권협약」에 1987년 가입해 협약 적용일인 1987년 10월 1일 이후 공표된 외국 저작물만 보호했으나, WTO가 출범하자 1996년 베른협약에도 가입해 현재는 일정한 과거에 발표된 외국 작품의 저작권도 보호하고 있다.

저작권이 국내법으로만 보호된다면 해리 포터 시리즈와 같은 인기물은 출간되자마자 곧바로 해외에서 무단으로 복제되거나 번역되고 작가인 롤링은 기대 수입의 대부분을 포기했을지 모른다. 원저작자보다 해외 해적판 출판업자가 더 많은 돈을 벌 수도 있다. 오늘날과 같은 국제화 시대에 국제법이 작동하지 않으면 예술가의 권리는 제대로 보호받지 못한다.

인류 문화유산을 보다 잘 보전하게 되었다 20

캄보디아 유적지 앙코르톰에는 과거 번창하던 시절 엄청난 석조 건축물들이 세워졌지만 19세기 중엽 재발견되기 전까지 수백 년 동안 사람들로부터 잊힌 도시였다. 인적이 끊겼던 기간 열대 수림은 건축물과 일체가 될 정도로 뒤엉켜 자랐다. 그대로 방치되어 세월이 흘렀다면 인류 역사의 위대한 유산은 자연의 힘 앞에 스러졌을지 모른다.

인류의 수많은 문화유산이 현대 사회의 인구 증가, 산업화, 공해 등으로 인해 과거 어느 때보다 위협받고 있다. 물론 각 문화유산은 이것이 소재한 국가가 보호에 노력해야 한다. 그러나 소중한 문화유산들이 후대의 관리 소홀이나 무관심으로 훼손된 사례가 적지 않았다. 이에 인류의 보편적 가치를 지닌 중요한 유산은 국제적으로 보호할 필요가 있다는 운동이 일어났다. 그 결과 유네스코 주도로 「세계 문화유산 및 자연유산 보호에 관한 협약Convention concerning the Protection of the World Cultural and Natural Heritage」이 1972년 채택되었다. 이 협약에는 2025년 현재 한국을 비롯한 196개국이 가입되어 있다.

이 협약에 따라 지금까지 전 세계 170개국 1,248점의 세계유산이 유네스코 산하 세계유산위원회에 등록되었다. 문화유산이 972점, 자연유산이 235점, 복합유산이 41점이다. 그중 특히 39점의 문화유산과 14점의 자연유산은 위험에 처한 세계유산으로 지정되어 있다. 한국은 현재 종묘와 경주 유적 등 모두 15점의 문화유산과 2점의 자연유산을 세계유산으로 등재시켰다.

이 협약이 가져온 효과는 무엇인가? 세계유산으로 등록되기 위해 해당국은 이를 관리하는 국내기관을 지정해 보호하고, 유산의 보호와 보존을 위한 법적·기술적·행정적·재정적 조치를 마련해야 한다. 세계유산제도를 통해 각국 스스로의 보호제도가 한층 강화된다. 한편 세계유산으로 등재되면 당사국은 세계유산위원회에 유산 보존상태와 보호 현황을 정기적으로 보고해야 한다. 이를 바탕으로 세계유산위원회는 유적지 상태를 평가하고 문제가 있으면 어떤 조치를 취할지 결정한다. 경제적 어려움을 겪는 개발도상국에는 보호에 필요한 자금과 기술도 지원된다. 이런 지원을 담당하기 위해 세계유산기금이 설치되어 있다.

유네스코에 등재되면 유산의 국제적 지명도가 높아지고, 이로 인한 관광객과 수입 증가를 기대할 수 있다. 부수적으로 유산보호에 관한 지역 시민의 보호의식이 한층 높아지게 된다. 이에 각국은 자국 유산을 하나라도 더 등록하려고 많은 노력을 기울인다.

한편 세계유산제도는 서적과 같은 기록유산은 대상으로 하지 않는다. 유네스코는 1995년부터 인류 문화를 계승하는 중요한 기록유산을 효과적으로 보호하기 위해 세계기록유산Memory of the World 사업을 시작했다. 현재까지 496건의 세계기록유산이 유네스코에 등재되었다. 한국은 『조선왕조실록』 등 17건을 등재하고 있다. 세계기록유산제도는 국제조약을 통한 보호가 아니라 국제기구인 유네스코가 자체 사업으로 추진하고 있다.

어느 국가도 자국의 문화유산을 고의로 방치하거나 훼손하지는 않을 것이다. 그렇지만 조약을 통한 보호제도의 도입을 통해 인류의 자랑스런 유산들은 국제사회에 의해 한층 잘 보존되고 후손에게 온전히 물려줄 수 있게 되었다.

국제법을 통한 세상 읽기

1판 1쇄 펴낸날 2026년 1월 20일

지은이 | 정인섭
펴낸이 | 김시연

편집 | 황인아
디자인 | 본문 이미애, 표지 최정희

펴낸곳 | (주)일조각
등록 | 1953년 9월 3일 제300-1953-1호(구 : 제1-298호)
주소 | 03176 서울시 종로구 경희궁길 39
전화 | 02-734-3545 / 02-733-8811(편집부)
02-733-5430 / 02-733-5431(영업부)
팩스 | 02-735-9994(편집부) / 02-738-5857(영업부)
이메일 | ilchokak@hanmail.net
홈페이지 | www.ilchokak.co.kr

ISBN 978-89-337-0858-3 03360
값 40,000원